民国年度出版时评史料辑编 第十卷

吴永贵　张学科　编

華中師範大學出版社

新出图证(鄂)字10号

图书在版编目(CIP)数据

民国年度出版时评史料辑编　第十卷/吴永贵,张学科编.—武汉:华中师范大学出版社,2019.6

ISBN 978-7-5622-8485-7

Ⅰ.①民…　Ⅱ.①吴…　②张…　Ⅲ.①出版工作—史料—汇编—中国—民国　Ⅳ.①G239.296

中国版本图书馆CIP数据核字(2018)第298727号

民国年度出版时评史料辑编　第十卷

责任编辑:熊　然　　**责任校对:**罗　艺

封面设计:罗明波

编辑室:学术出版中心　　**电话:**027-67863220

出版发行:华中师范大学出版社有限责任公司

社址:湖北省武汉市洪山区珞喻路152号

电话:027-67863426(发行部)　027-67861321(邮购)

传真:027-67863291

网址:http://press.ccnu.edu.cn　　**电子信箱:** press@mail.ccnu.edu.cn

印刷: 武汉中科兴业印务有限公司　　**督印:** 王兴平

开本: 710mm×1000mm　1/16　　**印张:** 31.25

版次: 2019年6月第1版　　**印次:** 2019年6月第1次印刷

字数: 465千字　　**定价:** 140.00元

欢迎上网查询、购书

目　录

1948 年

1949 年

1948 年

《大公报》第十六次时事问题座谈会：儿童读物问题

时间：民国卅七年三月卅一日
地点：八仙桥青年会
出席者（以发言先后为序）
陈伯吹先生（本报《现代儿童》周刊主编）
陆小虹小朋友（在家课读，约当小学四年）
张啸天小朋友（万象学校小学生）
李学婧小朋友（位育小学六年级）
沈百英先生（商务印书馆编审）
王志成先生（市立女师）
陈鹤琴先生（市立女师校长）
陆静山先生（市国民教育实验区）
范泉先生（作家）
仇重先生（作家）
包蕾先生（剧作家）
金近先生（作家）
陶蔚文先生（市立女师）
黄衣青女士（中华书局编辑）
汤中原女士（作家）
方轶群先生（作家）
严冰儿先生（作家）

邢舜田先生（画家）

吴宏修先生（画家）

贺宜先生（作家）

李楚材先生（位育中小学校长）

纪录：周雨 唐振常 方蒙 唐君放

主人：今天是敝报举行第十六次座谈会，除了想到的“儿童读物问题”，准备向各位先生请教，同时也是敝报副刊《现代儿童》招待作家和小读者的茶话会。今天请到的都是对这周刊最热心帮忙的朋友，更高兴的是请到了几位小朋友来参加，更显着特别有生气。

谈到儿童读物问题，敝报同人虽无甚研究，但是想想我们在儿童时期前辈先生都给我们准备些什么读物，再看看孩子们现在所念的教科书和课余的读物，使人感觉到有很多问题值得研究。例如中学教科书的国文选里，就会看到古里古怪的文章，很多早已死掉了的古字，还要教给学生们学读。而小人课本里，竟有什么政权治权、中央党部的组织法等等。至于课余读物，孩子们最喜欢看的莫过小书，内容是五花八门，对于儿童心理影响极大。近二十年来，由于国内思想斗争剧烈，我很怀疑：给孩子们写读物时，以有色的政治思想灌输给幼稚的孩子们，是否应该？

今天请诸位朋友们来，目的在听取各位先生对这问题的高见，我们也愿听听小朋友们的意见，你们喜欢看什么，需要什么，就向大人们要好了。

《现代儿童》出版以来得到各方不少帮助

——藉此机会答谢读者文友

陈伯吹

去年五月三日，我接编《大公报·现代儿童》后，在各方帮助之下，已维持了快一年，极得一般小朋友的欢迎，在无数的小朋友心上，和他们起了共鸣。每天我们不知要收到多少封小朋友的来信，可见这刊物发生了相当的效力。

今天这个讨论会，也是我们《现代儿童》对文友和小读者的答谢会。我个人对于儿童读物问题，先提出下面几点要求和意见：

写作者：（1）给与公教人员同样的实物配给，其较贫困者更给予生活津贴。（2）设置“儿童读物奖金”，每年奖给优秀作者一名至三名。（3）刊行《儿童读物年选》，鼓励写作。

小读者：（1）在贩卖发行中划分百分之几作为免费发行。（2）流动阅读站巡回城市与乡村（特别在乡村多停留）。（3）小型图书阅读站的普遍设置。（4）提倡赠书运动以替代送礼。（5）举行阅读比赛，以奖励阅读。

教育者：（1）校长、教师考绩以阅读指导与图书设备为第一。（2）部令小学组织读书会，应规定至少百分之廿五以上研读儿童读物，并亦列为教师考绩。（3）师范大学、大学教育学院、师范学校，应将“儿童读物”或“儿童文学”列为必修课程。（4）大规模举行阅读测验，制定“阅读量表”，供作者写作和教师指导的参考标准。

出版者：（1）纸张节约办法儿童读物不受限制。（2）出版儿童读物报纸配给应予优待。

现在，我们请到会的小朋友先说话，从他们的话里，我们可以发现很多问题。

三位小朋友的意见

——句子不要太深，图画要多一点，
科学故事要用有趣方法写出

陆小虹　张啸天　李学婧

陆小虹小朋友：我有三件事要说：（1）《大公报·现代儿童》里的句子太深，应该把文章写得小朋友都能看得懂才好。（2）图画太少，我们希望要多一点。（3）多登些中级、低级的材料。

张啸天小朋友：我代表万象小学来参加这个座谈会，站在小学生的立场，我有三点意见：（1）我们学校的同学对科学发生兴趣的很多，希望儿童读物中多加点科学的材料，用故事的、有趣味的方式写出来。（2）希望儿童读物的内容广泛一些，多介绍外国儿童的生活照片和他们学习的方式。(3) 儿童读物中应该多一点儿童的园地，辟《文章病院》，让我们的文章发表后，有老师们给我们改正，指出我们的错处来。再辟《文章通信》一栏，使学校与学校同学之间取得连络，无形之中好多儿童就可成为很好的朋友。

李学婧小朋友：我是位育小学六年级的学生。关于儿童读物，我们学校的图书馆里，凡是能够买得到的儿童图书，差不多全都有。其中很多都是同学们喜欢读的。最近我们学校曾作过一次调查，调查六年级四班、五年级三班，共计二百七十三位小朋友对于儿童读物的意见。现在我来报告这一次调查统计的结果。

(1) 关于最爱的读物种类的调查：童话一八六人，小说一四五人，剧本一四〇人，民间故事一二八人，游记一二五人，历史故事一一八人，寓言一一五人，自然故事六九人，其他一一三人。

(2) 关于最爱读的报章和杂志的调查：《儿童新闻》一六九人，《新少年报》八〇人，《儿童世界》二五人，《儿童故事》二五人，《小朋友》二四人，《儿童科学》一〇人，《儿童杂志》七人，《中华杂志》四人，《小周报》七人，其他四九人。

(3) 关于最爱读作家的调查：陈伯吹七八人，巴金六二人，陈鹤琴六一人，何公超五三人，冰心四三人，丰子恺三〇人，其他一五七人。

儿童读物，图画为主

沈百英

我们编小朋友读物的人，在当初编的时候以为很容易，以为只要用笔能写出来，小孩子就可读得懂的。但一编之后，就愈编愈困难，原因在：目前只有单字有标准，而词汇还无标准，而问题也就发生了。比如说“台子”，在北方却说桌子，而我们在编的时候就莫衷一是了。再次，至今还无标准文，儿童阅读文章的标准在那里，我们也该加以研究。我希望定标准时不宜太高，也不要太低，而要定得刚刚高过小孩子一点的程度，以便引导他们向前。我们编书的人能有标准音、标准语、标准文就行了。

图画问题，我赞成儿童读物上多一些图画。以往是文字为主，图画为辅，最近是图文并重。但我认为要引起小孩子的读书兴趣，该图画为主，文字为辅。

举行读物展览，试办儿童书场

王志成

按理说，教科书在一般读物中应该是最容易消化的，现在是适得其反。根据新陆师范讲习统计：初级国语一册到四册中，很多生字，都没有重复出现过，因而学生对生字记忆很难。而插图和文字联系不够，也是目前教科书上最大缺点。

又如历史教材，本来有很多有趣味的材料可以写进去，事实上专门弄些很古板极难懂的文字，使得学生们望而生畏。而且历史课本里的人名、地名和专门名词特多，据统计：每课历史的人名、地名和专门名词平均竟有十七个之多。至于插图，更是欠缺得很，而现有的图画中，很多倒可以不要的。例如古代没有照像，孔孟的图像根本没有多大区别，为什么不把这类图画去掉，代以有意义的图呢？诸如此类，我以为罪在编儿童读物的人，都是关在编审室里，没有和儿童或教师接触的原因。因此，我认为有举行大规模的儿童读物展览的必要。

最后，我建议各小学有利用星期假日举办儿童书场的必要。我们来看各处书场何以风雨无阻的会吸引偌多的听书客？为什么各校教师不可以向说书的去请教，学学他们说书技巧，利用星期假日给学生们一个听讲有意义的故事的机会？而且教师学会了那套本事，必可增加学生们对于上课堂的兴趣。

钻进儿童圈子里去，才能写出好的作品

陈鹤琴

儿童读物是儿童的精神粮食。许多家长都说没有优良的儿童读物，我要问：为什么中国缺少真正写儿童读物的人？以前有很多了不起的儿童读物，如《西游记》、《水浒》、《三国演义》，很多外国人写的故事，

没有这样有声有色，近来为什么又不行了，症结在那里？我认为作为一个儿童读物的作家，要认识儿童、了解儿童，更重要的是同情儿童、爱儿童，由这样而产生的作品才是儿童所需要、所喜爱的。中国儿童作家缺乏这种精神，大儿童（指成人）没有钻进小儿童圈子里去。缺乏儿童生活的研究，是不能写出好的读物的。好的作品要儿童看得懂，顶重要的是万不可写鬼怪故事，对儿童的心理健康影响很大，往往不敢回家，晚上也会做恶梦。

其次，儿童读物应该领导儿童的思想走向创造的路。外国最近有些儿童读物的形状和图画配合，他们的插图也很有研究，了解儿童并熟习儿童。画儿童插图的画家不仅是画家，而且是心理学家，中国都很少。美术专科学校很少研究儿童图画的，画儿童图画，颜色、形状都要研究。儿童读物的目的，不是灌输文字，而且灌输思想。如果只注意文字的灌输，就没有趣味了。美国的教授，最近用故事体写科学事实给儿童看，儿童最感兴趣。

再其次，要启发儿童的创造性。陶行知先生曾经说过成人作的文章要小先生改。我发现小朋友的思想是我们想像不到的。美国有六岁小孩作歌曲，谱不会写，教师代他写。儿童有创造性，我们要发现他们并启发他们，要给各种东西儿童看，经验要使他们丰富，使他们能深思。牛顿看见苹果掉下来，发现了地心引力，为什么其他人不能发现，这就是深，深与广，是培养儿童创造的重要因素。

写儿童读物的三条途径

陆静山

我谈儿童读物的两个问题。

写作问题：(1) 为甚么人写？现在儿童读物的材料都偏重高年级小朋友，中年级的有一点，低年级的太少。希望以后为低年级的多写。儿童读物和一般读物不同，儿童间相差很大，写的时候不能根据一个标准。(2) 写甚么东西？在重庆时，曾有走江湖的人表演“人面蜘蛛”，把儿童挂在铁丝网中间，最近无锡也有。这两天，“三毛流浪记”也正被走江湖的玩弄，在这事件背后，是对小孩的虐待，应该揭穿他的黑幕，保障童权。这类现实材料很多，都可以写。其次是写时应该用口语写，使小孩读来如听讲故事，要是剧本马上就可以表演。(3) 怎样写？分三条途径，即整理旧有好作品、改编和创作，希望作家分工合作有计画地写。

出版问题：(1) 书业不景气，出版困难，儿童读物更不容易出，希望各方面进行，引起社会和出版家对儿童读物的注意。(2) 首先要争取出版地位，儿童读物之少，社会不重视是一原因。已出版的东西，应该弄得非常精致，不要粗制滥造。其次，要提高作者待遇，增加发表园地。(3) 儿童刊物也应该分工合作，同样性质的不重复，读者对象分出高、中、低三部分，内容也可分，或重艺术性，或者科学性。

如何写作儿童文学，作家要有真切感情

范　泉

关于写作“儿童文学”的问题，我以为可分三方面来说：(1) 作家的技巧；(2) 作家的感情；(3) 作家的意识。

作家的技巧该浅显，该是含有儿童性的写法。张天翼曾写过童话，是儿童文学中独创的一种风格。比如他写的表示大声音的就用大的铅字表达，表示小声音就用小的铅字，使儿童读之一目了然。要用浅显的句子写出来让儿童懂得，作家该向儿童学习。

作家的感情要真实。在写作时，要具有儿童的感情。《阿丽思漫游奇境记》之所以为好书，就是因为作者感情真切，英国小孩子都要读它。又如《木偶奇遇记》，那是作者把儿童的各种性格感情都集中在木偶身上表现出来，从木偶的坏变到好，感情的转变也异常真切，因此它成为小朋友爱读的书。

作家的意识要正确。《木偶奇遇记》、《表》、《团的儿子》等都是意识健全的好读物。好多外国作品，我们可以改编出来，如最近我在改《唐吉诃德先生传》，把四五十万字的书改成三万字的儿童文学作品。此外，如《鲁滨逊飘流记》、《块肉余生》、《团的儿子》等意识正确的作品都可改编过来，给中国小孩增加很多的精神粮食。

谈到出版问题，写作者极感困难。一本书写好了，要找书店出版，但书局有书局固定的计画，以至弄得无法出版。比如我最近写的《神灯》，儿童书局、中华书局都未能接受，由我自己出钱付印了，销路很好，但收回来的钱就不够印第二版，出版者大受损失。因此，希望各书局要多承印儿童读物的作品，各报纸副刊也望多刊登儿童文学作品。

儿童文学作家，人数还是太少

仇　重

我常听见说中国根本没有儿童作家，我觉得很对，真正够上水准的作品的确很少。这不仅是作家要负责，客观环境也要负责。文化界对儿童读物很轻视，我曾请过一位作家写儿童作品，他写了几次写不好，最后我供给他材料还是写不好。因此，儿童文学作家今天虽无成就，但经过很久的摸索，总算还有些本领。

刚才一位小朋友的报告，说巴金的东西很受欢迎，很多人当然会奇怪。但有一点，就是巴金的作品平实，高年级阅读力强的小学生可接受①，同时内容很现实，也是儿童容易接受的原因之一。同时他报告说童话很受欢迎，这因为儿童生活贫乏的缘故。外国儿童读物也有好的，但一味捧外国读物是有问题的。要尽量了解本国情形，外国作品只能用作参考。中国儿童作家联谊会仅五十余人，希望能有更多热心儿童读物的人参加写作。读物的内容要把握政治思想和社会意识，要用艺术的形象传达出来，没有思想内容的作品是贫乏的。很多儿童读物的封建意识很重，只求个人升官发财，这种思想实不应灌输给儿童。

没有儿童剧场是个严重问题

包　蕾

现在，马路弄堂小孩玩的一套，还是十几年前的黄天霸、诸葛亮，小学里表演的也依然是《月明之夜》、《小麻雀》，儿童戏剧进步少，比

① 原文为“高年级阅读力强小学生的可接受”。

儿童小说更缺乏。今天，儿童戏剧写作人非常少，现在写的大概分两种人：一种是本来从事舞台戏剧的，一种是儿童教师因实际需要而写。这两种各有短长，前者写的儿童不能接受，剧作家对儿童心理和儿童社会习惯都不了解；相反的，后者没有前者的缺点，但没有注意到舞台条件，成了能看不能演。现在要求舞台工作人员写儿童剧更难，只望教师们多写，但要充分接近舞台，可以好一点。

儿童剧目前遭遇的问题：没有儿童剧场，不能实验演出，不知道究竟所写的戏合不合于儿童。由于这种条件限制，儿童剧只好在游艺会上演，不能正式演出。这是严重问题。

儿童文学作品里面切忌命运论的思想

金 近

现在的中国儿童文学仍在做打基础的工作，过去的作品数量少，又不健康，对儿童文学的奠基工作做得太少了。

先来谈儿童文学写作问题：

（1）主题要明确，不能太含蓄，寓意不能太深，少用理解。（2）用儿童熟悉题材，要来自儿童生活中的东西。（3）题材应该注意鼓励性，不论是诗、戏剧、童话都该含着勇敢、充满上进、希望在内。其次，内容要生动有趣，注重一点幻想，但又要不离开现实太远。结构该紧凑。（4）为了要适合儿童兴趣，写作必须注意活泼热闹。

此外，写作中描写的人物该是肯定的，让儿童有是非、正误的观念。切忌命运论的思想渗杂进去，该多富于教育意义。在书中，务必包括下面几种教育意义：（1）浅显而生动的告诉儿童地球上一切事物。（2）正确的人生观。（3）科学的基本常识。

末了，我觉得要写儿童文学作品，应该向儿童学习，了解儿童的生活。

组织儿童会，推进儿童戏剧工作

陶蔚文

对儿童戏剧问题我有感想。我曾教学生演戏，到上演的时候，演员没有了，事后问才知道父母亲不要他们上演。父母认为演戏是不好的，有些学校也常把演戏当作点缀。中国无儿童戏场，我认为遗憾。我觉得教育会应该发起组织儿童会，请社会人士和教师协助，共同推进儿童戏剧工作。从事儿童戏剧工作者要先了解儿童生活。

至于诗歌，我觉得往往因为写得太艺术化了，不能使儿童了解。儿童诗歌不能当作点缀，一个刊物杂志往往把诗摆在角落里，出版物的不景气自然也是影响之一。

目前的儿童文学，一是幻想太多，与现实脱节，一是教训气氛太重，儿童图画线条要愈简单愈好。要克服这弱点，使儿童认识社会，认识现实时代，才是正确方向和道路。

莫忘农村儿童，要供给他们好的教本，内容要表现农村气味

黄衣青

现在纸张涨价，杂志加价，报纸减缩，这对于文化、对于小孩都是损失。我去年回福建乡下去，看见贫苦小孩都在书塾念书，是为了要避免抽壮丁去念的，念的是《大学》、《论语》、《千家诗》，教书的老先生用棍子一个个敲学生。所以，我觉得现在儿童读物太偏重了都市，课本都是都市通用的，而忘记了农村。农村小孩是我们下一代的生产者，很重要的。希望能使乡村和城市的教师多联络，供给乡村好的教本，内容要尽量农村化，表现农村气味。

写作儿童作品内容要有下面几点：(1) 儿童作品离不开现实，不能造出空想神怪，使小孩脱离了现实，这是欺骗。最近写童话的比较接近现实了，但作品常使小孩悲观，希望要多写光明的一面。(2) 儿童作品离不开兴趣，要有兴趣而不低级。(3) 儿童作品离不开遗产，不管中外遗产，都要研究怎样利用。(4) 儿童作品离不开教师，写的人要向儿童学习，和儿童接触多的是教师、父母，作家和教师该经常联系。

莫忘贫苦儿童，给他们以精神食粮

汤中原

儿童读物问题的本质就是教育问题，由于受教育者家庭状况的不同，而又有着极大的阶级性在内。以往我们的儿童读物取材多来自上层阶级，而忽略占绝大多数的中下层儿童生活，因此制成的作品就完全成了上层有产者的专利品，教育也为他们独占了。我们今天应该突破这种专利的倾向，而给中下层儿童的精神粮食。

其次，儿童读物的内容应该是现实性的，从现实中吸取的题材才富于教育性。第二，写作方法必须用写实法，一切空洞装饰的字不必用。

注意错字

方轶群

儿童读物的错字多，应特别注意，这对于儿童学习是很大阻碍，希望今后能多注意。

儿童文学需要建立批评

严冰儿

刚才有人提到希望《大公报》的《现代儿童》扩大编幅，“余心有戚戚焉”，希望或者扩大，或者改为每周多出两次，不要都给广告占满了。

儿童文学批评是很重要的，但在今天还未见到。写作技巧，尤其是内容都需要建立批评。各位都说内容要现实，但如把漆黑一团交给儿童，是否会起好反响？指出现实不好，还得告诉他们另有乐土，而最重要的，应该从生活、人性、知识出发。希望马上看到批评。

儿童图画应当力求真实正确，连环图画也应注意

邢舜田

站在图画工作者本位上说些话。根据过去一些儿童图画来看，有好

些不正确的现象，因此，我要求：（1）工作者态度要严肃；（2）懂得儿童的心理；（3）在插图时，要懂得文章的内容，而把真的感情放进去，使图画与文字互相充实；（4）画图中的小孩不应画成外国小孩的模样，要求图画中国化；（5）好的批评必须建立，使工作者有明确的方向。

其次，我觉得连环图画问题也该加以注意，我们该想法如何和现在这种奇侠连环图画对抗。望大家注意研究。

最后我建议《大公报》专找一位访儿童新闻的记者，去调查访问流浪儿童、难区儿童，采访出一些可宝贵的材料来，让大家了解这些儿童的真实生活。

中级儿童读物希望能够多出

吴宏修

我有几点希望：（1）目前儿童读物太偏重高级和低级儿童，中级儿童的图文太少，望多出。（2）望针对现实言之有物的作品多，要激动儿童感情发生作用才是好的，更注重儿童心理和行动。（3）连环图画影响大，怎样改革，望多实行。（4）望儿童读物写作者多和儿童、和教师接触。（5）需要质量丰富的读物，既然出版难，出了高价买书就要有代价，望促进出版家注意，为下一代打算。

谈儿童补充读物

贺 宜

先要申明，我在这篇短文中所说的儿童补充读物，是把定期性的儿童刊物撇开的，因为关于后者，另有人论述。这里我谈单行本。

为叙述的方便，我把个人对于现阶段儿童补充读物的意见分三方面来谈。

第一，我要谈丛书。自从胜利到现在，儿童补充读物的出版，比较有规模有系统的，当然要算商务的《新小学文库》和中华的《中华文库·小学集》，其次，轮到大东书局的《新儿童基本文库》。出版家们都想在这兵荒马乱，出版业空前不景气的局面下，做一点儿比较有把握的生意。这些《文库》，就是配合这种主观的企图而出版的。事实上，在对日抗战期中，许多学校的图书设备都毁失殆尽，确然需要有所补充。可是又受到经济条件的限制，学校图书馆购置图书，不能再买像以前《儿童文库》那样卷帙繁多的读物了，商务、中华看准了这一点，所以尽量在成本上打算盘。这两套东西虽然有点新材料，如什么第二次世界大战、原子能、雷达、盘尼西林等，但多半还是旧货。这样可以省下许多排工和稿费（天晓得稿费有多少）。出版家的因陋就简、投机取巧，这种态度是很要不得的。但在这内战炮火连天的局面下，他们不这样做，又有什么别的办法呢？

第二，我要谈个别出版的单行本。本来出版儿童补充读物的机构，除了商务、中华之外，第一就要推儿童书局，可是自胜利以还，儿童书局的出版方针，似乎偏重在印旧版书。新书虽有出版，但以它这一出版机构的规模来说，实在显得太少了，而且其中创作的成份又比翻译或编辑的为少。尤其值得商榷的是该局大做广告的一部《从盘古氏到蒋主席》，把“盘古氏”的“开天辟地”，居然拿来做小孩子的“历史故事”，那未免太开玩笑了！

在新出版业中，对儿童补充读物之出版最为努力者，第一当推华华书店。它在出版儿童文学及戏剧创作上的贡献，对现阶段中国儿童文化的促进，其功实不可泯。除了华华之外，我们还可以提到立达图书服务社、孩子书店等。

第三，我要谈儿童读物的作者。中国的儿童读物作者人数是很少的。在这少数的作者中间，又多半是写儿童的文学的，儿童科学读物数量极少，因为作者本身对科学造诣深的不甚多见，只能翻译或改编一点来适应需要。在这一方面，我们以后该多予注意。同时希望科学家们基于爱护儿童的信念，为儿童写一些实惠的儿童化的科学读物出来。

中国儿童文学虽还没有引起世界的注意，但不能否认，中国儿童文学作者自有其成就。在空前的内战灾祸下，中国儿童文学作者们为了祖国的下一代，不计自己的生活如何艰苦，不计自己的工作是否被人尊重，始终坚定地追逐着一个光明的理想的目标，为孩子们创造出一些滋养的精神食粮。这一种精神是值得赞扬的。

关于现阶段的儿童补充读物，因为限于篇幅，我只能这样简单而且随便地谈谈。

儿童们买不起读物，希望国家补助出版

李楚材

本人站在学校教师的立场上，对于儿童读物发表些粗浅的意见。

（1）儿童读物在出版的分量上，有一个偏颇的现象，便是高级儿童的读物较中级儿童的要多；中级儿童的读物又较低级儿童的要多。单行本如此，杂志如此，报纸也如此。因此采购中低级儿童读物，颇感困难，希望儿童读物作者能注意到这一点。

（2）为了儿童读物采购的方便，希望有一本《全国儿童读物目录》的编纂，并且逐年还有续编。以前生活书店曾编过《全国总书目》，特列全国儿童少年书目一栏，至今尚可供读者参考。但此书出版于一九三五年，迄今已十余载，材料亦感陈旧。此事颇希望出版界或儿童读物作者以及儿童图书馆能把它办起来。

（3）儿童读物而能和学校教育配合，随时供给补充教材的，现在只有《儿童新闻》，希望其他报章杂志也能顾及。关于所说的补充教材，希望能针对教科书而编写，尤其是常识科方面。过去各大书局曾大量出版各科补充教材及副课本，为教师解决不少困难。但因为一则该项读物大都为丛书性质，价格昂贵，不能人手一册。二则课程标准已经修订，教科书也屡有更易，已不相配合，所以目前很有需于儿童报章杂志来从事这项工作。

（4）现在能买得起儿童读物的小孩子实在很少，能购备一些儿童读物的学校，却也不多。算来，儿童读物的价格并不能说贵，有一些书局据说还是赔了本出杂志的，可见要读的人穷的实在太多了，所以希望国家对于儿童读物的出版，能多多加以补助，如供给纸张等，使出版的成本可以减轻。

（载《大公报（上海版）》1948 年 4 月 5 日）

《大公报》第十九次时事问题座谈会：出版业现况

时间：民国卅七年四月廿二日

地点：八仙桥青年会

出席者（以发言先后为序）：

周予同先生（开明书店《国文月刊》编辑）

汪孟邹先生（亚东书局）

张孟闻先生（中国科学社）

徐调孚先生（开明书店）

贾开基先生（文摘社）

刘龙光先生（艺文画报社）

高祖文先生（中国建设社）

吴承禧先生（经济周报社）

程博洪先生（时与文社）

胡伯周先生（经济周报社）

李伯嘉先生（商务印书馆）

吴宗济先生（出版技术研究者）

张一渠先生（儿童书局）

舒新城先生（中华书局）

丁君匋先生（大中国图书局）

冯宾符先生（世界知识社）

平襟亚先生（中央书店）

纪录：周雨 唐君放

（纪录未经发言人看过，如有错误由纪录的人负责）

主人：今天准备请教各位的是出版业现况，因为敝报列身出版界，所以深感当前各种问题亟需寻求解决途径。一个国家的兴衰和出版业关系很大，当出版业蓬蓬勃勃时，必是国运兴隆，反之，出版业了无生气，国家必陷风雨飘摇中。上海是国内出版业的重镇，虽不能代表全国，但它的比重却是很大。以报业而论，胜利以来艰苦备尝，很多地方的报纸竟不能继续经营。就以上海为例，新的报纸就很少出现，当然其中有政治因素，而经济条件限制也很大。

今天请到的都是各书店各期刊的主持人，希望各位指示当前出版业的各种具体问题，对全国读者作一说明，并促起政府的注意。

苦闷达于极点，再这样下去实在无法工作了

周予同

我从事出版事业有十五年的历史，办的期刊也在十五种以上。在这十五年的经验中，最苦闷的时候莫过于抗战胜利以后了，原因有二：一是物质上的，一是精神上的。所谓物质的苦闷就是纸张取得的困难，一种期刊要获得分配的纸，真是困难重重，而分配方面的怪现象更是无奇不有。至于精神的苦闷，那真是透不过气来。一篇文章来了，要考虑再三，好些文章不能刊登，有的登出了又得担心是否会使期刊本身发生问题。像这种苦痛，以前是很轻微的，而现在却在日益加重。比如《国文月刊》，从前在一些补白处还可刊出一点触及现实的东西，选两三篇现代的文章，可是现在，连这一点也取消了，不如此就要碰钉子，出麻烦。

目前出版界中并没有足以代表时代性的出版事业，甚至连原有的一点出版业也在风雨飘摇之中。商务印书馆在康梁维新以后所办，足以代表那时的出版事业；中华书局是在辛亥革命以后；开明书店是在五四以后才成立；生活书店是民国十年以后成立而鼎盛的，而目前却都在不安中，苦闷达于极点，而光明似又不在眼前，若再这样发展下去，我实在无法工作下去了。

出版业的盛衰常随时势转移

汪孟邹

现在一般青年看书的多，买书的少，主要原因就是经济问题。比如

在四川路四马路一带各书店中，每天都有大堆大堆的青年在看书，一天看不完，第二天再来，情况实在令人感动，要说买书却是少有人问津了。现在因无钱买书而偷书看的人也不少，前两天大中国图书局抓到一位少年偷书，他说实在没有办法才这样的。根据大中国图书局从去年十二月十六日开幕直到前天为止的统计，共被偷去了值二千一百几十万元的书。一般穷青年想读书，但那里有钱来买书，而有钱人家的子弟却不大看书，真是大矛盾。书店处在这种情形下，苦痛不堪。

根据我四十七年在出版界的经验，出版界的兴衰是随时势转移的。出版界过去也有过黄金时代，康梁变法后，张之洞等主张废科举办学堂，出书极多，商务印书馆生意奇佳，其后如辛亥革命、五四前后、北伐时期政治社会向前迈进时，出版事业都蓬勃一时的。如今出版业不景气，当然有其重大原因的。

科学期刊，要求配纸

张孟闻

当前的出版物中，销路最差的，莫过自然科学和应用科学的书刊。中国科学社编写的科学书籍，简直没有人肯承印，因之，我们担心大家把科学给丢弃了。现在，二十几家科学杂志社合组一个科学期刊协会，期以集体力量克服各种困难，继续为国家的科学工作服务。

我们亟需政府配给纸张，请求了很久，书业公会只准在第四季配纸中拨给我们全体一千五百美金，这样可怜的数量，说起来真是笑话。因而我们特别需要出版家帮忙，我们不但企求大环境的改善，更希望出版业这小环境帮忙。无论如何，帮忙我们比帮忙出版五颜六色的一类书册要对社会有益处。同时，我们认为科学出版的价值也不在文艺刊物之下。

请看这笔账！书业怎能不亏本

徐调孚

我虽非书业公会理事，但就我所知道的公会配纸情形说一点。现在第四季□额纸，社会局规定所有期刊都须经社会局认可才配给，并且，社会局又向书业公会提出要把十分之一的配给纸分给印“戡乱”书刊。经过如是困难得到配额许可后，到中央银行去申请外汇又是异常麻烦。纸不够，物价涨，期刊无法维持下去。

刚才有人提到书业的苦况，这是事实。我们经营书店，虽也是商业，但并不想将本求利，只要不亏本就行了。然而真能不亏本吗？我开列一个表在下面，大家看后，一定可以明白：

	战前价（单位元）	现在价（单位元）	增涨倍数
报纸	三·〇〇	五，〇〇〇，〇〇〇	一，六六六，六六六
印工	一·二〇	一，二〇〇，〇〇〇	一，〇〇〇，〇〇〇
浇工	〇·〇五	五〇，〇〇〇	一，〇〇〇，〇〇〇
排工	〇·六〇	四六〇，〇〇〇	七六六，〇〇〇
纸型	〇·一二	二二〇，〇〇〇	一，八三六，六六六
铜版	〇·〇六	八五，〇〇〇	一，四一六，六六六
订工	〇·六〇	一八〇，〇〇〇	四一六，六六六
开明英文读本	〇·八五	九〇，〇〇〇	一〇〇，〇〇〇
爱的教育	一·〇〇	一九八，〇〇〇	一九八，〇〇〇
辞源合订本	一〇·〇〇	三，二〇〇，〇〇〇	三一二〇，〇〇〇
大公报	〇·〇三	一三，〇〇〇	四三三，三三〇

从上表看来，书刊的成本如报纸、印工、纸型、铜版都涨了一百万倍以上，而书价只涨了十万倍，最多卅万倍，报业也许比书业情形还好些，但不管书报业，增涨的倍数是跟不上物价的，试想，我们怎么不亏本。

销路越好赔钱越多，地方当局随意禁书

贾开基

目前出版业遭遇到空前的危机，这危机却是人造的，要解除它也需人为的力量。就是说，社会不安，出版才萎缩，而文化的任务是要促成社会安定，因而，我们出版界不能太妄自菲薄。目前最大问题，却是本

身问题。如书业贩卖都采记账方式，书交出去后一个月到一个半月才收得到钱，因之，销路不好固然坏，销得特别好也许赔本特别多。例如旧年之前发出的书刊，待旧年后收到款时，物价已涨了三倍，计算一下币值，卖五千本则比卖三万本要少赔得多。所以说，结账方法不解决，杂志简直不能办下去了。

复员之初，书业贩卖的结算期是三天，以后改为五天、十天、半个月、一个月，直到最近的一个半月。任凭定价提得如何之高，也无补实际。现在各刊物定价都很高，为了计算一个月后的物价波动，也唯有如此。如求改进，杂志界出版业必须团结起来。书业公会是一个大团结，但因彼此业务不同，有出教科书，有出线装书，有专作贩卖不出书的，因为大家利益观点不同，所以不很健全。最好书业公会有一横的组织，把利益相关的另组单位，或有好处。

此外，政治上措施和出版业发展也极有关系，现在各地方当局都有权禁书，本来是依法登记好了的，随时都有遭到没收销毁的危险。我最近到苏州去调查一下，各书店所经营的是①竟多数是文具和线装书，问他们为什么不卖新杂志呢？据说：从上海批回去的杂志，像警局派出所的所长一流的人物都可没收，已经登记合法的杂志竟毫无保障，说来痛心。

巨型画报凋零，只剩两三种了

刘龙光

画报本来是良好的教育工具，以图照为主，以文字为辅，男女老幼，都可阅读。在一般知识水准比较低的中国，很受大众的欢迎。但是在现在的环境下，办画报的困难，可以说比办一般杂志要多十倍。因为画报的开本大，纸张要好，铜版要多，印刷要考究，成本比一般杂志要多十倍。现在出一期画报，印一万本，非六七亿不可。画报业的报纸配额，一向很少。书业公会配给会员的配额，一向不公开，最近又把杂志画报等的配额交社会局第四处去分配，书业公会和社会局互相推诿责任，第四期配额到现在还没有解决。抗战胜利后，巨型画报先后出版的

① “是”，疑为衍字。

有十种左右，到现在只剩两三种，而且还免不了要脱期，可见办画报的困难。拿《艺文画报》来说，纯粹是民营的，已创办了一年半以上，所幸自己有两个印刷厂、三个门市部，开办时候也有较久远的计画，征得了五千个全年定户。在物价比较稳定的一个时期，销数曾达一万七千份，后来时局不安定，物价波动日甚，销数很快的退下来，现在每期的收支相差很远。因为普通的杂志卖十万、八万一本，也许会够本，画报卖十几万元一本还是要亏本的，但事实上社会的购买力这样低弱，目前绝对无法卖二三十万元一本的。所以现在的几家画报都是在苦撑，出一期是一期，所希望的是政府的报纸配额能够公平按期配给我们，社会上有眼光有理想的开明人士能够支持我们。

出版自由，最为重要

高祖文

最基本的问题莫过出版自由，如没自由，一切都不要谈。罗斯福总统曾提出“不虞匮乏的自由”，如今精神食粮缺乏，知识分子是否可提出这种要求来。现在写文章的人因受经济压迫，都弃此行业。读的得不到，写的写不下，而交通困难、传递不便，归根结底，是出版自由的问题。我认为这些问题，都非出版业自身造成的，也非自己力量所能解决的。

编辑的苦闷，斟酌文字煞费苦心

吴承禧

办《经济周报》两年经验，得出个结论，那就是苦闷。现在是开支大，社会购买力小，办期刊是必然赔本的。胜利后，期刊出得很多，但不少都中途夭折了。其次，编辑的苦闷也极大，想说的话不能痛快的说，不要说的话也不愿意胡说，于是既不能畅所欲言，又不能马马虎虎昧良心说话，因此在下笔时，文字斟酌煞费苦心。写稿者的稿费又低，还抵不上排工的收入多，今天写稿的人要不是为了一点良心和一点交情，谁也不会写的。再次，出版和言论也无自由。比如配纸，不相干的对社会无益的期刊有配纸，有贷款，而真正为社会努力的出版物却不能有。希望政府多帮忙出版业，分配分配纸张，我们要维持下去，好将来多做一点事。

出版和言论要绝对自由

程博洪

我自主办《时与文》杂志一年来，深深感受到出版自由束缚很大。我对言论自由有一落后而偏激的主张，就是要绝对化，不但政治言论要有绝对的自由，就连所谓善良风俗一点，也不能有所限制。英国小说家D.H.劳伦斯所写的，多是关于性的方面书籍，并没有对社会风化有什么妨害。诸如此类的文字，就不能随意禁止。

至于政治性言论，越严厉禁止，必会更蜂拥而出；不许其地面上出现，它必会转入地下。所以我主张言论自由要绝对的，毫无条件的自由发展。如今行宪了，宪法上既然有出版言论自由的规定，就不应另以法律限制它，因为你不许它存在是不可能的。

囤纸最有利，印字不值钱

胡伯周

胜利后，出版界都有美丽的希望，以为出版事业可以蓬勃成长，但两年来，内战愈来愈紧，希望也只有变成幻梦了。出版界已达到空前的危境，在各种打击下，倒下去的已经很多，剩下的尚在苟延残喘中挣扎，维持下去也不是件易事。根据刚才徐先生的统计，我们看得出一本杂志的售价实不足以维持成本，而且物价的飞涨，售价也跟不上去。出版物销售的时间越长，损失便越小①。所以目前各书店都认为，出周刊不如出单行本，出单行本不如出部头，出部头不如囤报纸。白纸上不印黑字最值钱了。但我们为了给人民的精神粮食，仍不得不硬着头皮去蒙受损失，撑持下去。

---

①“小”，疑为“大”之误。

印行新书已是不可能，政府莫太轻视出版业

李伯嘉

在我服务出版界二十多年间，像目前的际遇还没有经历过。出版界的黄金时代在五四以后，那时，什么样的书刊都许出版，例如当时的商务，就印过马克斯的著作。因为那时的军阀莫明其妙，也就不理会这些。现在呢，则是一切都在开倒车，因而大家痛心疾首。现在我心里想说的话，都说不出来，总之一句话，是互不谅解，出版者和读书人互不谅解，政府对出版业更是莫明其妙。

现在出版业印书已属不可能的事，假定真的源源出书，简直负担不起。因为十万字的书印一千本，就要一亿元，而科学书还要加两三倍。一家书店要出十几本新书，必有二十亿资金不可，这些钱最少一年才收得回来。而目前销路之劣，说来可怕，一本书销几百本都很吃力，遑论其他。再者，从前做一百亿生意，只要卅亿开销，现在则是入不敷出。当出版界处此危难时候，我愿提出三点希望：（1）同业应密切合作。（2）印刷业应给予最大同情。（3）著作人对出版业应多多谅解。

最后，我呼吁政府不要太轻视出版业，过去曾允许免纳营业税，不久竟又取消；而一般工商业都可获得贷款，唯书业不能。似乎书业存在与否，都没关系。

在困难中找出路，多出版通俗书刊

吴宗济

我是在学校里干非营业性的出版事业的，而所感的仍与刚才诸位所讲的差不多。以现在所编的《清华同学会会刊》为例，从最初四十万元出一期到目前一千六百万元出一期，也不知涨了多少倍了。但我们仍觉得中国是有希望的，出版界也是有前途的，因此必须想法去发展出版业。

在五四时，出版物很多，政见、思想、立论各不相同，目前是“此路不通”了。但我们可在别的方面去找出路，可以鼓励写作和出版

大众教育之类通俗的书刊，比如《大公报》出《三毛流浪记》就是一种成功的尝试，而且销路奇佳，只要有内容，能为大众接受，就可以找出一点出路的。

其次，我们可以鼓励出版专门性的书，比如关于中国陶瓷器方面的研究著作，只要出版界鼓励著作家去写这类的书，一定可以有好的作品出来的。再次为应付当前的困难，我们不妨几个书局联合起来出书，只要有性质相同的书，就可联合起来共同计画出版，力量集中，成本可减少很多，使读者也可购买，同时，也可避免现在偷偷干翻版书生意者的竞争。

儿童读物成本更高

张一渠

站在出版业的立场，应该是多出版新书，事实上，出书越多越赔钱。以儿童书局来论，我们在去年以一万令纸所印的教科书，按照定价计算，应卖两百亿以上，但是收到书款时，报纸已涨了一倍多，收到的书款只能买五千令的纸张，折损了半数。

儿童读物的危险性更大，因为它的成本高，印制时手续繁复，还要制图加色等，但为顾及儿童购买力，定价必须要低。这是一个例子。出版界的困难很多很多，希望各方面帮忙，获得解决。

只要时局安定，出版便有前途

舒新城

出版事业在目前的困难不外三个原因：（1）社会文化程度不够，中国有百分之八十的人不识字，能识字的人不见得都去读书，所以出版业困难。（2）生产不发达，一般的购买力太低。（3）政治不安定。

中国出版事业既遭受了上面三种苦痛，在本身也有着如下的麻烦：（1）出版、写文章、印刷等都未详细分工，干编辑的人要管发行，又要料理业务，以致组织上不健全，不像外国那样细致分工，各有专业。当然，中国出版业不能分工，那是社会不安定所致。（2）写作家不是专业，现在在书刊上写稿的人多是搞的副业，如教授、教员、大学生，或一些有其他职业而喜欢写作者。然而这几年中，生活不安定，没有参考资料，就连这些写稿者也无法写文章了。尤其是以前投稿很多的大学生，现在因受着环境的影响，投稿的变得非常之少。说到资料的缺乏，那简直令人慨叹，复旦大学的一些教授常常化一天功夫进城到书局来找资料。(3) 中国缺少专门书店出专门的书。

其次，交通困难等也是出版业不发达的原因。现在出本十万字的书印两千本，连排工、印工、发行在内，要化三亿元，定价每本四元，照四万倍计算，每本卖十六万元，若完全卖去也只可得三亿二千万元，何况批发同业打七折，再因销路的拖延，那真是非赔本不可了。我这样说并不是说出版业就无希望了，不，只要时局安定，出版事业一定有前途的。

出版萎缩三个原因

丁君匋

抗战以前，中国之出版业本已突飞猛进，不幸受战事的打击，遂致萎缩。但抗战之中，出版业尚有相当进展，国立中央图书馆曾搜集那时书刊，编一总目，八年之中约有万余种新出版物。固然印刷粗糙，纸张破烂，极不美观，但出版家仍极努力，读者亦肯化钱买书。当胜利之初，上海出版物运至四川，这清楚的字模、洁白的纸张、美丽的装帧，使得久居后方的人开心愉目，大家以为从此以后，出版界仍将一日千里。那知三年以来，出版情势愈来愈坏，到现在，竟奄奄一息，好像快要断气的样子。推究原因，约有下列几端：

第一，物价日高，人民购买力日薄。一个公教人员，救死不遑，那有余力买书？穷苦的学生是不必说了。商界情形虽较好，但精神都贯注在金钱的运用上，亦无心看书。

第二，政府设下重重的限制，除了党的刊物可以自由以外，民间的书刊总是不希望其出版，免得闹麻烦，因此压迫太甚，活动不了。

第三，本来上海的出版物行销全国，发行网早已建立得好好的，但几年的内战，交通越来越不便，发行圈跟着越小了。

为了以上几个原因，所以出版业的现况是萎缩得不像样子。但是教育总是一天比一天普及，文盲逐渐减少，只要时间能变过来，我相信，将来中国的出版业一定比抗战前还要好。这是全赖出版业同人的努力了。

一个民间期刊的苦况，营业编辑都是困难重重

冯宾符

我们是一个小小民间出版事业，在兵荒马乱、物价漫无止境的今天，办出版事业难，办小出版事业尤难，办民间出版事业更是难上加难。承询“现况”，我的回答不但是“乏善足陈”，简直“满腔辛酸”。

照我们切身所感到的经验，我们的困难可分为两方面：

第一，是营业方面。本来在“百物都俏”的今天，只有这“白纸印黑字”的文化商品顶倒霉。因为我们这个刊物还有一些销路，去年的营业情形总算可以过去。一到阴历新年，物价“三级跳”毫不回头，可真累得左支右绌、捉襟见肘了。

A. 先说纸张：杂志成本最大的一项是纸张，入春以来，纸张的价格差不多一日一涨，如今年二月上旬价为每令一百八十万元，现在已到五百多万元。我们从来没有配给纸（第三期配给时曾申请过，付了款，现在尚未发下），纸张只能用一期买一期。有时候，等到刊物销出去的款项回来，原来可买一令纸张的已只够买半令或甚至四分之一令。

B. 再说印刷费用：因为生活指数节节提高，印刷费用也在节节增加，有时一逢物价波动不必等指数发表就增加了。举例说，现在新五号字的排工每千字四十六万元，六号字每千字五十三万元，稿费虽比排工低，但也总得随时调整。这方面成本日涨夜大，售价固然也在随时增加，但无论如何跟不上。因为售价如照成本比例增加，必致影响销路（读者购买力的关系），销路如减，又必加重了每册的成本。譬如本刊，现在已无可奈何的加到每册三万五千元，很多读者写信来说太贵。其实，从前本刊每册定价一万元，等于一客客饭的价钱，现在两本《世界知识》才能吃一客起码客饭了。

C. 再说账款问题：我们刊物的发行，分直接定户和本、外埠客户

批销几方面。定户三月一定，虽说预收款项，但来款另碎，不能抵用，何况还八折优待，无论如何赶不上物价的上涨。本埠批销打了折扣还不算，款项收回总得十余天，外埠也差不多情形。在物价“瞬息万变”的今天，十几天后的法币岂非截了一大段？

第二，编辑方面。也是困难重重。第一是外国书□资料来源不多，这也是经济上限制的缘故，次则拉稿也很困难。这倒不是说作家统统都已改了行——改行的也确乎不少，这主要还是因为写文章得有材料，材料就得化钱。试问拿三十万元千字稿费的作家，连定份《大公报》都已煞费劲儿，那来的钱再购备资料呢？没有资料写不出文章，因此像我们这样编辑者就成天闹稿荒。基于同样的原因，从前很多的投稿者也大为减少了。

第三，则是取材标准的困难。现在天下纷纷，国际形势越来越复杂，对于问题，看法也自各有不同。我们这批纸上谈兵的书生，虽抱定言必有据的宗旨，亦终往往不能见谅于环境，因此，我们真神往于新闻自由。

只要“武化”不要“文化”

平襟亚

也许今日的政府只要“武化”，不要“文化”，所以中国的出版业已面临破产阶段。由于印刷工价的不断增高，书业公会配给纸张的未见公允，近年来新书的出版，寥若晨星。小书店绌于资本，未敢借三角利息出版新书，冒此大险；大书局又各有其背景，虽拥多量配纸，咸不愿出版“文艺”方面书籍，仅印一二“党义册子”，作为报销，无异“神道说教”，何补于文化？倘再经三五春秋，我敢臆测：各书肆将出售“扦光嫩地栗”了！

假如说：“中国文化要赖今日的出版业来推动。”那我只好喊声惭愧！饿着肚子的人，怎推得动笨重的卡车？非得要问几家大书局的撑腰大员了。

（载《大公报（上海版）》1948年4月26日）

《大公报》第卅四次时事座谈会：出版法问题

时间：八月五日
地点：八仙桥青年会
出席者（以发言先后为序）
成舍我先生（北平《世界日报》社长）
陈训悆先生(《申报》总编辑)
吴绍澍先生(《正言报》社长)
桂中枢先生（律师）
史良女士（律师）
张志让先生（复旦大学教授）
万枚子先生（人从众文化公司）
袁仰安先生（律师）
江一平先生（律师）
王造时先生（自由出版社）
潘震亚先生（复旦大学教授）
朱绍文先生（律师）
周一志先生（律师）
沈体兰先生（麦伦中学校长）
傅况鳞先生（律师）
方秋苇先生（世纪出版社）
程沧波先生（新闻报社长）
纪录：周雨　韩澄清　李君维
（纪录未经发言人看过，如有错误由纪录的人负责）

主人：盛夏炎天，谢谢诸位先生的光临。

今天请到的有我们的同业、法学界和出版界的先生们，预备请教的是“出版法问题”。最近出版界和新闻界都很注意这问题，例如本市

《正言报》和南京《中央日报》就曾先后举行座谈会讨论过这问题。因为政府既已行宪，训政时期的许多法典有些便不适用，必须重新整理，出版法①即是其中之一。按出版法的存在，从民国三年起，国民政府成立后，前立法院曾经颁布过出版法，内政部把出版法修正草案移交现立法院审查，立法院现正审查中，准备在九月复会后再提交院会讨论。

出版法对出版界，尤其是报界关系密切，因为它就是针对出版业和报业而设的，因之，我们对它特别注意。以目前情势看，大家对这问题发表意见并不一致，有的主张宪法既订有人民享受言论出版的自由，就不必另定法规加以限制，因为出版言论如出范围，刑法上订有专条，可处以诽谤罪，因而主张废止旧出版法，这是一个主张。另一个主张，因为全世界的出版和新闻，非无限制，尤其联合国新闻自由会议，就曾宣布新闻自由是有限度的，因而不妨有个单行法；但是对于旧出版法和立法院现正审查中的修正草案颇有意见。如出版法不应是限制的，而应是保障的。大家对旧出版法和修正草案中的行政处分尤感不满，因为政府身兼告诉人、检察人和执行人，实有未当。

以上是约略的叙述个轮廓，大家当然早已注意到了，现趁立法院休会期间，出版界、法学界不妨研究研究，提供意见给复会后的立法院作参考。今天出席的诸位先生中，而且还有负审查出版法修正草案的立法委员，大家能藉此交换意见，意义更大。

用不着出版法，修正草案是小学生的卷子

成舍我

今天很巧，我刚走进《大公报》，被主人一把抓住拖上汽车，到了这里才知道是要我参加出版法问题座谈会。这问题在立法院审查会也讨论过，我曾经表示过我个人的意思。上次内政部代表要大家对这问题加以审查，我个人觉得这东西（指出版法修正草案）仿佛像小学生的卷子无从改起，因此决定等下届立法院开会再改。当时陈博生先生也在场，现在我把我个人对这问题的看法分别加以说明：（1）出版法要不

---

① 本文中的“宪法”、“出版法”等法律法规，有的是泛指，有的是特指；有的使用了书名号，有的未使用书名号，均依照底稿录入，未作改动。

要的问题，在上次审查会也谈起过，后来另外又参加一个关于这问题的会议，有的主张不要，也有主张保留的，我个人是主张不要的，因为我们这部宪法是无条件的，人民有言论自由。在北京政府时代的出版法，对出版品有种种限制，现在的出版法的精神，和几十年前的互相比较，并没有两样。用行政处分来限制自由，这种精神应该改变。（2）出版自由精神的违背，很多国家没有出版法，一般书报犯了法，也有一般的法条加以制裁，似乎用不着画蛇添足。在美国，各种“法”都有法律根据。中国法律系统一向是德日系，假定每一件事情都要订出法律，那么走马路、开座谈会都要订出法律，那岂不是笑话？因此，我们根本不需要有出版法。这是违背时代、违背宪法的东西。一切既有刑法规定，就不必再对书报加上镣铐。但是我们所说的原则虽如此，同时我们也不能不顾到环境。在“戡乱时期”政府也有理由限制。假使有必要时总动员法内也有规定，而且比出版法还要严厉，如果有妨害“戡乱”的言论也可以实施。退一步说，即使要有，不必用正规的永久性法律，可以称为临时性的规则。（3）基本原则应该是保护多于管制，建设多于破坏，这是我个人的基本看法。

上次立法院讨论修正草案时，内政部代表也承认草案本身太草率，最重要的是第四、五两章，尤其是一、二两项，今天在座的有很多权威，我觉得每个人犯罪应该依行为而定，思想绝对不能算是犯罪。比如我想杀一个人，并没有刀，只是心里在想，总不能算是犯罪。上面“意图”两字根本不能成立。再说我心里想颠覆政府，但是没有暴动，怎么能够算是犯罪？所谓“意图”字样是莫须有的。就我个人的经验来说，报馆被封过十七次，坐过一二十次牢，为了“意图”两个字不知牺牲了多少人。尤其“妨害邦交者”这一项要不得。记得英国维多利亚女王，认为《泰晤士报》不应该反俄，请首相通知《泰晤士报》，此后不要登载反俄的文字，后来首相觉得维多利亚这个建议不大妥当，说英国有出版自由，报纸的言论不能随便加以干涉，否则一般人对《泰晤士报》的言论都认为是政府发布的了。再举一个例子，那末。再举一个故事，战前美国有一幅漫画，画着日本军阀在拉黄包车，日本天皇坐在黄包车上，意思说日本天皇是受军阀主使的，于是日本向美国提出了抗议，美国以美国是言论自由的来回复日本。可是换了中国呢？那时《民国日报》关门，杜重远坐牢，北平办报的连“天皇”两字也不敢用，因为怕把“天”字错排了“犬”字，报馆要封门。如果依照现在出版法，一旦对美对苏有什么批评，她们向外交部提出抗议，外交部就无法应付了。第四章廿四条“妨害名誉”罪，很难解释，譬如记载一个坤伶很多人追求她，有人送汽车给她，她倒以为是光荣的；不登载，她反认为损失。廿五条“出版品不得登载禁止公开诉讼事件之辩论”，这一条在保持司法独立上有它的意义，不过应当规定相当的范围。这第四章的流弊太大了。

关于第五章行政处分，卅一条规定地方官署可以暂时扣押出版物，这样报纸的生命太脆弱了。行政处分我希望不要恢复起来太困难，如果恢复困难，则行政处分可停止。工务局叫人民拆房子，可以暂时停止处分，而报纸却不可能，报纸扣了一天，明天就不能要拿出来卖了。行政处分太小看了报馆，尤其是卅四条规定永久停止，太不合理。

出版法各条已经包括在刑法之内，为了适合时代潮流，请不必为言论界加上新的镣铐吧。如果为配合“戡乱时期”需要，出版法最好是临时性的，是保护性的，而第四、五章却必须修正。

国家太小气了，我们也得说小气的话，照第二章十六条规定，报纸每天要送十几份给中央机关，一个月也要化几千万元。在香港办报，每天要送两份给香港政府，不过报馆每月可以去收报费，所以政府应该订报看。我国说起来小气，如果图书馆一多，则送不胜送了。我们不拿政府的津贴，为什么要把自己的资本送给政府？

最后，我以为出版法不能有，这不是说我们可以丝毫不受控制，不受法律管制，我们记者不会没有责任感的，政府可以根据刑法来取缔不法言论。在现况下，政府也可用总动员法。

要注重积极的奖励，行政要松司法要严

陈训悆

我是负责审查出版法的立委之一，希望出版界、法学界人士们加以

指示。

成舍我先生方才已经把立法院讨论出版法的情形讲过了。我个人的看法，如果出版法是限制言论自由的，可以废止；但在“戡乱时期”应另定临时出版法。

出版事业在中国还很孱弱，政府应该奖励这事业的发展。本人据此观点，认为这种法令的有胜于无，加配纸邮递等，都应有所规定，便以利出版界。政府真正提倡文化事业，就应对结汇、配纸、采访等明白规定奖励办法。现在没有积极性的规定，是不十分好的。这是第一点。

第二点：刑法上既律有专条，出版法上不必再有规定。目前如其说政府对言论管制太紧，反不如说司法对言论管制太松，因而报刊漫无限制的破坏个人名誉，妨害公共利益等事件层见迭出，司法界应设专管出版的检察官，随时随地注意报刊的记载。如此，优良出版品有所保障，不良的处以应得处分。我虽身列出版界，情愿受此限制。

过去本人在香港办报时，便亲自受到英国诽谤法的约束。英国为了保障公众福利，订有很详尽的诽谤条文，据此我们想到英国所以步上民主轨道，诽谤法的关系很大。

出版法修正草案是内政部在今年二三月里送到前立法院的，前立法院不及审查，便移交现立院。这份草案订的很草率，如根据它来修改，简直是无从修改，例如其中行政处分一章，就必须取消。

总而言之，我认为应制定积极性的保障出版品的法律，使得出版界逐渐发扬光大，至于限制言论出版自由的法规，只要充实刑法上的诽谤罪条款就够了，不必另外再作文章。

某报登载科长贪污，县长抓人说是意图颠覆政府

吴绍澍

关于出版法问题，上次本报也举行过一次座谈会，发表了很多意见。不过最近我们接到很多读者的来信，因为限于篇幅，未能发表，今天提出来随便和大家谈谈。其中有一件很有趣味的事情，在一星期前某县某报登载了一条该县某科长贪污新闻，第二天某县长根据保安处分把

这位执笔的新闻记者扣押起来，当时就亲自公开审问，这位县长先向某新闻记者说："出版法修正草案你看见吗？"接着又说某记者是"意图颠覆政府"，而这位记者立刻回答县长说："你凭什么可以说我意图颠覆政府，即便有这样意图，而是县政府，也不是总统府。"结果某县长要这位记者道歉了事，这位记者偏偏不表示屈服，于是某县长就把某记者关了一夜，第二天该县某议长就对某县长说："你这种措施不大妥当，否则事情扩大以后，可能不可收拾。"某县长听了某议长忠告后，立刻去找某报社长谈妥协条件，某县长首先提出要某报今后不要再攻击他，他对这件事情也不愿再追究。以上是个小小例子，还有几封来信说，京沪一带的县长，对小型报记者一再表示，说现在随时可以要你们关门，如果照这样情形，一个县政府随便要报馆关门，我们办报的怎么样还能办下去？最后有位读者来信说，与其让政府通过这个出版法，不如让政府恢复公开检查制度，不准登载的文字宁可开天窗，否则要通过出版法比检查制度还要厉害。政府一再向外宣传，说中国已经取消检查制度，其实拿出版法来代替比检查制度更厉害的东西，实在太矛盾了。还有几位说行政处分根本要不得，尤其第四、五两章，既然要不得，我们就不容许它存在，二十年前的出版法没有行政处分，而今天的出版法比二十年前还要严厉。这些都是一些读者的意见。

出版法的害多益少，报界应该实行自动检查

桂中枢

我不但是律师，我也是出版家之一，成先生的话我很同意。不过我想补充一下：

（1）中国刑法除了损害公共利益外，已经包括了妨害名誉、妨害风化等罪名，所以出版法中这一点规定是用不着的。中国现在是民主国家，一般人都主张法治，却不知战时美国耶鲁大学曾来我国研究中国的人治。法治没有人执行，反叫土豪劣绅利用来摧残言论。（2）我国民法上已规定了著作人与出版人的关系，侵权行为的保障。美国报馆有managing editor，他负责把报纸看一遍，有什么地方可以被告妨害名誉

罪的，于是把它改正，中国对这个不大注意。

我主张出版法不能有，有了害多益少。我赞成自动检查，我们都受过上等教育，我们有人格，我们可以自动检查。政府当我们是小孩子，这个态度不对。如“戡乱时期”必须对言论加以限制，我赞成出版法是临时性的，行政处分不行，所得税法也要经过司法手续，现在出版法先斩后报，很不对。我的结论是：不赞成出版法，要有，也不能有行政处分。

修正草案，不值一看

史　良

我刚刚约略的看了看出版法修正草案，其实这个东西根本不值一看。根据事实来讲，现在还有什么言论出版自由之可言？谁还敢讲话？在这种情形下，还要什么出版法？

今天老百姓还能活得下去吗？为什么生活不能安定下去呢？怎样才能转好呢？这些话都该讲呀！要是不能每个人都跑到政府里去讲，必须借报纸刊物才好讲，所以说，政治要想作好，必须取消一切对于言论的限制。对于出版法，现在不应再讨论该不该，实在是根本要不得。我以律师立场来看，政府究竟那一点是遵守法律？就以特种刑庭最近所判电力公司两个工人死刑一事来论，竟不通知辩护律师出庭，这合什么法？根据法律规定，被告请不起律师时，可由政府指定辩护人，特刑庭就不遵守这项规定。

所以说，出版法就是制定出来，其内容也不过供人看看，究竟怎样做法，那又是一回事了。刑法上既然都有规定，要出版法做什么？真正爱护政府的，就不应该要它。因为我们既讲司法独立，就不该有什么行政处分。

从历史看出版法，修正草案限制之严史所未见

张志让

我对于中国出版法的意见已在另一座谈会中讲过，今天的主席王先

生及参加今天座谈的吴先生当时也在座。所以现在不打算再讲它的本身问题，而仅就其民国以来的历史作一回顾。

民国三年，北京政府先后颁行了报纸条例及出版法。然报纸条例于民国五年黎元洪复职为总统后即被废止。以后北京政府即未再订。当时的出版法仅对文书图画有所规定，对报纸杂志并无特别限制。而该法亦于民国十五年段祺瑞执政时终被废止。从此以后，北京政府即对报纸杂志与其他出版品均无特别法令限制，仅于民国十四年朱深为京师警察厅长时，对于北京一地颁行管理新闻营业规则。

目前提到民三法令，当然易使人发生不快之感。其实察其内容，尚较民国后期法令为宽。试观其报纸条例所禁言论，第一为“淆乱政体者”。所谓政体即政治体制。当时政体在形式上尚为民主，如有人主张恢复专制，即为淆乱政体，加以禁止，尚较合理。而民国十九年以来的出版法，则将“淆乱政体”改为“颠覆政府”。何谓颠覆政府？含义不清，可听执行者任意出入，危险更大。又民三禁条第二款系“妨害治安者”，以与民十九以来之所谓“意图破坏公共秩序者”相比，亦觉相形见宽。而前立法院修正草案又将此款改为“意图损害公共利益者”。如此则任何言论，苟不欲其发表，皆可适用此款而予以禁止处罚，另外再加“妨害邦交”一款。其罗网之密，实为有史以来所未见。又民三的出版法对于报纸杂志既无特别限制，其出版手续亦仅采取报告制，而并无检查、特许及保证金等苛刻限制。而民十九以来则一向采取特许制(其间实行检查制系由其他法令规定)。限制言论之特别法令，民国前期废之于前，而民国后期变本加厉于后，实不可解。

要克服他人的头脑，只有用自己更好的头脑来克服之一途；要战胜他人的言论，只有用自己更具真理的言论来战胜之一法。不许他人说话的惟一反映，就是使人人觉到自己已知道理屈辞穷。所以其不利于自己而有利于他人的影响，实较置之不辩为更坏。这是最不聪明的办法。

各国对出版法的管制，以战前德、义、日最严

万枚子

文化界要求废止出版法，是因上月南京《新民报》被政府予以永

久停刊的处分而起。我们从事文化工作者二十四人（今日主人邀请的还有周一志、方秋苇两先生），曾于七月十三日借重《大公报》的篇幅，发表《反对政府违宪摧残新闻自由，并为南京〈新民报〉被停刊抗议》一文。引用现行宪法第十一条、第七十一条之规定，认为行宪政府引用旧出版法为违宪，并评及在立法院审查中的所谓《出版法草案》中种种限制，无异说“出版不得有自由”，结语为“希望全国文化界一致主张永远废止窒息我们的所谓出版法之类的枷锁”。七月十六日，本人又在《正言报》发表一文，题为《不照宪法行事就是违宪》。本人的意见，已在两文内具体说明。今天本想从中国出版法的来源加以检讨，适才听见张志让先生已经述及，不妨狗尾续貂，再作补充。

内政部发言人曾于上月十七日发表谈话，要点：（一）强调对南京《新民报》的罪名为“公然企图损害国家利益，破坏公共秩序”；（二）承认旧出版法条文失去完整性，但仍谓另一部份规定为有效；（三）引用宪法第廿三条之规定为掩护；（四）说明中国立法采大陆制而非海洋制。一、二两点显系强辩，勿须再提。第三点宪法第廿三条之规定应注重在消极的“不得”而非积极的“得”，其理甚明。关于第四点，先从中国出版法的历史说起。前清光绪卅二年六月颁布《大清印刷物专律》，卅三年十二月颁布《大清报律》，这是中国出版法的始祖，内容大部仿效日本，尤其后者几乎以日本的新闻纸法为蓝本。禁例为：（一）诋毁宫廷者；（二）淆乱政体者；（三）扰害公安者；（四）败坏风俗者。民国成立，元年三月南京临时政府内务部颁布《民国暂行报律》三章，当时新闻界力持反对，临时总统孙中山先生立令取消。三年四月二日北京政府公布《报纸条例》，同年十二月四日公布《出版法》。两法并行，禁例八项，类如淆乱政体、妨害治安等等，尚不如所谓《出版法草案》之苛琐。直到黎元洪主政才下令废止《报纸条例》。《出版法》则因北京报界要求废止，十五年一月廿九日由段祺瑞宣布无效。北伐成功以后，民国十八年国民政府颁布出版条例原则六条，禁例四项为：（一）宣传反动思想者；（二）违反国家法令者；（三）败坏善良风俗者；（四）妨害治安者。廿年一月，中央卅三次常会通过的《日报登记办法》十三条，更进一步规定，核准登记的机关为省市党部和中央宣传部。十九年十二月十六日政府正式公布《出版法》，主管机关始移归内政部。廿四年七月十二日经立法院会议修正一次，廿五年十一月二次修正，廿六年七月八日三次修正，同时并修正施行细则，迄今为政府所沿用。内政部谓采用大陆法制，我们再从各国对于出版的管理，作一比较的叙述。英国虽有诽谤法，但对出版一向自由，注重在善良风俗及保障个人信誉。美国在宪法中即规定国会不能制定任何法律，限制言论出版自由。法国战前虽有出版自由法（一八八一，七，二九），系办登记手续，事先无须请求允许。苏联除报纸国营外，限制出版甚严。虽然苏联的言论自由，注重在自我批评，且政府与人民利害一致，但在纯理论观点，实不足采。墨索里尼时代的义大利管制出版之严厉，可谓登峰造极。类如监督新闻纸法（一九二三，七，一五）、新闻条例（一九二五，三，三一）、治安法（一九二六，一一，六，内有五条与出版有关）、新闻记者登记法（一九二八，二，二六）等等。出版请求登记时，须先有国籍证明书、公民证书、出生证书暨品行证书等等。出版可谓毫无自由，文化人等于机器。德国希特勒追踪而起，一变过去学术出版自由的作风，在国社党政纲第廿三条中作严厉统制的规定。其后又公布新闻记者法（一九三三，一〇，四），规定新闻记者必须经宣传部长戈培尔同意，方能执行业务。至于日本的管制出版，在大陆体系中可算第一。出版法及新闻纸法推行已久，尤以天皇及皇室尊严最为不可侵犯。而我们的现行的《出版法》，可谓集战前德、义、日法规之大成。行宪政府的友邦自为美国，可是管制出版，却要仿效战前的德、义、日。由此看来，《出版法》之类的枷锁，我们还能让它存在吗？

现行出版法抵触宪法，修正草案比原来的限制更严

袁仰安

宪法公布施行后，出版法成了问题了。因为宪法第十一条规定，人民有言论、讲学、著作及出版之自由，出版法是限制人民出版自由的，与宪法抵触，依宪法第一七一条“法律与宪法抵触者无效”的规定，理应修改或废止，毫不容疑。而且依宪法实施之准备顺序第一款之规

定，其修改或废止，在宪法所产生的国民大会集会前，就应该完成。当局迟迟不做，真对不住这一部皇皇大法。现在轮到行宪的新立法院了，我希望立法委员拿一点勇气出来。我本人是读法律的，读法律的总是“迷信”法律，所以对立法院特别寄有厚望。

刚才说过，现行出版法是与宪法抵触的。这一部与宪法抵触的法律，我们把它怎么办？把抵触部份修改呢，还是痛快把它废止？这是值得讨论的问题。我本人是主张废止的，试就管见，加以检讨。

现行出版法是民国十九年公布施行，到民国二十六年略有修正，这个时期是训政时期，在党治之下，所以出版品要呈缴国民党中央宣传部，登记声请书要抄送中央宣传部，新闻纸杂志之发行，要向党部登记，出版品不得有意图破坏国民党之言论或宣传等。而出版法第五章之行政处分，把出版品的生死命运授予内政部，要禁止出版就禁止出版，要扣押就扣押，要罚就罚，没有评议，不经过司法裁判，凭内政部的认定，可置之于死地。这样霸道的规定，有它时代的背景。过去的事，不必讨论。现在党治结束了，宪政实施了，我们该可享受宪法所赋予的出版自由了吧！有人说，自由不是绝对的，所以宪法廿三条列举得以法律限制的原则，为除暴安良、制裁犯法，而加于自由的适度的限制，乃自由的真谛。如果废弃了出版法，对于因出版行为而犯法的，或妨害他人自由者，不是失却了制裁了吗？其实不是的，出版不过是法律行为之一种，没有出版法，出版行为也仍然可以纳之于法律的正轨的。

我们试将这一部六章五十四条的出版法，作一个技术上的研讨。第一章总则，分条对新闻纸、书籍、发行人、编辑人、印刷人等下定义，这在辞源里也可找到，无关宏旨。第二章专讲新闻纸和杂志，这章是最不民主了，它规定发行新闻纸与杂志，须于发行前呈请核准，而准驳之标准又毫无规定，准你就准你，不准就不准，不知凭的是什么。真是太危险了。这种条文应称为违宪条文，赶快钩销才是。我记得去年有一张小型报的登记证办转让手续，转让条件里把登记证列为主要资产，实在因为准驳没有标准，难怪登记证有如租赁权之可贵而私相顶替了。第三章讲书籍，规定书籍或其他出版品末幅应记载著作人、发行人之姓名住所等，这章可有可无。第四章是出版品登载事项之限制：（1）不得破坏国民党或违反三民主义；（2）不得意图颠覆政府或损害中华民国利益；（3）不得意图破坏公共秩序；（4）不得妨害善良风俗；（5）不得登载禁止公开诉讼事件之辩论等。以上除（1）关于不得破坏国民党已成过去无庸列论外，（2）关于颠覆政府有刑法第一〇〇条可以适用，（3）关于破坏公共秩序有刑法一五三条可以适用，（4）妨害善良风俗有刑法二三五条及三一〇条可以适用，（5）关于登载禁止公开诉讼事件之辩论，是法院诉讼上的指挥问题，刑法上似无适当条文，不过不难补正。总之，出版法的限制条文，叠床架屋，尽是多余的。第五章行政处分，这一章最不合法治精神了。人民有犯罪嫌疑，交司法裁判，是乃现代国家所奉为天经地义。这章规定由行政机关径行核定执行，对出版品扣押或命令停刊，或对发行人处罚，均不经司法裁判。例如一家报纸，违反第四章出版品登载事项的限制，依照刑法上刑事责任的原则，应由违犯的人负其责任，但行政处分予以停刊，其结果使报纸的营业，陷于全部停顿，影响所及，无辜的股东，及一般依赖报纸而生存的无辜职员劳工，亦同受损害，甚至因而失业。这种处分，是祸害人民的，如见之于宪政国家，宁不痛心！第六章罚则，有徒刑、有罚金，对待发行人、编辑人、著作人实在太苛，差强人意者，罚则是刑法的特别法，须经司法裁判而已。再看出版法的文字，如廿一条第二款下半段规定，“意图损害中华民国利益”一语，笼统含混，易致罗织，在法律文字上实在不应该有。我和朋友在抗战初期，曾发行过《良友》图画杂志，亲身感受到出版法的拘束力量，所以我对出版界的朋友特别同情。查宪法保障出版自由，与保障言论讲学等自由同列一条，我希望以后不会有言论法或讲学法，以特别来限制言论和讲学的自由。所以我主张废除与宪法抵触的限制出版自由的出版法。

我刚才看到出版法旧立法院审查修正本，这部修正本，较现行出版法在出版品登载事项之限制上更加广泛，行政处分之严厉，有增无减。现行出版法是一部不合时代性的遗留物，修正本像经过女式时装裁缝改良过的旗袍，领头高了，下摆短了，旗袍还是旗袍。所加于这种修正本的工作，拼拼裁裁而已，那里是在为人民福利而立法？

我的结论是：现行出版法是应该废止的，真是要有的话，应该是一部保障出版、扶助出版、奖励出版的出版法。希望立法委员拿出勇气来。

出版法的存废问题是当前政治的考验

王造时

关于出版法的问题，刚才各位先生说的已很多了。我认为这是对当局的严重考验。第一考验当局是有实行民主宪政的诚意呢？还是要向后转走回专政的路上去？不论制宪的过程及机关有无问题，也不论颁布的宪法是否“要得”，但无论如何，就是从当局的立场来说，总算是行宪了。这部中华民国宪法第十一条明明白白写着：“人民有言论讲学著作及出版之自由。”第一百七十一条又写着：“法律与宪法抵触者无效。”试问民国十九年十二月十六日国民政府公布，同日施行，二十六年七月八日修正公布的出版法与现行的宪法是否有抵触？谁也不能否认，出版法是一党专政的产物，故第二十一条规定：“出版品不得为左列各款言论或宣传之记载：一、意图破坏中国国民党或违反三民主义者；二、意图颠覆国民政府或损害中华民国利益者……”现在是宪政时代，不是训政时代；是三党参加政府的时代，不是国民党一党专政的时代；是中华民国政府时代，不是国民政府时代，那么这最基本的一条不是与宪法明明抵触吗？抵触不予以废止，还要加以修正提出，成所谓修正草案，使他比原来的出版法在实质上还更厉害，简直给出版品设立了天罗地网，这是行宪呢？还是违宪？这是民主呢？还是反民主？倘是当局有实行民主宪政的诚意，我奉劝当局赶快宣布废止现行的出版法。

第二是考验当局是要实行多党政治呢？还是依然一党专政？现行的宪法是取法英美的民主政治，而英美的民主政治，假定大前提就是多党政治。在多党政治之下，反对党无论在议会里面或外面，无论用口或是用笔都在“意图颠覆政府”，如果不用武力，而仅“意图颠覆政府”，便认定是犯罪，那么政权是永远不得改变，这不是专政是什么？

第三是考验当局是要注视民意呢？还是逼人造反？民主政治就是民意政治。如果政府不要民意，不顾民意，那还成什么民主？国事今日闹到这种地步，如果不撒谎，谁也不满意。压制的民情，你让他发泄出来以作政府施政的参考或监督，不仅可以收拾人心，而且在施政上可以得到很大的帮助。如果你一味把一切改良的窗户都关闭，他没有别的路走，只好上梁山。老实说，今日在这里争言论出版自由的，乃是一班存心善良、三年造反不成的“秀才”。他们看见老百姓的苦痛、社会上的不平，及政治上所造成的种种罪恶，想说一点点罢了。如果你拿起出版法的牌子，一定不许他们说，那么许多人就会不动口，甚至于去动手了。大局岂不是更糟？刚才有人说，当此“戡乱时期”或许需要管制出版，我要问：现在出乱子的是拿枪杆子出的呢？还是拿笔杆子出的？“戡乱”是“戡”枪杆子出的乱子呢？还是“戡”笔杆子所争的真理？枪杆子的问题，用枪杆子去对付好了；笔杆子的问题，我们希望用笔杆子来辨个是非黑白。否则，越“戡”越乱，乱的不能收拾。中外历史告诉我们：基于民意的政权，才是稳固的政权；基于正义的力量，才是可靠的力量。

请当局孰去孰从，在出版法这个具体问题的考验上，希望有以自择。

立法院不做宪法罪人，对出版法希望尽量提出意见

江一平

谈到出版法问题，我们要研究其作用，应客观的看其内容。至于立法院现正审查中的修正草案，是由前立院提出，现在立院准备在复会后再详加讨论。我敢说，现在的立法院决不做宪法的罪人，出版法有两种作用：(1) 限制某种自由。(2) 限制某种行政处分的自由。其重心是在修正草案的第四章，如能肯定它是保障出版业的，那就不该谈出版法的存废问题，而是要怎样充实它的内容。因而希望各界能在立院九月复会前，提供补充意见，好使出版法能放异彩。

如出版法修正草案第四章二十一条第一项“意图颠覆政府或危害中华民国者”的“意图”字样就应删去；该条第二项“妨害邦交者”

应绝对删去；第三项的“意图”字样也应删去。第二十二条我认为留它无害，第二十三条也应该存在，第二十四条不必要。第二十五条本人没有意见，这条文的附条我认为极有价值，第二十六条应完全删除。除以上列举者外，这本出版法都是保护出版事业的，而第五章所规定的行政处分是第四章自然结果，有存在必要。

如出版界主张废止出版法，不愿提供意见，则新出版法制定后必不合大家要求。如其废止不成，反不如有个鲜明规定，免得法规毫无约束。我要求各位，本着各位经验，按照宪法精神，为了政府和个人的需要，使得尽量缩小约束才好。

诸位可以看得出，立院开会的两个半月的过程中，政府并没有控制立院的意思。关于调查泄露秘密会议的事件，立院相当的尽了保护言论界的责任。我诚恳的要求诸位提出对第四章的修改意见，使得出版法尽了保护出版界的任务。立法院确实在想作些事情，最好能得到一个简单明了的明文规定，使行政处分受到限制才好。

要求废止出版法！

潘震亚

各位今天来谈出版法问题，兄弟过去也是个新闻记者，民国十年以前就在南昌参加革命，一直到武汉后才脱离。当时北洋政府时代封报馆是引用戒严法，并不是出版法。讲到出版法，现在的草案比北京政府时代还要厉害，所订内容都是些莫须有的条文。就拿“颠覆政府”四字来说，要有颠覆政府的行动才能够成立罪名。其次行政处分所订各条文，更是空洞。例如“妨害邦交”，在英美法上根本没有这种条文，而且有些处分在刑法上已有明白规定。这里面所订的内容，在北京政府时代也没有禁止过。再说不得妨害本国元首或友邦元首名誉，这一点，刑法上也有明白规定，何必多此一举？刚才江一平先生说他同意不登载在审判中案件之批评，他的意思是说登了以后，要影响推事的判决。我对江先生的意见不敢赞同。要知道司法是独立的，不受任何压力，也不受任何人影响，推事要有威武不能屈的精神，言论绝对不致于左右他的判决，这样才是一个公正的法官。兄弟对出版法问题，认为并不是要不要的问题，而是应该废止的问题。因此，我们各界应一致起来，要求废止这个出版法。兄弟要求各位赶快对这个出版法提出反对，要求废止。

不要出版法，宁受刑罚制裁

周一志

我办《再造》旬刊，我以同业及律师的资格出席这个座谈会，同时也以国民党义务辩护人的资格出席。国民党有今日的成功并非偶然，三民主义是立国的原则。可是后来样样都开倒车，出版法是开倒车之尤，说起来痛心。这就是我作国民党义务辩护人的缘故。

出版法的存废问题，我同意上月《大公报》对这问题的社评，以及程仲文先生在《再造》第三期发表的文章。我想这一个问题，不是要不要的问题，而是废不废的问题。要废止一定要经过斗争，我希望立法委员为这事奋斗，不论退席或不当立委，都得奋斗下去。杂志界已经联合起来了，我们每两星期集合一次，准备奋斗。

关于“戡乱”问题，为了“戡乱”只好委屈这点不正确。“戡乱”是军事问题，而办杂志报纸是文化事业，并不是搞军事，不能把这个大帽子压上来，何况现在已经行宪了。我说现在是危险时期，所谓危险是危险在不让人说话，没有人敢说话。英国人有一句话：“让人民说话说得愈多，政府愈安全。”结论：干脆废止出版法，出版法根本没有保护作用，我们宁愿受刑法制裁。

出版法侵犯人民权利，我们绝对不许它存在

沈体兰

兄弟今天以文化工作者的地位来对出版法问题贡献一点意见。过去人民没有言论自由，也没有享受法治的权利，我也是当中的一个小阿斗。现在是行宪了，这个出版法草案，在我们人民立场上来看，根本要不得。在训政时期国民党与人民约法，这种约法是单方面的，今天的情形可不同了，现在已是行宪时期，行宪就是走上民主的道路，并不是口

头讲讲的，一定要有事实来表现。今天要订出版法不外乎两点原因①：(1) 军事的，在军事“戡乱时期”不能随便报道。言论一定要有自由，我们希望当局对善意的言论不必加以管束。看看今天出版法草案，要完成特许手续，才可以出版，其实出版界可以用种种方法来逃避的。尤其是行政处分，是违反宪法的东西，本来人民高于一切，行政附属于人民，现在反而行政爬在人民头上。由人民选举出来的代表制定法律，叫我们人民不许做主人，而让行政做了我们的主人。我们反对行政处分。我今天的表示是：出版法这是又一次来侵犯我们人民的权利了，我们绝对不许它存在。

废止出版法有四项理由

傅况麟

我是持出版法废止论的，理由有四：

一、出版法与刑法重复。检讨出版法五十四条当中，除有廿二条规定各种名称之界说、各种登记之手续及附则外，其精华部份仅有五条，规定出版品登记事项之限制，即禁止记载之文字，如颠覆国民政府、损害中华民国利益、破坏公共秩序、妨害善良风俗之类，其实在刑法一百条、一百十六条、一百五十三条、一百三十五条、三百〇九条均有规定及处刑标准，已见于普通刑法之外，订立此出版法之特别法，并不特别，反嫌重复。

二、出版法与司法脱节。关于行政法令，无论其为内政、财政、经济、军事、外交之各项法规，凡有涉及科罚处刑者，如印花税法、票据法、所得税法、兵役法等，无不由主管机关移送法院办理。在出版法中既有罚则，规定科罚与处刑自不应居于例外，而由行政机关自行处断。出版法自民国廿六年公布施行后，从不与法院发生关系，显与司法脱了节。

三、出版法与立法异趣。在解说此点以前，先举一喻。譬诸吃酒，起先人吃酒，后来酒吃酒，最后酒吃人。人吃酒原是雅典，酒吃酒便属浪费，酒吃人就未免有损害了。同理，法是人立的，起先人立法，后来

---

① 后文只提到一个原因。

法立法，最后法立人。人立法是为了保障，法立法便近于残忍，法立人那简直把法来毁灭了人。人民选举代表出来立法，是为了保障自己，立自己遵守的法，决不宜立一种箝制自己的法。出版法充满了作茧自缚的条款，恐怕不是人民立法的本意吧。

四、出版法与宪法抵触。宪法第十一条“人民有言论、出版之自由”，则出版法所为限制记载之事项及处罚之规定，两相对照，其基本精神，恰恰相反。宪法第一百七十一条载明法律与宪法抵触者无效，是出版法已与宪法发生了抵触。其实，出版品全部篇幅中，倘有一部记载妨害了他人，被害人已依刑法控诉编辑人、发行人或著作人，作适当之制裁，自不应再科罚出版品，而近专虐。

出版法的行政处分，为贪官污吏开路子

朱绍文

本人想贡献的，是要现立法院应先认定立法政策。政府是应有政策的，有了政策，立委才有依据。现在的立院对立法政策认定后，然后再去制定法律，不应在枝枝节节的单行法上去多研究。

第一，政治的条件。中国的政治，现在是一党的还是多党的？如属一党政治，就应采干涉政策，如属多党的，就应取助长政策。

第二，采何法系。当今世界有英美法系和大陆法系两种法律的编制。大陆法系是有法典的，英美法系多是不成文法。在中国，民国从来是采取大陆法系。

第三，法律问题。国家的根本大法是宪法。宪法对法律规定的很清楚，第二章规定有人民的权利和义务，政府负有保护人民权利的义务。政府是义务者，人民是权利者，所有人民的权利，除宪法规定外，不得另以法律加以限制，因为刑法上对犯罪都已订得明白详细。

出版法应该是保障出版界的。根据犯罪学来讲，它是以个人为犯罪的主体，不是以法人为犯罪的主体。出版法如订有行政处分，必须确定事实，否则不可以用“意图”什么的来定罪，例如社会秩序有共产社会、资本社会、封建社会等分别。所以希望立法院法制组诸委员应先确

定立法政策。

除刑法是消极限制人的法律，此外都应是助长性的，不应是干涉人的。现在为限制人民权利，定出种种单行法，是不应该的，若定也应为防止他人危害出版事业而定。至于行政处分，既不经法院裁判，必是给贪官污吏开路子，流弊很大。

不必要政府多费心思，出版业自会管理自己

方秋苇

时间不早了，我准备的材料，各位都说过了，不必重复。兹略述我对出版法存废问题的意见及上海杂志业若干同人的意见：

一、我主张废除出版法，也不主张以其他法律来代替出版法。无出版法的状态下，我们出版者发挥理性、人格，循着最高道德的标准（这是我们编辑人的轨道）来管理自己、约束自己，不必要政府多劳心思。出版品发生诽谤或违法等情事，自有刑法来干涉。上海杂志业同人最近将开展废除出版法的运动，请各位援助和指教。

二、研究民国出版法制，我发现孙中山先生是反对限制出版自由的伟大人物，袁世凯是发明出版法的人物。国民政府于十九年颁行出版法，内容和精神并不是承继孙中山先生保障出版自由的精神。研究国府的行政法，我发现出版法及其施行细则，其修改次数之多，较任何行政法为勤。行宪后，一切行政法规不加整理，唯有《出版法修正草案》提出最快，且将为立法院九月复会讨论的第一件法案。其中微妙，让聪明的读者去解释吧。

三、成舍我先生主张不要出版法，意见很对；但成先生主张“非常时期”、“戡乱时期”对于出版品记载违法的惩罚，引用《“戡乱时期”总动员法》，这意见很不对。出版法所加予出版业的是行政处分，厉害的手段是停刊、没收、罚款等；如用《“戡乱时期”总动员法》，则要把发行人、编辑人乃至著作人送进特种刑事法庭。轻则徒刑若干年，重则脑袋搬家，何等厉害！我反对这个说法。

四、《正言报》有一读者主张以恢复检查制来代替出版法，也不妥

当。书报检查流弊很大，报纸杂志受不了，我也反对。傅况麟律师主张以积极奖励书报的制度来代替消极限制主义，立意很善，可是现政府办不到。记得去年“中央文化运动委员会”办理优良杂志奖励，结果获奖的都是官办党办的“中央系”刊物，所以傅先生的好意，现在仍行不通。

总之，我们不要出版法，我们要力争出版法的废止，我们要发皇为运动力量。我们不要让扼杀人民言论自由的出版法成功！如果它成功，我们便失败了！

出版法毛病多，应注意保护和奖励

程沧波

我对出版法问题的看法，和大家的意见差不多，我觉得这东西毛病太多了，尤其是行政处分，值得研究的地方很多。如要有这么一个特别法，应该是积极性的，原则上要多多的加以保护和奖励才对。中国其所以能有今天的一线自由，还是靠着言论来维持的。不过我们做报的人应该有个人的人格，报馆要有报格，我们要凭着我们的良知说出我们所要说的话，万不能一味地滥用新闻记者的权利，特别是报人的责任问题，非常重要。这次在联合国新闻会议中，英美各国对责任问题特别提出来讨论，中国方面也有很多提案，这就是说我们报人的自由诚可贵，大众的利益也要顾及。

（载《大公报（上海版）》1948 年 8 月 9 日）

嘉谱楼答客问之一

吴　伦

本文作者对于出版有关诸问题，极有研究，而且时有创见。这篇文章是他“嘉谱楼答客问”第一篇，触及到我国印刷技术改进的基本问

题，而且提出改进的可能性，极值重视，谨向读者推荐。——编者

客：这几日脑袋里装满了乌烟瘴气，不是香得受不住，就是臭得不可向迩。我们找些大人先生们所不屑谈的问题谈谈好不好？

主：愿安承教！

客：谈谈什么呢？哦！出版界主编先生要我供献他一些材料，我一人所知有限，愿意和您讨论讨论关于出版的几个问题，若得些结论，也可聊以塞责。

主：我对这类问题，虽素有癖好，也是一知半解。但有所知，无不竭诚提出，共同研究。

客：好——说起出版真是千头万绪，而且一提到这问题，看到我国的出版状况，再看看世界各先进国家的出版情形，真教人惭愧。远想我们的祖先——毕昇，就已发明了活字，称为世界印刷鼻祖，而现在竟如此不景气，是何道理？

主：寻常说印刷术始于宋之毕昇，其实还要早些。远在隋朝，就已有了印刷术。明陆深著《河汾燕闲录》："隋文帝开皇十三年十二月八日，敕废像，遗经悉令雕版，此印书之始也。"又唐《柳玭家训·序》，言在蜀时，尝阅书肆，见字书小学率雕本。是自隋已有木板，但只雕佛经。到唐末渐及于字书小学，还没有雕本的经书。以后到宋朝刻板书才盛行。现在流传的精印宋版书，字体秀实，墨色匀鲜。放在近代所印的活字书中，可无愧色，不能不说是古代艺术的奇迹。

客：那么，为何如今每况愈下呢？

主：别忙呀！大凡一种技术，离不了经济条件。从前雕版时代，每刻一书，动辄倾中人之产。而且印了数百部，就已漫漶不可用。至于书版的笨重、搬运的费力，更使其生产迟缓，流传不广。近代发明活字后，这种困难，已克服了不知若干倍！但是拿我们的方块字，比比人家的蟹行文，又追不上了。人家用二十六个字母，加上极少数标点符号，藉着日新月异的速排速印的机器，其生产的速度及成本的低廉，比起我们来，实不可以道里计。我们用一个个不同的铅字来排印，一套字模，为适用普通用途，最低限度也要三千余字。单就铸字成本而言已高出人家百倍，其他工作也照这比例一倍倍加上去，要一个字一个字的拣出，

再一个字一个字的排版，故其成本与工作速度适成反比例。这实在是我国出版前途的大障碍。

客：如此说来，照你的意思，岂不是要废除方块字，提倡罗马化或拉丁化了吗？

主：这问题太宽，我也不一定是这样主张。不过我是就事实而论，这实在是方块字在这一类用途上的先天不足，根本无法和人家的字母竞争。不过在后天方面，如能从改进科学技术设法，则减低成本，增加生产，并不是绝对没有办法。

客：那么你对此有何高见呢？

主：我刚才说的只是就方块字的缺点而言，至于现在出版界的人谋不臧的一般现象，实在也是出版前途的一大障碍。据我想，这一种现象的不能避免，实在是由于不为也，而非不能也。故我以为：第一点，要彻底改造出一套中国自己的印刷技术系统，能使方块字印刷达于最理想的程度。第二点，要彻底训练出一批优良的出版人才，来给全中国的读书人和文盲造福。

客：照你说的第一点，我有些不明白。据我知道，中国自宋朝用木活字起，到明朝有无锡兰雪堂的铜活字，清朝英美教会的浇铸华文铅字，逐渐进步到最近各铸字厂所铸出的老宋、仿宋、聚珍、正楷、方头各号铅字铜模，真是五花八门，各有千秋。至于拣字排列方法，从早期元宝式字架，改进到现行的统长架，大致都有了办法，这难道不是中国自己的办法吗？

主：是的，这已经耗尽若干聪明人、苦干者的脑髓和心血了。但我的意思是，照这样改进下去，如果不改变原则，还是一字一字的写，一字一字的刻，一字一字的铸，再一字一字的拣、排、拆、归还原架。那生产永远快不了，成本永远低廉不了。

客：那是方块字本性所限，又有什么办法呢？

主：我曾想了许久，也想不出什么好办法。诸如道光年法国人葛兰德的“华文叠积字”，以部首与边旁分刻拼合起来，可省字模不少。最近林语堂氏在美发明的华文打字机，也是利用上下左右内外等笔划互相拼合的办法。这都已很进步了。这种原理我也曾想过，但一想到这种办法印出字体大小疏密的不能整齐，我就不愿再想下去。我是另外幻想着：在没有其他更好的办法以前，用照相方法排字，似乎不失为一种有效方法。这种方法在欧美已经实行，例如 Photoline machine，Photo-composing machine 及 Uhertype machine 之类。这种机器可将原字利用光线直接投射于有感光剂的金属版上，经药水腐蚀，即可付印。而且只要有一套原字，便可调节距离或改换镜头，“铸”成大小不同的字体。这样只要有一方排列得很科学的原字底版，用略为熟练的移动技巧，就能省去了排字、拆字、还字等等手续。至于省去铜模，减轻不少成本，使字体可平添若干不同变化，犹其余事。

客：这倒很合理，但为什么西文排字不普遍应用这方法呢？

主：你问得很有道理。据我想机器成本的昂贵是一原因。西文字母用 Linotype 或 Monotype 已有很好的成绩，换起字模最多不过几十个，不见得麻烦，所以不必用照相排字一类的机器，而且这种办法只适用于平版印刷，但将这原理用于中文排字，却大有发展的前途，因为如用 Linotype 的原理来排中文，则字架上所备的字模多得吓人，其拣出及还原的机械将要复杂得异常，这是办不通的。如用照相原理，则每字用光线“拣”出，也不必还原，比起老式排字方法，已省去种种手续，在经济上仍是划算的。不过我不是机械工程师，是否尚有不能克服的困难，就不敢说了。但是如果有技术专家愿意从这方面试试，我敢断定其收获决不致使他失望的。是否有人愿意作这革命性的投资，那就要看环境而言了。

客：照你说来，如果排字方法真能改革了，是否出版就有了办法呢？

主：那还不够，除了第二点人材不谈，就仅仅在技术方面说，还有印刷、校对、装订、发行，以及其他技术上等等问题，也很须改良呢！

客：今日不早了，这许多问题下次再来请教罢！

主：好！再见，欢迎常常来谈谈。

（载《大公报（上海版）》1948年1月22日）

关于出版家的修养问题

——嘉谱楼答客问之二

吴 伦

客：上次承教若干关于排字技术等改进问题，今天愿闻其详……

主：惭愧惭愧，此类出版印刷技术问题，说来话长，而且许多术语名词等颇为枯燥，如果你对此问题有兴趣，我很愿共同研究。不过此类技术书籍，在国内尚少见到，等我准备得有些眉目，再来介绍给你。今天谈谈旁的吧。

客：哦——上次你说要改进国内的出版事业，一要技术，二要人才。我们谈谈人才问题好不好？

主：很好！关于出版人才问题，诸如性格、训练、修养、资力等等，在目前都是问题。一时也谈不完。我想先就修养一点来讨论。我所谓出版家的修养应该将"德"与"智"两方面相提并论。

客：我也常常想到出版家的道德观念应当讲求，譬如说，出版品的抄袭问题等。

主：恕我打断你的话，我要说的也许比这要严肃而具体些。我以为做一个标准的出版家，第一，应当注意他的人格的修养。第二，当注意从业的修养。人格的修养是基本条件，有了它，才能考虑从业的技术问题，一丝一毫不能假借。

客：你这论调已是老生常谈！人人都要有人格的修养，何必对出版家再提出这问题？

主：不然，出版家的人格修养固然也注重仁义道德，但应该特别注重的而与出版界前途有关的有五点，即：（1）要有造福人群的道德信念——出版事业是一种将少数人的思想学问介绍于大多数人，或将彼此的思想学问互相报导的一种事业。倘所介绍、报导的资料对人群有损无益，其罪不但是灾梨祸枣，实成了"灾黎祸庶"了。

出版家的事业最有教育意味，也最难做。一不谨慎可弄成功过参半，或竟至过多于功。所以在积极方面，应该多介绍发行有益的图书。在消极方面，应该不为名不为利。只有一个坚定不移的信念，是造福人群，这人群并且应该是超种族的、超国际的、超宗教的。

（2）要有纵横宇宙的学问范围——这问题太大，也许人要误会照我这样说，除了圣人没人敢做出版家了。我意思是：他的知识的涉猎范围，要充其空间与时间的极致。例如他在历史方面应该知道中国有多少年的信史，世界有几种有文字的国家，甲骨文或金字塔以及私家笔记对正史有若干贡献，编年、断代与纪事本末的体裁孰优孰劣等等。在自然方面应该略知牛顿学说与爱因斯坦学说的分野，世界的主要人种与文化的分布状况，从术士炼金到原子实验对人类生活的影响等等。在现代知识方面应当说得出什么是 UN、什么是 TVA、什么是占领德国问题等等。我们但希望他能有相当程度去翻翻一切各科重要书籍的大纲，进而探悉国内外有那些人对那一类问题有重要研究与发明就够了，并不是要他把这些书都读得通，当然能通更好。

（3）要有辨别是非的智慧能力——这一层很难，但是极端重要。世界上的学说，坚白同异，五花八门，出版家固不必过于主观的去取，但应尽量客观的介绍。不过不登水准的东西是不应该替他出版的。例如把架空虚构及缺乏实验的学说当作发明，把粗俗幼稚或诲淫诲盗的作品当作艺术，这是国内外出版界常有的现象，应该绝对避免。

（4）要有百折不挠的坚毅精神——出版家对于他的失败，应该不必介意、不必气馁的去克服，但人为的失败是不足为训的。近来出版界因为利润薄、成本重，失败的处处都是，于是人人都以为出版事业不可为。有志出版事业者更应当憧憬到当前的难题而加以充分准备，迎头应付。我以为做别的事业或可侥幸成功，而干出版极少有侥幸成功的。试看许多中外有名的出版家，如追溯其当年经营历史，实在充满了血与汗，足为我们效法。

（5）要有虚心受教的研究态度——出版家要记住，他所发行出版物的内容，是可能天天在读者纯洁的脑子上印上一些痕迹的，这痕迹依了演绎与归纳的过程，再陆续与其他的若干痕迹镕合、相销，渐成一型式——就成了读者的自己的思想了。这痕迹是佛家所谓“因”，读者脑际以及其日常生活体验的反应成了“缘”，因而形成读者的自己思想，进而支配其行动，就成了“果”。种“因”一误，其“果”也岌岌可危。以后再洗刷这个恶“因”比种一新“因”困难得多。所以出版家若自己发现或经人劝告其出版物内容有误，应绝对虚心的立即改正，如全书不该流通的更应立即毁板收回，不可贪小利而忘大义。

客：好了好了，听了你这番议论，出版家简直是步步荆棘，一动便错，没有人肯干了。

主：也许我说得过份些，不过我主张的是宁缺毋滥的态度，人格修养不足的出版家，与其害人害社会，还是请他改行的好。试举一例：大如希特勒的《我的奋斗》的风行，使德国人民陷于现在的悲惨境遇，其他国民受此影响的亦不少，也许我国某一阶层里一部份人的脑筋，至今还受其相当支配，影响将来的社会不浅。小如神怪仙侠一类的小人书充斥于市面，于是就有小学生离家失踪，入山访道去了。

客：现在请谈谈关于从业的修养问题吧！

主：这就是“智”的问题了。从事出版业者的常识与技术修养，如欲求全，简直一言难尽，我想关于商业常识、管理技术等等，都是一般事业的共同条件，可略而不谈。现在只谈有关出版的基本常识修养。至于精深的印刷技术，那是出版从业员的范围，出版家只要略知一二即可。

客：出版家对于本业的常识，自然应该知道，否则成了一个外行，又怎能不失败？

主：我所谓的基本常识修养多少是关于出版业的“业格”的。不是一般所谓内行的常识。略去一般枝节问题不谈的最重要的可分：取材、编印、销行三方面来讲。

客：取材的范围就相当广，无论是中国的、外国的、原始的、转载的，似乎都应该包罗……

主：是的。取材的性质可分撰著、翻译及辑刊等类，但其内容有一共同点，不应该违反两个原则：

（一）要言之有物——凡著作无论是关于载道的、经世的，或格致的，只要不是道听途说，而有相当真实价值的，都可以选取。柳宗元云：“夫为一书，务富文采，不顾事实，而益之以诬怪，强之以阔诞，以炳然诱后生，而终之以僻。是犹用文锦覆陷阱也。”故这类务富文采、不顾事实的著作，在古人看来，都是“灾黎祸庶”的一种陷阱。再，著作的陈义不一定必须太高，但必须真切而实用。陈宏谋云：“凡有著述，只就考之于古得之心者笔而书之。宁为布帛菽粟之言、土风物宜之记。可以坐言而起行，兼可信今而传后。”这几句话可以当出版家选稿取材的座右铭，真是透彻而简要。

（二）要开卷有益——所谓“益”，是指一要对改进人类生活有贡献，二要对提高人类思想有贡献。前者注重自然，后者注重哲理，其有益于读者则一。所以出版家的人格修养是体，从业的修养是用，都离不了真善美的原则。

客：编印方面当然要看资力而来，当然本钱下得越多，成绩越好……

主：这也不见得，我以为编与印应该分开来讲，但其重要性是相等。

客：假如出版丛书之类，自然需要编的工夫。但把作家的原稿直接付排就可以了，为什么还要编呢？

主：这也许是我的偏见。我以为一般原稿，未为完全适合于排印技术，更未必便于读者的参考。如果出版家能本其经验学识，先费一番整理工夫，其结果一定是事半功倍的。故为了适合排印：关于原稿的行款、标题的划一、插图页数的安排、特殊文字的清缮，都应十分注意整理后方可送交排字房，否则校对时将不胜其烦，或竟无从校起。其次为了供读者以最大的便利：则原稿如排次分量前后轻重不同，应该设法使其平均。如书中内容自相矛盾，应该设法使其一致。尤其书后大都没有引得（Index）或参考书目（Bibliography）之类的附录，书中缺少有用的插图等，几为我国出版界的共同缺点，但看看外国大书店的出版物，对这层却十分注重。我记得从前有位朋友把他所著一本关于外交史实的研究著作交我出版，为了兴趣关系，我试替他编了一套书后引得。我用的方法是把书中所有的人名、地名、重要名词术语等都分写成由英译中及由中译英两套卡片，按字母及笔画排列次序，同时即将全书出现该条的页数一一填入。其结果竟发现了一个西文名词有了好几种中译，或一个名词的解释前后有了矛盾的种种问题。我当即把这些问题交给作者一一修正，作者对我当然极端感激。这番工作不但使这部研究报告更增加了它学术上的价值；读者有了引得，翻检时更便利得多。以后我用这方法施之于其他出版物，也得到同样成功（某大书局有一本音乐辞典，内容可说是荒谬绝伦。前后同物异义或同名异译的可达数百条。我曾为文在报端纠正，但该书现已再版三版，未曾加以丝毫改正，可见今日的出版道德）。我现在并不是希望出版家替每个作品做引得，这样既不必要，也为事实所不许。不过遇了重要著作，出版家如要求作者加上些有用的附录或插图，当不为作者所拒绝，将来对销行方面，一定也有帮助的。

客：关于印刷方面，在目前出版材料困难的年头，似乎不能过于求全？

主：我自然也想到这点，但对于印刷装帧等条件，我认为应该本经济的原则，使其能发挥最高的效用，而并不要趋于豪华。譬如一本单色印的封面，书面用普通铅字排成直线或横线，比较用图案字予以适当的美化排列，或用一种与本书内容相和谐而增加力量的构图，其成本几乎相等，为什么不用后者而用前者呢？又如一本套色的封面，用简单而相冲突的两色印在白纸，比较用色彩调和而光影浓淡交织的两色印在有色纸上，其成本亦相等，为何不多费些脑筋呢？试看现在几间最大书局战后所出书籍，其外表几乎没有一本能使人爱不释手，大都面目可憎。反之一般私家印行的或新兴书店的出版物，倒有几种可喜的装帧和编排形式。这绝不是因为成本关系，而是人谋之不臧，也许大书局年代已多而人事已老，也有了官僚化了。这是出版界自暴自弃的现象，怎不令人痛心！

客：对了，这自然也影响了它的销路，而造成出版界的不景气。故对于销行方面，我以为是和书的内容和外表有莫大的关系。当然内容比较精彩而装帧比较美化的书，容易销些。

主：这当然是先决条件，除了上述两种条件，我希望出版家更能做到“广”、“速”、“信”三个字。第一是销处要广，书贵流通，分布地点越广，读者购买的机会就越多。这当然也要看推销技术如何。第二是配书要快，尤其有时间性的出版品或期刊，应当按时出现于书店或报章。我从前经理某一期刊，每月一日出版，一定在上月二十五六号就印好，远处先发，近处后发，总叫他在同一天陈列出来。同时大张而醒目的招贴也预先印好，在当日一齐悬出。朋友都笑我固执和过于紧张，但我认为这正是出版家所应有的起码性格。近来如《观察》周刊，总是每星期六一早便在各报摊出现了，这是出版界……

客：好了！你这不是替人家做广告吗？

主：我这不过是聊举一端而已，我们既然批评出版界，坏的固然不应该放松，好的为什么不可以宣扬宣扬呢？

客：你所谈的出版家，好像是包罗万象的。但限于各人的兴趣或能力，普通出版家大都各有专门，能否谈谈这一类的问题？

主：惭愧得很，我的专门学问有限，不敢妄肆空谈。但也有一两种性质的出版物我有些愚见的，等下次再谈吧？

客：也好，今天本来不早了，哟！已经十二点多，恐怕没有车了！告辞告辞！

主：对不起，下星期我来拜访，再见！

（载《大公报（上海版）》1948 年 2 月 5 日）

儿童读物问题

——嘉谱楼答客问之三

吴 伧

主：喂！个把月不见了！

客：我来了几次未遇着，不巧得很，听说你杭州游春去了。

主：那里是游春，简直是人挤人。不过能离开尘嚣的上海几天，也还值得。

客：现在一般人能够逢时应景，跳跳蹦蹦，不管是挤也好，游也好，究竟比行尸走肉来得高明些。

主：提起应景，这两天接连着是愚人节、儿童节、音乐节……真是漪欤盛哉。我离上海好几天，不知此间对这些“佳节”如何庆祝法？

客：惭愧得很，我总算是吃出版饭的，儿童节那天也不过多登些广告，买书的比平时多一些而已。至于应时出版的新书还是谈不到。

主：我听说有一本《三毛流浪记》是应时出版的。

客：这倒是一本新书，虽然是报上登载过的材料，印出专集以后，照样受人欢迎。

主：是的，我看见报上说各地争购的情形，这倒是好现象。不过因此我想到一个严重问题。

客：啊？什么问题？

主：就是——书店里所看到的儿童读物，除了一般披了一件儿童读物外衣而只能给大人读的刊物及一般可怕的连环画小书不计外，剩下的真正的儿童读物太少了，而这批读物当中大多数是中年级、高年级儿童读物，初年级的儿童读物简直是凤毛麟角——这个严重问题。

客：我以为这责任不在出版商。初年级的儿童大多在受着母亲或保姆教育，也没有阅读能力。这种读物就印出来也没有多大销路的。

主：不然。这正是问题的焦点，因为我们一般家庭里既缺乏充分受过教育的母亲，更缺乏好的保姆或保育机关。试想想看，把一个已经达到求知年龄的一块璞玉似的儿童扔在弄堂里或乡间，丝毫没有有益的刊物和玩具来陪伴、来启导，其结果之坏可想而知。这是不是出版界应该虑到的现实问题？

客：但是……

主：我知道你是说初级儿童没有阅读能力，但这正是出版界应该用较大的决心来克服的。初级儿童对文字领略固有困难，但对图画模型总能充分了解。出版家应从这方面着手。

客：但是这样印刷的成本太高了。

主：这当然是使出版家头痛的事。不过我想还不太严重。专售儿童读物的书局现在既能单独存在，可见家长们对子女的买书费用尚不太吝惜。只要有真正好的，他们总会要的。

客：现在一般出版界也已这样做了。把儿童读物分成初级、中级、高级等不同程度，家长们可以很便利去选择。

主：我以为这还不够，这只能解决了一部分入学儿童的问题，如果不入学的就不大通用了。

客：市面上补充读物也很多，可以参用。

主：这已是可喜的现象，但不太够。我理想应该把儿童读物至少分成两大类：每类再分成若干组，举例如下：

甲、入学儿童读物——幼稚园、初级、中级、高级（或初小、高小、初中）等。

乙、自学儿童读物——二岁至六岁、七岁至九岁、十岁至十二岁、十三岁至十六岁等。

客：我想出版家可以试验试验。

主：这不是什么冒险的事，至少外国的出版界早已这样做了。现在手边有个例子或可证明。这是美国"吓煞伪"书店 Hathaway House Bookshop 儿童读物周(一九四七年十一月十六日到廿二日）内所介绍的图书目录，试看看他们的内容——自然这也是一种生意经，但很值得效法。

客：呀！这是目录吗，我看简直是一本美术画册！

主：对了，书目的好坏影响销路也不小，这问题留着慢慢的谈。先看看这本目录：

一九四七年儿童书阵线

一、图画书	一岁至五岁
幼稚发蒙书	六种
幼稚歌与画	六种
和我一同玩耍	三种
读给我听（童话）	十二种
动物图画书	六种
二、圣诞书四种	一般年龄

三、学习阅读的刊物	五岁至九岁
读书乐（It's fun to read）	十六种
图画故事	五种
动物小朋友	五种
你知道吗？（常识书）	十三种
实验游戏与消遣	四种
小女孩读物（六岁至十岁）	四种
小男孩读物	八种
四、诗歌园地六种	一般年龄
五、中年级读物	八岁至十二岁
故事书	十种
动物博览会	十二种
神话	六种
各地风俗	六种
历史故事	六种
世界地理	四种
虹霓丛书	廿六种
小技术	六种
六、宗教书　六种	一般年龄
七、少年读物	十二岁至十六岁
古今人物	六种
科学与进化	六种
少年小说	六种
运动竞赛	六种
少年罗曼斯与事业书	六种
八、绘图初级丛书	十五种
九、一九四七年得奖儿童读物	两种
十、虹霓字典（图画字典）	一种

客：这本目录编得够有趣了，但似乎包括的书不太多。

主：这正是他们聪明的地方。记得在某一纪念日我曾到某书局看到他们选出陈列的应时刊物，把极陈旧的出版物及要不得的书籍只要有关这一时令的都摆了出来。这样把新的有价值的书籍都妨碍了。匆忙的顾客并不容易感觉到这些新书是鹤立鸡群，反而觉得这书局把这样旧的书都拿出来，大概是出品实在贫乏了，于是得了相反的效果。我们看的这本目录虽然包含东西不多，但作为一个应时的选择介绍已应很够，每本书都有相当分量的介绍，使顾客有考虑购买的余地。所以有些“读书人会”常常大吹大擂只介绍一两种刊物，其效果反而是惊人的。

客：儿童读物还有儿童节来陪衬陪衬，音乐节对于音乐刊物似乎是风马牛，你对这问题考虑过没有？

主：我正想和你谈这问题，这对于读者的稀少，固然是一原因，但印刷技术的困难也是致命伤。这问题一两句话谈不完。你明天如能再来，我想准备准备，把儿童读物和音乐刊物的印刷技术问题谈谈，并请你多指教！

客：好极！那么再见！

主：再见！

（载《大公报（上海版）》1948 年 4 月 8 日）

音符向出版家挑战！

——嘉谱楼答客问之四

吴　伦

客：今天是不是可以接下去谈谈儿童书与音乐书的出版问题？

主：刚才听说《大公报》编辑部今天召集了一个出版座谈会，使我们颇有云开见日的感觉。我现在要说的话都不敢说了。

客：怎么……

主：出版座谈会中有多少专家在座，我这外行还敢班门弄斧？我希望你到会去听听。

客：别客气，我本来要去参加座谈会，今天来就是先听听你这外行话的。

主：好。我想儿童书的出版与印刷不外乎以能引起儿童兴趣、加强教育效果为原则。倒是音乐书谱的出版与印刷至今还停留在半机械半人工的阶段中。以后是不是到此为止，还是另有新的进步，是一个颇可玩味的问题。我们就拿这个做题目罢！

客：你大概是说我国出版界对印乐谱不免要用人工办法罢？市上买到的西洋乐谱不都是印得整整齐齐，而且已能大量生产了吗？

主：不错。乍看起来是整整齐齐了，但是你如到他们的印刷工场去看看，就明白这工作是够聪明，但仍不太理想。

客：我以为能做到他们这样子已很满意了。可怜中国的作曲家写出来的“蝌蚪虫”竟没人能替他印，替他出版。战前商务出版了几本中国作家的曲谱，譬如赵元任的《新诗歌集》罢，我看那乐谱部份简直是一笔一笔写出来的。是不是？

主：听说是作曲者的助手写的。别的作曲家没有助手似乎就无法出版了。不过我想欧美用的印谱方法，我国大出版家在战前物力充沛的时日，不见得就不会照做。只是抗战期中他们就没有好的印刷工具了。但这样并不能扼杀了他们的出版勇气。你应该记得重庆印的《乐风》及《音乐月刊》，他们的乐谱的确是一笔一笔的写好了去做石印的。

客：对了。不过这种随写随印的办法既不经济又不整齐，出版家如要多介绍国产乐曲，应该赶紧输入或自制乐谱排印机才对。

主：排谱机？还没发明呢！我以前曾和你讨论过中文排字问题，乐谱的排字差不多和中文一样的困难。譬如拿一个乐谱的一小节来说，如果这一节里有八个连在一起的四分之三音符，加上一个中音部记号，至少要用七十八个铅字，如果再加上和音等等，其数目更要繁复……

客：恕我打一句岔！我看来一个音符不外乎空心与实心两种。其余的尾巴、连接线、音节格等等大致相同，或者可以互相拼合，这样不是可以省却好多铜模吗？

主：这看起来简单，事实上没有那样容易。譬如在普通书籍里排印一个 A 字，就是排歪了、排倒了，还是个 A 字；而在乐谱上一个 A 音符排得稍为不准些，不是成了 B 符就成了 G 符。排得高低一点就影响了调高，排得左右一点就影响了音长，这都是困难问题。还有一个最难处理的是横线与直线的交叉问题，试想一排排的五根横线上再搭上音符的直线或尾巴、音节的格线等等，处处都是交叉线。这在排铅字如不用两次套印是不可能的。如用套印，印出来的几百千份乐谱彼此略有走样，这谱就不适用了。

客：我看过一种乐谱，五横线有一截，截得分开痕迹，好像他是把五根线都附刻在各种不同的音符上，再横拼起来的。

主：不错，这是最早的一种印法，中间经过几百年的改良，现在还有少数乐谱是用这种一节节的办法排印的，不过因为这种印法成本极高，不适宜于一般乐谱，所以多半用在文字多于乐谱及字谱夹排的音乐书上。至于大量生产的乐谱，一般都采用平版印刷。

客：平版印刷相同于石印，据我在一般印刷的经验，平版印刷的原稿仍离不了手写和铅字排好再落样的。但如没有乐谱铅字，用手写是怎样也不会整齐的。

主：这就回到我所说的半人工半机械的情形上了。不过在未谈现代乐谱印刷技术以前，应该先略知他的沿革。美国洛杰（William Edwin Rudge）所编的《印刷》季刊（*Print-A Quarterly Journal of the Graphic Arts*）五卷二期里有一篇威斯勒德（Wolfgang O. Weissleder）所写的《早期乐谱印刷》，对此有一番介绍，可以参看。

客：可以略述一二吗？

主：印乐谱的始祖应该追溯到一四七六年，这时义京罗马有一名汉恩（Ufnich Hahn）的，原为德国印刷家，他发明用两套色来排印乐谱，先印上红色的五横线，再把活字音符排好了很准确的用黑色套印上去。不过那时的音乐符号形状与现在的不同，每个音符都是实心正方形或斜方形的，比现在通用的简单得多。此后就有人和他竞争，认为两套印刷太麻烦而不易准确，就用另一种活字——每个音符都附着五条短横线来排印，比汉恩的要进步多了。到十五与十六世纪之间，音乐符号渐渐完备，所代表的音阶及拍子愈趋繁复，这时旧的方法已不甚适用。当一五八六年，罗马的维罗维阿（Simone Verovio）异军突起，为乐谱印刷永奠邦基。他用的是与雕刻铜版相似的一种凹版印刷方法。因为用凹版的原理，于是上述交叉线的困难就很容易的解决了。如以建筑为例，筑一平面十字形的墙，先筑好东西线的一堵墙，再筑南北线的墙和他交叉，其垂直的接缝往往接不好。如开一十字沟，则横沟与直沟的交叉可以毫无困难的掘过去，这就是为什么现代印谱仍用此法的原因。至于制版的方法，也很有趣。所有五根横线用尺很准确的都画好（现在为求准确起见，都把铜版在一排五尖笔下平拖过去，五线就形成了）。然后用种种不同形状的凿头（包括高低音记号、音符、休止符、踏板记号等），将种种基本音符凿在五线上（当然是反的）。至于音符尾、音符直线、连接线、颤音号等等是用雕刻刀刻上去的。这铜版的材料是铜与铅、锌、锑的合金，有时称为 Powtor Plates。

客：这样做一块版子不是很费事吗？

主：我也这样想，这并不是一个很彻底的办法。可是音乐本是这样一个又算科学又算艺术的东西，他的符号近几百年来又一改再改，直到现在已成了一种图画形的特种文字。用手工来排印太麻烦，用机械来选排（如赉纳排字机 Linotype）又有种种技术困难，只好用这种半人工半机械的制版（也可说是排字）法来勉为其难了。好在这样印出的成绩并不坏，也可达到整齐美观的地步，现在较大的乐谱印刷家虽各有其专利的秘法，例如 Technograph、Luxotype、Musigraph 等，其中以 Musigraph 为最盛行。不过无论如何，这音符总是一个个凿上去或“印”上去，再制成平版或凹版，其方法都是大同小异的。

客：印书有种种文字体，乐谱也有种种“谱体”吗？

主：你这话问得很有意思。我们读书是一句一句的读的，在你读第一字时不一定就知道他说的是什么，必须把一句的末一字读了，方才在脑中反应出一串综合的意思。乐谱则不然，他是一音一音的弹奏或唱出的（固然要弹出章节或唱出句读来才有韵味，那是读谱直觉以外的事）。而且每一音带着些附加条件，因此只要每一音符或其附加号能准确的将音阶长短轻重，忠实的传达于演奏者的眼手或口就够了。再则为了种种符号的拥挤，实在也不允许他多翻花样，所以至今所有的乐谱字型多半是面目雷同的。虽然有时也有些胖瘦的不同，但这与印书字体的变化就不能比了。

客：字体既没有变化，那么有没有像铅字一样的头号、二号等大小之分呢？

主：一般说起来是有规定的，用平版排谱时大概只用一种较大的尺寸，如要改变尺寸可用照像方法缩小。用排字方法时，铅字有四种大小，即（1）Semi-non-pareil，（2）Gem，（3）Diamond，（4）Ruby。而且这种铅字非常脆弱，总是用另浇的铅版上印架来印刷，而不用原铅字印刷。

客：铅字排错了可夹出错字另换一字。如用凿用刀的铜版“排”错了，有法子改正吗？

主：他们通常把铜版“排”出后，就打一大样。有时照凹版印刷方法，滚上油墨后，将凸面的油墨拭净，用压力印出白地黑字的大样。不过大多数是用一种蓝色或绿色印墨轻轻滚上，其结果与上述相反，印出大样来成为蓝地或绿地白字，这样铜版比较安全些。等校对发现有错时，原来用凿处可用量规量准了地位，在版背面用锤子锤平，再改凿新的记号上去。这说说容易，做起来当然还要熟练的技巧。

客：为什么中国出版家不预备这一套凿子、刀子来替中国作曲家效效劳呢？

主：问题这就来了：排中文铅字的工人应认得中国字，有些难字只要依样画葫芦到架上去找，他就可以不错。排西文的更省事，只要略有英文根底，懂得拼法，就可大致应付，况且大多数的稿子都是用打字机打好的，不致于有大错。可是乐谱就不同了，音乐家写出的谱子有时如同天书，排字人就像猜谜似的要去猜，没有音乐修养的简直是寸步难行。你想国内学音乐的有几人？学音乐而专业印刷的更绝无仅有。这样就把人家的凿儿、刀儿全搬了来也将无用武之地。

客：那么，如果我们的出版家要负起出版乐谱的任务，是让排字工人去学音乐呢？还是让音乐家去学排字呢？

主：这都有先决条件。排字工人如一般修养不够，就谈不到学音乐。音乐家大多数不是想在演奏上成名，就是想在作品上奠立千秋之业。你要把他送进排字房似乎很成问题。

客：那假如你是出版家时，你将从何着手？

主：我现在还不是出版家，恕我暂缓回答这问题。你不是要去参加出版座谈会吗？在那里可以请教高明呀！

客：是的，哦……座谈会是时候了，我马上要去，再见吧。

主：希望明天有好材料在报上看见，Adieu！

（载《大公报（上海版）》1948年4月22日）

鼓励旅行？提倡运动？

——嘉谱楼答客问之五

吴　伦

主：怎么好久不见了？

客：上个月忙着游春，这两天又忙着看全国运动会，一直也没空来谈谈。今天下雨，看不成运动会，才来找你。

主：倒也诚实。好，我们今天谈什么呢？即景生情谈谈好吗？

客：我正想请教请教你，出版家对旅行与运动是不是该提倡呢？

主：如果旅行与运动对社会或个人有益，出版家就有提倡的责任。

客：我曾经走进几间大书局访寻这一类的书。譬如说关于旅行的书，就找不出一本新的适用的杭州导游。关于运动的呢，篮球规则改动多少次了，他们还是那一套。

主：所以有许多阔别多年的游杭客人，还是在按图索骥的去找雷峰塔；而内地来沪的篮球队，却动辄犯规……

客：我在杭州各书铺、各名胜地的售品处走走，发现十之八九是十几年前的旧版新印的书，什么古迹、什么游览日程，甚至轿钱、船钱仍是几元几角。

主：好，我们先谈谈旅行出版物吧。这不但是大书局的责任，更是名胜地方当局的责任。日本和瑞士政府每年吸收游客的资金占全国收入数字的重要比例，因此对导游的一切宣传——尤其是出版物，实在是五花八门，令人观止。记得十几年前从东京到京都坐火车看樱花，沿途各站均有“花盛开”或“花半开”等美丽招贴映入眼帘，路局并印发各地风景导游……哦，我话说远了，今天谈的应该是出版界应当出版什么样的导游刊物。我认为至少有两点应该做到，第一是“近”，第二是“信”。

客：这两个字一听我就懂了，倒很简单扼要……

主：我愿意不惮烦的再来补充补充。说到“近”，就使我想到一般旅行导游书都犯了千篇一律的毛病，把什么××八景或××十景之类来做正式的纲目。我们要知道，这些名目都是文人笔下八股式的产物。如果要使游客发思古之幽情，应该另列一篇怀古或掌古等篇，把一般神话传说、文人雅事一齐放在里面。对于导游部份应该把最“近”的情景写入，免得读者上当。希望书商积些德，把旧版多增订几次。我宁愿看到三年“增订”一次的书，而不愿看到一年“再版”一百次的书。要知道出版家“增订”一书和造桥修路的功德没甚两样。

客：“近”与“信”是互有关联的，能“近”自然会“信实”了。

主：这也小有分别。譬如说，苏东坡《赤壁赋》中的赤壁是黄冈城外的赤鼻矶，当时误为周郎破曹操的赤壁。后来既经明朝胡珪的《赤壁考》考正了，就不该再误指了。所以“近”字还容易，只要能实地考察，不向壁虚构或拾人牙慧就行。而“信”字却要博古证今，不贻误读者，这却不能率尔操觚的。

客：如果你来写一部导游的书，应该怎样着手呢？

主：我也是外行，不过我倒有搜集风土记游一类书籍的癖好。譬如要写一本《杭州导游》，应该先把杭州有关的历史掌故都读了，融会贯通的写成沿革部份，作为上篇。再亲自到杭州去踏勘，无论重要的不重要的处所，都去看看，实测绘图（比例尺错些不妨，只要方向不错就行）。用生动的笔调来描写，尽量附以摄影或速写的插图。当然不要忘了替读者计画一个“一日游程”或“三日游程”等等，免得读者有无从问津之恨。这样作为下篇，装帧坚固，小巧便携，自然不愁没有销路。

客：这次杭州游客，据报载一天就有十万人，这倒是一笔好买卖。

主：当然出版家为推广销路，还有种种花样可做。如在橱窗中陈列风景实体模型，和交通机关联合随票发售，或在车船中寄售刊物等。

客：中国的交通机关似乎就怕乘客拥挤，不见得会鼓励游客吧？

主：这也不尽然。现在的两路局不是自编《京沪周刊》，并特加游览班车吗？

客：中国旅行社不是也有《旅行杂志》来配合游客……

主：这已是难能可贵了。不过我觉得一个理想的旅行刊物编排得应当极其生动活泼，要鼓励游客，对插图方面尤应特别讨好。别的刊物封面可以朴素，旅行书的封面却非要华丽动人，而富有地方色彩不可。

客：外国的旅行杂志在上海销行的多不多？

主：不十分多，但也很可一看。偏于学术性而分量重些的有《地理杂志》*Geographic Magazine*。通俗而轻松些的有《假期》*Holiday*。我这里有一种《旅行时节》*Travel Time* 月刊，在上海似未见过。每期中除了名胜游记、风土介绍、时令特写（如夏天的游泳和冬天的滑雪等）等之外，按期并有《旅行历》（*Travel Almanac*：*Events*，*Dates*，*Climatic Data*）、《在书封面中旅行》（*Travel Between Book Covers* 即旅行书刊的评介）、《摄影旅行》（*Photo Tours*）等篇，使我们这些爱好出版与摄影者真是馋涎欲滴。尤合实用的是《本月游踪》（*The Tours of the Month*），把到各地的海陆空票价即时报导，并附空白明片，如要更详细的报导，可填寄该月刊社索取。不过可惜对中国的情形很少报导，这或是没有人投稿之故。

客：我们试从反面来说，现在国家节省煤斤纸张，能省几次旅行岂不好些，为何还要鼓励？

主：不然，中国人已经被人看成老大民族了。有钱人一遇假期，多半是聚赌看戏，或涉足欢场，既伤身又耗财。没钱人不是闭门发闷，就是足迹限于公园等地。如能使他们跑跑远路，就不说是如太史公游览名山大川，有增长学识文思的作用，即仅能练练筋骨，换换脑筋，也是健国强种之一道。

客：运动不更能健国强种吗？

主：是的。我们似乎该谈到运动了。我想，关于运动的刊物先听听你的意见。

客：刚才我们已说过，一般运动书刊多半过时了。不过现在各报每天竞载运动会的消息报导，算不算运动刊物呢？

主：当然也算是运动刊物，你对这一类新闻有什么批评？

客：这几天我读着这些消息，觉得相当热烈紧张。如果吹毛求疵的说，读完了好像还有些隔膜……

主：这也有优劣之分，有些固然杂乱无章，有些却也写得相当生动。一般说来，运动刊物有两条路可以发展。第一关于教授运动的书，应当和旅行书一样做到切合时代而确实详尽。第二关于写报导运动的新闻时，应当记住，读者多半是未到运动会而以这篇记载当卧游的；或已去运动会而以此记载作为补充参考的。对于前者我们应当尽量用主观笔法来写，越是能引起兴趣的描写越不应忽略，使读者宛如身历其境。对于后者凡关于每个特殊选手或重要比赛，应有可靠的成绩记录与鲜明的介绍特写。

客：我看过不少纪载运动的画报，除了游泳镜头还有可看之外，其余都似乎有些单调。

主：这是错误的，但其过也许不在读者。这几天我总看到一般人读报时争看女选手的游泳新闻和摄影，甚至有些记者把某某姊妹选手与某某姊妹交际花互相比照，这是极要不得的写法。这样的影响可使爱慕虚荣的女学生们藉运动来出风头，同时使洁身自好的真正运动员不敢再露色相。其诬蔑运动本义与影响青年身心莫此为甚。还有某报把女跳高选手跳破裤管的新闻大书特书，你想稍稍顽固的家长还敢放心子女来参加运动会吗？

客：我们自然应该肃清这些毒素。可是严肃的报导和摄影能否提起读者的兴趣呢？

主：我们要严肃，但不是呆板，而是生动、精彩！例如一张跳高摄影，如能很清晰的表现出优美姿势，甚至竿上的刻度，这就是一张既叫座而又有保存价值的纪录。又如一张足球赛中门守抢救险球的情景，或篮球赛中前锋投中入篮时的姿势，都是极好的新闻材料。《图画新闻学》(*Pictorial Journalism*—by Laura Vitray，John Millls. Jr.及 Roscoe Ellard)

一书中说：报纸中的运动插图应当大胆有力与简单明了。例如一张大幅的竞赛照相比十张小的要来得引人注意。个人的特写比团体的呆照要来得明晰有力（尤其用粗网目铜版插图的报纸应该注意此点）。再则对生动一点也不可不讲求，譬如跳高一场，如能用摄速法或活动影片摄入一个选手的起讫姿势，以后平均间隔的选取五六张印成一条的连续画面，必能争取不少读者，且可作为一般练习的参考。我想这些都是值得出版界与新闻界三思的。

客：体育刊物与运动刊物有无不同？

主：这是一个很有趣的问题，也是一个（至少我个人认为）很严重的问题。我们先要问运动是不是体育？如不是体育而只是竞赛，体弱的就不能运动，而体强的就好像在做马戏了。我们再要问增进体育的方法是否只有十项运动、球戏及健身操等等？如果只有这样才算运动，那么离开学校或不能合群练习的就很少有练习体育的机会了。这二者应该是不可分的，而且应当极端普及化的。我每见有些体育刊物都以肌肉非常强壮的摄影作封面来号召，好像只有练习拳击才能健身，这很容易堕入野狐禅。

客：我也看到有许多人认为，练习体育太费时日，就不去练习了。

主：所以这就是谈运动而只提倡竞赛，谈体育而只操练肌肉的不良影响。我们出版家应该起来大声疾呼，使运动能离开英雄主义而趋于普及，使体育能免除复杂技术而趋于平易，时间不限茶余饭后，目的兼及身体心神。读者对象尤须分别其年龄性别，与以适宜的读物。大家起而实行，蔚为风气，才真正是强国强种之道。不然，就是开一百次全运会，也只是造成少数英雄，与一般大众仍是风马牛不相及。

客：我想运动会多开几次，也可鼓励一般学校提倡运动，你的话不免有些过激吧？

主：是的，我也不过是欲矫其“枉”，未免过其正了。哈哈。

客：不过今天的谈话虽然离出版问题远些，倒也是出版家所该注意的。

主：今天时间不够，不然我倒有兴趣把好的游记介绍介绍。

客：好，下次再领教吧，现在告辞了。

主：慢走，再见！

——十一日夜

（载《大公报（上海版）》1948 年 5 月 13 日）

出版家的新垦地：民歌

——嘉谱楼答客问之六

吴　伦

客：啊！真幽闲！一个人在听无线电………

主：呀！你来得正巧，试听听看这是什么节目？

客：是歌曲？不大像！咦，唱倒是用有训练的声乐喉咙唱的，但是带些中国乡下味儿，是一种新的歌曲？

主：这就是我要请你听听的原因。这是民歌节目，前几天并有朋友和我商量过民歌出版问题。所以我也来研究研究。希望你这出版家参加意见。

客：哦，民歌，这一阵倒很风行，什么名女高音独唱会等等都把民歌当作正式节目，竟和世界歌剧名曲并驾齐驱了。它听起倒也新鲜，可是这和出版有什么关系？即使有关系也是音乐书店的事………

主：不然，我以为这正是出版家的事。

客：难道你还要这些抽紧裤带的出版家再赔累下去吗？抗战期中我在重庆，看到了好些书店印的民歌如××地方民谣等等，都堆满了尘土，当作廉价书卖，仍然很少有人过问。

主：正好都被我收来了，哈哈！喏，这里有几种，正如你所说的是冷门货。我认为这不能怪读者，其咎都在出版家。

客：抗战期间，纸墨印刷当然不够水准；现在复员，但书店老板也没有把它再版的勇气了！

主：我所说的不是这意思，我对过去所出版的歌集有一个总批评，就是第一不够“民”化，第二不够“歌”化。

客：你又来玩文字花样了，倒要听听。

主：我的态度是很严肃的，我要正告我们的出版家，尤其是采集民歌的工作同志们。我们知道中国最古的民歌，能完整的传统至今的大部在三百篇里，而孔子删的《诗经》开头第一章就是《国风》，再看看小注：“国者，诸侯所封之域；风者，民俗歌谣之诗也。”这两句话真是字字万金。我所说的“民”与“歌”就是这个意思。

客：哦，我懂了，你的意思是说采集民歌要不离民俗，是不是？

主：让我分别详细说说。所谓“民”化，第一要能代表特殊的地理环境。诗经的“瞻彼淇奥”，和“彼汾沮洳”，一望而知一为淇水区域的歌谣，一为汾水附近的民曲。现在的民歌例如：

“十八条骡子盘泾阳，盘不到泾阳的路上。

十七十八的缠姑娘，缠不到姑娘的肉上。”

很明显的是西北作风，又如：

“江边栽竹竹成林，大船撑郎望遮阴。

谁知都是空心竹，没见有条真实心。”

这一定是南方水边的民谣了。这是说民歌要能表出区域性质（即古时所谓诸侯所封之“域”）。第二要能描画出特殊的地方风俗。例如诗经中的“坎其击鼓，宛丘之下”，及“子仲之子，婆娑其下”等，都描写出这是喜欢音乐歌舞的民族。又如“四牡孔阜，方辔在手”，或“修我戈矛，与子同仇”等，把一种强悍善斗的民族习性，充分描画出来。再看看现在的西北民歌：

“羊毛哈落山间里，何一日调成线哩？

想阿姐想的眼酸哩，何一见个面哩？”

这一定是靠织毛毡为生活的人民唱的。又如：

“一棵大田四角方，一耙打去亮汤汤，

拣颗石头来试水，唱首山歌来试娘。”

这是多明显的西南之歌。

客：这还用你解释？没有这些因素，也就不成民歌了。

主：所以出版家正要从这方面着手。应该尽量选择介绍这一类的好材料，同时要采歌者把当地的地理环境和民情风俗，都仔细考察记下来，作为歌谣的注脚。如能再附以美丽的风土插图或速写，你想这本民歌集不但可作文学读，而且可当地理常识参考，读者还会不欢迎吗？

客：我想到了一个问题，说起地方色彩，边疆民族的地方色彩够浓厚了，但是如果他们的语言，甚至文字都和内地不同，这种民歌集怎样出版呢？

主：这问题很值得研究，我想几时我们有机会可专门谈谈边疆民族读物的出版问题。至于边疆民歌，要记录下来适合于内地的人来唱，当然免不了用汉语对译。不过译的时候，应该尽可能保持他的原有句法和韵脚。尤其有一种每段复唱的句子或字眼，应多保存其原来形式。例如“阿拉木汗怎么样”的“阿拉木汗”，或“骑马溜溜的山上”的“溜溜”等。如果能再用罗马字把原来的字音拼出，随附译文介绍，更可保存其本来面目。

客：你只是谈到语言的不同，如果只有方言的不同，例如北平的“不用”作“甭”，苏州的“勿要”作“覅”，这种造的字算不算有价值呢？

主：这正是记录民谣的精彩手法，采歌者完全要在这上面用功夫。例如成都通行的歌：

“你是那里人呀？我是成都人呀！

你噻不包脚呀？我的脚怪疼呀！”

这个“噻”是“为甚么”的意思。如写成“为甚么”，不但风格全失，音节也不合了。在这种地方，只好自己做仓颉了。不过做这种工作，有时很容易发生流弊。如果没有语言语音学或方言调查学的素养，最好是审慎将事，或请教高明。因为所用的代替字的声符偏旁（如“雜”字），如果他的声韵调类在记录人的方言中是相同的，但在原来的民歌方言中有了不同，就要使人误会了。所以广东民歌中常常把“这样”写成“咁”字，就是因为广东方音读起“甘”字来是收M尾的，正和原来的土话相符。我记起幼时在山东做过的一种游戏。一个儿童用双手抵住墙，其余好几个儿童在他手臂下低头钻过去，这个抵墙的儿童，就一面用手打他们的头，一面喊道：“风来了！雨来了！和尚背了鼓来了。”我们一直这样唱，一直不懂什么意思。后来大了，读着一本笔记，说“和尚背了鼓来了”是“禾场背了谷来了”的误记。我想想颇有道理。风来雨来，于是农夫们赶紧收拾场上晒的谷子，背了就跑回来。所以低头的儿童象征背谷的农夫，而打头象征风吹雨打。这是一种很原始的农家游戏。再者山东方言“和尚”叫“和常”，与“禾场”谐音（尚一读常，如尚书），就把“禾场”记成“和尚”。但和尚与谷无关，而与钟鼓倒有些关系，于是把“谷”记成“鼓”字，而不管“谷”、“鼓”是否同音了。

客：这种说法倒很有趣，照你说来，不懂语言学就不能记录民歌，出版家岂不更感棘手吗？

主：岂但要懂语言学，现在该说到“歌”化的“歌”字了，就是说还要懂得音乐。

客：你是不是说民歌的谱应该记下来，现在无线电里所唱的不是照他们写下来的谱子唱的吗？

主：是的，他们已经有了谱了，不过可惜他们所谱出的多半是走了样的民歌，或是自己想像的旋律。而真正民歌的旋律，他们多数没有忠实的记下来。

客：怎样就算忠实呢？

主：我对这问题有两种意见：第一，凡是一个民歌，无论他的歌词有多少首，其旋律多半有一定型。例如《孟姜女》的唱春调，从“正月里来梅花开”，唱到“腊月里来雪花飞”。其旋律都大致相同，但并不是没有变化的。我们记录时应该觅出他的共同规律，拿一最通用而好听的作标准，而把其余的 Variations 都记下来作为补充参考，让读者能辨出全面味道来。这是民歌的固有的一种“复型”的特点，我试名之为 Multiform（这是我杜撰的名词）。

客：这好像是用算术上最小公倍数的办法。

主：这比喻也还恰当。再说第二，凡是一个民歌，其本地人唱出来的调子，每个音阶不一定合乎平均七度音阶的。所以大鼓调与弹词调如用一种五线谱写出来，可能有相当距离。如广西的僮歌如用普通五线谱写出来，在钢琴上弹，终觉不是味儿（它应该是和暹罗音乐相仿的六度音阶），所以应该充分明了他的音阶形式。再如一个人在不同时间唱出一个调子，前后可能有些不同。但是你如果觉得用耳听不准确，而用仪器去记录，准确是准确了，但其调阶可能繁复到不知怎样唱才好。譬如一# A音符，在民歌中可能有# A，#+ A，# - A等之唱法。如果我们用人类脑子天赋的综合本能，予以归纳，其结果应该只是一# A。这是一种歌唱与表情综合所产生的结果（民歌本是自由唱出的，这种现象却特别显著）。我姑且名之为“调位”Toneme（这也是我杜撰的名词，是从语言学中Phoneme一词衍化出来的）。

客：巧得很，这可叫它做大公约数了。

主：哈哈！谈民歌谈到数学上去了。我现在归纳一下罢。民歌的出版实在是当前最有趣味而亟待发展的工作，出版家应该对这垦地用全力来开垦。试想目前如有一册《新疆民歌集》或《新吴歌集》出来，内容有歌词、有曲谱、有插画、有地理说明、有风俗介绍，而且都由专家设计校正。这本出版物岂但成人爱看，连儿童也欢迎；岂但中国需要，连世界博物馆、图书馆也将要购买收藏。倘若再能附以录音片，你想还会不受欢迎吗？近来播唱民歌既然风行，可见时机已渐渐到来了，出版家还在徘徊观望吗？

客：很好！我们该尝试尝试了。

主：希望如此！但不要忘记，这种工作如果只是出版家来做，而忽略了民俗学者和音乐家，不和他们合作，结果仍不会圆满的。

客：好，我们应该联合这些专家共同努力，奠定中国民歌出版的基础！

（载《大公报（上海版）》1948年4月22日）

出版界的风化圈

——嘉谱楼答客问之七

吴　伧

客：上次讲到民歌中的情歌，使我想到一些问题。譬如说现在的一般流行歌曲，都是些郎呀妹呀的，被人指摘为色情化的作品；那末民歌中也有哥呀姐呀的，为什么又尊之为国风呢？

主：呀！你这问题把我问住了。我既不是艺术理论专家或文艺批评者，恕我不能圆满答复。不过这问题很有趣味，我愿意和你讨论讨论。在今日，无论是文学、绘画、雕塑、影剧……关于色情与否的界限，都有一很明显的分野。一方面是艺术的、高洁的、率真的；一方面是非艺术的、低级趣味的、矫揉造作的。所以一件美术品，例如一幅裸体画，究竟是猥亵的，还是艺术性的？又如一本性知识的书，究竟是诲淫的，还是教育性的？都需要一种常识——也就是专门学识——去辨认。

客：在前一二十年各艺术学校开始画人体模特儿时，当时“卫道之士”就起了很大的反应。后来渐渐习惯，也就认为当然了。现在不但人家屋中挂了什么出浴图不以为异，就是女孩子们藏些裸体画片也无人攻击了。

主：这正是我们应该密切注意的问题。社会开通，是进步的现象。但如果盲目的曲解艺术，而不导入正轨，则岂但害多于利，甚至不可收拾了。从前人说“食色性也”，不错，色与食一样重要，一样的等于家常便饭。我们应该将色比做水与火，水与火是人人必需的，而且是狎而玩之的，倘玩之不慎，则水能成为洪水，而火可酿成火灾。怎样去疏导、去调节，这是教育家的责任，也更是出版家的责任。

客：出版物中有关性教育或男女问题一类的书画，我觉得太少了，而且……

奇特的现象

主：今日出版界有种很奇特的现象：他们知道有关性知识的出版物对读者很有益处，但不敢十分明目张胆的出版，然而在一般地摊上，大量有毒素的色情读物却充斥其间。前些日子有一位出版家和我谈起，打算编译一套有分量的性知识丛书，终以怕惹起麻烦而作罢。他所怕的不是销路问题，也不是舆论问题，而是审查问题。他不是怕因审查不通过而不能出版，这样于他并没有太大的损失。他所怕的是当成千成万的书印出来后，很可能的忽然来一个轻轻加上的有伤风化罪名，而遭受查禁。在这舶来纸贵的今日，其损失何堪设想！只好多一事不如少一事了。

客：这多可惜，我想你这位朋友或者有些过分小心了。我记得《出版法》上第十九条及二十三条载明，出版品不得为妨害善良风俗之记载，如有此情形，得禁止其出售或散布，并得于必要时扣押之。这样说来只要不妨碍善良风俗，又有什么问题？换一方面说：如果科学的性知识普遍传布，正足以移风易俗，社会上也可以少些不人道的娼妓了。

主：很对很对。不过出版家的审慎态度，自有他们的宝贵经验。除了《违警罚法》已可包罗万象外，再看刑法上的第二百三十五条："散布或贩卖猥亵之文字、图画及其他物品，或公然陈列，或以他法供人观览者，处……罚金。意图贩卖而制造、持有前项之文字、图画及其他物品者亦同。"全文最重要的两个字是猥亵，这两个字的范围，写几万字也解释不尽。如果有人认为某一出版物是猥亵的，你就有一百张嘴也难辩得清。

客：你以为"猥亵"两字是怎样的一个范围？

主：这就回到本题来了。现在的社会正是有些人拿猥亵的当作无所谓，甚至妄称为艺术品，而真正的有价值的教育材料或艺术品倒认作有伤风化……

客：我想总有一个界限吧？这个界限可以让学者来决定。

风化圈的半径

主：是的，只有学者才有资格来决定这个界限，这个出版物的"风化圈"，究竟应该多大，应该让学者来画。我知道一个很有趣的事实，可以解释一切有关这一类的问题。在前两年的三月某天晚上，纽约的一个摄影学教师 J.F.Mitchell 在指授一课"人像配光"的实习。他把学生们分成两部份，初级的用一位穿着衣服的模特儿在一间屋子内实习，高级的用一位裸体模特儿在另一间屋子里工作。不久来了几个便衣警察，当场速摄一影作证，就将这位教师连同两位模特儿一起逮捕，以猥亵罪向法庭检举了。这案子引起了全国摄影团体的注意和声援，有两位律师是业余摄影家，为之辩护，还有几位知名的大摄影家以其作品为之作证。最有力的证物是警察所摄屋中裸体模特儿的姿势和当时会员中所摄的一张作公开的比较，结果认为前者是粗制滥造的一张低级裸体照片，后者则为精心结构、配光得宜的一张艺术作品。结果认为该校的实习系属研究艺术，而非有伤风化，就判决无罪了。在此以前不久，还有两件案子，一件是几个摄影团体曾为联合举行一模特儿摄影实习研究会，主持人被捕，但旋经法庭认为无罪而释放。另一件是有一名为Camerateria的摄影团体，为了开一有猥亵性的展览而被传讯。这个团体是专门租用一般摄影棚及暗房，无论何人，不管有无摄影学基础，都可以加入“研究”的。结果当局查得该团体的主持人并非摄影专家，认为其企图不正当而判了罪。这二件案子很明显的给我们定下了一个界说。即：凡是学术性的、专门性的、严肃认真的研究及其作品，是艺术的、无罪的；反之凡消遣性的、低级性的、有“醉翁之意不在酒”的企图的团体及其作品，是非艺术的、猥亵而有罪的。

客：这个例子很好，不过回到民歌的问题来，我又有些惶惑了。民歌中的情歌，可以说是消遣性而低级的，甚至于确有强烈的“性”的要求的，这应该认为猥亵而予查禁了。

率真与猥亵

主：唔！驳得不错。我还忘了补充一句，只要是出诸真率的性情，有专一的对象，所谓“发乎情而止乎礼”的呼声，无论字句中有无猥亵成分，都应该认为可取。譬如《牡丹亭》中《惊梦》的一段：

“休忘了紧相偎慢厮连，恨不得肉儿般和你团成片，也逗的个日下胭脂雨上鲜。”

又《西厢记》的《佳期》中几句：

“一个半推半就，一个又惊又忧……好似襄王神女会阳台。花心摘，柳腰摆，似露滴牡丹开。”

试和明初无名氏《词谑》中记有当时街巷传唱的《锁南枝》一曲相较，就有天渊之别。《锁南枝》（此曲和俗传《赵孟頫戏管夫人词》

相仿，但此胜于彼）：

“傻酸角，我的哥！和块黄泥儿捏咱两个。捏一个儿你，捏一个儿我；捏的来一似活托；捏的来同床上歇卧。将泥人儿摔碎，着水儿重和过，再捏一个你，再捏一个我：哥哥身上也有妹妹，妹妹身上也有哥哥。”

你看最后这一曲多真率可爱，虽然有些粗话，但毫不妨其艺术之真价。时人评为时词中状元，如十五《国风》，非后世诗人墨客操觚染翰、刻骨流血所能及者，以其真也。《牡丹亭》之《惊梦》原属神话，离现实太远。《佳期》又用了些襄王神女的故事，完全不能比喻真挚的爱，再用了花心柳腰等下流字眼。而且一是花神口中说出，一是红娘眼中道来，试问还有什么至诚文章可做！我们对民歌的看法正应如此。再看昆曲中的《思凡》，描写尼姑“将袈裟扯破……从今远离佛殿，下山去寻一个年少哥哥”。已经不像女儿口吻，更写到“但愿生下一个小孩儿却不道快活杀了我”等语，愈觉荒唐了。试比较诗经：“将仲子兮，无踰我垣……畏人之多言。仲可怀也，人之多言，亦可畏也。”何等的婉转而近人情，这才是怀春少女应有之口吻。

客：关于文学艺术方面，这分野我很清楚了。关于性知识的读物，虽然其动机并非猥亵，但照我的经验，的确有些人，尤其知识初开的少年，在当它淫书淫画看。我幼时到父亲机关中一个职员宿舍中玩，见他床头有一册《生育宝鉴》，想拿来看，这位职员竟抢回去藏起来，急得面红耳赤，后来知道他的私生活是很不检点的。可见本来是性知识的参考书，竟变了消遣品了。

性知识书籍出版的条件

主：这的确是我们应该替下一代想想的问题。我认为这类性知识的书和画不妨多出版，但须有条件的出版。第一，出版人必须慎重将事，介绍的内容要绝对正确和科学。第二，出版人必须素有信誉，使这一类书和其他已出的有价值的书同样的得到高尚读者。如果性知识的书画让较大书局去出版，社会自不易发生误会，当局也不致认为其有意图利而加以干涉；反之，如让很不像样或素以色情刊物号召的书局出版，无论内容怎样正确，读者将认作“一邱之貉”，而这批读物自然落到一般“醉翁”之手了。

客：很好，很好！让我试来归纳一下罢。凡是容易涉及风化问题的读物，其内容应该严肃的、科学的、艺术的。其出版人应该是有信誉的、取审慎态度的……那么，如此说来，小书局或个人不是没有资格出版这一类的图书了吗？

主：也不是如此说法。如果小书局或个人，什么其他的图书都不出版，而专出这一类的书，多少会引起社会的批评。所以我们希望他最好和其他有价值的出版物配合出版，以收相得益彰之效。你要知道读者的眼光是最敏锐的。你们出版家究竟在作什么企图：是在教育社会？还是以色情读物牟利？他们是有公正而无情的批评的。

客：好！我将去转告这些出版家，听听他们有什么意见。再会！

主：再会。

（载《大公报（上海版）》1948年7月1日）

“小人书”的新装
——嘉谱楼答客问之八

吴 伦

客：好久不见了，一向可好？

主：好，好！就是忙些。喂！你手里是什么新书？

客：新出的一种图画小说。正要拿来请你批评批评……

主：倒要见识见识，先看看他的宣言：“在我们的理想中，小书有许多可以改良和进步的路线。现在，我们来一个新的尝试，用连续的照片做成图画小说……”唔！颇有些意思。

客：用照片来做图画小说？这和街头的石印的连环画，倒有相当的距离，应该算是进步多了。不过，他是以电影为蓝本的，这种出版物值得提倡不？

主：这个问题要扩大来研究，所有关于艺术、教育、心理、经济等等问题全都要顾到，就讲一天也讲不完。简单的举几个例：我幼时在私塾里读完了《论语》、《孟子》、《大学》、《中庸》，还琢磨不出“孔子”是怎样一个人，还以为是个神道，直到从父亲的书架上发现了一部《圣迹图》，视同国宝，从第一页翻到末了，这才知道孔子也有父亲，也有母亲，于是孔子从幼到老的故事都很清楚的记住。再看历史上的汉武梁祠画像，唐吴道子的仙佛像壁画，其作用不是为求其永垂久远，就是为求其通俗流布，所以图画故事的作用不言可知。尤其对于识字能力较差的读者，图画故事或富有插画的书籍实为最好的读物，当然值得提倡。不过他的流布既极广泛，对内容就不能不多加审慎。

客：这个原理我也知道，图画对于视觉的效果自然比文字高明。这里我们还要讨论两个问题：一是故事画读者的兴趣问题；二是故事画的印刷成本问题。以常情推断，读者的兴趣和成本应该是正比例，印刷越精美，读者对他应该越发生兴趣。

主：是的，但也不尽然。譬如一本编排得很好的单色画册和一本内容恶劣的五彩画册，后者不一定就比前者□受欢迎。今天谈到图画故事小说一类的读物，也就是一般俗语谓“小人书”，虽然其读者不一定限于“小人”。在三四十年前上海正盛行着有光纸石印小字的廉价的绣像小说或弹词，同时戏院里又盛行着什么《狸猫换太子》、《宏碧缘》等连台本戏；在这种环境温床之中，专以这类神怪武侠为题材的连环图画就应运而生了。这或者可以说是连台本戏的副产品。为了这类书看过就无保存价值，兼以读者都是些妇孺或闲人，于是也就产生了街头或弄堂中的露天租书摊。一方面既有了出路，一方就拼命制造。直接的恶果，是沙眼及其他传染病的流布，以及幼童入山求道等等；间接的影响，恐怕社会上奸盗邪淫的案子，多多少少是从这里得来的知识。这是小人书的第一种形式。这种读物历数十年不衰，而且支配了绝对多数的小市民和学龄儿童，其影响不可谓不大。

客：不是教育机关正在设法改良吗？

主：是的，既要谈到改良，不能不把“小人书”的起源说一说，看看是否有改良之必要。胜利以后，教育机关看到这类读物拥有这样多的读者，颇有彻底改革的企图。另有一部份聪明人也颇想利用来做宣传工具，都在陆续的编印新的小人书。无论如何，这是好现象。这一类小人书的内容有民族英雄、有抗战故事、有科学常识。这是小人书的第二种形式。这类读物本想取第一种而代之，不过因为发行得不太久，或者数量太少，或者成本太高，而且本身的宣传气息太浓，不太能引起兴趣，到底还不能取得第一种的地位。

客：据我调查，从前出版第一种的出版商，现在为迎合潮流——我希望他们是真的觉悟，不仅仅是投机——也渐渐在用了那渲染飞仙大侠的画笔，在描画我们的民族英雄了，这应该是进步。

主：我在严肃的注视着，而且在祷祝着，希望他们的画笔不要把画惯了的仙侠的色彩，硬涂到历史人物的身上去。应该多参考，多写实。为了增加读者趣味，故事不妨稍有戏剧性的渲染，但过分歪曲事实或缺乏常识的描写应该极力避免。我或者不应该——但不得不怀疑这一类的读物是否会又走到老路上去。

客：这可以让事实来证明。我今天带来的这本图画小说，算不算“小人书”，究竟属于那一类呢？

主：这类按形式来说，与小人书相似。如看他的内容，他是以已映出的国产电影为题材的，故事繁复，文字甚多，似乎又不甚合乎“小人”的胃口了。不过他的宣言中曾提到除了用照片的连续画外，将来还要出五彩卡通故事画。这类或者对“小人”适宜些。这类以新装姿态出现的“小人书”，无疑的是凭借国产电影蓬勃时期而发展的副产品，应该算是第三类。我认为确可注意。如果内容好、价格低、销行广，可能得以前两种的地位。

客：这类既用照片代替手画，成本不见得会低吧？

主：也不尽然。现在人工昂贵，一张张的画起来，成本也很不小。我们现在所看到新姿态的“小人书”多数是利用已摄成的电影分幕翻印而成的，可能是从电影拷贝直接制版，所以用不着特别摄制的成本。不过这一类的范围太狭，倘没有合适的电影，来源就成问题了。

客：我想外国这类的书一定很多可以做参考。

主：是的，例如美国的儿童图画读物真是五花八门。不过类似中国“小人书”，有美国的 Comics 滑稽画报颇近第一类，标准也不太高。像《大英百科全书》幻灯片的配合读物，就和第三类很相近。篇幅甚少但内容或是风土知识，或是动物自述，都很生动。篇幅约有中国小人书的四倍。这是一个应该注意的要点，即外国儿童书多半是八开大本或十六开本，这样不致伤害儿童目力。因为他的取材是从幻灯片来的，而幻灯片又是专为教育用的，所以其内容自然对儿童是有益的了。中国电影的教育性究竟如何，尚值得研究，故希望出版家在采用之前，应该审慎想想他的后果，再来取材。不过，无论怎样，电影总算是经过检查的出版物，已多一层保障，总比如洪水泛滥的第一类小人书高明多了。

客：大的书局为什么不注意这问题呢？

主：这也是我想不通的问题。试看大书局并非不出儿童书，但所出的都成了“童话八股”。你出一本《儿童画刊》，他一定也出一本《儿童世界》。对于儿童所愿接受的新的知识专题，并没有相当活泼而充实的画刊，这是很大缺陷。我们既谈到这问题，我试归纳来说说小人书应有的新装：

（甲）内容——应注重地方生活、历史人物、自然常识、公民故事、艺术趣味的描述。

（乙）形式——篇幅应较现有的小人书稍大，纸张洁白，印刷鲜明，封面美丽而坚牢，插图用摄影或绘画均可，但绘画必须像真而具有光与影，透视不得错误。

（丙）发行——应有较大的魄力来发行。现有的露天阅读机构必须充分利用。我有一个大胆的建议：出版家准备了相当的资金，一次至少出齐五百种至一千种，即将所有的弄堂书店组织起来，取具保证，一次付书，分期收款，条件是把所有以前有害的旧书不准再行出租。明订租价，全市一律。现在假定每册定价五角，五百册计二百五十元。每摊每书租金五分，每日收入至少约二元，每月得六十元，付书费二十五元，一年付清，书店获息五十元。全市估计一千书摊，则每摊全年付三百元，出版商共收三十万金元，折合法币九千亿，此尚为本市一地的收入。若全国分支机构同时举办，则收入当不止此。这虽是一个外行的估计，我想实际总不致亏本的。

客：这个“小题大做”的计画，倒颇新颖，我试和出版家去谈谈看。

主：好！不过我只是想到就说，对这个工作我并无经验呀。

客：我想他们亏了本也不致让你负责罢，但是在出版技术上还要再来和你研究呢。

主：欢迎欢迎！下次再谈。

（编者按：中电二厂中艺出版社已出版图画小说《出卖影子的人》，原是严俊、威莉等人主演的一部电影。此书上海有售。）

（载《大公报（上海版）》1948年9月9日）

线装书能换外汇吗

——嘉谱楼答客问之九

吴　伧

主：啊！对不起，我出去了一会，害你等久了！

客：没关系，没关系，那里去了？这样高兴！

主：去看了个展览会，小有收获。

客：我猜得着——雕塑展，是不是？

主：是的。

客：愿听听你的意见。

主：展品虽不多而精，布置虽不考究而有秩序，比起市立博物馆来，这个展览会相当有他的特长，就可惜一样事情弄坏了。

客：什么？是不是光线不够好？

主：光线还在其次，我说的是他们影印的十几张雕塑画片真是美中不足：第一最滑稽的是片上无说明，使其参考价值打了个对折，但这还可以在会场对照，自己去填写。第二是摄影印刷都不够水准，使他在考古价值上占不着地位。

客：不加说明诚然是不可恕的疏忽，那些画片我也见过，是珂罗版印的，已算很进步的印刷了。

主：是的，我对现状下这一类的印刷并不敢苛求，不过我以为用同样的设备，倘若加上些学问或经验，应该做得更好一点。试拿那几张画片谈谈，譬如魏代骑骆驼的胡俑，共有三件，有一件胡人俯身扬鞭欲下，目瞪须张，驼足前踞，后足作欲起状，神采奕奕欲生，真是令人惊叹的艺术品，但画片中偏选印了一件坐地的骆驼，而且骑驼人的右手因为角度死板，遂未摄出，成了单臂人。全幅光线过平，所有驼身塑得最出色的筋骨，都未表现出来（各件画片一般都因光线不好及角度不对致减去价值不少）。这种所谓静物复写技术（Copying photography）在出版物的插图中，尤其是美术出版物的图片中，占极重要的地位，可惜注意的人太少了！

客：我看日本对这类的印刷，倒相当讲求，试看他们所印的《书道大全》、《支那名画》等等，都够精美。

主：啊！他们的珂罗版印刷，在国际间有着相当声誉。关于战前的美术印刷，大致说来，德国的三色铜版、英国的单色网目铜版、日本的珂罗版及版画，在美术考古印刷上，都是各有千秋。尤其是日本印刷的版画以及供给观光人士的风景画册及信片，可与各先进国家最精美的印刷抗衡，吸收了不少外汇。

客：印刷品吸收外汇，究竟是微乎其微吧？

主：你不要看轻那一类的商品，只要能做成雅俗共赏，或扩充用途，每年换取几百万美金是不难的。你没有听说爆竹在去年也换了几百万的外汇吗？

客：中国的印刷照现在这种标准，希望恐怕很少吧？

主：也不见得。中国有最好的版画、最精的黄杨刻版、最新式的铅印机、最熟练的工人，在这几种工具中，来表现中国艺术，已略可回旋了。所成问题的是：一般的网目铜版不够细（其实真正好的铜版，倒并不一定要多细的网目，只要一百五十线已可印很精的东西。所难的是既要黑白分明，又要中间色调呈现得丰富）。珂罗版该柔的不够柔，该强的不够强（譬如用来印陶器、铜器图片的珂罗版，应该阴影柔和，纤微毕现。印书画的版子，有时需要对比特强，使人有鲜明的感觉）。影写版更谈不到，其成绩还不如网目的铜版。至于三色版和彩色橡皮版等，用来印印通俗的印件还可充数，若要拿来表现那些古铜的绿锈、古玉的绿斑、古书画的本色，那就差得远了。

客：照这样说来，还有什么希望去出口外销呢？

主：这也要分类来看，譬如说一张中国画，用珂罗版印在宣纸上的情调，比用铜版印在有光纸上好得多。所以中国饮食在外国现在也有地位，为什么中国文化的出版物在外就没有地位？

客：这种劣势装备下，要怎样才可争取一些国际市场？

主：这也许是一个幻想——也许有人已做而失败了，也许有人想做而不敢尝试，也许有人认为根本不可能——不过我们该试试看，我想，有心人再加上苦工，一定会有收获的。我幻想中国的出版物可能出口换取外汇的有四大类：

（甲）版画类——这是中国数百年来最有地位的凸版印刷，如用套色版印刷纯粹中国风味的人物、风景、花卉、虫鸟，或编成整册的故事画，或印成大幅的画片挂镜或条辐（这种东方图案的挂镜，在美国近代室内装饰上，极占位置。近见北平荣宝斋用十余套色的木板印张大千画的敦煌人物，成绩甚好）。这一类的素材应该请教最高明的图案家、木刻家，或装饰家，可能产生蜚声国际的印刷品（某一外国书局用锌版印中国风俗画，粗俗可厌，且含有侮辱意味，不应取法）。

（乙）名作类——选取数千年来古今艺人呕心呕血，可一无再的代表作，谨慎编选，精译说明，作极有系统、有内容的介绍。这类印刷以用珂罗版印于宣纸为宜。装帧可用线装，但封面应该精心设计，外加锦匣保护，可作美术教材，亦可供世界各图书馆收藏。这类工作应该请教真正的书画家艺术家来主持（切忌请教自鸣风雅的斗方名士，须知这里只谈学术价值，不谈风雅）。并须与国外大书局或文化协会合作，请他们宣传介绍。

（丙）风景类——这是最通俗而易受欢迎，也是最难做得好的一种出版品。这种出品的成功，三分之一在于风景的本身，而三分之二全仗摄影的艺术。须知市上所售的千篇一律的什么三潭印月、苏堤春晓等等，那不能算风景，所谓可引人入胜的风景画册，本身应具备三个条件：第一是“真”（如果昔有今无，或无游览价值的都不应采取）。第二是“美”（构图、光线、点缀俱臻上乘）。第三是“善”（取材恰当、编排得宜、系统分明。既可携带导游，更可庋藏参考）。这类印刷应该用极精的影写版或三色铜版，如果这两样都做不好，可试用彩色珂罗版极小心的印在双页薄宣纸上（我从前试过，效果很好），再套色铅印陪衬插画及说明，用中国丝绸装帧，应该是很动人的。这类材料搜集工作如做得马虎，请个□摄影家，多跑几处所谓名胜，也可小有成就。如欲做得有意义，那就要多请几种人物：（1）史地学家，决定名胜的取舍；（2）诗人文人，对名山大川供予动人的歌颂和介绍；（3）名摄影家，以其艺术修养及天才，和山水取得共鸣，而汲取其精华；（4）图案画家，以最崇高的领悟手法，为此册化装。随手拈来，不离本色而都成妙谛。至于印刷问题之重要，更不必说了。

客：恕我先插一句！我觉得这一类印刷物最有希望，不但本身可换外汇，且而读者见图引起游兴，接踵而来，这样所取得的外币更不少呢！

主：很对！许多国家都有官办旅行社，一方面专设机关训练人才，办理导游，一方面又不惜工本的出版吸引游人的刊物图片，作广泛宣传，真是一举两得的事。

客：你不是说有四类么？那末一类呢？

主：这一类也许不能叫他出版物，你不问我也不想说了。这类是：

（丁）零件类——包括一切信笺封、请客片、贺年片、日历、书签等等，内容既无限制，举凡生活风景、图案人物无一不可取材；材料尤其广泛，只要是可画、可印、可染、可刻的，无论纸布丝绸、竹木牙漆，都可利用。只凭贺年片一种，如果人人爱新奇而采用，每人买上三五张，这数目就可观了。不过这类零件，天地既狭，所容有限，如没有极高的艺术天才，很不容易设计处理。这无怪乎一般书店之千篇一律，或见人学样了。

客：说了半天，好像越说离出版问题越远了。试问你，真正的线装书能换外汇吗？

主：并不是没有，譬如什么集成，什么丛刊一类的大部头书籍，只要内容充实、宣传做得好、运寄无问题，各国的大图书馆或研究中国学问的学院多少会光顾几部的。再如中小学的教科书，在南洋华侨学校方面，也有很好的销路。不过这些不是专为出口设计的印刷品，所以在换取外汇方面，前途似乎不很宽。

客：最近出口物资换得的外汇，似乎可以比例的购取进口物资了。出版物出口可换些什么进口呢？

主：这属于进出口专门知识，恕我外行未能详答。不过照我的意见，中国出口的出版物应尽量利用土纸，尤其是版画更应用国产色料，所以需要换回的进口物资不太多。但精细的印刷机、制版器材、精制油墨等还是需要的。

客：依你说来，将来进出口同业里可以添出版商一行了。

主：为什么不可以呢？有志者事竟成。

客：谢谢你的鼓励，我想我们应该试试看，等我听听他们的意见再来告诉你。

主：好！再见！

（载《大公报（上海版）》1948 年 9 月 30 日）

三十年来中国基督教著作界述略

李镜池

在战后图书失散的今日，要作历史性的研究，委实是很觉困难。这样姑且来一个“述略”，意思是要待将来作较详细的增补。而且具有“抛砖引玉”之意，希望高明的读者，来一个更详尽的叙述而且批判的研究。我过的是粉笔屑窒息的生活，要详尽也无法详尽，要批判也无暇批判。

这题目是我提给编者先生的，要他作或另找“行家”，虽知他顺水推船，一推便推到我身上来，我实在忙不过来，战前图书，既多散失；战争以来，又已改行，这文章没法交卷，这个“述略”，只是凑付凑付，随喜随喜而已。

一、两大时期

基督教新教来华，始于一八〇七年马礼逊之到广东，隔现在已是一百四十二年。这一百四十二年，我们可以粗略的把它分为两个时期，而以五四运动那一年——一九一九——为分界线，五四以前为基督教传播期，以著作言，五四以前为西教士传译期，五四以后为基督教建设期，以著作言①，五四以后为中国基督徒著述期。

五四运动，是中国的文艺复兴的开端，是中国民族的觉醒的时期。从民族言，鸦片战争以来，中国的国势一落千丈，日蹙国百里，沦为次殖民地而不能自拔，五四以后，国人觉醒了，经过民十六的国民革命成功，而七七抗战，以至胜利，五四运动是近代民族史上两大时期的划分。从文化言，五四以前，我们仍然故步自封，以为船坚炮利不如人，而文化，至少是精神文化我们是很高的，所以至多只能让步到“中学为体，西学为用”止；五四以后，我们根本上否认了我们的文化，以为是过去了，不适合了，要救中国，一定要仿效西洋。“全盘西化”就代表这一个时期的国民意识——不管它的含义是资本主义化抑或社会主义化——这是我们文化上的两大分野，以前是中国的，以后是西洋的。

五四运动到现在恰巧是三十年——一九一九至一九四八——这三十年的时代环境是如此，我们基督徒的著作界，也可以拿五四运动这一年为分界，因为它是受时代影响的。

五四以前，是基督教著作独盛时期，中国的维新与革命，可以说由西教士介绍西洋文化入中国的影响。教会书报大受欢迎，学校用的教科书，都是教会编的。康有为惊人的议论，是由读教会出版的书而来的，梁启超编有西学书目，守旧如张之洞，其《劝学》外篇，亦劝人学西

① 此处疑衍，原文如此。

政、习西艺。

但自五四运动以后，国人对于新思想、新文化的提倡，不遗余力，基督教著作便落后了。一九二〇年《中国年鉴》载非教会的华文杂志五七八种，一九二一年中国教会杂志只有九十六种，比例为六与一之比，据《第二届世界报界大会纪事录》载，一九二一年，全国共有报纸杂志一一四三种，教会杂志仅一一二种，不及十之一。中外报章类纂社调查，一九二六年，华文报纸杂志约二千种，教会杂志仅一三六种，约十四分之一，由此可见，基督教著作对于中国之贡献，在新文化运动以前，有一光荣的历史，新文化运动以后，教会著作已失了它的作用，甚至基督教的作品，不特为人漠视，而且为人轻视了。

五四新文化运动以后，基督教更遭遇到几重打击，不光不能领导社会，影响文化；反而退处一隅，几乎有不能自存之势。早在一九一七年，有蔡元培以美育代宗教之论；一九一九年，朱执信有“耶稣是什么东西”之诮；一九二〇年，少年中国出版宗教问题专号，虽然他们的态度是客观的研究，但他们的本旨却是否定宗教的存在，至少在新中国的未来，他们以为不需要宗教（试看李璜的通讯，及周太玄《宗教与中国之将来》）

到了一九二二年，因为世界基督教学生同盟，在北京清华大学开会，引起上海、北京的非宗教运动，这个运动，有识者认为对教会有益无损，例如徐庆誉有《非宗教同盟与教会革命》一文，说非宗教同盟的影响有：1. 促信徒反省；2. 促教会革命；3. 推翻过去的神话；4. 限制传教士的资格；5. 破除无用的仪式；6. 建设合理的信教条文六点。

跟着这非宗教非基督教同盟，就有“收回教育权”的呼声，一九二三年十月，余家菊写了一篇长文《教会教育问题》，一开端即说：“于中国民族之前途有至大的危险的，当首推教会教育。”甚么危险呢？他说：“一、教会教育是侵略的；二、基督教制造宗教阶级。”这两点或出于误解或竟是诬说，其实他所重的是第三点：“教会教育妨害中国教育之统一。”跟着，一九二四年七月，中华教育改进社就有请求政府制定学校注册条例之议案；一九二五年就有取缔外人在国内办理教育事业及学校内不得传布宗教之议案，各省有取缔私立学校之条例，北京教育部，及国民政府教育行政委员会均有《私立学校规程》新令；一九二六——一九二七，国民革命北伐时，民族主义的口号正高叫者，而捣乱教堂的举动也出现了。

从一九二二到一九二七这一个时期，是反基督教的风潮最盛的阶段，而基督教也适应了时代，作内部的改革。

第一种改革是中华基督教的成立，本色教会的提倡——在全国，有中华全国基督教协进会之成立；在各省，已有各省区联合各差会而成的中华基督教会，全国协进会之成立，据她的报告是：

“本会系由中西信徒之实际经验与联合势力所产生。查一八七七年西教士于上海举行第一次会议，一八九〇、一九〇〇、一九〇七年，继续举行，此尚不过所谓‘西教士’会议，无一华人涉足其间也。迨至一九一〇年，英国爱丁堡开国际宣教大会以后，有续行委办会会长穆德博士来华协助中国，始有组织协会团体热切之运动。一九一三年始召集中国基督教大会，总计代表百二十余人，华人占三分之一，其所筹备组织之团体为中华续行委办会。该委办会于已往九年中，因得诚静怡博士、罗炳生牧师诸干事之力，贡献教会良多。至一九二二年，中华续行委办会召集空前之中华基督教全国大会，会议目标曰‘本色教会’。同时又赖五股委员之精密报告，颇具匠心。于是中国全体教会间接直接蒙其焕新之影响者不鲜。代表总数达千余人，半为华人，其结果即产生中华全国基督教协进会。”

全国协进会之任务：“为转移西洋化教会使成为新中国化教会之中心枢纽。”

各省区各有组织，例如广东有广东协会，桂林有华人自立的中华基督教会。“北至兰州，南至广州，东至温州，西至贵州，教会的情形境遇、宗派组织，差殊极远，而所成立的自立教会，没有一个是以公会定名的，也没有一个不是以‘中华基督教会’定名的。‘中华基督教会’之上，冠以此名以为分别。颇可以见教会心理的一致。”（赵紫宸《风潮中奋起的中国教会》）

对于本色教会之提倡，为教会报章杂志所最注意的问题，讨论得最热烈。讨论的结果，大概可归纳为三点：

本色教会的特性：

（一）是中华国民的教会。即是能够达到自立自养自传的目的，不倚靠西差会的帮助。

（二）是根据中国基督徒自己的经验而设立的。一方面能适合中国民族的精神和心理，一方面也要中国基督徒能表现他们的精神，而不是盲从与依赖。

（三）是基督教与中国文化融合。

第二种改革是教会内的自省——中国基督教自省自己是否一个真基督徒？是否“为饼而来”，因贫穷或其他关系而入教？是否做帝国主义的走狗？我们有没有建设中华基督教会的力量？……这几年的风潮，仿佛给基督教做一回“清”教运动，例如广东协会，自反教风潮发生后，由二万信徒降至一万五千，到一九三〇年，复增至一万五千八百五十四人，一九三二年，增至一八三五二人，这个减少与增加，显出教内的充实，让那些畏葸的、没信心的自动的退出。留下那些坚忍的、有实力的岂不是更好吗？

西差会也在这时候来一翻自省，例如一九二二年全国基督教大会报告书就有《论西差会之弱点》，论及：一、宣教师之选择及训练，有些是程度不及格的，不能担任职务，使华教会受亏。二、门户之意见，宗派之歧视，细故之妒忌。三、不适宜之点，如建筑、礼貌、气质、仪式等。四、使用金钱之不当，为物不为人，专为强者，浪费金钱。五、差会与宣教师专制之弊等。后来又有美国平信徒调查团，到中、日、印等国考察，有《宣教事业平议》之报告，对西差会之工作颇有客观的批评。

第三种改革，是教会工作的努力——一九三三年，全国总会在福建厦门开第三届常会，我们读她的报告就可知自反教风潮后教会对于工作的努力，例如教会合一运动、宗教教育之促进、基督化家庭之推动、对社会改造之注意、教会经济的筹措、对青年的注意、牧师资格的审定、圣歌的统一等，都是有相当成绩的。

近三十年来的基督教，又可分为两个阶段：一九一九至一九三八，即五四运动至七七抗战。这个时期，教会虽受反教风潮的打击，反而自己省察、改进、奋勉，脱离了西差会的束缚，自立起来。

自七七事变以后，教徒过着流亡的生活，教堂或为敌机轰炸，或为敌军占用，于是教会与国家一同遭难。在这个阶段里，教会是艰苦的。信徒离散，教堂被炸，一部分的教会就难支持。新教教会一向是不购置产业的，一旦变乱就难自存，有许多宣教师因为教会经费无着，没法维持生活，不能不改行。至于其他一功事工，更难说了。

战时有一件事是教会做得很好的，就是救济难民。教堂和教会学校，都用来做难民收容所，或开设难童教养所。这真是莫大的功德，救济了不少人。

还有一种工作值得提的，是随军服务，中国军队是最苦的，基督教徒的随军服务、救护、娱乐，给军队很大的帮忙，精神上的安慰。

以上把基督新教的历史先作一个鸟瞰，使我们对于基督教著作的背景，有一个认识。

简单说来，中国基督教的著作，是适应时代的需要而著作的。新文化运动以前，中国需要革新，需要新文化，需要欧化、近代化，基督教就大量的介绍西洋思想、西洋文化，结果，中国革命了，中国走上新的途径了。但中国的改革仍未澈底，对于西洋文化仍然未澈底的接受。而西教士以余力来担负这个重责，也是不澈底的，于是中国的智识阶级，自己担负起建设中国新文化的重任。西教士也乐得把这个担子卸下，专讲他们的宗教。

基督教的宣传，毕竟注重于口的宣传，而对象又似乎以普通群众为主。方法与对象，都与文字著作异趣。又加以中国文字学习艰难，一般西教士要使用这一套工具，真不容易，而中国信徒，学贯中西的已逐渐增多，西教士就把这个文字宣传的责任放在中国基督徒身上了。

又以反教风潮的兴起，西教士在攻击之列，西教士为自己辩护，不如中国人自己起来辩护来得有力。

中国教徒，对于中国文化、中国民族性，知道得较亲切。对于西洋文化，对于基督教，也有他独到的见解、客观的研究；不像西洋人或者因主观感情的关系流于偏袒。因此以中国教徒来讲基督教，或者较西洋教士为深刻。至少在文学上比西洋教士写得好。

中华基督教会的组织，本色教会的提倡，更非中国教徒自己努力不可。

因此种种，在事工上，新文化运动以来转入中国信徒的手上；在文字著作上，更以华人为主。新教传播初期，是西教士著作期，其贡献在介绍西洋文化，新文化运动以后，是华信徒著译时期，其贡献在阐明基督教教理。这是基督教著作前后的异点。华人著译、阐明教理，是近三十年来中国基督教著作界的特征。

二、三十年中国基督教的著作简述

因为图书缺乏，没法作详细的叙述，只可一鳞半爪，择述一二，希望将来有机会再写。

先看看一些图书统计，据汤因根据十三本年鉴所得的数目，略见一斑。

基督教书报调查统计：

年鉴期数	年份	书籍	中文杂志	英文杂志
一	一九一四	一八六	二五	
二	一九一五	一五九	四〇	四
三	一九一六	七五	四三	四
四	一九一七	一一九	五〇	四
五	一九一八	六六	六六	七
六	一九二一	五五三	一〇一	一一
七	一九二四		一二五	一一
八	一九二五	五七二	一二五	一一
九	一九二七	二六五	二〇六	
十	一九二八	一六三	一五六	二七
十一	一九三一		一四八	二九
十二	一九三三	三七八	一九三	一八
十三	一九三六	五四九	二一一	二九

次看出版机关及历年图书总数：

据《中华基督教文字索引》，一九三三年以前出版机关共六十八处。教会书报总数计约二千三百余种。

出版机关资格最老的为“美华书馆”，一八四四在澳门创办。一八六〇移于上海，为上海历史最早的印刷所，但民初已停办。其次是“圣教书会”，圣教书会分设于上海、汉口（于天津合为协和书局）、华西、两粤、闽南、闽省六处，上海一处创于一八七八，最早。六处出版图书一千三四百种。其次是“广学会”，创立于一八八七，去年刚刚庆祝她的花甲纪念，在清末介绍新知识，贡献特多，迨后商务印书馆等出版机关相继成立，广学会乃专致力于介绍基督教文化之著作，如所编之《圣经辞典》、《四福音大辞典》及《新旧约的注释》等巨著，为各教会必需之参考书，又与南京金陵神学院、山东齐鲁大学合作，编印神学丛书，先后出版数十种，其他社会科学、传记故事、音乐、剧本以及儿童用书等类，共出版数百种之多。杂志有《女铎》——创于民元，为家庭妇女读物；《福幼报》——创于民四，为儿童读物；《道声》为教会工作人员读物；《民星》，为一般民众读物。又有《明灯》、《女星》。广学会有长久的历史，出版的书，精粗并具，巨细不遗。

青年协会的书报部，是我们特别要提的出版机关，她的特点有四：（一）始终由中国人负责办理；（二）出版的书，都是精选的，每一本都有价值；（三）思想前进，适应时代的需求；（四）特别注意青年问题，据《文字索引》所载，计有哲学类书六十九种、宗教书一三八种、社会科学书四十一种、自然科学一种、应用技术六种、艺术十一种、文学一种、史地拾三种，合计二百八十种，量数不多，但每一种都适合青年人的需要。后来编印《青年丛书》，贡献更大，每一种都是名著，每集五十种，现已出七十余种，译的多，著的少，但译的都是精选出来的，译笔也极信达，创著虽少，差不多都是中国基督教第一流学者所作，内容以宗教思想为多，其次为基督教的思想与历史，其次为政治社会教育及传记。《青年丛书》都是学术研究性的作品，是三十年来中国基督教著作的代表，但对于普通青年读者，似乎较深。较浅近的，有

《海慎宗教丛书》，凡十二种。(1)《基督教和我们的时代》；(2)《耶稣》；(3)《上帝论》；(4)《宗教生活》；(5)《怎样促进世界基督徒团契》；(6)《祈祷与崇拜》；(7)《教会的意义和使命》；(8)《基督徒和非基督教徒的社会》；(9)《人的真谛》；(10)《基督教信仰和民主主义》；(11)《为什么要研究圣经》；(12)《真体和宗教》，这是美国宗教思想界名家撰著的通俗书，以明显简括的文字阐发基督教基本教义，作基督徒生活的指导。最近又有《宗教与生活丛书》之编辑，我所见到的有两种，是赵紫宸先生著的《基督教教会的意义》、《基督教的理论》，其用意与编《海慎丛书》同。

附《青年丛书》书目：

第一集：(1)《甘地自传》；(2)《海伦凯勒自传》；(3)《中国青年职业问题》；(4)《中国历代名人传略》(第三集)；(5)《宗教经验谈》；(6)《性的教育》；(7)《科学伟人的故事》；(8)《一个伟大的运动》；(9)《实验宗学教程》；(10)《社会福音》；(11)《时代转变中的上帝观》；(12)《今日之苏俄》；(13)《性的道德》；(14)《苏俄公民训练》；(15)《我所体验的基督》；(16)《社会主义新史》；(17)《改进中的苏俄》；(18)《蛮荒创业记》；(19)《反利润制度》；(20)《穆德传》；(21)《宗教与人格》；(22)《耶稣传》；(23)《中国历代名人传略》(第四集)；(24)《个人道德与社会改造》；(25)《苏联的宗教与无神论》；(26)《科学的宗教观》；(27)《当代科学家的宇宙观》；(28)《近代科学与宗教思想》；(29)《农村工作经验谈》；(30)《世界名人小传》；(31)《心理与生活》；(32)《创造的人生》；(33)《第二次大战与中国》；(34)《思想的探险》；(35)《创造的社会》；(36)《基督徒的信仰与生活》；(37)《基督教与中国文化》；(38)《玛萨里克自述》；(39)《世界伟人的宗教信仰》；(40)《基督教与阶级斗争》；(41)《忠的哲学》；(42)《性生活的控制》；(43)《祈祷的科学》；(44)《基督教史略》；(45)《时代的末期》；(46)《社会生活的发展与训练》；(47)《未来的文明》；(48)《耶稣的思想及其背景》；(49)《辛克莱的宗教思想》；(50)《现代潮流中的上帝观》。

第二集：(1)《革命的四大主潮》；(2)《未来的世界大战》；(3)《思想的艺术》；(4)《现代宗教论》；(5)《尼赫鲁自传》；(6)《中国基督教史纲》；(7)《基督教与新中国》；(8)《墨翟与耶稣》；(9)《宗教与近代思想》；(10)《居礼夫人传》；(11)《基督教与社会革命》；(12)《圣经的故事》(上下册)；(13)《耶稣的故事》(上下册)；(14)《基督教与文学》；(15)《宗教的意义与真理》；(16)《圣经的研究》；(17)《基督教与现代思想》；(18)《伟人信仰的故事》；(19)《中国历代名人传略》(第五集)；(20)《圣经文学读本》；(21)《圣经人物》；(22)《没有人看见过上帝》……

此外，为主日学的需要，最近青年协会又编印《中华主日学丛书》，计《旧约》四种：(1)《古代希伯来的故事》；(2)《希伯来国族的长成》；(3)《希伯来王国的研究》；(4)《犹太教的建立者》。《新约》二种：(1)《耶稣的一生》；(2)《初期的教会》。

“基督教文社”——这是一个为文学事业努力的团体，现在青年协会《青年丛书》的著者，就是以当年文社的主要作家为主干，创始于一九二五年夏，后来因为思想问题，经济来源断绝，不到三年就散了，出了二十多册《文社月刊》，及一期《一苇》，计划编译著作许多宗教书，还打算用新标点符号标点《圣经》，可惜中途夭折了，只出了十多种书，其中以赵紫宸先生著的《基督教哲学》及《耶稣的人生哲学》为最好，译书则没有后来的《青年丛书》畅达。

此外还有上海美华浸会书局、汉口中华信义会书报部、北平中华圣公会书籍委办、上海中华全国基督友协进会等，都是努力于文字事业的。

以上基督教出版机关所出版的书刊，大都是范围广、普遍性的，还有着重一类的，如专印《圣经》的有美华圣经会、圣书公会、圣书协会、美国公理会等，专印布道单张的如目览心得委员部，专印医药书的有中华护士会。

关于杂志刊物，据《文字索引》所调查的，共一百五十四种，兹列举其数目如下表：

	普通性质的	纯粹之会刊	纯粹之校刊
周刊	五	七	四
旬刊			三
半月刊	二	九	一
月刊	三三	四一	七
双月刊	四	六	一
季刊	一一	九	四
半年刊			二
年刊			三
不定期			二
合计	五五	七二	二七

这个调查，是有遗漏的。据《一九三三年鉴》的调查，中文杂志的总数为一百九十三种，较为近实，这些刊物，战时大多数是不能继续的，战后能复刊的也不会多，兹举述几种，略见一斑。

一、《青年进步》——基督教杂志，我以为最好的，要推《青年进步》。作者如林，内容充实，范围广阔，编印精美，不特在教会内有价值，即放在全国的杂志上，即使在二三十年后的今日，还算它有很高的位置。编者范皕诲，是一位饱学之士，以全副精神办理这个报，对于宗教问题，固然注重，对于时代思想，是很新颖的、前进的；对于时代问题，是很注意的。一九一九的五月，它已出到二十三期了。它真是一种最早最好的基督教刊物！例如二十一期的“时间”栏，有岩成田译的一篇《近东人民之浩劫及应有之恢复》（Samuel T.Dutton 著）、扶风译的《最近法国妇女之概状》，有启明的《中华民国省车制刍议》。二十四期有马景行的《俄罗斯过激党（即波希米党）之大概》，有扶风的《武人政治之罪孽》，谓欧战祸首之罪，德俄互相推诿，作者则说，“就俄德二帝之性质视之，皆抱非常野心之徒也”。二十五期有马景行译的《金价之新标准》，及书后为注意经济之文章，作者马君，疑即当代经济大家马寅初先生。“时闻”又有马中原的《波希米主义及其历史之大概》，对于共产主义的研究，这是很早的了，对于新思想及科学的介绍，是本志所注意的，例如《近代社会进化学说的派别》、《生物学研究最近的趋势》、《泛系主义（即法西斯）的政治理论》、《苏俄共产统治的现状》、《苏俄的外交政策》、《西洋哲学概观》、《美国政府对于几个重要问题的解决》、《进化的马克思主义》等是。更出“专号”，专研究一个问题，例如 49、61、75 期为“家庭问题专号”，78 期为“非战专号”，73 期为“国际问题与基督教特号”，50 期为“世界基督教学生同盟特号”。关于基督教与中国问题，更常常注意，有不少文章都针对这大问题来讲论的。如《三大文化与今日之中国》、《近日基督教对于中国社会应有的贡献》（74 期）、《基督教新思潮与中国民族根本思想》、《基督教与中国文化》、《我国人与基督教》（82 期）、《和平性质的中国文化与基督教在现世界之合作》（73 期）、《百余年来中国人对于基督教的态度》、《中国人的道观与基督教徒的道观》（96 期）等是。更出《中国文化与基督教丛书》，如《现代基督教思想与中国文化》、《东西文化之一贯》等。其他如国学研究、青年问题研究，都是很有价值的，每期又有文艺一篇，以小说为多，也有戏剧，自新文学运动以后，除一些旧诗词以外，全用白话写作，编者在他编《进步杂志》（《青年进步》的前身，是《青年杂志》和《进步杂志》）的时候说：“是志也，宗旨务求纯正，不敢有偏激之弊也；议论务求平实，不敢有矫诬之病也；文字务求明澈，不敢粉饰以浮辞，亦不流于俚俗也，无门户之成见，无水火之私争，……以道德为基础，以智识为户牖……译东西洋之新事理、新学说‘而介绍之为适时合宜之师资’。”他主编《青年进步》时，仍本此旨，他在《青年进步的宗旨》一文说：

“《青年进步》的宗旨，就是青年的进步，青年怎样才能够进步呢？自然不外乎四育。在德智体群上都有了进步，他于家庭、于社会、于国家，一定也有进步了……于青年奋斗的精神、创造的途径，我们时时愿为提醒，从基督教的原理，作有方针的指示，不肯随声附和，博一时流行的时髦的快心，必须正正确确、实实在在，取一种不偏不倚、不激不随、稳健中和的态度，做青年的导引……我们不是专门宗教杂志，但也常常论到宗教的大概；我们不是专门科学杂志，但也常常论到科学的大概；我们不是专门体育杂志，但也常常论到健身和卫生的大概，其余等等门类都是这样。为什么呢？我们要造就一个完全的青年人，这些普通知识和观念，悉为人生不可缺乏的。我们求适于青年的应用就是了……我们自认为也是新文化运动的一份子……可以做很大的新文化运动的工夫……”

它的广告说：“导引现代思想的、陶冶个人人格的、拥护建设精神的、阐扬祖国国粹的……”

二、《生命》、《真理》和《真理与生命》——《真理》是北京的十位基督教领袖出版的周刊。“它的目的，是联合信徒同志，以耶稣无畏精神为真理作证，谋教会革新，促中国改造。”它要研究和批评教会中的各种问题，发展信徒对于政治社会的主张。

《生命》是月刊，该社的性质，较真理社为广，社员有六十多人，不分中外、不分宗派，不过其中的主干，还是真理社的那十位。它的宗旨：

（一）讨论宗教教育；（二）研究《圣经》；（三）研究神学；（四）研究社会问题；（五）研究教会问题；（六）基督教革新运动的提倡。

《生命》社后来订正它的宗旨为：（一）研究阐发基督教的真理与功能；（二）谋求中国教会的进化与社会的改造；（三）应付世界新潮，尤注重中国知识界之亟需；（四）促进国际的亲善。

《真理》和《生命》两社的主干相同，后来合并为《真理与生命》。它的宗旨是：“要根据经验与研究，讨论中国教会问题，阐发基督教真理，以促进中国基督教运动，并协助中国基督教学生运动。”

大概《真理》注重批评教会问题，《生命》注重于宗教研究，而《真理与生命》则研究与批评两者兼而有之，目的在促进中国基督教运动。到抗战初期，犹继续出版。发行地点则由北平青平会转为上海青年协会，印刷更美，后来跟着抗战的严重而停刊。

《生命》和《真理与生命》的文章，大致与它们的宗旨相符。讨论中国教会问题，阐发基督教真理。执笔者多燕京大学教授，而且是宗教学院的教授，关于宗教和圣经研究，都是专家的撰著，学术研究的意味重，适于教会领袖的阅读，而不适于普通信徒与学生；适于知识阶级的研究，而不适于普遍的阅读，这是学术杂志，水准很高，而不是普通刊物，它是基督教思想界的代表。

三、《金陵神学志》、《信义宗神学志》与《协和学报》——这三种刊物，比上面所说的几种刊物的范围更窄了。可以说，专门研究宗教和圣经的刊物。《金陵神学志》，人才较多，由季刊改为双月刊，《信义宗神学志》亦是季刊，《协和学报》是半年刊。《金陵神学志》以教员为主体，一九二七年曾停顿了五年，一九一四创始，一九三二复刊以来继续了好几年，它的使命，“在使人寻求基督、认识基督、经验基督、生活基督”（十四卷，二期《本志的使命》）。它的内容是传扬福音、查考圣经、研究神学、交换意见、传达消息、计划教会工作，能解决社会问题、供给讲道材料、个人灵修等，实以介绍神学思想为主要目的，《信义宗神学志》与《协和学报》也跟《金陵志》相类，协和从一九二四到一九三五，共出了十九期，它是以学生为主体，很少教员的作品，其内容偏于学术研究。

四、《中华基督教育季刊》——中华基督教育会出版，这是基督教育界的领袖研究教育，并适应国人反对教会学校的风潮，思所以改善而发表意见的刊物，内容论著占三分之二，教育新闻、学校新闻合占三分之一。每期论著，编者于正文前辟“投稿人俱乐部”一栏，介绍作者和文章的要点，对于读者很方便，它的目标是：“贯彻基督教教育之中国化；发挥基督化教育之真精神；宣布科学的各种教育方法；交通中西的各派教育意见。”曾以《基督教学校之特殊贡献》、《基督教教育之最后目的》等题征文，又出《宗教教育专号》。宗教教育为基督教事业中之重要部门，这个刊物是很需要的。

五、中华基督教《文社月刊》——一九二三年秋，基督教著作家中西知名之士组织中华基督教文字事业促进社，以中国著作家为主干，而联络若干西国人士为顾问。聘金陵神学《旧约》教授沈嗣庄为干事，出版月刊，简称《文社》。经费则由美国社会宗教研究社捐赠，文社宗旨是“提倡能促进中国本色基督教运动之国文著作，并引起此类文字阅读之兴趣”。它的计划：（一）征求及养成基督教文字著作人才；（二）罗致著述家及译学家；（三）唤起阅读之兴趣；（四）编辑及出版有关于哲学社会问题等论著，公认之基督教典籍、教会名著、圣经百科全书、圣经注解、修养用书、神学书、宗教教育书、时下流行之要籍，出月报及日报。月报使国内外教界领袖明白文社之宗旨及事业，使读者了解时下流行书籍之内容及性质。

据文社组织和月刊来看，他们是热心于基督教本色文字之提倡，养成著译人才，促进本色教会之建设，编印有价值的书籍，介绍及批评教内外书报，他们对于中国基督教文字事业的开拓，抱着很大的希望，可惜仅仅三年就解体了。这个团体的失败，很可以见到中国基督教文字事业一般的情形：（一）自己没有经济基础，靠人便有束缚，不能长久；（二）中国基督教对于文字事业实在不大注重，试看一九三三年全国总会第三届常会议录，各地教会的报告，差不多就没有人去注意这方面的工作；（三）基督教著作人才少，也没有团结的机会；（四）教会领袖比较稳健保守的多。文社解散的根本原因是思想冲突，干事沈嗣庄似乎是一位前进思想家，在《文社月刊》第一期代就提出几条题目叫人去作："基督教与国家主义"、"学生与爱国"、"宗教与科学"，这本来是针对当时思想界来说的，希望基督教对这些问题，给他一个完满的解答，然而他把课题提出之后，马上就感慨起来，说："以上四种著作，仅事工之一部分耳，然这一部分，倒难以下手呢！一说天演，即是异端，其余两种，任何人作，亦必感困难……随声附和的文章，是不会闯事的；大刀阔斧下去的话，是逆耳的……"就是因为逆耳罢，文社不能不停办了。

六、《铎声》和《分享》、《尽言》、《真光》——这是南方基督教领袖及著作家所出版的刊物，广东基督教作家不多，但在大时代中，思想界大起革命的潮流中，在非教风潮正盛的时候，广东也不能例外，作家起来有所表现。《真光》竖起护教的旗帜，编者张亦镜大卖力气，著文为基督教辩护，出批评非教言论集，征文批评吴稚晖的《一个新信仰的宇宙观和人生观》。《真光》是月刊，后来移到上海出版，护教言论，影响很大，为教内人士所爱读。《尽言》周刊，则普遍的批评社会和教会，言论相当大胆，梁寒操先生是该刊的台柱，战前已停刊，战后曾复刊，但不久也就停了。《铎声》、《分享》是教会内的刊物，言论较温和。

此外如广学会《女铎报》，注重基督教家庭运动，宣道会之《圣经报》，注重释经；还有美以美会与监理会合办之《兴华报》、时兆社之《时兆月报》，历史是很长久的，无暇详叙。

现在要提战时及战后的教会刊物：

一、《基督教丛刊》——这是战时在内地出版的刊物，战后继续出版，由基督教联合出版社发行，宗旨是："发扬基督教真义，提高基督教徒生活，以及研究其他各种宗教问题。"内容分时论、宗教研究、基督教研究、教会问题、信徒传记、宗教文艺、介绍与批评，注意点可以张仕章《抗战胜利与教会前途》一文为代表，他们努力于"建教运动"、"救国运动"和"淑世运动"。除了教会前途、宗教研究外，它有学术研究文章，今年联合出版改为出版协会，丛刊交由天风社接办。

二、《天风》周刊——这是一个以基督教立场针对时代问题发表言论的刊物，战时已出版了三十二期，战后继续出版，现已出了一百二十多期。战时在成都，战后迁沪。这是目前中国基督教的代表刊物。内容除针对时代的论著外，还有"时事述评"、"每周时事摘要"、"宗教世纪"、"灵修一助"等，对于社会人士，很有益处。

三、《新坛》——我们的《新坛》，是新生的小草，希望它是"芥菜"种，能够长大起来。它也是时代思潮影响下的一个刊物，与《天风》相近，不过没有《天风》人才之盛，范围没有《天风》那么广。它是努力向前的，将来或有发展为周刊的可能。

（载《新坛》1948年第5、6期合刊）

《北方文化思痛录》补

于鹤年

叙述沦陷时期文化界情形的文字，就我所知，芦曝先生《北方文化思痛录》（原载去年十一月二十日本刊第五十九期——编者）尚属第一篇。抗战八年中北方文化动态可见大概。惟原作所述似尚未周，兹就记忆所及稍加补充。

抗战军兴，学术的活动都入了冬眠状态，只剩外人经营的燕京、辅仁两大学。燕京大学刊行《燕京学报》和各书的引得。辅仁大学刊行《辅仁学志》、《辅仁文苑》、《语文学会讲演集》、《华裔学志》、《民俗学志》（以上二种均西文）和许多种单行本书。太平洋战争勃发以后，燕大由日本人接收，刊物均停，学校改为综合调查所。辅仁大学依然无恙，刊物照常（芹曝先生说太平洋战争一起，除《中法学志》以外别的学术刊物都停是不确的）。陈垣先生一人发表的著作自长短论文以至专书有十种以上，最著者有《明季滇黔佛教考》（单行）、《清初僧诤纪》、《南宋初河北新道教考》（单行）、《通鉴胡注表微》，不仅考订详密，可称定论，文字亦言近旨远，足以激发读者爱国思想，同时法国大使馆主办的中法汉学研究所刊印各书通检，性质与燕大的引得用处相同。该所出版《汉学》一册，内容丰富，倍于《燕京学报》。该所图书馆另刊馆刊二册（出版已在胜利之后），与《国立北平图书馆馆刊》相近，而量亦倍之。其中最有价值的是《杂志论文分类提要》，所收杂志多为沦陷时期出版的。中法学会的《中法学志》第一卷名《科学与进步》，第二卷改名《中法学志》，多载翻译文字，偏重哲理、文学，至最后二卷始载考证文字，和《辅仁学志》差不多了。

以上是欧美人创办的学术机关出版情形。在另一方面则有由汉奸、旧官僚和卖稿的文人合办的《古学丛刊》，二月一册，共出了九册，形式上是古色古香，而内容极其平常，远不如《中和月刊》（其中还夹杂着令人莫名其妙的江朝宗的怪文）。还有一种《国学丛刊》是由王揖唐等所立之国学书院刊行的，所载多为课艺之作。这二种刊物可以说是不和日本人发生关系，不过太腐化了。至于私人所印行的书刊，我见过有莫东寅先生的《东方研究史》。

再有便是虽由中国人出名办理，恐怕有日本人在背后操纵的几种学术刊物。第一种名《中央亚细亚》，是季刊，出了二卷六册，所登都是关于中国西北各地史地、考古、文献之作。第二种名《日本研究》，是月刊，内容广泛，涉及日本的各方面，三分之二为论著考订，三分之一为宣传文字。第三种名《中国学报》，亦是月刊，全为关于中国学术各方面的文字。一、三两种颇有知名之士专门学者作品，不过都不甚成熟，价值远不如《辅仁》、《中法》两学志，就连《中和月刊》亦有不及之处。第二种则翻译较多。第一种刊行于民国三十一年，翌年停刊。后二种刊行较后，直至日本人投降。第四种名《读书青年》，是月刊，所登短文居多，可是学术气味甚厚，似乎刊行一年多就停刊了。以上都像是和《武德报》有关系的。《华北编译报》是华北政务委员会属下的机关，所刊行的馆刊有泛论、有考证、有科学、有宣传、有出版消息、有学术新闻，既博且杂，极像日本人所办近代科学图书报的馆刊，所刊行的专书，有程树德的《论语集译》三大本。至于《中和月刊》，选稿都有价值，并不陈腐（只有蒋尊祎的怪文是例外），颂圣文学还不太肉麻，有时将非登不可的宣传文字单印几页，订在目录之前与广告为伍，不算正文，编者的苦心不可湮没。至于日本人在燕大故址所办的综合调查所，则刊行了几种有宣传性的书刊。

大型综合刊物中有一种月刊，名《中国公论》，编者为后期新民会要人俞熙杰。其中最使人喜读者为关于世界战事的说明。日本人统制新闻极为彻底，不仅中日战争真相中国人不能知道，就连欧洲战场上的消息亦都不可靠。中国人有短波无线电可听的只有极少数人，其余大多数人如想得一点世界情势的知识，只有对着报纸，运用他的智慧去猜。猜固然亦可以知道几成，究竟不能满足。能够补充此项缺憾的便是《中国公论》了。我还记得斯太林格勒之战的说明是十分详细的，几乎每期都有这类文字。我因为得他的帮忙不少，所以我时时的纪念着他。

北方有两个佛教机关，一是佛教同愿会，一是中国佛教学院。前者是一个受日本人操纵的佛教团体，后者是一个研究佛教的地方。二者都有出版物。前者出有《同愿月刊》和《同愿学报》；后者出有《佛学月刊》和《中国佛教学报》。

（删去末段——编者。）

（载《大公报（上海版）》1948年1月29日）

战后两年来的中国出版界

陈东林

记得在上海沦陷时期，一个出版商曾对作者感慨系之地说："同样做生意，最倒霉的是书店。开百货店的，日本人来了照样开店，一点不受影响，但是我们就不同了，今天一批宪兵，明天一批同文书院的学生，简直要把我们的书全部搬光才罢休。"

上海沦陷，太平洋战争发生以后，书店是处境最苦的一群了。日人认定书店是所谓抗日思想的发源地，不惜用种种拙劣的手段加以摧残，务必使它们无法存在而后已。稍涉嫌疑的书籍即被全部没收，甚至到后来，书店可供门售的仅限于一些无聊的闲书。凡是有价值的参考书都已无法购得。大部分的好书不是遭没收，即已绝版（因出版商在恐惧心理与营业前途缺乏把握之下，都不敢继续生产），因此当八年抗战宣告结束的时候，东南及华北各省几已陷于"知识真空"之状态。

正在这时候胜利到来，文化世界开始东下复员。沦陷区的知识份子都怀着满腔的期待，希望从此可以看到大批的好书，稍解这四五年来的知识荒了。然而事实却没有理想那么美丽。实际上，上海的出版界除了多几家名字陌生的书店以外，出版方面和战前的水准相差实在太远了。

这其间自然有种种复杂的原因。

三十四年一年，实际上只有三个月，各方都忙于复员，所以除了几本小册子以外，根本谈不上新书的出版。

从三十五年起，各书局才正式开始出版的工作。但在开端也仅限于渝版旧书的再版。当年一月十日内战停止，政协会议召开，国内正充满太平盛世的气象，所以出版家都在准备大量出书。但是一部书，从收稿发排到印刷出版，最起码要四个月到半年。到当年的七月，政局已显然呈现不稳，烽火断续地在各地燃起。至八月十日，马帅与司徒大使发表联合声明时，全面内战的情势已逐渐形成。由此可知，出版商从准备出版到正式出版时，全国的局势已从平时再度转入战时的状态。因此出版界连昙花一现的繁荣也不可得。

其次是读者水准的显著降低。据复员的出版商说，战时在重庆、桂林等地，稍涉专门的书籍，最低限度也可销一千部。但是回到战后的上海，情形就大不相同：严肃点的书，即使要销几百部也大有问题。反之，一般色情书刊却能畅销各地。这自然是由于人民的心理从战时的紧张突然恢复到平时的松弛，但新出书籍的内容因此而泰半趋向低俗，也成为无可避免的结果。

以上说明了新书的质量所以减退的原因。现在再从出版数字上看看两年来出版的情形。

三十五年出版统计

月份 类别	一~四月	五月	六月	七月	八月	九~十月	十一月	十二月	小计	合计
总类	二	一	四		一	四	三	八	二三	二三
哲学	二〇	七	九	五	五	四	五	七	六二	六五
修养					二	一			三	
社会科学	一			一	一		五	一四	二二	二八四
经济、财政	二五	八	九	一二	五	六			六五	
政治、社会	一一	一三	一三	七	一二	八	四	九	七七	
国际、外交	二七	六	三	三	八	七	五	四	六三	
法律	四	八		三	三	二		六	二六	
教育	五	三	二	二	五	六	二	六	三一	
史地	四〇	二五	一六	一五	一三	一八	一三	一六	一五六	一五六
语文	一一	一〇	一〇	八	一三	三	八	四	六七	六七
文学艺术	二一	七	七	九	八	七	三	六	六八	五七三
诗	四	五	五	二	四	四	四	四	三二	
小说	六七	三四	三一	一九	二二	一九	一四	三二	二三八	
散文、报告	二三	一五	一一	二	二三	九	六	一三	一〇二	
剧本	四四	九	一九	一八	一〇	五	三	八	一一六	
歌曲						一			一	
画集	一		六	一		二	五	二	一七	
自然科学	二〇	六	四	六	二	一一	一〇	五	六四	六四

续表

类别＼月份	一~四月	五月	六月	七月	八月	九~十月	十一月	十二月	小计	合计
应用技术	一三	五	二	一	一〇	一三	四	一三	六一	六一
少年儿童读物	八	八	八	五	五	三	六	八	五一	五一
总计	三四七	一七〇	一五九	一一九	一五二	一三三	一〇〇	一六五		一三四四

三十六年出版统计

类别＼月份	一月	二月	三月	四月	五月	六月	七月	八月	九月	十月	十一月	十二月	小计	合计
总类	二	四	二	三	四	三	五	二		二	一	一	二九	二九
哲学	五	六	一	五	四	六	一	三	二	三	三	三	四二	五〇
修养					二	四		二					八	
社会科学	七	六	四	一一	四	一四	八	三	六	五	二	七	七七	三〇四
经济、财政			五									四	九	
政治、社会	九	一〇	八	五	八	八	九	七	七	六	六		八三	
国际、外交	一	七	三	五	七	三	四	三	八	三	八		五二	
法律		七	四	三		八	一	一	二	二			二八	
教育	五	五	三	四	七	八	三	五	三	七		五	五五	
史地	七	一九	七	一四	一五	一三	一四	一四	一〇	三	一三	二〇	一四九	一四九
语文	二	二一	三	七	七	九	八	四	七	五	二	七	八二	八二
文学艺术	一	三	四	一三	四	一一	三	九	一〇	八	七	四	七七	五四八
诗	六	一七	二	一三	五	六	三	一	三		一四	一一	八一	
小说	一九	三四	九	三一	三〇	四二	一四	一〇	一〇	九	一三	一〇	二三一	
散文、报告	三	一〇		八	七	一〇	九	三	四	三		三	六〇	
剧本	二	一〇	五	六	九	七	四	一	五	六	五	四	六四	
歌曲	一	一	一		五	二	二	二			二	三	一九	
画集	一				五	三	一		二	二		二	一六	
自然科学	三	六	三	八	七	一一	二	一	一〇	八	九	五	七三	七三
应用技术	一	一一	六	一〇	一二	一三	七	一	三	九	六	九	八八	八八
少年儿童读物	四	九	五	七	四	九	七	四	一〇	二	五		六六	六六
总计	七九	一八六	一五三	七五	一四六	一九〇	一〇五	七六	一〇二	八三	九六	九八		一三八九

以上的统计，是根据《读书与出版》的新书汇目。《读书与出版》三十五年度仅出版八期，所以一月至三月并于四月，而九月份则并于十月份。

从总数上看起来，卅五年度是一三四四种，卅六年是一三八九种，两者似乎相差无几。《申报》之《出版界》（卅六年三月二十日）曾发表卅五年度之出版统计，总数是一四六一种，比这里的总数多一百二十余种。所以大体上，实际的数字和这总数或许不至相差多远的。

那么这数字和战前的出版情形比较起来，该表示一个怎样的对比呢？让我们检出民国二十四年的出版统计看看：（根据一九三六——一九三七年《英文中国年鉴》）

类别	总类	哲学	宗教	社会科学	语言学	自然科学	应用技术	艺术	文学	史地	总计
种数	九六	一三七	三一	九四九	一一六	二三九	二七六	一七六	三五七	三二八	二七〇五

总数上，这二年的出版数量较战前减少一半。然而这仅是表面上的区别，实质上，战后的书籍在内容上也已大形变质。试看在战前，数量占第一位的是社会科学，而在三十五、三十六年，出版的数量始终由文学艺术领导着。虽然我们并不能把文学书全部视作消遣的闲书，但是文学书占据出版物的第一位，究竟不是怎样可喜的现象。

其次，科学书的缺乏也是值得注意的一点。三十五年自然科学类仅六十四种，而三十六年度也只有七十三种。这和二十四年度的二百三十九种两相对比，实在太惨了。

和自然科学类同样稀少的是应用技术类。三十五年度它的出版量仅占战前的四分之一而已。

因此，整个地说来，三十五年和三十六年的出版量虽然占着二十四年度的半数，但是实质上的百分率也许远在这数字之下。

并且，更有一点必须特别注意的是，这些出版统计中所收的书籍虽然号称当年出版的新书，但是其中有很多是所谓重庆版的沪版，以及所谓“战后新一版”。

出版商东下复员时，都带着大批曾在大后方出版之书籍的纸型。这许多书多半只是沦陷区的读者所未曾寓目，并且其中一部分尚未失去其时间性。所以他们一到上海就马上开始翻印这些书籍。商务、正中等所出的每日新书，恐怕现在还有一部分属于这一类的“新书”。

至于所谓“战后新一版”，乃是指各书局在战前出版的书籍，经过八年的抗战几已等于绝版，有几种恐怕连纸型也已失踪，而这一类书也采取“新书”的姿态，出现于书坊之中。

当然，严格地说起来，这二类书都不能视作是新书，最多只能认为是重版书吧。上面的出版统计既然是包括这些冒牌新书在内，如果将它们全部剔除的话，其总数将更小得可怜了。

出版物的分析

上面仅对二年来的出版物作了数量的统计，现在我们且来看看这些书籍的质地究竟是怎样的。因为篇幅有限，这里只能举几部较重要的以概其余了。

文学类的出版物占过去二年之首席，所以先从文学书说起。也许是为了生活的不安和时局的动荡，这二年似乎不见有任何重要的创作小说出现。新出版的创作小说，十之八九是上述的所谓沪版，真正在战后写作、战后出版的新文艺，翻遍新书目录也不易找到几部。

和它对比起来，翻译文学在这二年中的成就是值得大书特书的。首先，我们可以举出的是《莎士比亚全集》的出版。这不朽的巨著，战前虽有零星的译本出现，但是整套全集的出版，还要算这次破天荒第一遭。并且更巧的是，竟同时出现了两种译本：一种是曹未风所译的文化合作公司版，另一种是朱生豪译的世界书局版。虽然前者尚未全部译竣，但此项努力无论如何是值得钦佩的。

《巴尔扎克选集》（海燕版）最近正在陆续出版中，《高尔基选集》（生活版）也已有一部分刊行，这些确是可喜的现象。

狄更斯似乎最近在中国出版界特别吃香，《匹克威克外传》、《双城记》、《大卫·高柏菲尔》及《人生的战斗》在二年中接连出版。并且有趣的是，前三本书都同时有二种译本之多。自然我们并不反对出版界的竞出名著的译本，但是在纸价和排印工等日在增涨的今日，这种浪费是否值得呢？

《战争与和平》（骆驼版）、《约翰·克利斯朵夫》（骆驼版）、《卡拉马助夫兄弟们》（晨光版）及《基度山恩仇记》（文摘版）这四部大书（每一种都有四巨册）的相继出版，也是值得纪念的一件事。并且这四部书的出版者都是比较小规模的书店，是必须加以深思的事。

关于二次大战的史料已出的计有：《第二次世界大战纪》（中华版）、《第二次世界大战五年大事日记》（商务版）、《二次世界大战简史》（中外版）、《二次世界大战文献》（中外版）、《第二次世界大战史》（永祥版）、《第二次世界大战欧洲战史》（永祥版）及《二次世界大战史料》（大时代版）。其中要推最后的二种规模较为宏大。

描写战争之侧面的作品似乎为数不多。就我们所知，只有《罗斯福见闻秘录》（新群版）、《四强外交秘密》（新闻天地版）、《日本投降内幕》（国际版）、《旋风二十年（日本解禁内幕）》（神州版）等寥寥数册。

关于史籍方面，重要的出版物有：翦伯赞的《中国史纲》、范文澜的《中国通史简编》、吕振羽的《中国社会史纲》等。

战后两年来，竟没有一部完整的年鉴出版，未免是一件憾事。这使一般文化工作人员于搜寻各种资料时，感觉极大的不便。在去年总算有一部《中国经济年鉴》出现，而它又是在老远的香港出版的。

从年鉴连带地想起一般的工具书，这也真是少得可怜。《联绵字典》（中华版）、《文艺辞典》（华华版）、《无线电大辞典》（范凤源），只能说是聊资点缀而已。

出版者的动态

战后的出版商又几乎全部集中于上海的一角，除原有的加上复员的和新成立的，据最近的统计，计有九十六家，把它们的名单开出来，真是洋洋大观。不过其中真正在出书的，也许只有百分之四十吧。

战后的商务印书馆，仍旧维持着战前的作风，日出一书，而从事同样工作的出版商，又多了一家正中书局。战前已处于冬眠状态的大东书局，也曾一度加入这阵线，可是不数月就告不支而撤退了。对于日出一书的精神，我们固然表示相当的敬意，但是如果仅为了凑足数量的关系而出着水准以下的书，那未免太没有意义了。

战前各大书局往往出版“文库”之类，以便推销存书，吸收大批资金。战后的二年中，这出版文库的风气又开始流行了。首先发动的是大东书局的《新儿童基本文库》，接着响应的是商务印书馆的《新小学文库》，这两种都是以幼童和小学生为对象。最近中华书局出版的《中华文库》则规模较大，其程度包括小学、初中、高中三部。大书局的大量出书，自然是可喜的事，但是我们希望其中新书与旧书的比例，不要相差过远，以免使读者失望。

两年来出版界中值得注目的一件事，是小出版社的兴起。在上述的九十六家书店中，据笔者的调查，至少有三十家是没有门市部的小出版社。这些出版社一部分是复员的，另有一部分是战后新成立的。它们以微小的资本、简单的设备、少数的人员从事着出版事业，在开支方面远较大书局为省，这是它们最大的长处之一。至于它们所出的新书，除少数的例外，内容上并未较大书局所出的有何逊色，并且又时时有大部巨著出于它们之手。在出版已经成为亏本生意的今日，它们的这种为文化的努力，值得我们致最大的敬意。

出版者的苦闷

胜利后怀着满腔的热望复员归来的出版者，只经过不到半年的和平时期，全国又陷于战乱之中。书籍虽称精神食粮，但是它不比其他日用品，在动荡不定之生活中，它的需要就越益减退。因此战争给予出版者的打击也更其重大。通货膨胀、交通阻塞、成本日高、销路越狭，出版者在这重重困难之中，其苦闷是不难想见的。

（一）成本的上涨——出版的最重要的原料——白报纸，在胜利的当初每令价仅一万五千元，这在现在想来真有隔世之感。一直到三十五年十二月，每令的价格，也只有二万五千元，所以这一年中，它的价格大致保持不变。但是从三十六年年初起，白报纸因受输入限制的影响，市价飞涨。同时排印工也因纸币的贬值，着着上涨。现在让我们把两年来的纸张与排印工的价格，试作比较如下：

	三十四年十月	三十六年十二月
白报纸	一五〇〇〇元	一五〇〇，〇〇〇元
排工	三〇〇	八八，〇〇〇
印工	九〇〇	二一〇，〇〇〇

由上可知，这二年中白报纸涨一百倍，排工涨二百九十倍，印工涨二百三十倍。三者平均，出版的成本一共涨了二百零六倍。

但是在同期间，书价却并没有照着这比例跟着上涨。胜利后各书局对书籍的定价大都采取基本定价制，按倍数计算。但是各书局定的倍数并不一致。现在试拿商务、中华等的倍数为例：在三十五年一月，上述书局所定的倍数是一二〇倍，至三十六年十二月，这倍数已变为九，〇〇〇倍。可知在这二年间，书价仅上涨了七十倍弱，这与成本的上涨比较起来，真如小巫见大巫了。在通货膨胀的过程中，原料价格的上涨率远超过制成品的上涨率，在这里我们又得到一个实例。

白报纸的价格所以高涨，一部分固然是由于一般物价的跳动，最大的原因还是由于三十五年之秋政府开始限制输入的数量。管制贸易之下纸张输入量由分季的限额加以规定，而这限额却每一季在减退。在供不应求的状态中，纸价的上涨自然是必然的结果。限额输入的报纸，据说一部分经由书业公会之手，配给与各会员书店。这配给到底根据什么比率，我们不大清楚，但它并非按照目前各书店的实际出书量却是事实。结果难免发生种种流弊，竟有所谓“吃白报纸”的新名词出来了（即将配到的报纸并不用以出版书籍，而将之在黑市中出售，以图暴利）。

为节省造货的成本，有少数出版商开始在内地排印书籍，再将纸型寄回上海从事印刷。因内地生活程度上较上海为低，所以在排工上可以便宜不少。可是因两地距离过远，管理上不免有种种不便。

（二）运输的困难——随着内战的蔓延各地，主要的铁路线，时告断绝。例如贯通南北的津浦线已久陷于半身不遂的状态，所以从上海寄往平津的图书小包，惟有从海路运输。本来由铁路运输，数日间即可寄达的邮件，现在已非半月至一月不可。但是比较起来有路可通，总算比较幸运的了。像陇海、平汉线一带因战事扩大，包裹的寄递，已时遭邮局拒收。目下全国印刷品不通的地点（这不一定全部由于战争的关系，比方据笔者所知，由于曾一度停收寄往贵阳的印刷品），至少在十余处以上。书籍流通速度的呆滞引起资金流转的困难，一方面出版商受到营业上的损失，他方面书籍在上海山积，而内地却陷于知识的贫血症。出版商的发行网越益狭窄，几乎已回复到抗战时期紧缩的局面。成本高，运输又困难，出版家在这夹缝中被挤得喘不过气来，现在尚在继续出书的书店，尤其是小型的出版社，实在是在重重困难中作着最后的挣扎。

（三）购买力的降低——虽然和普通日用品比较，书价的上涨并不算顶高，但是目下普通点的书要卖三四万元一本，已不是薪水阶级的读者所能负担。至于大部书，价钱之大实足以惊人：比如一部《资本论》（三册）现售九十八万元，简直相当于七斗米的市价。这仅是指上海的定价而言，寄往内地的书籍，因为邮运费的高涨和途中耽误过久，在当地发售时，少则照定价加二成（如汉口、南京等），多则三成四成（如桂林、成都等），这是战前所绝没有的现象。内地的生活程度远较上海为低，而书籍的售价却比上海高上几成，那里还有人买得起呢？所以书店里尽是挤满人，而实际买书的却寥寥无几。

普通一本书从排印完毕到出版时，所有的成本都已逐批付出，在这货币日日在贬值之今日，如这商品因运输的困难、购买力的降低，未能在短期间转化为货币，生产的资本势必搁浅，从而影响未来的再生产。虽说书价是跟着物价随时在调整，但物价是差不多天天在变动，而书价于出版时订定之后，必须到一般书价的倍数，调整时方能上涨，所以无论如何跟不上物价的。比如一本书印二千部，共用去八令报纸，当时报纸的价格是四十万元一令，共计三百二十万元。每本书的定价假定是八千元，照七折批发，等六个月后全部售完，共得一千一百二十万元，但是到那时报纸的市价假定已上涨到二百万元一令，全部的书款只能补进五令半的报纸，至于排印工等等更无法顾到了。所以在眼前的情形之下，出版商除对于销路有绝对把握的书籍以外，决不敢轻易出书的。

定期刊物

刊物和书籍因性质略有不同，因此最后另立一栏检讨二年来杂志界的情形。

据《上海文化》（第一期到第九期）的调查，胜利后新出版、复刊及复员的定期刊物共计三百八十七种（其中当然包括许多仅出一期即告停刊的杂志）。可见在战后一年间，上海的杂志界确曾达到空前的繁荣。当战争刚结束时，沦陷区的人民急欲看到祖国的文化，而书籍的出版因筹备费时，一时不及出货应市，因此应运而起的是这些比较轻而易举的杂志。

在这杂志大量出版的初期，却留下了一个极大的污点：那就是所谓“方型周刊”的大批出世。当时因登记证的关系，上海所有的小报几乎全部停刊。所谓“方型周刊”就是这些小报的替身，但是因为它们是每三日出版一次，所以必须归于杂志的一类。此项刊物销路之佳，简直创造了新的纪录。一般的杂志能够销五六千份已经算是在水准以上，而它们的销路竟每一种差不多都在一万至二万之间。因此投机的出版商群起仿效，在最多的时候“方型周刊”之数竟达到三四十种之多。黄色刊物的畅销，大概和色情书籍的流布有着密不可分的关系。

杂志的出版随着初期的黄金时代，至三十五年年底开始逐渐衰退，到最近它的数量已几乎减少到过去的一半以下。据笔者向各书报社调查的结果，目前尚在继续出版的刊物共计一五五种，如将之按照内容分类，大致如下：

时论　三〇	大众　一三	青年　一一	技术　七	英文　六
综合　一三	画报　六	儿童　一〇	经济　一四	其他　八
文艺　一三	影剧　九	科学　八	医学　七	总计　一五五种

由上列简表，可知为数最多的是时论，其次是经济，再次是综合、文艺、大众等。时论刊物通常是无封面的十六开本，它越是在政局不定的时期，出版的数量也越多。自三十五年之秋至三十六年之春，和战未

决的局面中，发表政见的刊物，呈空前的盛况。其后在政治势力压迫之下，敢说敢言的刊物渐渐从市上消失，现存的三十种时论刊物中，恐怕已绝少在使用“言论自由”的权利了。它们的销路自然也远非昔比，大多已减去四五成以上。

上述的一五五种刊物，其中除各大书局出版及已有巩固基础者外，大部分未必能期期准时出版。有些月刊一年中仅出四五期，实际上已变成季刊了。这在它们实在也有不得已的苦衷。第一，它们现在大都不接受固定的（一年或半年）定户。这是因为成本期期高涨，使它们无法预先计算。战前杂志都靠定户作为它们的基础，没有定户的杂志犹如没有基础的房屋，随时有倒坍的危险。第二，也是运输的困难。一本杂志寄到稍远的地点，起码要三星期到一个月，因此当它寄达时，已完全失去它应有的时间性，这自然影响到它的销路。现在有许多杂志，只能出一期算一期，根本谈不到远大的计划。

最近上海杂志业发表《联合宣言》，要求组织公会，并配给报纸（自然是以后者为其目标），这正表示着他们困苦的处境，长此以往，其中一部分必然地受到无情的淘汰。

（载《中华教育界》1948 年复刊 2 第 2 期）

胜利两年来出版事业管窥

艾明之

一

好像梦一样突然降临的胜利，给垂危的出版界注射了一支吗啡针，大家都以为苦难过去了，前途光明了，现在回想一下当时欢喜若狂的神情，恐怕都难免有点黯然若失的吧。那时大家四处奔走，忙着出顶房子、出卖旧书、抢轮船舱位，轮船没有，走陆路、搭木船，兴冲冲、乱哄哄，谁想到这一场忙碌换来了这样一个大悲剧！在检讨从和平到新的战争这一段历史时，我以为最好还是先看一看下面这张统计表：

时间：卅四年十月至十二月

出版机构	科别	新书种数	再版书种数
商务	哲学	5	
	社会	5	
	自然	4	
	语文	3	
	文艺	6	
世界	哲学	1	5
	社会	4	4
	自然	无	12
	语文	2	14
	文艺	8	37
开明（数字系胜利后两年之总数）	哲学	5	2
	社会	24	22
	自然	12	53
	语文+文艺	102	130
生活	哲学	1	2
	社会	2	4
	自然	无	无
	语文	无	无
	文艺	1	3

时间：卅五年一月至十二月

出版机构	科别	新书种数	再版书种数
商务	哲学	25	
	社会	137	
	自然	47	
	语文	6	
	文艺	41	

续表

出版机构	科别	新书种数	再版书种数
世界	哲学	4	6
	社会	34	7
	自然	2	67
	语文	3	120
	文艺	25	无
生活	哲学	6	10
	社会	21	16
	自然	2	无
	语文	1	无
	文艺	15	17

时间：三十六年一月至十月

出版机构	科别	新书种数	再版书种数
商务	哲学	9	
	社会	150	
	自然	70	
	语文	6	
	文艺	35	
世界	哲学	无	17
	社会	16	52
	自然	6	111
	语文	1	52
	文艺	10	85
生活	哲学	1	1
	社会	14	5
	自然	2	1
	语文	无	无
	文艺	7	4

（限于篇幅，科别无法详细划分，若干应独立分栏的，如总数、应用技术等，也都勉强的兼并入上列各科中。商务再版书无现成统计数字，约等于新书的一倍）

从上面这一张简单的统计表中，我们可以看见两方面：

在抗战以前，一般地说来，文艺书籍的出版数字，总在其他科别的数字上头。抗战以后，这一个形势便逐渐推移，经过八年的抗战，特别是胜利以来，现实政治局势的瞬息万变，而这些变动，又都立刻可以在现实生活中感触到它或好或坏的影响，在这一个形势下，读者便有意识地大量向社会科学各部门移趋了。最显而易见的，由于世界空间的缩小，一国对于另一国的影响，愈来愈明显、愈强烈，而中国尤其如此。因而关于国际政治的实际情况及国际重要人物的具体报导，便为一般读者所渴想了解的了。于是，类如《罗斯福见闻秘录》（新群版）、《美国内幕》（三人版）等一类书籍，便不胫而走，三两个月内再版、三版，算是为当前凄凉的出版界创了一些可怜的高纪录。这一个现象，社会科学读者的增加，相对地衬托了文艺读者的减少的现象，并不就意味了国内读者文艺兴趣及欣赏能力的低落，不，这一方面是现实形势变动太快，文艺不能立时解答这些经由形势变动而产生的问题，使读者满足；另一方面，文艺读者的素养、欣赏能力都已有长足的进步，他们不能满足于一些肤浅的文艺读物（战前读者对创作的兴趣逐渐为翻译所替代，在翻译中，好的巨著，那怕卷帙浩繁，读者也愿意千方百计设法读到它，这便足以印证上一说法）。而一般作家，由于精神及物质生活的动荡不定，无法产生充实的作品，于是文艺部门的读者便不得不相对地减少了。这是关于质的一方面，可以从上列数字中发现的。此外，在数量上，我们同样可以通过这些数字的起落，看出二年来出版事业的态势。三十四年一年，实际上只有两个月，而这两个月，大家又都忙于复员，况且经过八年来的沧桑，一切都不能立时接上笋头，因此这两个月，一般的说只再版一些旧书，新书出得很少；可是到了三十五年，出版的数字便大大增加了。原因一，读者在敌伪的统治下，吃尽苦头，受尽磨折，特别是敌伪严厉的推行奴化政策，扑灭一切进步的有益的精神食粮，使读者对于复员归来的祖国出版界发生强烈的要求欲；原因二，一月十日内战停止，政协会议召开，造成国内一种和平快乐大团结的幻象，出版家因此放开胆子大量出书；原因三，由于政治局势的暂时安定，发行区域大大开展，图书流通又不再遭受阻挠；原因四，胜利刺激了作家的创作兴趣，特别是八年抗战实际斗争所累积下来的一些经验、素材，战时由于生活的困苦、不安定，或是当时客观环境的束缚，不能写下来的，基于对和平后的形势过份乐观的估计，大家便都急急想把这份蓄积拿出来，出版界因此便显出勃勃有生气了。这一个由于上述各种原因所造成的繁荣，并没有支持多久便跟随整个局势的陡变，昙花一现地破灭了。三十五年下半年，脆弱的出版事业便开始摇摇摆摆，跨过三十六年，出版界便好像中了弹受伤的飞机，虽然在三十五年春夏之间，飞得那么高，那么有生气，此时一个筋斗便一劲往下沉坠了，这是关于出版界的方面，可以从上表看得出来的。

上面这一张统计表，只限于书籍的统计，至于期刊方面的还没有叙述在内，为了节省篇幅，这里不拟再举出详细数字。可以提出来说的，三十五年春初到秋初这一时期，全国各种定期不定期的刊物约有三百种，而在目前，除了各种地方性杂志时起时灭，无从统计外，经常能够如期或者不是永久脱期而出版的期刊，粗粗一算，可怜得很，只有三四十种而已。

二

直接而凶猛地斩伤中国出版事业生机的，首先是通货膨胀下币值的直线低落，造成物价的急遽波动、金融经济的大混乱。下面是上海市铅印业公会书版组公议的标准价目表：

三十四年九月十八日

排工（每千字为单位，五号字，标点在文字中，后同）三百元，印工（印一千本，每令计，后同）九百元，纸型（卅二开——四十开，每页计，后同）一百二十元，浇工（同右）二十二元

三十四年十一月六日

排工九百元，印工二千七百元，纸型四百五十元，浇工八十五元

三十五年一月一日

排工一千八百元，印工五千四百元，纸型九百元，浇工一百七十元

三十五年三月十一日

排工四千八百元，印工一万二千元，纸型二千四百元，浇工四百六十元

三十五年四月一日

排工六千一百元，印工一万四千六百元，纸型三千一百元，浇工五百九十元

三十五年五月十一日

排工五千五百元，印工一万三千二百元，纸型三千八百元，浇工五百三十元

三十五年六月五日

排工七千元，印工二万六千五百元，纸型三千六百元，浇工六百九十元

三十五年十月八日

排工八千四百元，印工一万九千五百元，纸型四千三百元，浇工八百三十元

三十五年十二月十八日

排工一万二千四百元，印工二万七千元，纸型六千三百元，浇工一千二百元

三十六年二月六日

排工一万八千元，印工三万八千元，纸型八千八百元，浇工一千七百元

三十六年五月一日

排工二万四千元，印工五万一千元，纸型一万一千七百元，浇工二千三百元

三十六年六月一日

排工四万三千元，印工九万二千元，纸型二万一千元，浇工四千二百元

三十六年九月九日

排工五万六千元，印工十二万元，纸型二万七千元，浇工五千四百元

三十六年十一月二十四日

排工八万八千元，印工二十一万，纸型四万二千元，浇工九千元

从来数字总是枯燥无趣的，看了上一张表，却颇使人感到“兴味盎然”。这一张简单的数字表，真已恰切的表现了我们的战时经济所面临的危机。我们可以看到胜利两年来，通货流速的愈转愈快，票面值愈印愈大，实值的愈贬愈小，以及物价的爬山竞赛运动的优秀纪录，约略估计一下，排印、浇工等，三十四年九月至十一月跳了两倍，到了三十五年四月跳了二十倍，年底高升为四十倍，三十六年五月为三十四年九月价目的八十倍，十二月即已跳为一百五十倍了。但是这一个指数的增加，和实际的物价指数、生活费指数比较，恐怕还是低了许多的，不妨再看看出版的主要原料——报纸的价目：

白报纸（每令）以本报行市表每月一日为基准的价格统计：

时间	金额
三十四年八月十月（因本报尚未复刊，故缺。）	
十二月	一万七千元
三十五年三月	四万六千元
六月	三万三千元
九月	三万元
十二月	二万五千元
三十六年三月	十三万元
六月	二十二万五千元
九月	三十七万元
十二月	一百一十五万元

为了节省篇幅，这里没有逐月详列出来，但可以看得出，报纸价格的趋势是每月在向上跳跃的，三十五年六月至十二月，虽然曾稍为回小，那主要原因是国内和平空气不绝如缕，而接收的报纸及美国报纸的大批涌来，存底极为充沛。但到了三十六年后，报纸价格便大踏步前进了。跳得最凶的是六月、九月、十二月。而事实上，这一个价格还是低估了的。第一，照一般常识的看法，物价总在月中开始向上翘升，每月一日刚跨过一个比期大关，银根还不曾宽松，而上月后半个月的涨势，至此也得到稍为休息了，因此物价在这时期是每每要回小一点的；第

二，报纸受了出版时间限制，许多行情来不及收入，例如十二月一日本行市表内是一百一十五万一令，但实际是一百五十万，而且是公会里的同行价格（门售要普高一成二成），而且还不易购得，因此，实际上的价格是要比较高的。

抗战时期出版困难的重要原因之一，是原料缺乏，现在原料来源并不成问题，但出版家面对这些原料却已无力利用了。造货成本既然增加，成品的售价也不得不跟随调整。然而读者的购买力，却在通货膨胀、物价跳动中间被剥削了，日益低下了。因此，书价的一次调整，无异排斥了一次读者。实际上，书价的提高，和造货成本、生活费指数、物价指数比照起来，真如小巫见大巫。三十四年、三十五年，一般的书籍都按实价发售，三十五年后，物价跳动，使实价改不胜改，延至三十六年春，所有出版家都改采基本定价制，按倍数计算了。三十六年春，一般出版家所定的倍数是一千至三千倍，直至去年十二月一号的一次调整，开明等改按一万倍，生活等改按六千倍，商务等改按九千倍，文化生活社改按五千五百倍（注意：各家所定的基本数标准不同），和排印工，纸价相较还有一大段距离。然而，读者已无法负担了，精神食粮固然重要，怎么比得上物质食粮的逼人呢？出版家在这夹缝中，被挤得喘不过气来，于是，倒的倒，停的停，目前也已减少到七八十家，其中或是光挂招牌已不经营出版业务的，或是以前出过一些书，现在就靠这些书的销售苟延残喘。无力出书了的，还没有一一剔除。

这种经济上的打击，对于半官方的出版机关并无影响。它们自己拥有印刷厂，排印工可以不受外面左右；而且可以得到官价配给的方便，可以获得低利贷款；此外还有出版教科书的特权；这都是普通的民营出版机构所无缘享受的。据说最近政府曾给“七联”（按：七联即商务、中华、世界、正中、大东、文通、开明）一笔贷款，但开明和文通却没有份，理由是自己没有印刷所。这一个例子，可以说明一些出版机构的出版物即使没有一些销路，依然可以维持的原故。民营出版机构谈不到这些权利，特别是小型而没有基础的出版机构，他们遭受的困难尤其严重，停闭的不去说它，剩下的有些典家押产，有的经营副业，比较规模大的便紧缩机构，等而下之，裁汰人员，减低同人待遇（出版从业人员患营养不良症和肺结核者多到无法统计)。他们艰苦战斗的精神，实为任何工作部门之冠。幸而他们在八年抗战、两年“战乱”中走过来，已经懂得如何保卫自己的据点了。

三

如果经济的原因是链索，那么政治的原因便是铁锁。

三十五年初出版事业繁荣的主要原因是国内政治局势乐观、和平空气浓厚；三十六年出版事业萎缩的主要原因便是政治逆流汹涌、和平幻象破灭，以及随之而来的对出版事业的种种打击。

首先，发行网又回复到抗战时期那种紧缩的态势，在三十五年，一本普通的书，随随便便可以发二三千本，现在发出一千本的，便大都是有相当历史的出版机构了。邮电检查的恢复，增加了书籍寄递的困难，这使得出版者与承销者、书店与邮购户，为了避免这一项损失，便都存有戒心。书籍的流通速度因此呆滞了，更严重的是，图书审查制度虽已明令废止，但另有一种“闪电”检查方式在暗中进行，一个最无所谓的出版家，可能因为一点疏忽而出乱子，侥幸呢，出版物查禁没收，否则这出版机构和出版者都要受到牵累。因此之故，出版家大都踟蹰不前了。能够适合多数读者要求的，又恐怕惹祸生非，出版事业在这种空气下，便只好枯萎以至于死亡了。

这两年出版物因为政治观点的关系而不得不自动或被迫停止流通的，不在少数。

作家也有同样困难：在政治形势安定的情形下，他们能够有种种写作上的方便。在战争中，这些方便便都破灭了。他们无法搜集材料，即使搜集了，他们无法很完整的表现出来。作家的作品是出版事业的给养，给养断绝了，出版事业不得不悒悒饿死。作家由于政治见解的不同，也受到种种非难，这已是人人皆晓的事实，这里不再赘述了。

上述几节，简略地说明了胜利两年来出版事业盛衰起落的情势。每一个关心它的人，对于它目前所显现的瘫痪，都难免有所惧惑。然而，我们有理由可以相信，它不是“弥留”而是“冬眠”。中国的新的出版界，自五四以来，累积了如许年的战斗经验。他们是能够掌握胜利的。今天出版事业的危机是和今天中国社会的危机同等的，今天中国出版事业的改革也是和中国社会的改革纠结不分的。我们不久当可看到这个挣扎苦斗的结果。

自然今后的一个时期，出版事业的困难恐犹增涨不已，这有待于出版事业的全体共同努力，能够从这些困难走出来，但光明的远景是可以预期的。愈是经得起考验的，历史将愈尊重它。

（连载《大公报（上海版）》1948 年 1 月 8 日、1 月 15 日）

出版事业在中国

邵洵美

好久没有写所谓正经文章，因为读书既没有一定的计划，自己的思想便也整理不出一个系统来，虽然为了编辑《论语》半月刊，每期不得不写些随笔之类的东西，可是每篇东西，与其说是写出来的，不如说是逼出来的，自己没有非写不可的心境，别人也没有非读不可的理由。

平常是自己向别人要稿子，现在《申论》出版，却向我来要稿子。“天道公允，报应不爽”，想来倒有些好笑。

《申论》的创办人，是我极好的朋友，个人的友谊关系使我没有理由可以推辞。可是假使要我写篇策论式的文章，那么，非特素来缺乏这种训练，同时也绝对没有精神与时间。我是一个差不多终身从事出版事业的书傻子，现在这位好朋友也来办出版事业，所以我想不妨便对我们这一个共同兴趣约略谈谈。

出版事业，乃是一种为真正的资本家与商人所不承认为“事业”的事业。在中国当然不必说，因为我们所有的事业，都带着些玩耍性质。可是在靠了写小说能够发大财的美国，竟然也会有同样的现象。据说华尔街的资本家，正式对出版事业投资，还不过是最近几年的事实。他们虽然早已重视新闻报纸的力量，但是他们从没有承认它是一种事业，而是一种工具。他们虽然早已知道，所谓“畅销书”可以卖到几十万，甚至一二百万本，但是他们始终觉得它是一般读书人的玩意，普通百姓的消遣品，犯不着大资本家化什么心思。直到前几年，有一个公司出版了“袖珍本”，把往年畅销的名著，翻印出版，售价仅及普通本二十分或十分之一，一时风行，每种都要销上几百万、几千万本，薄利多卖，结果是盈余的数目极为惊人。于是华尔街的大资本家也注意了，接着是正式投资。美国出版界的前途，又添了一种新的力量。

在中国，出版当然更是一种新兴事业。虽然商务、中华等，靠了教科书，都已经有了很像样的规模，可是他们对于其他的出版物，便并不十分注意了，甚至连他们自己也以为出版别种书籍，根本是赔钱的生意，除了点缀门面，毫无其他作用。

普通书籍销数的稀少，当然是最大的因素。一般出版家都在作着同样的叹息。而销数稀少的原因，尤其是在战后，据大家的观察是：（一）一般教育程度幼稚；（二）购买力薄弱；（三）交通不便。有些更进一层的，也提起说，稿费过低，作家不能靠此生活，担任了别种职务，于是便没有写文章的功夫。作品的水准低了，出版物的水准也低了，读者化费了金钱，时常会有上当的可能。他们对于出版物的信用减少了，出版物的销路便自然受到影响。

我本人却以为最大的症结乃是：（一）一般人的忽略文化；（二）政府当局对文化事业的隔膜。

第一种因素由来已久，一时不易把握得住。因为我们的传统观念，从来没有把文化当作是一个目的，而是达到某种目的的阶石。“学而优则仕”，于是“惟有读书高”了。现在做官不必靠学问，文化当然还有什么用处？文化人找不到出路，谁还会看得起文化人？谁还会看得起文化？

第二种因素倒是更现实的。教育经费为什么这样少？国立文化机构，有许多究竟在做些什么事情？外界均无从知晓。除了有关当局，也都没有拿来放在心上。国家银行的工商贷款，文化事业没有份，据说因为不是日用生活必需品。再说最近最使人注目的“报纸配给”，政府是不是真在扶助文化事业？

原来，胜利以来，百物腾贵，纸张较战前涨到五百多万倍，工资依生活指数递加，但是出版物的售价，却不能照了比率增高。文稿的报酬上升的速度于是也打了折扣。因了出版界的声请，政府也同情于他们的困难，于是实行划定外汇、配给报纸，使出版的成本可以减少，间接能使作者与读者同享其利。

政府这一个恩典，的确使有一部份的出版家发了财，可是大部份经营出版事业的却只能流涎，休想染指。譬如最近杂志或定期刊物的出版者，便一再请求配给报纸，经过了几个月的交涉，到现在还没有获得结果。出版新出现的怪现象，于是有“出版的配不到报纸，配到报纸的不出版!”据说，有权利或办法配到报纸的，不是虚报销数，以期多配纸量；便是减少销数，俾配到的纸量可以多余。结果是黑市的报纸，大半由白市的剩余来供给。政府扶助出版事业的苦心，于是也像大慈善家的义举一样，捐了钱不问钱的去处，埋怨的人反而超出了感激的人。

所以我说，假使政府的目的，真是在扶助出版事业，在培养文化的根苗，而不是仅仅在议事录里多一个好听的名目，那么，执行起来，应该格外郑重，否则浪费了公家的外汇，却凭空叫几个人发财，有些人还会误会到另有作用呢。所以，即以配给一项而言，负责当局应立刻采取以下的步骤：

（一）认真调查出版界的现状；

（二）认真调查配到报纸者的出版物数量；

（三）认真调查未曾配到报纸者的出版物数量，而立即与以配给；

（四）认真调查黑市纸的来源。

其实，直截了当，根本不必配给什么官价报纸，只要准许自由输入纸张，那么，一切便尽够公允了。大家本来要的是自由，并不是什么额外的恩典!

总之，只要有一天政府对文化真正注意了，一切措施不再是慈善家捐款式的态度，不再是让几个人发财的变相特别费，人们便自会重视文化，出版事业也自会走上轨道。否则，中国的出版事业，总有一天会变得像在女儿国卖阳性荷尔蒙。谁再有这种需要?

（载《申论》1948年第1卷第1期）

出版界与图书馆

吕绍虞

一、自然关系

出版界和图书馆虽不是同行同业，但从传播与发展文化的立场上来说，究竟是志同道合的伙伴。图书馆购置或预约书刊，照例出版家给予优待，过去各大书局印有优待券备索。战前笔者在上海某大学图书馆服务，商务印书馆定期将新版书刊送馆，任凭选购，约期结账。图书馆方面着实获得不少便利，而商务在营业上也当然增加了收益。凭个人的经验，图书馆选购商务新书，在实行这办法以后，是比较实行以前为多。我们在这里追记往事，觉得出版家和图书馆应该合作，商务的营业方法，也是值得其他出版家仿行的。

现在出版事业的萧条，对于图书馆的打击很大。就战前出版业全盛（姑用此二字）时期来说，图书馆犹嫌出版书刊不足以供应各图书馆之所需。譬如设立一个儿童图书馆，或者科学、文艺等专科图书馆，有一笔不小的购书费，要想搜藏一批各该科专门的书刊，是很够主办人伤脑筋的。

不必说购置专科书籍，就是公共图书馆普遍采办各类新书，也很难满足图书馆阅者求知的欲望。如今出版界更不如昔，纸张取得不易，成本激增，书刊销路不振。“十万字的书印一千本，就要一亿元，而科学书还要加两三倍，一家书店要出十几本新书，非有二十亿资金不可，这些钱最少一年才收得回来，而目前销路之劣，说来可怕，一本书销几百本都很吃力。”（李伯嘉先生语）这是出版界的悲哀，也是图书馆的烦恼。

一般读者购买力的薄弱，固然是书刊销路停滞的重要原因，现在全国各公私立图书购书经费的窘困，很多每月只够订阅一两份日报，也给予出版家很大的影响。我们不敢说图书馆在出版物销数上占有多大的比例，但总是最基本的主顾，特别是参考用书。战前全国图书馆统计有五千一百九十六家，据最近中华图书馆协会的调查，尚不及半数，而且大多数处在冬眠或垂毙的状态之下。

二、法定关系

民国五年教育部通令国内出版书籍，报部立案，应以一部送京师图书馆。十五年训令，凡商店出版及私人著述图书，应以四部送各省教育厅署，由厅分配，以一部呈部，转发国立京师图书馆，一部径寄国立编译馆，二部分存各省立图书馆及各该地方图书馆。

十六年大学院始制定《新出图书呈缴条例》四条：凡图书新出时，其出版者须自发行之日起两个月内将该项图书三份呈送中华民国大学院，如不遵缴所出图书时，大学院得禁止该项图书之发行。重印而未改版者，不在此限。十九年十二月十六日国民政府公布《出版法》四十三条，没有出版品发行人呈缴出版品的规定，至二十六年七月八日《修正出版法》公布，其第八条：出版品于发行时应由发行人分别呈缴左列机关各一份：（一）内政部；（二）中央宣传部；（三）地方主管官署；（四）国立图书馆及立法院图书馆。

改订增删原有之出版品而为发行者亦同。党政机关之出版品，应依照前项制定，分别寄送。第三十五条：发行人违反第八条第一项或第二项之规定，不呈缴出版品者处三十元以下罚锾。三十六年十月二十四日行政院第十二次临时会议议决修正通过送立法院之出版法修正草案，第十六条：新闻纸或杂志之发行人，应于每次发行时以一份寄送内政部，一份寄送行政院新闻局，一份寄送省政府或直隶于行政院之市政府，一份寄送发行所所在地之地方主管官署，二份分送国立中央图书馆与国立北平图书馆。第十九条：书籍或其出版品于发行时，应由发行人分别寄送内政部及国立中央图书馆与国立北平图书馆各一份。改订增删原有之出版品而为发行者亦同。但出版品系发音片时，得免予寄送国立图书馆。第三十七条：发行违反第十六条或第十九条之规定，不寄送出版品，经催告不理者，处以该出版品定价五十倍以下之罚锾。

三、图书馆希望于出版界者

（一）编印新书月报和出版年鉴。购置新书，要从各处去找消息，这对于图书馆或个人，都是一件苦事。有时知道了书名或著者，不知道出版者或出版者的地址以及书价，战前有上海新书推荐社的《出版月刊》，华通书局的《中国新书月报》，杭州浙江流通图书馆的《中国出版月刊》，生活书店的《全国新书月报》，现在均已停刊。杂志上附刊的有《人文》月刊的《新出图书汇报》、《读书与出版》的《新书汇报》，《人文》复刊以后，《新书汇报》未见续刊，其他如中央图书馆的《学觚》（战时改为《图书》月刊，战后改名《中央图书馆馆刊》）、北平图书馆的《图书》季刊、浙江省立图书馆的《图书展望》等刊物，也有新书介绍。商务也曾编行《出版》周刊，可惜局限于该馆书刊。我们现在所要求的是全国性的详尽出版消息，最好由全国出版协会负责编印，在全国出版协会未组织成立前，先由上海书业同业公会办理，因为上海是出版业的中心。有了定期出版的《新书月报》之类的刊物，再编印出版年鉴自是轻而易举的事了。

依据《出版法》，出版品发行人应该将书籍或其出版品呈缴国立图书馆，国立中央图书馆出版的馆刊，每期均有呈缴图书目录，可是这种目录是缺而不全的，因为很多出版家并没有依法呈缴，据称中央图书馆所得呈缴图书，不及出版总数二分之一，即使中央图书馆有意或愿意担负编印全国新书汇报的任务，事实上也成了问题。是否政府机关保证每周每半月或每月刊布新书目录，出版家便都乐于呈缴了呢？

除了新书消息之外，我们更希望有书评之类的刊物。优良的书评，消极的有免疫作用，积极的则有提高学术文化水准的意义，我们着实为刘英士先生主编的《图书评论》停刊可惜。从前中大、中山、燕京、清华、武汉各大学出版的学报，常有书评揭载。现在上海《大公报》、《申报》有《出版界副刊》，《中央日报》有《图书评论副刊》，南京《中央日报》有《书林平话副刊》（现停），都为篇幅所限，不可能登载长篇。专刊尚未续见。

（二）新书附印索引。为了便利读者应用书籍，无疑的索引是个很大的帮助，尤其是参考用书。西文书是每书都有索引。已①了一本书的固定部份，而中文书却很少有。假如一部《二十四史》或者经成《十通》，没有索引的话，寻找书中资料，真是非常困难，遍查目次，未必有用，即使曾经熟读过的，也不易一找即得。这是为图书馆设想，也是替一般读者代说的话。

（三）期刊日报索引。期刊日报上的文字，除有时间性者外，颇多有经常参考的价值。我国期刊通常都是在一卷完了或第二卷开始，加印已出一卷的总目，目录是不能完全替代索引用的。商务出版过《教育杂志》第一卷至第二十三卷、第二十四卷至二十五卷索引，我们利用《教育杂志》上的资料显然比利用《东方杂志》方便得多，这是谁都不能否认的。因此我们希望各种期刊每卷或每数卷除总目外，另印索行。要是《人文》月刊最近杂志日报，要目索引的工作能够扩大范围，或在别的机关社团出版大规模的各种期刊索引，那末，各自编印索引的工作也许可以减少，然而总不是多余的工作。

我们无意在此时对出版界提出过分的要求，其实要说的话还很多。我们只希望出版界在不增加负担的情形之下，为大众谋可能的便利。

（载《大公报（上海）》1948年6月3日）

报馆与出版

刘 晨

国内的报馆很少兼营出版业，而其实却宜于兼营出版业，至少在编杂志和一般参考书上要方便得多，并且对于报馆本身的前途也有益无损，这种可能共有五个理由：

（1）利用本身的器材。报馆本身都有印刷厂、铅字、印模、油墨、

---

① 疑缺“成”字。

纸张等器材，有时因空闲而停放，不如加以利用，以调节经济。

（2）利用本身的人才。报馆本身的编辑部人员和编印人员，有时因内外关系，需要紧缩而又不便紧缩，便不如利用这些人才作其他工作，以符合利用贤能不使闲散的目的，何况有些报馆网罗不少专家，除了编写专论、专栏外，亦有余力作其他工作。

（3）利用本身的资料。报馆资料室内的宝藏和外勤记者的采访以及外来的佳稿，有时为篇幅所限，不能尽量刊登，那么便可以重加编排，印成专书供应。

（4）更正以往的报导。报馆因限于环境和时势，有些消息不能刊登或不便刊登，甚至于因为他种关系而不得不稍加变通，但在若干年后，时过境迁，社会上又需要知道真实的史料，那么便不妨把埋没的资料加以编排，另行出版。

（5）适应读者需要。报纸本是大众精神食粮，但因具备综合性质，在个别问题上便无法应付，即使社会上普遍需要医药常识，报纸也决不可能完全刊登这项文稿，因此为适应社会需要，可随时编印特辑、特刊、手册一类的参考书供应读者，以满足读者欲望。

以上所述乃是报馆应兼营其他出版的理由，至于要出版什么才合乎需要，才能对读者有利，我也以自己的管见写一些节略。

（1）在工具书方面。报馆虽不宜编印字典和百科全书，但对于新兴的词语，有关战争和政治经济的人名地名，各方面政党人物及有地方人物，如能综合的编成一些小册子，可以帮助读者去了解时事。

（2）在史地书方面。报馆常拥有丰富的资料，例如民国成立以来的大事和重要兴革，各地域经济地理情况，如能由报馆编成崭新的史料特辑和地域手册，那一定可引起读者的欢迎。

（3）在艺术方面。随着记者的足迹，常常有艺术品的新介绍和新发现，而专家对于艺术的估价也是日新日异，如果由报馆来主编艺术年鉴和新兴艺术的介绍书，也是最好不过的一件事。

（4）在科学方面。由于科学家的努力，一年和一年大有差别，尽管一般的科学教科书在逐年修正，但并不能做到恰好的地步，至于综合的科学，更因专家的各持一见，因而在一般教科书上常表现着不同的内容。如果报馆能按照编年办法，每年来一个结算式的总介绍，对于读者也是获益匪浅。

（5）在应用技术方面。我国人研究学问本来就不大考究实际，因而有关技术的书是特别少，而且以肤浅或深奥见讥，如何能深入浅出，使学习技术的人获益，在目前实在是一个重要课题。因此能物色专家共编一套活用的小册子，也是可取的一种出版事业。

（6）一般性的问题书。国内人民对于法令、医药、教育、生产、消费、家庭等问题也时感需要，如能编些特辑，也是一件有益读者的事情。由于报纸接近大多数人民，而报馆又接近多数的专家和学者，为何不兼印一些大众需要的精神食粮呢，以满足读者的需要呢？

（载《大公报（上海版）》1948年4月29日）

由出版事业的低气压说起

王　京

按照中国人口的比例，假定每千人中有一个人看书，则每本书就可销到四十五万册；但现在每本书的平均销路，只有二千本，约计二十万人中，购书者仅有一人，中国书刊销路的恶劣，恐怕世界上任何的民族，无出其右！

由于书刊销路的恶劣，可以证明中国读书者之少，及文盲之多。中国人为什么不读书？我以为决不是此刻购买力薄弱之故，因为，在过去书刊的购买者比现在更少，而舶来品比战前高起几万倍，生意特别兴隆，如果要解答这疑问，当不出下列诸种原因：

（一）社会的生活水准，过于低落。多数的民众不识字，不读书，什么都不懂，仅凭原始的体力与传统的起码经验，一样能寻觅日常的生活，实在没有读书求知的必要。

（二）出了学校，投身于社会的知识份子，很少用到学校所学习的东西，充其量不过把认识的几个中国字，作为通讯、看报、撰拟公文的工具，借以应付现状而已！连普通的常识都用不着，比较专门的学问，更可以束之高阁。因此，极少数的知识份子，识字已够，何必读书！

（三）内地风气闭塞，交通不便，新出版业都在各大商埠及首都所在地，不容易把新出版的书刊流传到穷乡僻壤，流传到文化的“不毛之地”。在占全人口百分之八十以上的农民所散布的乡村，是多么一块广大的面积，但从没有人在上面设法散播“读书的种子”，努力扫除文盲，遍设小学，多多创办农村博物馆及图书馆，所以中国广大的农村，还是沿袭远古的遗风，生活在半开化的状态里，就是把现代的新出版物按期奉送，他们也不会拜读的。

（四）住在都市里的官员，在过去虽也算是出身知识份子，但既进了衙门，忙于敷衍公事、巴结上司、应付同僚，已经是钩心斗角，忙得够受，那里还有闲暇的时间温故而知新呢？所以就是自命为专家和学者的官员，在官场中混得过久，他的学术上地位就等于零了。

（五）有些发财的富翁和他们专为寻开心而娶的姨太太，轧上的舞伴、姘妇这一类的女人，是一切为享受，“享受”就是生活的目的。如果遇到强调“性机能”的淫欲宝鉴、刺激“色情狂”的色情文艺、大腿电影、眼睛吃冰淇淋的戏剧，他们自会抽出玩沙蟹、打麻雀的时间，偶尔涉猎，聊以排闷。至于所有与“享受”无关的书，即可以增加知识和人格修养的书，在这些人是毫无用处的。

“唉，长此以往，如何得了！”我常听见忧心世道的志士们目击中国文化的幼稚与落伍，这样慨叹着。可是，这一群忧虑者仅知慨叹而已，并不知道这情形延长下去，对社会究有什么坏处？我再来分析一下：

（一）谁都知道——这一次的世界大战，是文化战、科学战。文化落伍、科学幼稚的国家，只有灭亡。中国人假使再把“顽固守旧”、“不求长进”的惰性，拼命维持，死都不肯放手，中国赖以立国的文化和科学，必永无振作的希望。

（二）我们生活在“不必读书，不要学问”的社会里，照样能发大财、做大官、享大名，谁都不是傻瓜，又何苦把用于升官发财、成名的时间，耗费在科学试验室或图书馆中、写字台上呢！反正，学问愈高深、试验愈成功的人，愈没有出路，甚至求免于冻馁，尚不可能。

（三）大家既认清了“读书无用”是铁一般的事实，就可不择手段、不顾一切争取升官发财的目的。社会上怎能不正气消沉，势利成风呢？

（四）科学的发明，学术的建立，都要有几十年的研讨，国家多方的培植，并不是一蹴而成。现在，纯正的学风，未能养成，谁都是选取终南捷径，急求富贵，千千万万做父兄的，就宁可把自己的子弟送进银行当练习生，拜权力者做干爷，都视学校为畏途，等学问如弁髦了。

去年，上海出版界因物价狂涨，影响出版，站在国家民族生存利益上，发出向政府与社会要求救援的呼号。我在同情之余，深深替中国的读者界感觉惭愧！在目前，我们热望当局与社会尽量赞助出版界。让他们有适当的出版条件，便利于印书；有可能的交通工具，便利于运书；同时，我们希望功在国家民族的出版界，多多出版有用的科学书，技术方面的专著，以及真是提高革命性、发扬朝气的文艺名著。万不可把吃尽千辛万苦所取得的出版机会，专于出版一些叫人伤心短气、废书长叹的坏书了！

（载《南青》1948年第2卷第6期）

出版界的厄运

我们是一家小小的民营出版事业，在物价飞腾不已、大局动荡不安的今天，办出版事业已难，而办小民营出版事业则更难上加难。所以本刊自创办以来，即艰苦备尝，这本是意内之事，然而一个国家兴衰治乱，与出版界关系确极为重大，当出版界蓬蓬勃勃之时必是国□兴隆，反之，出版界缺乏了生气，国家必陷于风雨飘摇之中。现在我们想由本身而推及整个出版界的厄运，提请读者及社会人士注意，以共觅解决途径。

首先从营业方面说，本来在“百物都俏”的今天，只有这“白纸印黑字”的出版物最为倒霉，因为纸张与印刷费都在“三级跳”，一去不回头，出版界早累得左支右绌，捉襟见肘。而除纸张之外，受币值的影响也很大。当然各业都有困难，但如工业界的制成品，它还可以待机脱手，但书刊多富时间性，摆下来就有卖不脱的危险。而邮寄范围逐渐缩小，即邮寄得到的地方，又因市面萧条，销路也极有限。至于账款问题，更使出版业受了一道暗伤，因为书业贩卖都采记账方式，书交出去后一个月到一个半月才收得到钱，因之销路不好固然坏，销路特别好也许赔本特别多。例如今年三月之前发出的书刊，待过了三月后收到款时，物价已涨了两倍，计算一下币值，卖一千本比卖一万本要少赔得多，所以说，结账方法不解决，杂志书报简直不能活下去了。

其次，从编辑方面，也是困难重重：想说的话不能痛快的说，不要说的话也不愿意胡说，于是既不能畅所欲言，又不能马虎昧良心说话，因之在下笔时，文字斟酌煞费苦心。写稿者稿费又低，还抵不上排字工友的收入，于是，作家也就越来越少了，这倒不是说作家统统都已改了行——自然改行的也确不算少，而主要还是为写文章得有资料，资料就得化钱。试问拿几万元一千字的作家，连订一份航空《大公报》都已煞费劲儿，那还谈得上其它资料呢？因此若干出版物的编辑者就成天地闹稿荒，基于同样的原因，从前很多投稿者也大为减少了，目前写稿的人要不是为了一点良心和一点交情，谁也不愿写的。

再次，则是取标准的困难。现在国际局势瞬息万变，国内局势也愈来愈复杂，对于问题看法，也自各有不同，而写稿都属那些“纸上谈兵”的书生们，虽他们抱定“言必有据”的宗旨，亦终往往不能见谅于环境，因此我们真神往于绝对的言论自由。程博洪先生说得好：“我对于言论自由有一落后而偏激的主张，就是要绝对化……至于政治性言论，越严厉禁止，必会更蜂拥而出；不许其地面上出现，它必会转入地下。所以我主张言论自由要绝对的，毫无条件的自由发展。如今行宪了，宪法上既然有出版自由的规定，就不应另以法律限制它，因为你们不许它存在是不可能的。”还有，交通困难、传递不便，在在都是问题。而这些问题，都非出版业自身造成的，也非自己力量能解决。

试看：从胜利以来，一批新开的书店现在大多都已歇了业。剩下来的，是因这份工作虽属艰苦，但没有其他适当的有意义的工作可以代替，也只有硬着头皮撑持下去，唯一希望，国家有太平的一天，等到一切有转机时，出版业还是有其光明的前途的。

目前出版界还有一件值得隐忧的事，就是正当的出版事业虽已到了山穷水尽的时候，但是若干色情的书籍，反而倒畅行一时，作为文化服务者看来，这些“文化毒菌”真是可怕极了。这类书籍，因订价高、批价低，所以很容易的繁荣起来。此外什么指南、百日通之流的投机书籍，最近出版的也相当多。这种畸形的发展，影响社会文化太大，说起来，也是助长社会紊乱的因素。因而我们感到，假使我们国家还要文化的话，就应重视出版业，对它的扶持奖掖不应次于一般工商界。如果认为中国根本不要文化，那就不必说了。

（载《现实文摘》1948 年第 2 卷第 11 期）

出版业的恶梦（一）

寒　松

出版业先生的命运真是坎坷到了极点。他好容易走完了八年崎岖的道路，希望能否极泰来，以后永远在康庄大道上驰骋，不幸他的希望似乎永远是一个幻梦，现在他前面竟没有路了，但见周围布满了荆棘，他真又悲伤、又困乏，历经了千辛万苦的瘦弱身体，再也不能支持，不得不席地而卧，迷迷糊糊，竟做了许多恶梦。

他梦见物价先生驾着飞机，上面载着许多乘客，个个都是肥胖健壮，红光满面。这些乘客的名字他都记得：有黄金小姐、白银夫人、大米先生、面粉少爷等等，他再看看自己和他的友伴如稿费、报纸、书籍、作家、读者等人都是鸠形鹄面，现着深度的菜色，他不觉苦笑了一下。

他又想到他自己和他的友伴，都是不怕清苦，甚至甘于清苦的，所以不论物质上的待遇如何恶劣，都可以忍受，所怕的是文房四宝竟也叛离了他，跟物价先生坐飞机去了。他一想到这跃登龙门的老友，不禁潸然，也许再过一些时间，他会遭到“巧妇难为无米之炊”的惨运呢！到那时他和他的朋友就是个个成了杨妹，也不能逃免没落的命运！

他想到此处不禁大哭而醒，起身一望，只见太阳已渐渐的向西移动，他不知不觉又沉沉的入睡了。

他看见四周布满的恶魔，那些恶魔的外衣上都有名字，像“有碍风化”、“思想荒谬”、“报导不确”等堂皇的名字，而骨子里却丑恶不堪，这些恶魔们不过是想借着这些正大的名字来摧毁他的性命罢了。

他想起死去的友人，不禁恐惧起来，怕他自己也步他亡友的后尘。

他又想到自己虽然瘦弱，但还有和恶魔作背城借一的勇气，不幸他自己的阵容里又出了败类：“黄色”、“投机”、“象牙之塔”、“党派色彩”等竟向他攻击起来，但任然披着出版业的外衣，戴着出版业的符号，这样不但削弱了自己的阵容，也更贻给那些恶魔以口实，他不禁更加悲伤，号啕大哭而醒。

张眼一望，太阳已在西山旁慢慢的落下。

真是夜长梦多，他又沉沉的入睡了。

书籍的面目已憔悴不堪，报纸小得和豆腐干一样。稿费和物价比例，已等于人类和宇宙的相比了。读者已都奄奄一息，垂手待毙，他的友人都快死亡了。

再看看附逆的份子，声势一天天的浩大起来，竟公然和恶魔携手，来联合吞噬他。

他此时已全军覆没，只好落荒而逃。

一只小鸟飞过他的头上，嘲笑他说：“你已注定是覆没了，中国并不需要你呀！”他打了一个寒颤，又醒了。

这时太阳已完全降下了，四周漆黑没有一些星光，有的只是狂风暴雨，他真的不能再支持了，颓然地昏倒在地下。

（载《大公报（上海版）》1948年7月22日）

出版业的恶梦（二）

西方虹

报　纸

我梦见报纸像是一块齷龊的抹布，大家都对它存着鄙视。几家报馆被封闭以后，发言的自由愈来愈狭，报导的地位愈来愈小，真实性接近于零。各报的社评都是一副面孔、一种滥调、一股死气，除了偶尔因为校对的疏忽，有一两处标点的错误外，简直找不出任意两张报纸上社评的差异来。

据说由于白报纸太贵，各报一律减张，只攒半张大小。售价是每天调整的，长期订户以三天为限；各报为充实内容，节省篇幅，都改用七号字体（现在是六号），除社评外，所有新闻的标点也取消了，读者感觉异常吃力。专栏大多刊载考据性的文章。

经过一番广告部和编辑部的猛烈斗争，严格地说来，广告已经不和新闻互争地盘了。在印好两版新闻以后，再加印红色的广告。为了节省读者目力，分类、短行、双短、提要等等小型的广告统通取消（也有两家□刊在报纸四周，半寸宽的地位的），专登半页的广告，好在设计周到，广告的空白多，字和图案又是空心的，看起来还算方便，最初读者很不习惯，仿佛每天的报纸都是国庆日增刊似的，隔了一个时期也就无所谓了。心理学家盛赞这种设计，说有益于世道人心，无形宣泄了不少“不良”读者的烦闷。

虽说这时新闻报导的真实性大成问题，但是读者每天还是舍不得这份“早餐”的，他们一致说：“从新闻的反面可以看到新闻，我们还是要看完它的！再不然就当它是个笑话罢！”

这时候有一个“国际新闻不自由会议”正在筹备，只是还没有物色到一个适当的地点，有人建议在中国召开。我听了大吃一惊，满身冷汗，醒来方知是在做一个恶梦。

杂 志

我梦见办杂志的人一个个都变成广告家了。为了减少支出，已将三十二页缩减到八页，其中有七页是固定的广告地位，有时为了时间性的文章不能久搁，便情商在广告地位刊出，文末用大字注明："此处地位系××公司慨捐刊登，特此鸣谢，以扬仁风。"甚至加注："甚盼×××宝号当仁不让，下期慨捐广告地位，谨代表作者、读者先致最热烈的敬礼"的。

纸价高，排工更高。稿约中规定只收三百字以内的来稿，如作者愿意负担超出字数的排工的，也可商量。一般作者恐怕得不偿失，在下笔前，尽力控制文思、约束文笔，深深引为苦事。

这时最畅销的杂志只有五百份。某杂志别出心裁，想起棋王谢侠逊利用大棋盘比赛象棋的情形，便在外滩、四马路、静安寺等地各挂一份该期杂志的特大号，每一页有十六张报纸大小，读者收费一分，按当日职员生活指数计算，管理人每隔一分钟翻转一页，因为读者阅读的速度参差不齐，常常发生纠纷。大家皆佩服这新颖的办法，但事后杂志社的老板说，私下算算纸钱和抄写工钱，还是赔本的，他决定退清存稿，利用积存的旧杂志去卖花生去了。我看了好不心酸，竟陪他滴下泪来，醒来方知是在做一个恶梦。

书

我梦见书籍恢复送审制度。在审查著作以前，先要审查著作人的身世和背景。在中国有钱的作家是不多的，因著书而发财的作家也是不多的，多的倒是穷作家。这时审查机构方面便常常劝告或警告他们，少写一点书，少写一点叫人看不顺眼的文章。这种书是不能公开出版的，在严密的管理之下，新书的产量果然下跌了。大家很难看到一本好的新书。而另一方面，有人用道林纸精印《性史》发售，有人大量翻印《我的奋斗》。在五月八日，欧战胜利日（V·E Day），有些书店以《我的奋斗》一折优待招揽顾客。据说有人毫不犹豫地买了一本，回家笑着向太太说：“洋油这样贵，拆开这本书生火倒是合算的。”我听了好不着急，如果给人告密那多么槽？醒来方知是在做一个恶梦。

我醒来方知是在做一个恶梦；但我醒来方知这似乎又不像是个恶梦！

（载《大公报（上海版）》1948年7月29日）

出版业的恶梦（三）

萧　鲲

出版业似乎被注定了是个后天下繁荣、先天下衰败的事业。除掉必需的书籍和教科书及必备的工具书等较少的情形以外，一般读者之买书都是剩余购买力以内的事。一个人有了钱总是先仿别家商店的顾客，然后要有了余钱才有做书店读者的可能，而且还要他是喜欢看书的。如果他还爱买书却又只有很少的收入，他第一个考虑不置，可能又是书。所以在国民收入较高、社会很繁荣的时候，出版业在百业中是蓬勃较慢的行业，而遇社会生活贫困、百业萧条的时候，出版业则可能最先衰败。自然，不会有一家商店可以像一个好出版家那样赢得顾客（读者）们的感情，这种感情是出版家的一项珍贵的“资本”，别的商店因为货好、价廉、服务周到、信用卓著可以有许多善意的顾客，唯独出版家能够有无数不识面而温情绵绵的朋友，这是一个伟大的力量，然而，出版业化下去的既是用血汗挣来的钱，只有读者用来买书的钱才能使它继续维持下去。

出版业当然有它的生意经。在稿子、排字、印刷、纸张、装订和广告等方面下了一笔本钱以后，总希望赚一点回来，至少也得不亏本。但是处于这个币值日落的时候，盈利之对于出版业真是一个难题。书的生产过程很长，撇开收稿的时间不谈，从一本书的发排起，经过一校、二校、三校，上印刷架子到装订成书，如果是十万字的，最快亦得一个月，化在上面的资本在卖出去以前是不能再周转了，而在通货恶性膨胀之下，钱动得愈快愈好，造货的过程也愈短愈妙。今天出版业还是一本正经、按步就班的印书，化了一个月的功夫才能把资本变成可卖的商品，在时间上已经失利。复加书印成了不是立刻可以变钱的，同业把书拿去了，给你十日半月的支票还算是好的，有的还要等月底结账，甚至再开上半个月的期票。等钱到手，物价则已面目全非了。六百万一令的纸亦许已涨到二千万，最近的这个涨风就是如此。你或者会说物价涨，书价亦一样可以提高，水涨船高又怕什么？书价的确是在涨的，端午节以前还是四万倍的，现在已涨成十万倍。但是一令白报纸从六百万到二千万是涨了三倍又三分之一，而书价从四万倍到十万倍只有二倍半，还是兔与龟的竞赛，书价无论如何跑不过物价。物价上涨的间隔是愈来愈短，由三月一涨又到半月一涨，最近简直是一日一涨了。许多商店可以一日一个价钱，有的甚至一天改上三四次码子的；然而除掉以外汇为标准的西书以外，书价不能这样好变，定了四万倍，总须维持一个时期，一面是手续太麻烦，一面是书店对于读者究竟还有道义上的顾虑。涨凶了不好，涨快了不好，白报纸对出版家可以反目，出版家对读者却不能忘情。就算书价跟上了物价，有钱人买书的究属少数，要买书的多半不会有太高的购买力。一个人一月吃两升米的，涨到了二千万一担，还是要尽可能吃两升。不买书或少买一本毕竟不是怎样妨碍的事。一本书涨了看上去是保住了身价，实际上可以销上一万本的，也许只能销五千本了，如此延续下去，有一天会连一本书也卖不出去，还不是出版家吃了亏。

出版业的境遇既是如此困难，至今尚能存在，势必要提到所谓配给纸的问题。在结汇新办法以前，由政府在市价外汇的总限额内指定一部分来分配给报馆和书店去直接向国外定纸，比黑市报纸便宜，可以减轻出版成本。有人说这是一剂续命汤，使行将就木的出版业维持下去，但是其弊亦甚。在这不公平的时代，这件事也难能例外。分配既乏标准，实施前又无成熟的讨论，权在谁手，谁就得天独厚，免不了受大户的操纵，仍然是一脉包办分肥的做法。好好出书的人得不到适当的配额，有大额的又不一定好好出书，为投机取巧，仗势独肥多辟了一条路。

出版业，已经不只是在绝望的边缘了。抗战八年，教育普及得多，看书的也多了好几倍，战前一本书普通都是一次印二千的，复员初期却须一次印五千、一万，这对于出版业的确是很大的鼓励。内战使人民的血汗作了战争的饲料，在经济趋入崩溃，政治无法开朗之中，文化被枪毙。念书人心爱的书亦被征去换成了弹药，出版业的好梦成了非常难堪的碎片，虽有配纸，亦不能补救于万一。出版业并不需要救济，只要国家能够安定、自由就好了。说这是出版业的恶梦，当属不谬，但又嫌不全。今日出版界的问题是出版家没有钱印书，也没有环境出好书；而读者则没有钱买书，有了钱也不容易买到好书。出版业的恶梦，原来也是今日读者群的苦境。自然，绝望是用不着气馁的，出版业在严格的角度之下，除掉它的商业性质以外，还是一份崇高的文化事业。今天旨在图利者有之，投机取巧者有之，勾结豪门者有之，改行思凡者亦有之，但也有许多严肃的出版家在背着这付重担默默地坚持下去，像许多沉毅的读者一样。

（载《大公报（上海版）》1948 年 7 月 29 日）

上海出版界的苦笑

东方虹

莎士比亚和肥皂如一样地被看成课税的对象，那是出版界要抗议的，英国有过这样的例子。然而如果人们在抢购肥皂香烟之余，也要赶着去买《水浒传》、《三国演义》、《辞源》、《辞海》、《英汉字典》、《闻一多全集》，甚至《四部备要》呢，那只有苦笑了。这例子出在上海，虽然西德改革币制的时候也曾发生过抢购书籍的现象。

看来似乎是不必苦笑的：以一般的书店而论，过去只愁着外埠的读者购买力低，销路不旺，现在却是奇好，北平的销路尤盛，对于他们，似乎目前的书价是很公道了。中国书籍的产量原是低得可怜的，棉纱有人囤几万包，但是囤几千部书的事很少见。为了应付外埠的批发，有些书店如“开明”，对于客户只好加以“礼貌地”限制。《闻一多全集》在两周前就只供应门市，初版一千七百部已全部售光。有的要将批书的数量打个两折，如“龙门”。以“中华”而论，《辞海》、《高中英文选》的销路畅旺，平常一两个月难销一部的《四部备要》，现在也有人拿五百金圆来买了。一星期前去“世界”买《英汉四用辞典》只剩了两本。“商务”当然也不会例外。而生意最好的，据说是经售旧小说的广益书局。《水浒》、《三国演义》、《金瓶梅》很难买到。

杂志也不例外，原来销路好的更好，原来没有销路的有销路了。联合书报社在北四川路设了一个北区支店，也是黑压压地挤满了人。

有人说“十年风水轮流转”，书刊的销路既然这样好，何不再版？何不大出新书？以我们所知，几个大书店积存待印的稿子绝不算少，这样一来也可使作家们喘一口气啊！然而谈到这里出版商便要苦笑了。他要笑你天天只看人们排队买米买糖买油，事实上买白报纸这件事也不太轻松。前些时最多可买五令，后来减为三令、一令以至一百张了，而且印书的成本不能像目前书价那样稳定。再则时局动荡，书籍的内容问题也令人诚惶诚恐。《亭子间嫂嫂》固然会不胫而走，但也有宁可关门不出这类色情毒素书籍的傻瓜。

至于说到书业的配纸，虽然颇有帮助，但也不能尽如人意。一是分配不够均；二是纸要从国外运来，不就手。

纸源的问题是严重的。出版商眼看着那么多由白报纸印着黑字装订成册的书在急速的流通，批给同业，批给客户，读者挤满了柜台，好不热闹，然而再一想想白报纸如何取得，如何不影响再生产的成本，那他除了苦笑也许还要默默地抗□□？

（载《大公报（天津版）》1948 年 11 月 9 日）

出版界一奇景

碧

近半年来，上海出版界颇有一些近乎奇景的蓬勃气象。

我所说的奇景是指若干新上市的杂志。谁都知道，出书难，办杂志更不易。市场狭窄，收账延拖，再加上有时间性，原不是一笔好生意，但，新杂志却有如雨后春笋，无论有无登记证，它们总算是独享出版之“自由”了。

这些杂志大体都以“变”为号召。标题之夺目，用字之漂亮，立论之泼辣，这且不去说。花样虽是翻新，但变来变去，仍不失“保皇”。

这是出版界中一奇景。其实，说奇不奇，说变不变，说新不新，说反不反，说和不和……好在它们自己正在看风使舵，找台阶下坡。骗取读者的血汗钱固然也不那么容易，更重要的却是要变不要乱，“不流血的革命”云云，也不能摇撼一个“象征”。

由于出版界有此奇景，并且多少使人注目了一下，所以不可不笔记如上，以破五里迷雾。

（载《读书与出版》1948 年复 3 第 9 期）

读报有感

津　津

今天早晨打开报纸一看，忽有所感。我所注意的倒不是报上什么重大新闻或标题，而是报纸本身。其实，这感想应该早已存在的，不过今天偶然触发罢了。

我所发现的，就是白报纸的市价涨得很凶，而书籍却往往卖不起价钱。这情形就有几分可怪。读书人要看的是书，决不是无字的白报纸，而白报纸亦以印成书籍，才是它的正当去路。如果大家不要看书及一切有字的纸张，则白报纸尽多，又有何用处？

因此，在书业不振的前提下，白报纸的销路理该减少，然而依旧那末贵者，想必有许多报纸都到了非出版业的手中去了。结果出版业嫌纸张及印工等太贵，裹足不前，真正爱读书者，也以书报定价过高，无力购买。于是报纸愈涨，出版业与读者之间的那垛墙，也愈筑愈高。而书业的不景气，似乎更成为确切不易的事实了。

这种现象，有没有什么补救的办法呢？我想是有的。一是由读者自己来办文化事业，以减少读者与出版业之间的鸿沟。二是由当局对于真正献身出版业者，优先配给报纸。这样一来，或可解决纸荒问题，而供应平价的精神食粮吧。

（载《申报·自由谈》1948 年 7 月 12 日）

有计划与无计划的纸荒

政府为了节省外汇支出，适应民间需要，对于白报纸的输入和制造，迭经有所规画；其最具体的事实是去年十二月十八日全国经济委员会通过了造纸工业会议的意见书，决定自今年起把纸类输入额和国内纸张生产量重新调整。去年度纸类输入百分之九十是制成品，百分之一十是纸浆，今年度则将制成品的输入减为百分之二十五，而将原料的输入增至百分之七十五。同时决定自今年起增加国内纸张生产量百分之八十五，并定增产部分中百分之五十应为白报纸。为了适应纸张增产计画，除将促使台湾、中原、宜宾各纸浆厂增加产量外，更将鼓励民营各造纸厂联合集资，在闽、浙、湘三省设立纸浆厂，期其适合目前造纸工业的要求，并求纸浆的需要在三年以内可以自给，而洋纸的输入届时也可完全绝迹。

另据我们调查，政府计画今年度供应全国书报业暨民间一般需要的白报纸共为五万吨，其中由资源委员会各纸厂生产者一万吨，由民营各纸厂生产者二万五千吨，计平津各厂二千吨，鲁青各厂三千吨，江浙及上海各厂一万二千吨，华南及西南各厂各一千五百吨，四川中国造纸厂五千吨。此外更输入白报纸一万五千吨，合为五万吨之数。

政府的增产计画如果能够不折不扣的实现的话，自然可以节省外汇支出，适应民间需要。然而事实怎样呢？现在许多造纸专家和白报纸主要用户所周知的事实是：（一）去年度资委会各纸厂预期的各种纸张总产量是四万二千吨，实际却是一万二千吨，只占预期数的七分之二。（二）今年度资委会各纸厂预期的各种纸张总产量是三万吨，并预期台湾厂产二万吨，锦州、天津厂各产五千吨。在这三万吨中规定白报纸的产量应为一万吨。去年度资委会各纸厂的总产量仅占预期数的七分之二，谁敢保证今年度的总产量必能达到预期数的百分之百？何况该会的各厂中还包括早已毁灭了的锦州厂。（三）民营各纸厂今年度应产白报纸二万五千吨，也显然不能达到目的，例如中国制纸厂的预期生产量五千吨，一般富有经验的造纸专家便都认为绝对没有可能。（四）政府准备今年度输入的造纸原料，大半是制造卷烟纸和道林纸等高级纸张的化学木浆，而制造白报纸的机制木浆仅占极小部分，试问期待中的三万五千吨白报纸又将怎样生产？（五）政府要促使民营各纸浆厂增加生产，并鼓励民营各造纸厂联合集资，设立纸浆厂，我们姑且不谈时局，在目前的经济情势和金融政策之下，其实现的可能性又有几何？所以我们对于政府的计画不能不有所顾虑；不，我们非但有所顾虑，而且为文化界焦虑。要是政府不能正视现实，深切研究，凭着虚拟的生产数字，限制洋纸输入，结果必致国产纸张供不应求，酿成极严重的纸荒，届时虽欲再令洋纸输入，也将缓不济急，而使全国书报业陷于无可维持的境地。这是文化界的一大危机，我们欢迎政府对于纸张的供应有所规画，我们更乐用国产纸张，但危机当前，不能不提醒政府特加注意，迅速再作更周密的考虑。

上面系就政府的计画和目前国内造纸工业的实情略略述□。试再进一步检讨。谁都知道：需要钢铁愈多，则国家愈强盛，需要纸张愈多，则文化愈发达。我们全国人民中不识字的占多少？需要教育怎样迫切？我们今年□□行宪，需要提高一般的知识水准是怎样迫切？无论是教育不识字的人民，或是提高一般知识水准，白报纸总是必需的。而教育不识字的人民和提高一般知识水准，又是有关立国百年大计的当务之急，怎么可以限制全国书报业和民间一般需要的白报纸为五万吨？五万吨！读者试思，是怎样一个数字？莫说现在美国一家最大的报馆每年就要用纸四五万吨，便是战前日本的《每日新闻》和《朝日新闻》，每年也各用纸两三万吨呢！假使说，在目前的财政经济情况之下，节省外汇支出是第一义，其他一切都不暇顾及；那么除了限制洋纸的输入以外，是不是根本没有节省外汇支出的办法？这又是危机当前，我们不能不吁请政府特加注意。

简单说，我们赞成政府节省外汇支出，我们乐用国产纸张，更不主张长期输入洋纸，但我们不能不要求政府对全国书报业暨民间一般用纸予以充分的保证。如果一面限制洋纸的输入，一面国产的纸张又不能适应全国的需要，那将是文化界的大不幸。我们需要教育不识字的人民！需要提高一般知识水准！我们需要纸张！对这文化界的一大危机，切盼政府注意！切盼全国书报业注意！切盼关心立国大计的人们注意！

（载《现代知识》半月刊 1948 年第 2 卷第 2 期）

书店归来（一）

李素怀

喜欢书的人也一定喜欢逛书店，虽然不每次买，但在书店里浏览翻阅也自然有无上乐趣。我就差不多每星期必去书店一次，尽管我已能记住那些书籍的名字，也熟悉它们安放的地位，但还是愿意乐于光顾书店。我不仅翻阅杂志与小说，也抽出甚么《哲学史》、《思想史》来看看。要挑选一两册自己中意喜欢的书买回来，这是每次去书店的目的，也是值得欣悦的事情。但去的次数多，买的时候少，不是嫌书价贵，就是书太多了无从买起。一次两次，我已成为书店的常客，但并不是真正的主顾，而是不买书的读者，只当书店是一个良好适宜的图书馆而已。

我时时看到许多与我类似的青年在书店里立着读书，他们能够无视于伙计的白眼，全神贯注在书本上，这份精神就够叫人佩服。他们真正想读些有意义的书，但困于购买力，没有办法，就只得在书店里贪婪地急促地求得满足，很多人有购书的愿望，但书价不是他们能够负担，他们即使很中意这册书，一看书价心就冷下来了，我又屡次看到他们拿着一本书在愁眉苦脸，面有难色，徘徊里不忍离去，最后又终于懊丧地走出了书店。这种情形与在戏院里买不到戏票愤然离开是绝对不同的。

书是不能算少的，每月甚至每星期都有新书出版，这全赖出版家的全力支持，使这个飘摇的出版事业还能继续下去。“生活”与“新知”在络续出版有价值、有份量的学术著作；“骆驼”在翻译方面尽了很大的力；“开明”则各方面都有贡献，严谨不苟；“文化生活”与“晨光”出版文学书籍最多，这些宝贵的著译在教育文化上的贡献是极宏大的，但在一般读者方面的影响却并不大，有些读者明知某书有价值，应该读，可是买不起，只能“望书兴叹”。因此这些书籍也永远摆设在书架子上作为高贵的点缀，让人欣赏，让人羡慕，书已成为可望而不可即的珍品，还不够说明出版业的危险，读者们的苦闷吗？

由于书价上涨，我已渐渐减少买书，薄薄一本册子，动辄几十万，至于篇幅较厚、装订精美的小说要卖到二三百万，一般专门的研究性著作价目也非常大，如要添购些书籍非一二千万不办，试想谁有余钱买书？《鲁迅全集》有黑市，更非普通一般人所能想望，出版界现在形成了怎么样的局面？

我今天又去了书店，看了价目，只有惊叹的份儿了。《生活》等书籍从五万倍涨到六万倍，由六万倍到八万倍，又由八万倍涨到十万倍，这只是最近一星期间的事，又有多快？白报纸涨、排印工涨、装订费涨，书又安得不涨？我深知出版商有他们不得已的苦衷，他们更明白涨一次价，少一批读者，在现在干出版事业就要预备着亏本，报纸等涨，书也跟着加价，读者即使买得起也少买，买不起的就干脆不买，这样互为因果，出版业也就越走向下坡路，问题严重，前途隐忧，真要扼杀了整个出版事业。

出版家还在作努力挣扎，试看他们不计利害，为文化献身的精神实在使人敬佩。我更希望书店为本身也为读者计，能多设廉价部、室内阅览部等，为文化事业继续服务，使多数读者受惠，这是值得提倡的事，我们必须勉力度过当前困难。

这次书店归来，心突然沉重，今后书店虽仍要去，买书的机会则恐将更少了（七月二日）。

（载《大公报（上海版）》1948年7月29日）

书店归来（二）

章以枫

我惘惘然踏进书店又惘惘然跨出来。每次，每次都是这样的。

我曾经有过一个时期，不许自己走进书店。但是，要么不上街，上街则就会本能地溜到书店里。

看新到的期刊是第一要事，从《世界知识》到《××××》，不管那些是我平素爱读的、不爱读的，总要翻上一翻，看个大概。这样往往给我很多好处，我可以知道我想知道的真理，也可以明白一些御用文人以大好的白报纸在搞些什么鬼！站着，翻过一本再一本，真是博览群书，但，所得的印象终究是模糊的，因此，我也想买回一二册较好的细细研读。假如，我偶然地买了，并且还购进一部论著的话，那一定是我昨天领到了薪水，我会跟老板高高兴兴地道声再会，心里想：不要讨厌我看白书啊！我也会照顾你们生意的。

伙计懒散的多，老板宽大的少。对于穷小子的看白书，真是他们最伤脑筋的事了。

我常想：书本来是给人读的，为什么老让它积聚在铺子里闷着呢？这年头，书价又何其昂贵，而我们劳心劳力所得的代价，却是如此低微！我们穷，我们在饥饿中。文化、政治和社会是一体的，我们要求一个大的变革。

书价贵固是一个问题，书的好坏更是一个问题，对那些贩卖色情、蒙蔽真理和满纸谎言的宣传品，我真欲任情地放在地下践踏，然而今天，有些书店里有的是这些。

有过这样一次，我的手颤抖地捧着《约翰·克利斯朵夫》，眼睛里老是闪现着书中寥寥几个红字的扉页：

献给各国的受苦、奋斗、而必战胜的自由灵魂。

罗曼·罗兰

我不时放眼过去看看老板和伙计们的脸色，我希望他们会笑嘻嘻的对我说："你要看，拿去看吧！这是部好书呢。"四大册，我不敢问价钱，我知道我一定买不起。可是老板与伙计们的脸色多难看。我不做声，假装认真地看着，仿佛要买的样子，我想，想，想，不知怎地有了偷的念头（请不要嘲笑我的招供呀），我想趁他们不注意的时候就带走它，我翻着，翻着，其实是在等待溜的机会。

心开始剧烈地跳，意识在斗争。我没敢跑，我胆子向来是小的，我怕被他们发觉，骂我是贼，而且把我送上法庭……

我嗒然若失地归来。

（载《大公报（上海版）》1948 年 7 月 29 日）

书店归来（三）

穆异军

"决定把它买回来！"我鼓起最大的勇气这样自语着。刚才在那书店里面，那几位店员们的闪电般缠绕着我的监视的眼光，还是一记一记的皮鞭子似的在抽打着我的自尊心，也像一块块炽热的烙铁，在炙痛着我的精神。我决心要在回宿舍午餐的时候，厚着脸皮去向那为我们的"小饭团"负责经纪的凌君打商量，请求他答应我将这下半月应当在十五号交付的膳杂费用，延期到月终发薪的时候才缴，如是我便可以把那月初储存在抽屉角落里的五十四张一百元的钞票，用来买回那部我已经在书店里读过了三分之一的，眼看它由三千元一级一级地跳跃到五千四百元的《社会斗争通史》。这样虽会使我下月份的支出预算发生了很大的漏洞，可是我在那爿书店里所受到的精神上的压迫，总可以解除一些了。

决心鼓动着勇气，勇气燃烧着希望，肉体也就懂事的多，把它拖累着我的痛苦减轻了好些。今天我拖着两条疯湿麻痹的病腿，像初学走路的孩子似的，由书店走回宿舍时，所花的时间，便比通常缩短了十分钟。到宿舍门口，我又咬着嘴皮把"决定把它买回来！"的话重复地自语了一遍。

一踏上榻榻米，就发现了在我使用的那张矮几上面斜躺着一封翻用了旧信袋所寄来的信，一瞧我就认识这是我的母亲寄来的——信还是八叔公代的笔，话完全是我妈妈的口吻。她说：“本月初汇回家的三百万元已经收到了，此后千万要听话不必再汇款，应该快点把腿子的毛病治好。高保长上月底就来逼着要我们摊派一份壮丁的安家费，说我有儿子会在外面赚钱，硬要派我六百万元，无法讲理，只好向士奇家里出加二的利息借来三百万元凑足缴清楚了，现在拜托六叔公们向士奇疏通人情，答应我上他家里去还他一家大小洗三个月的衣服抵替这笔账，七叔公又愿意供应我三个月的伙食……这些话本想不该告诉你，又想起慢慢儿你还是会知道的，却不如趁早说穿来，你可别心里难受……”眼前一阵乌天黑地，我就颓然地跌落在椅子上面了。

膳杂费叨承了凌君答应了我的要求，可是那笔能够由我自己支配它的钱是“买书呢”还是“汇回家去给妈”？就和天平一样在我的心头起伏着，结果还是后者增加了重量，一查今天的汇率是一比七八五，计算一下，连汇水和邮件报值费在内，还可以剩下八百五十元。

“书店还是要去的！”我又命令着自己。

在这里的每一家书店。如果没有看白书的人在进进出出、拥拥挤挤地为它点缀着热闹，店面是会异常地凄冷的。

下午我到那书店里时，除掉正在忙碌地撕掉售价的旧签条而换上新标记的店员之外，便再也发现不到往日经常徘徊在这里的我的同路人了。我既怀有足够买一本薄型书的钱，又是含着一番雪耻的心情而来的，将进店之前，便不自禁地特地挺起了胸膛，既进店之后，便不由已地鼓大了眼睛，我已计算好的，袋里的钱可能买一本《乡土中国》，那本书的陈列位置，我又熟悉得和店员一般，于是我昂头进店，就雄赳赳地抽出那本书来，交给那位一看见我进店便马上跟到我的背后来的女店员，命令着她似的“请包起来，打张发票！”

“九百五十元！”她把书连发票都递给我。哎哟，如果不是我的小笔记本上还夹有五张二十元的邮票来救我一手的话，我就真真要当场出彩了。昨天，我还明明看见那书底的标价是八百五十元啦。我反得谢谢那位小姐，她看我掏出邮票来凑数时只那么轻蔑地瞟了我一眼，还没有拒绝不收受它。我自己可明白那时是如何的尴尬啊。当我经过那慕恋得很久，厮混得很熟的《社会斗争通史》的面前时，我虽然牵挂着它，却实在拿不出勇气推开橱门再捧它到我手上来亲热了。

我颤抖抖地挟着那本新买来的书，怀着一颗忐忑的心回了宿舍，把它恭敬地插到那本由稿费换来的《克鲁泡特金自传》在一起，想起像这样波动的物价的浪潮底下，像这样人心谁也无法互相了解和信任的社会里，我们这些靠"看白书"来摸索一点精神粮食的人，实在是渐渐地在走进了绝境！

……不知怎的，我的眼睛，竟给一层水膜遮住了，抽出那条经常用它来保护着书本，免得把店家的书弄污损了而使人不高兴的白手帕来，揩掉那两泡泪水，我燃烧起一股强有力的信念：希望，不能等待着人家来给与你。"人人有最好而最廉价的书可买来读"的美景，是寄托在一个新的社会制度里。那，便得由你以及许许多多的青年们站起来去使它实现！

（七·十，于台北）

（载《大公报（上海版）》1948年7月22日）

书店归来（四）

向　前

不知是怎样跑进书店来的，反正是胜利以后的事。那时，上海刚从没有文化的窒息中解脱出来，一切都呈现着崭新的生机，书刊相继出版了，精神粮食对于在沦陷区里渡过漫漫的长夜的青年们，该是最迫切的需要。图书馆里的古董再也不能使人满足，自然就跑到书店里去了。

生活书店是上海最初复员的书店，很快地就使我发生一种见到亲人的感情。我记得开始营业的那一天，正是胜利后第一届双十节，兴高采烈地在霞飞路上看着浩浩荡荡的庆祝胜利大游行的队伍向西远去，我折回吕班路，便跨进生活书店。那时，靠橱窗还放了一排沙发，和许多陌生但又好像很熟悉的朋友坐在一起，我就在那儿开始读高尔基的《母亲》的。

书是我的最初的也是最好的朋友，真的，有什么比书更好的呢？书把你带到你的世界以外去，在那儿，你看到你想看、需要看而看不到的东西，书教育了你，让一些新的东西注入你的灵魂中去，改造你的思想，改造你的感情，改造你的生活。书是可爱的，书店也是可爱的，我总忘不了生活书店门前“读者之家”那四个字，因为我确实在书店里享受了家的温暖。

就学的青年是没有余钱买书的，我买书就完全靠一些稿费。记得第一次拿稿费买书也是抗战胜利以后的事，那时拿写一千字得到的稿费（大约五百元），买了一本茅盾的《霜叶红似二月花》，还有一本奥斯托洛夫斯基的《钢铁是怎样炼成的》（现在一千字的稿费只够买几天报纸了），有一次，发表了一篇一万字的小说，买了全部《约翰·克利斯朵夫》，那时，我还满有把握地要靠稿费买《鲁迅三十年集》呢。现在想来，只有隔世之感。然而，这能怪出版商吗？在这投机致富、一本万利的疯狂世界里，他们掏出钞票来支撑在风风雨雨的苦难中的文化事业，还是值得敬佩的呢。

近来，我是难得买书的了。也没有心情再去花费好多时间去美化书本、美化书架，我不再幻想有一个整齐地陈列着许多书本的书架和一册厚厚的藏书目录，让朋友们赞不绝口，也不再为许多书的问题烦恼，我不会爱惜我的书以至不愿出借给朋友们，也不会偶而出借便要不放心地说：“当心点，弄脏要赔的，”我也不会对于将书本转借给另一些人的朋友不满，说什么“认都不认识，也没有得到我的同意就借给别人了”等等。

让书流传到更多的朋友的手里、眼前和心上罢！

然而，你说我不再爱书了吗？不，不，为了有一天让我们能够更自由地读书，我觉得是应该这样做的。

（载《大公报（上海版）》1948年7月22日）

漫谈书价

何　凯

自从币制改革，标价一律改用金圆券后，一切商品听听好像很便宜，但是实际算起来，都比战前的定价高起三倍到五六倍以上。那么书价的情形怎样呢？它合成金圆券的定价和战前的法币定价比较，到底涨起多少？笔者以平日爱好书籍的关系，对这问题不免感觉兴趣，费了二天的工夫，总算得到了一点轮廓。现在把调查的结果公布如下，以供一般同好的参考。

时常听到书业中人说，书籍和其他商品比起来，实在没有涨足。实际上，它所涨的倍数确要比较和缓一点。白报纸现在的市价和战前比较，涨起五倍，可是据笔者的调查所得，上涨最多的书籍不过二倍。商务的《综合英汉大辞典》合订本，战前定价三元，现在售金圆九圆。同一家出的《模范英汉辞典》，战前售二元五角，现在定价金圆七元五角。这样说来似乎商务的书都有上涨二倍的嫌疑，但亦并不尽然。它所出的“大学丛书”《统计学》（金国宝著）战前定价二元三角，现在合金圆仅售二元一角，反而比战前便宜了。

其次，上涨一倍半的有世界出版的《英汉四用辞典》，战前二元五角，金圆六元三角。中华的《辞海》（戊种）战前六元五角，现售金圆十三元五角，刚巧上涨一倍强。

再看上涨的倍数跌进一倍的关内，达到五成的地步的。例如开明的《爱的教育》，战前一元，金圆一元五角九分。中华的《模范英文成语辞典》，战前一元四角，金圆二元一角。

有几种书正合乎政府所说的“恢复战前标准”，或所涨也极有限。例如中华的《最新英华会话大全》，战前九角，金圆九角。开明的《子夜》，战前一元四角，现售金圆一元五角。不过这究竟所占的数量不多。

以上，战前的定价是根据各书局战前的目录，金圆的定价是根据最新目录上的基本价再折合金圆券而成，如有错误，当由笔者负责。

从上面的统计，我们除了看到上涨的倍数外，至少还可以看到另一现象——那就是书籍定价的凌乱，不统一。在书店方面或许自有一种标准，但是在读者的我们看来，未免太不合理了。

最后让我们看看杂志定价上涨的情形。战前《新中华》售一角，现售金圆三角，计涨二倍。《西风》战前一角五分，现售金圆八角，上涨四倍以上，可说相当“结棍”了。

（载《大公报（上海版）》）1948 年 9 月 23 日）

不买书的原因

叶　君

二十五日则仕先生在本刊发表了一篇《中国人与书》的大作，对于中国人之读书，一口咬定“这是中国人不喜读书之故，亦即无求知心之征”。这所谓中国人，如仅指非公务员的中国人，我暂不敢置可否，如系包括公务员在内，则说他们都是“不喜读书”或“无求知心”，我便不敢苟同了。何则？听我道来。

我虽尚非公务员，但我系公务员之子，我们是书香门第，父亲喜读书，我也喜读书，所以我们实在也读了些书，不敢说什么学富五车吧，而黑墨汁、蓝墨水也着实喝了些下去；不用说，我们是喜欢买书的。但事实上买书没有呢？答曰：几月以前还买了一两本，一百多天以来，可就半本都没有买，为什么？没有钱也。

我们时常在报纸上的出版界副刊内看到书的介绍，想买，而无钱买；我们时常在广告上看到一册一册的书名，想买，而无钱买；我们时常在书店内把书东翻西转，想买，而无钱买；我们时常商讨着要买什么书什么书，结果是因无钱而什么书都没有买。

不错，则仕先生的甲兄不是说了吗？“我的买书之钱就在可省可不省项下节约出来者。例如你吸惯白锡包，何妨改吸红锡包，或一月改吸四次，省下钱来购一书，你坐三轮车的改坐电车，看惯头轮电影院的改看末轮或不看若干次，余类推。这样的节约不损毫发，而买书之钱就绰绰有余了。”但是，我一家人不但不吸白锡包，也不吸红锡包，就连黑锡包都没得吸；出门不但不坐三轮车，就连公共汽车电车也少坐，多半的时候还是开“两脚车”；说到看电影，除了我因别人送过我几次军人免费券而在星期日看过几回外，我家人从未看过，根本不知何谓头轮，孰为末轮。尽管如此，还是没钱。盖我们所用的钱，都是“决无可省者”，不但没有用过“绝对可省者”，也没用过“可省可不省者”的钱。

这笔账让我算给你听：我家大小有七口，父亲月入不到四百万元，而每月需食米约一石三斗，除配给三斗外，尚须购买一石，需洋二百四五十万元（就算二百四十万元吧），拿本月来说，除二百四十万元购米外，我自己读大学有公费不要学费，但我有一弟两妹读小学，市立小学每人缴费八十一万元，三人便需二百四十三万元，这样一来，即已超过一月收入多多了。此外，能不买小菜乎？能不理发乎？能绝对不坐电车乎？能不与友人通信乎？有毛病能不服药乎？那来钱买书！

所以，公务员不买书的原因，的确是为了穷，至少我家如此，而如我之家，想来也不在少数吧！

书呀，书呀，我想买你而无钱，我想读你而少缘。

（载《申报·自由谈》1948 年 3 月 2 日）

买书随感录

白　永

无论别的东西怎样贵，对于我好像全是次要，因为生活程度可以尽量压低——何况根本欲望就不高。只有书价一涨，对于我的压迫特别大。一个有特别嗜好的人，可以把所好的东西看得比衣食还重要，典衣买酒，何尝不是这个意思。自然有人会骂，到底是肚皮吃饱了，才说出这种话，然而对于生活趣味，但有一分能够满足，恐怕谁也不愿牺牲。

专门做消化粮食的机器，总是不大好受的。古人所说博弈犹贤乎已，盖亦深有所慨而言也。

读书就代表我吃香烟，夜读更可以看做吃老酒。有人喜欢吃雪茄或白干，好比读书喜爱贾谊《过秦论》与辛稼轩的词，非痛哭流涕不行。但我则连缠绵悱恻的也读不进，我简直怕透了空论与不能了解的喜怒悲欢，没有别人那么多推想的能力，可以揣知关西大汉与十七八女郎拍红牙板的味儿，老实人只求了解一点真实，无如历史又是专门扯谎骗人的东西，于是从零碎事物上一点一滴的来看，假使能够把这许多珍珠穿起来，也未尝不可价逾连城，可惜我们队伍中，能够创通义例给人以整体印象者又殊不多。不妨仿效古人的口气叹一声："甚矣哉，读书之难也！"

午倦书抛，意境固然很好，但一有职业，即碍难北窗高卧，所以不等书抛，早已加急入梦。还有一层，一间房子顶一根金条，要想明窗净几，一人独享佳趣，亦复等之幻想，大家兴趣不齐，你要看书，他偏听无线电，要不然客人来了，逼得你非流亡不可，都比催租败兴还要命，只有十点钟以后，大家上了床，世界完全成为自我管领，宁可不灭电灯，牺牲一点别人睡觉的时间，大致可得两个钟头的畅读，所谓情味醇醇，真好似吃醉了老酒，直到邯郸道上，还在继续映演书中故事人物。

前些时，商务印书馆大廉价，平常看了书价倒吸一口冷气的我们，好似奉了赦律，然而，像买配给物资一样，我们照样轧不到头一份，大清早九点钟以前就有若干人排在铁门之外，等候"别苗头"了。幸而我不大买小说之类，受的影响还小，可是，我在河南路附近的许多旧书店里，已竟发现了许多敲着梅花图章的廉价书了，原价标签扯去或揩去，依样写上惊人的价钱！譬如冯承钧译的《多桑蒙古史》，头几天据说很多，后来就一本不见，全被他们掏去了，这也可以叫做流入黑市罢。我在第一天买了近二十种的年谱，因为传记文学是我的爱好，但价钱也就到了一百多万！有许多史学界的名著没人问津，即如冯氏所译的全部《中亚南洋史地丛考》，我就不曾看到有人买，这个证明在今日生活状况之下，太专门的学问已经没人敢动手，冷门就永远成了冷门。

三千七百万买全部《四部丛刊》缩印本，合不到三石米，按战前物价，才三十元，真乃便宜透顶，但你若一加巡视，便可以看出问者寥寥，是购买力低呢？还是有钱的人本质差了呢？从前大腹贾一旦发了横财，还肯买部廿四史装点一下客厅，如今的暴发户大约也不再动这种脑筋，因为书价虽涨，究竟赶不上金钞，他们无论买什么，都先得计算涨价的速度呀！还有，大的暴发户看不起这些“穷人美”的东西，他们倒宁可花金条买《支那古铜精华》、《朝鲜考古图谱》，或是金镶玉的烂麻沙板，字大纸白的经厂板，可以充充内行，可以待价而沽，生意经之中寓风雅，也是今日新兴的风气。

白报纸每令破千万大关，本来印书即是赔钱，印了字的纸头没有白纸价贵，可以车来车去在仓库里作筹码，所以大书店都不大肯出版东西，把旧书弄出一点来应应景儿也就算了，对于我们非要精神食粮不可的人们，威胁太大了。这几天中央研究院的出版物减价，竭我之所有，补齐史语所集刊，而第二十本的蔡元培先生逝世纪念号，累得我跑了三次，还是没有出版，光是车钱，赔了十几万，心里虽不免浮起书店官僚化的怨怒，可是但求能肯印行这种纯学术立场的东西，已是万幸，也就不敢再苛求其他了。

（载《申报·自由谈》1948年6月27日）

买书难

芒

在本刊有过一篇《著书难》，不但著书难，现在连买书也难。不是买不起，便是买不到，真令人有为难之感。

买书在目前确是一件难事。首先使买书的人感到为难的是“买不起”，价钱太贵，一般人都没有能力购买。目前，一般人的购买力都很薄弱，普通日用品已无力购买，何况是被人目为无关紧要的书籍呢？而且书价太昂，稍有购买力的人也无能为力，都是嫌书价太“贵”。

然而，书店老板又是振振有词，他们说：纸价太贵，排印工本高，售价也不能不予以提高，否则自己就要蚀本。这是很充分的一个理由，开书店的人也是有本钱的，你能叫他减低售价吗？

第二个使人感到困难的是“买不到”。有人要这样说，书店里不是放了这么许多书，尽你去买好了，谁说买不到书？书店里确是放满了书，但合于标准和要求的能有几何？只要你跑到书店里看看，大多数的书店里都是卖的色情小说之类的书，真正为学术上的专著可算是寥寥无几。因此，使买书的人第二个感到困难的便是买不到所需要的书，即使有，也是难副理想，买书的人便不得不下一番选择的功夫，一般人提到选择时，又是感到非常困难的。

最后的一个买书的难题是到那一家书店去买。各个店家有各人的见解，有的希望薄利多卖，有的希望厚利少卖，买书的人便要先明白书店的作风。而且，有些书店的店员待人和气，有的书店的店员则待人毫不客气，我们当然要到前一种店里去。既然出了钱去买书，何必受别人的闲气，这是谁也不能忍耐的吧。有时，你在书店里稍微站立一刻，店员便会给你一个“没趣”，说你妨害了他们的营业，这种情形给人实是难堪的，然而不明白的人就要受到这种待遇，也是买书的人的一“难”。

总之，一切的一切给买书的人都是一个“难”字，我们要解决这种困难，只有读书的人和出版家密切联系起来，共同努力，这种种困难才有迎刃而解的希望。

（载《申报·自由谈》1948年2月13日）

谈　书

靖　文

最近在本刊上常见到关于书的文章，曝书也，失书也，卖书也，然独少见有人谈买书，足见今日文人生活的清苦，普遍皆然。虽然常为本刊执笔诸君，很少有职业文人（我猜想如此），然此点无非更一层证明一般洁身自好之士的生活苦难。在战前，买几本《现代丛书》或其他单行本，究竟并非甚么难事。当时美金一圆，仅合三元，目前改了金圆券后，虽亦仅为一与四之比，可是一般薪给者的收入，却远非战前可比了。

像我个人，虽有固定的职业，但对书店则已屡屡过门不入。所幸尚有一些存书，如果一一阅读，也还有好几年好消遣。这不得不感谢自己过去经济尚优裕时期勤跑书店的结果，终算今日尚能留着两架书为寒舍稍事点缀。

我过去虽喜买书，然并无藏书的癖好，因此历来失散的书较之现有的几十册来，实数倍之。而今想来，深感可惜。甚至连自己数年来少数写作与翻译的册子，竟亦没有留下几种。不过我常认为任何东西终是身外物，智识尤应是大众的东西，个人藏书而成癖好，只能看做是一种病态的占有欲。试问一个人藏了数千百册书，终其身岂能消化得了？不过在公众图书馆尚未普遍之前，私人藏书亦自有其保障文物的价值，但若将藏书看做是私人财产，则就失掉了这种意义。

我对于书的观念既是如此，所以买书亦向来不大喜欢买其一个人的全集。甚至有时单买了上册或下册。这也许有人认为可笑。但我的意见是，一个人的生涯有限，普天下的书怎么看得了？而且不论怎样了不起的作家，其著作也不一定是本本值得看的。除非专门致志于一家一派的思想与学识，则捧着某一人的全集，究竟也无聊得很吧？

当然，全集之类的东西，即使不是专门研究这一行的，也自有其参考的价值。可是说起参考，就使人联想到读书的功利观念来了。大概擅长做参考工作的人，读书必有目的，例如帮助自己的著作、教材，以及研究等等。读书而有目的，虽不可一概否定，然终是属于形而下的一类。书与书所启发的智识，在此场合只是达到一定目的的工具，而失去了精神上的享受。而我个人则认为书对于人的可贵处，正就是这种精神上的享受。

然而为了生活的逼迫，作为精神享受的读书机会，是一天少一天了，甚至弄到买一本杂志，先存着是否可供写作材料或翻译文章的念头。此情此景，实在是可恨亦复可怜。有人曾说过“著书原为稻粱谋”的话，但想不到今日就连看书也不得不与户口米的念头联系在一起！

我不敢妄想读书人应该自恃清高。一个人欲取之于社会，亦必须有所贡献于社会，这才是合理，才是公平。所以即使将读书与功利观念联系起来，亦没有甚么可羞的地方。何况我们一向就相信书中自有“黄金屋”、“千钟粟”和“颜如玉”的说法；科举时代的士大夫，更将“学而优则仕”认为天经地义。然而人在物质生活之外，如果再有满足自我的精神要求，亦不能说是苛求吧？

不过，这在今日等于梦呓。我的桌上就放着一篇自《纽约泰晤士报》① 上剪下来待“派用场”的文章。文字既已变了奴役自己的鞭子，读书还有甚么乐趣与享受可言哉！

（载《申报·自由谈》1948 年 9 月 15 日）

便宜读书运动的感想

王既生

商务印书馆的“便宜读书运动”连续举办了一个月，已于昨（十九）日结束了。近年来，由于外汇关系，纸张价格跳跃上涨，排工印工一切亦都不甘落后。书的成本加重了，书的价格自然也一次又一次地“调整”，物价普遍高，当然也不能独赉书价比以前高出了若干万倍。但在视书籍为食粮的穷学生们看来，买不起书的压迫实较其他物价的上涨更觉得痛苦。

战前的大学生，买不起书籍的事是很少的。洋装书经常见于他们的案头上。现在呢，教科书亦大多买不起，更不要谈参考书了。大学生程度的低落，书籍的缺乏至少亦是一个原因。

只从这一点看，商务印书馆的“廉价运动”是很有意义的，尤其对于学生，实是一种恩惠。在我们学校里，很多系都乘机来充实图书室，同学们买书的热忱更是可佩。不少人把公费的膳食卡出售，将钱拿来买书，膳费则欠着十日半月再说。买回后对同学议论时的兴高采烈固

---

① 《纽约泰晤士报》，今译《纽约时报》。

是常态，但惋惜不能将要买的书一网打尽亦是不免。我自己先后去参观过六次，总算满足了部份买书的欲望。有感于买“非廉价书”的不易，因此在上面的话中不免有些牢骚，同时在六次参观中，对廉价本身也着实有点感想。

廉价的书籍如依其性质来分，大多属于社会科学小丛书、百科小丛书、新时代史地丛书、尚志学会丛书及四部丛刊等。这些书出版的年月多很古旧，但其内容则大都有其比较持久的价值，廉价已足以吸引我们买这些书，何况评衡一本书的价值本不能从其出版日期的先后着眼呢。可是商务印书馆却把每本书的出版年月撕去了，这点在我看来，是有弊无利的，收藏书的人每愿知道这本书的版次与出版日期，这些对于研究工作也颇有关系。

从廉价书籍的内容言，丰富自是谈不到。但学文法的人大体上可以满意，不过我个人有种感觉：觉得这些书籍似乎找不到一个系统，哲学书固然很多，但其范围多限于当时尚志学会所选择的各家，对于初学的人，至少就做学问上言，是不妥的。与便宜读书运动的“读书运动”的意义也未尽合——当然商务没有叫我们尽看他的书，但一个穷学生，廉价的书实在太可能限制其读书范围。

有些很有价值的书，如 Friedell 的《现代文化史》、《俄国社会思想史》（作者遗忘）、许地山的《道教史》等都是残缺不全的。或者有上卷而无中、下卷，或者有中、下卷而无上卷，这实在是太可惋惜的事。抱残守缺虽也不失是一种雅兴，但买书的人为了研究的便利总希望能买到整部的书，我不信以前买书的人会买尽现代文化史、俄国社会思想史等的中、下册，而不买上册（在廉价书中各该书大多只有上册），如果这是馆方的忽略所致，我想他们虽可以说我们的书已太便宜了，但在提倡读书运动的这一宗旨上，是应该自己深刻检讨的。

廉价期中，有人说这是商务出清底货同时又是做广告的手段，我十分不同意这种看法。商务印书馆是我国目前规模最大的出版家，数十年来，在中国的学术文化史上有不可抹煞的功绩，他的廉价既标明为“便宜读书运动”，当然所表现的必然是一种纯粹的服务精神，纵或偶有技术上的错误是可以原谅的，但不幸在廉价期的最后三天中，所有的廉价书籍一律加价四成发售，使人有意要对其便宜读书运动作解释也无从自圆其说。这几天来的物价暴涨当然是事实，要是说廉价书赔累太多，以他的资力雄厚，既已赔累了四个星期，未必不能再支持三天，为他自己着想，纵或在各物暴涨中出售便宜货心有不甘，也尽可提早三日结束，使这运动功德圆满的闭幕，又何必以加价四成再来廉价发售？最后一天（十九日）我在商务印书馆廉价部听到不少顾客的谈话，有的认为仍然便宜；有的认为在廉价期中加价，尤其是资力雄厚历史悠久的商务印书馆在其倡导的便宜读书运动期中加价，总不免使人感到市侩气息太重；我自己在那天只带了一百万元，选好书籍以后才发现“廉价书一律加四成发售”的条子，临时只好剔除了三四本书。

总而言之，在目前这个时候，出版家能以廉价来提倡读书是一件极具服务精神的事，我先假定商务印书馆的宗旨确是如此，因此上面所提到的几点我都认为是技术上的忽略，但为了读者的便利，诚恳希望下届的廉价运动能够改正。

附带希望国内的出版家如开明、中华、世界、正中等（龙门正在廉价），也能够像商务一样地来一次便宜运动。从读者方面想，这是出版家给予的恩惠，在出版家方面看，若干年来由于读者的支持而发达，以取之于众的小部份予之于众，并不是不可为的事。

最后我应当对商务印书馆表示谢意。

（卅七、六、廿，江湾）

（载《大公报（上海版）》1948 年 6 月 24 日）

拟稿费给物价的一封信（一）

司苦芬

物价老兄：两日不见，市场稍宁；六月涨风腾嚣二十余天，方才过去。行庄尚未开关，今日金钞又告波动，想是阁下主催七月涨风，行见变本加厉，每况愈上了。

自顾形秽的小弟，痛定思痛，极力挣扎，稍图调整，尚无结果。本家排工，早已超我而前三倍以上。他说劳工神圣，我只叹斯文扫地矣！现在我的价格，连扫地资格都不够了。南京报纸，千字值价一二十万，烧饼只买五块，或是草纸五十张。还有些不良编辑，以我孱弱身躯，当做小小游资，整批领下到投机市场打一个滚，买进箱把肥皂、几块美金；十天半月，翻半个身，括下一层皮油，以资挹注。待稿子发表的下月，中旬下旬，再施恩散给投稿家，究竟何日收到，如何计算，并无一定。投稿家千盼万盼候到稿费通知单，战战栗栗换来一束小额钞票，放进贴胸口袋。这点小小头寸，支付多少脑汁心血，能派那样用场？可怜啊，多日不见的投稿家，更清瘦，更神经衰弱了。听听他心脏微弱的跳动，脑海沸腾的牢骚；看看他T.B.型的身躯，三月不知肉味的面庞，我真可怜他，自恨为何这样不值钱，不能帮他的忙！反为我耗干他的身体。

战争啊！单单把我榨扁了。报纸跳到四万一份，杂志卖十几万一本（编者按：此文发表之时，又已加倍有余了）。买的读者都在喊贵，出版界的老板们，天天在挖销路找噱头上用心思。与官家有关的，存的是配给外国白报纸，官价结汇价钱低，卖到黑市赚钞票，这笔钱还不是摊在全国穷百姓头上。他们吃的喝的用的，买女人，买干部，都从配给报纸来。既为官家宣了传，又养肥了自己，眼角都没有看到劳心劳力者的待遇。神圣劳动的排工，还可闹个“集体停排，今日无报”，惊动面团团胖老板。只有我却像风中弱草、没娘孤儿般任人摆布。记得在某家报馆，一位有良心编辑，为我瘦不成话，向胖老板争执拍台子。胖老板哈哈大笑：“你不编，给我滚。什么稿费不稿费，穷极无聊的文丐多的是。你说两块烧饼买一千字少了，我只出一块烧饼，怕没有为一块烧饼爬过来的饿狗！这个年头，出报就好报销，什么叫好稿子？你带起剪刀浆糊，到资料室翻翻陈年旧报，剪剪贴贴，不就编完了。”

我的兄弟辈，还算民营起家的《观察》周刊，规规矩矩；每逢物价大动，就调整一次公布酬例。而且稿到奉酬，投稿人免吃通货膨胀的暗亏。原来《观察》的储安平，也是投稿家出身，深识个中辛苦。十余年前，储在英国留学，经济不敷，靠国内卖稿贴补。记得当年天津

《益世报》，是罗某主编，储稿载后，稿费压下迟迟不发，耽误他多少事（编者按：据编者询储，他说稿费被拖欠是有的，不过是北平《晨报》，罗任社长）。为此储呕下一口气，至今当了老板，以身作则，建立起投稿者与出版者的合理关系。此外几家大杂志，稿费也还规矩。但有许多稿约，自唱“稿酬从丰”，究竟多少，仍是听赏。出版界还有一种暗盘：“名流”的稿子，不必按字计酬，奉送整数笔墨费，数较可观。最不要脸的算一些×报和×报副刊，竟能拖欠赖皮，不给稿酬。甚至自打嘴巴，征文条件空头支票，骗人稿子白尽义务。真是无奇不有，后一种人，在道义上是犯了欺诈罪和抢劫罪的。

我的许多老友投稿家早就改行。试问一个职业投稿家，假定不寝不食不看书不交际，从早写到晚，有题目有文思，顶多写五六千字，打算每月在报屁股发表十万字吧！照此地稿酬，收入尚不如到等因奉此衙门当一司书，分点救济残羹，更不抵进四行两局当一名倒茶打手巾把子工役了。

现在的投稿家，多是廿几岁青年学生，或是卅岁中年光棍。家有黄脸婆，莫作投稿人。区区稿费，抵不住柴、米、油、盐、酱、醋、茶诸仁兄任何一缺也。青年人穷惯了，吃吃公费贷金。拿到稿费，邀朋友搞碗牛肉面尽欢而散，叫做“一个月廿九天不开荤”。中年光棍干这一行的，多有点“文化疙瘩”神经病，不讨老婆，不交女友，不肯做官，一天到晚哼哼唧唧，像只民主蚊虫，讽刺蜜蜂……幸好他有唐吉诃德的自信，以为他的针刺，可以扎穿时代的痛痒，他还在熬着熬着，熬到他倒下去的一天！

物价老兄，我也不必埋怨你：说什么人瘦猪肥！金圆崇拜的社会，文化本来不值钱。算来算去，还是通货仁兄，倚仗官家支持，明长暗缩，日夜繁殖，混乱了贬低了我的价格标准。再说通货仁兄，也是依人作嫁。君不见军费仁兄，威势煊赫，身披“戡乱”铁甲，足趿行宪拖鞋，囊括尽一切人力物力，预支了后代子孙的国民所得，送进国内战争的大火炉……烧去了，脂膏精华都烧去了……

世局十年一转，分久必合，且待小弟在十万八千里后，以牛步追随老兄的专机；熬过这苦难时代，为来日太平盛世，人民世纪，干这一杯苦酒吧！

临颖惶悚，书不尽意！谨祝慢走一步！

愚小弟稿费顿首　七月二日　南京

（载《大公报（上海版）》1948年7月22日）

拟稿费给物价的一封信（二）

钦　濂

最亲爱的物价先生：我喊你最亲爱的，是因为我们太关心你的缘故。每次，我的主人听到关于你的消息，总是眉头一皱，微微的叹一口气。只有一回，听说政府下了决心，你不得不跌了下来，主人、女主人还有几个别的朋友，都喜欢得发了狂。大家凑钱，买了一些花生米和酒来庆贺。一个说："这次政府已下了决心平抑物价，我们以后可以过安定日子了。政府到底还是在替人民打算啊！"我听了也真高兴，险些儿笑出来。只有隔壁看门的小麻子，真是少年老成，鄙视的哼了一声，说："我才不信，还不是那么骗人的一套！"当时我真恨他那无动于中的样子。那知后来果然应了小麻子的话。渐渐地，主人对你跌不跌，似乎已经灰心了，每天晚上写到深夜，我看见他有时候写得极快；有时候停了笔想半天，又用力的撕掉了；激动的时候，涨红了脸，额上暴出青筋，样子真有点可怕；又有时候，一面流着泪，一面还是不住的写。我真有点替他的身体耽忧。那次学生展开"反内战、反饥饿"运动，游行的学生，被捕的被捕，受伤的受伤，主人听到这个消息，愤怒得几乎不能自制，那一夜，他就整夜没有睡觉，我看见他当时那可怕的样子，就知道他写的什么了。女主人时常劝他不要这样糟踏自己，主人却很幽默的说："倒不是我，是千千万万颗善良的心督促我这样做，你说我能偷闲吗？"有时候，主人的书出版了，总是接到很多封信，有些是赞扬的，有些是责备的，不管怎样，每封信他都仔细的看过，我晓得，主人是想知道他的书到底使人们得到益处没有。早先，我们总尽力使他过得好，过得舒服。可是，物价先生，你天天往上涨，我的力量天天减小。主人家里渐渐不像样儿，酒再也不喝了，女佣人也辞走了，一天三餐看不见鱼肉，现在甚至于米也成了问题。孩子们的点心钱还买不到一个大饼，每天嚷着吃不饱，要加钱。主人也一天瘦弱一天，还咳嗽，有时候咳得喘不过气来，可是还是每天不停的写、写、写……有一天，女主人很严肃的向他说："我们改个行业吧！这日子怎么过得下去？你也不能这样累下去了。"主人痛苦的摇摇头，要说话又没有说出来。女主人知道他的脾气，以后便再也不提了。一个朋友知道了这事，用正楷写了五个大字送给主人"岁寒知松柏"，现在还挂在墙壁上。主人看见了，总微微的叹一口气。现在时局更乱了，日子一天不如一天，最亲爱的物价先生，我写了这许多，你该明白我的用意，你能不能够再不上涨，好让主人喘一喘气，多少过好一点呢？要知道。松柏是屋子的主干，没有松柏，屋子迟早是要倒塌的。

你的朋友稿费上×月×日

附言：这封信是瞒着主人写成的，可怜的主人，现在已经疲倦得伏在桌上睡着了。

（载《大公报（上海版）》1948年7月29日）

领稿费的故事

长　天

生在这原子时代，弄几张钞票，简直就像发明原子弹那样地不容易。公务员热桌子冷板凳地辛辛苦苦熬一个月，还弄不到舒舒服服的三餐。黄包车夫满头大汗，上气不接下气地跑了一天，结果能糊口的也就不差了。那些伏案默思、绞尽脑汁的"文化人"，一月又所得几何呢？

从领稿费上来看，你就可以知道苦心写作的文人，写了一篇文章，能收入几何了！领稿费也不是一件容易的事。

在昆明我为一家报纸专写医院工作人员生活的情形，送在《社会生活》栏内发表。当我接到稿费通知单时，我就在下班的时候带着手章去领。可是一走到报馆，发稿费的先生也下了班。这当然要怨自己来晚了，没有话说。第二天我可不敢再晚来了，吃完中饭就去，那知这次又早了半点钟，人家都还没有上班。坐在外边的一个凳子上等，心里想着这次该领到了吧？那知等到两点半，还不见人来，幸亏我带着一份报看，不然早又着了急。又等了十几分钟，那位先生来了，我赶快就把通知单递过去，那先生稍微看了我一眼说，不要急，等一下。我就只得再等，仍然低下头去看我的报，他慢慢地整理着桌子，开了锁，拿出一支烟抽着……有十分钟的工夫，才重又拿起我递给他的通知单看。看完又来看我，上下地打量着，然后问我，你就是长天先生么？看他那神气、语调，很疑为我是有点冒充写文章的人的意思。他要过去我的手章，然后又叫我签字，我因为开药方开惯了，所以也照样签上了一个。他看了后，说这不行，不能签洋文字，我只得又改签下一个中文的。这时我心中想，今天方才领教签名还有这些分别。我知道签名这东西不过是代表某人的记号，怕人冒充笔迹，怎么写都可以的，若是你愿意，画上个小狗还不是一样么！手续办好了，那位先生也算明白了，一共是一万零五元。他拉开抽屉一看，告诉我今天没款子明天早晨来。这时我真有点生气，来了两趟没领到，有什么办法呢？

那时我正在一个医院中实习，收入非常的少，所以虽然是这样，因为经济的压迫没有办法，要是我现在的情形，早就把那稿费通知单丢过去到他的脸上，索性不领了。脾气终于为经济压迫给压了下去，第二天一早，我又差了一个工人给我领了来。

这年月钞票简直不当钱，三百万二百万的领不领没有多大关系。为什么这种不讲信用的事，偏出在一向批评社会这不好那不好的舆论界，不能不叫我觉得出奇。“看见人家眼中有小草，看不见自己眼中有一支大梁。”我就用这个比喻来当一面镜子，用来照一照我们自己，不要批评别人吧！

（载《大公报（上海版）》1948年9月23日）

今日的版税算法

——为作者向出版界呼吁

若　萍

在文化事业未国营化前，作者与出版家间的关系还是以商业方式为最健康。因为只有那样才能根除以为进身阶的劣风气，也即是保障了作者的忠贞。所谓商业方式，即是双方尽可能求到公平。回忆抗战期间，多少书店在香港卖港币。而作者拿版税，拿国币，那就算不得公平。反之，战前一个作家向出版公司老板预支百元，答应寄一小说，款子收到后，说写小说的兴致已没有了，用一首小诗代替，那同样是不公平。尤其这笔账可能算在另外作者身上。

在恶性通货膨胀的今日，钱的计算是不能脱离时间的，礼拜三大饼还是五万，次晨便涨到十万；明天的价钱还没有人知道。在这非常时期的畸形情形下，版税逢节一算的办法既不切实际，又不公平，是彻底行不通的。这点，天天经手钱财的书店老板肚里是清清楚楚的，然而除非主持人过去便是个脸嫩的作家，又吃过书店的大苦头，是不会自动改变这明明对己有利的办法的。于是，这办法几年来一直便在作家沉默的抗议中延续下来。然而最近的一度三级跳，除了有外币收入的，差不多谁也吃不消了。

我想《观察》的老板储安平先生过去一定便是个脸嫩而吃了不少苦头的作家。最初，他在杂志界立下个好作风：稿子一经决定采用即发稿费，而稿费是随杂志定价递增的。最近《观察》又办丛书了，而丛书的办法又在出版界领了先。向来“预约”的钱是归书店老板的，《观察》于每书预约结束，立即照预约额依百分比先把款子送给作者。书店老板垫款印书是事实，作者□时用脑力也是事实。在最近一期《观察》上，他们又宣布版税每月一结的新办法。并且听说开明书店也是每月结算了。对于在残喘在物价重压下的作者，这是不小的福音。如果书店以自己催盼分销商书款的心理推敲作者心情，两者原不差什么的：如果差，则差在一个等钱买纸，一个等钱买米或为孩子看病，二者之间，后者也许更急迫，更值得同情。如果书店是采用现款现批办法，则更无理由拖欠作者——只是那样就难体味作者盼版税的苦况了！

我们一面颂扬《观察》及“开明”的公平作风，一面趁此□而提议一个现代出版家已普遍实行了的办法，即需要排版、广告等□用的初版书其版税比率应与再版、三版的不同。如果初版为百分之十五，逾三千本以后版税应递增——增到百分之二十或二十五为止。这个办法除了公平以外，也鼓励作者对写作更下心，如果初版与再版一样，那也即是精心之作与滥制同等待遇了。这个办法还得有卓见的书店老板来首倡。

今日出版界顶倒霉的还不止作者——今天五万倍内地还任意加成，最吃不消的还是买书人。最占上风自然也不是出版家。为了纸、排工、广告费的飞涨，他们也在朝不保夕。舒服还是单纯卖书人。一个电话送了若干册，明天也许五万倍变了八万倍。正因为出版家今日也在饥饿线上挣扎，他们体贴作者应该更容易些。生活指数已由一月而改半月一算了，每月一结，如碰上大波动，钱的价值还是分别很大很大。但我们希望有天良的书店起码能作到这一步。

（载《大公晚报》1948 年 8 月 23 日）

沙漠中底绿洲

——粗谈山城的出版界

涪　海

一切都在走向下坡路，人心越变越黑，投机越来越凶！在这种条件下，那些傻瓜还搞这费力不讨好（黄色商例外）、动辄得咎的文化和出版事业呢？有人说“我们的文化喂了狗”，也确有其真实性。为什么呢？因为你搞来搞去，到头来连饭都上不了口。无论如何，不能“枵腹”搞文化呀！但坏人虽多，好人仍然是有的。所以作投机“事业”的人有，干文化工作的也有。重庆的文化食粮就靠他们来传播。

严格的说，重庆的出版业也不过是上海出版业的引伸。在现阶段中，百分之九十九的书是上海出的，重庆本身因受纸张的束缚谈不到出书。

什么都贵了，书能例外吗？一本《凯旋门》要六百万元，一本《情感教育》要七百万元，一本薄薄的几十页的书至少非二十万莫办。我们知道，读书的人都是穷人，公子哥儿是惯于用花边书籍来作床头的点缀的！“水涨船高”是对的，但物价大涨，书籍就不能。你提的越高，销的越少。展望山城出版业，前途一片黝黑！

一百万和二十八家

重庆拥有百万人口，可是它只拥有二十八家正式出版商，如商务、中华、世界和文化生活出版社等。前几天，这二十八家出版商曾开过一次会，在现钞奇少、购买力奇低的条件下，大家一致喊：“老火。”二十八家之外，还有二十九家贩卖商，他们是靠贩卖书籍生活的，所以有利可图的书籍少不了他们的份儿。不过这批人还是靠“以出卖色相”来“诱惑”读者的黄色书籍、周刊、画报来肥自己，来害别人。

正式出版商虽有二十八家，但他们的目标倒是各有千秋的。商务等家当然是重在课本参考书的推销，文化生活出版社的事业重心是放在文学名著的介绍和文学创作的出版上，应用书籍固然也有，但为数毕竟很少。再有呢，就是专印“死人的书”的出版商，因为这可以省却一大笔稿费的开支，如《四书注解》、《古文观止》等等。还有呢，就是专靠考生来维持业务的。这一类的书店往往粗制滥造的出一些《复习丛书》和《指南》、《难题三百解》之类的东西来骗取考生的钱。不过他们业务的季节性很大，目前正是他们业务鼎盛的时代。等到中学上了堂，大学开了课，那么他们的业务就冷落了！

冯玉奇的“天下”

据一位出版商人和我说：“张恨水已经下去了。要讲卖得，那还是冯玉奇。”我问他冯玉奇的读者是些什么人？张恨水的读者又是些什么人？他说：“各种人都有，不过商人和商人的眷属比较多，青年学生也偶而有。”事实上，这种现象是相当正常的。有了既得利益的商人，吃饱了饭以后也只有在冯、张二人的文学里的男女关系上寻求“安慰”！之外这些人还能干什么呢？所幸的是冯玉奇的书纵然好销，而买书的人还不是些青年学生，毒害虽有，还未见严重，但已经值得教育界警惕了！

内幕刊物畅销

有几家书店是专靠买沪版的杂志来维持的，如胜利书局就是。《观察》、《世界知识》和偶而寄到的《时与文》都有一定的读者和销路。《新路》的销路相当平凡，不过它的销路是逐渐在提高。其他的内幕新闻的刊物如《新闻天地》，也拥有大批读者。说老实话，大家心里都苦闷，所以大势所趋，《内幕通讯》很有人看。读者心里都希望从内幕中透露出一些和平的曙光！

《艳阳天》——最畅销书

这里我愿意特别谈一下文化生活出版社。我之所以愿意“特别谈一下”，正因为它和一般青年男女□有关系，而且已经有了相当好的影响。它现在已停止在重庆印土纸书了。过去印的《猎人日记》，只剩了最后一批土纸书。据说：读者的购买力一天比一天差。去年每一个月总可销上几百本书，今年就不行了，六月份的沪版书籍只销掉了六百八十本。说来也够可怜，这六百八十本的销路，竟包括了七十七种不同内容的不同书籍。其中翻译的文学名著占的重量最大，其次是文学丛书。在这六百八十种销掉的书籍中，最叫座的书，也可以说是最畅销的书，一共销了八十本。它不是别的，就是曹禺的新作《艳阳天》。据说：这书一共到了八十本，马上就卖完了。竟有许多读者因“向隅”而闷闷不乐。剧本之好坏是一问题，但曹禺这名字有号召力确是事实。

在屠格涅夫的六部小说中，独以《罗亭》和《贵族之家》卖得。

其他的四本要差些。在最近出的新书中，福楼拜的《情感教育》比较销得，雷马克的《凯旋门》就销的少。左拉的《娜娜》销路也不坏。不过特殊销得开的倒是《人生采访》。这书已出三版了，但销路一直不衰。大概是一般读者看文学书籍看多了，也愿意换换口味，于是选中了《人生采访》。这其中未必有什么别的理由，还不是为了新鲜吗？其他的创作小说很少找得读者，偶而卖掉一本、两本。作家的名字固然是熟悉的，但买的人少。据该社重庆办事处的负责人说：目前的生意连维持都困难，遑谈赚钱。月初把书批发出去，月底才算账。收回来的是兑不了现的本票之类的东西。有时也收到“期票”。所以说如果想单靠营业来维持出版，那真是痴人说梦！因此，许多书店只有靠别的办法来填补。有良心的出版商，是没有法子从出版上获得任何利钱的。归根结底，重庆的出版业是在赔本中过日子。来日方长，但愿有良心的出版商不要倒下去。荒芜的重庆正需要你们，青年人更需要你们。

假如把重庆比作沙漠，那么这二十八家出版商，就应该被视作这沙漠上的绿洲。旅人需要你，百万市民更少不了你！

（载《大公晚报》1948 年 8 月 1 日）

一年来的宁波出版业

海　沙

宁波为浙东通商口岸，与上海一水之隔，往返隔日可至，依理出版业要非常发达了。可是，宁波的出版业，虽然受全国文化中心的上海不断的影响，较之邻近各县发达一点，而且经过一次神圣战争，文化交流受着刺激，不无推进。但随着物价高涨、资金失调，可想而知的销行受阻。所以报纸、刊物、单行本，不断可以看到，然而不旋踵停刊的也居多数。如今综合一年来所见所闻，写成此篇。或者关心宁波文化事业的人，所当乐闻欤？

先谈报纸。《宁波日报》、《宁波时事公报》、《大报》，这三种报纸，虽然其中如《宁波日报》一再更换发行人，内部经过一番改组，但迄今均屹然存在。不过这几种报纸，为了吸收广告，以敷支出，除了大报经常有副刊外，其余均属似有若无，往往原有副刊地位为广告所占。像《宁波日报》副刊《波光》，当其在内地刊出时，名噪一时。如今间断刊出，水准虽不少减低，总于读者印象较淡。《宁波时事公报》副刊《四明山》，其对象为一般商人，文取简短，不能投合多数读者，是其不足。听说该报在铸新六号铅字，备以更充实内容与读者相见，希望于此加以改进。《大报》的经常副刊是《大风》，无长足述。此外该报关于农业、教育、佛学、文艺均有副刊一种，以《七日文艺》为一般青年所爱读。

至于发行不久而停刊的，有《宁波晨报》、《宁波晚报》、《民声报》三种。改印刊物的有《鄞报》一种。

尚有《宁波商报》一种，听说早要出版，迄无所闻，大概还在筹备中。

其次再谈刊物。《甬潮》、《四明周报》、《春风文艺》都在支撑着出版。《春风文艺》本来还打算出丛刊，截至今日，未见发行，大概物质条件未完备所致。《明州》好久未见，谅已停刊了。鄞师出版《阳光》一种，未能普遍各界。原有的《宁波警察》（宁波警察局发行）继续印行。《种苗导报》（三胜农场发行）则自七月份后，未见续出。新刊的有鄞县政府的《鄞县县政》及森茂农场的《种植与畜牧》二种。

以单行本出版的，有陈溪谷的《江之恋》，昧尼的散文集（名已忘）及以疾风署名、实为前温岭县长蔡竹屏的《四明山上》三种。以后者，因关系六区抗战史实，颇为人所乐购。

末了，我希望各界人士共来推动这出版业——尤其希望旅外绅商——因为这有关整个宁波文化，在这已进入原子弹的时代，为了促进宁波建设，从而予以文化发扬，是有其必要的！

三十六年十二月十二日寄自宁波

（载《上海宁波周报》1948 年第 44 期）

小城书店素描

方　红

芜湖这个地方，说起来还是个水陆码头，长江中段的一个不算太小的商埠，皖省东南半壁的总进出口；人们都知道芜湖是一个有名的米区，可是谁也不知道芜湖的精神食粮是这样的贫乏。

芜湖的书店，我闭着眼睛可以数得出：有商务印书馆芜湖分馆、中国文化服务社芜湖分社、新中国书店、芜湖书店、建国书店、新华书局，还有一家新开的长钟书社，再要数的，还是卖香烟肥皂的，还是卖橘子香蕉的？（注：芜湖有这些样子的书店）

在芜湖生活过的读书人，大概都可以意味到芜湖的知识封锁是怎样的严重：在邮检制度严格化的今天，外间书报自然逃不掉××部派来一些干员的眼睛，一卷一卷的送进“集中仓库”去；在芜湖市面上能看到一些什么呢？《观察》、《时与文》之类的杂志曾经被警察局奉党部的命令向店家打招呼，叫“不要卖”。

芜湖在这样知识封锁的情形之下，有时也找得出一些“凤毛麟角”的书，据我所知，售价很高。譬如上海五万倍（优待折扣在外），芜湖是七万倍另加百分之五到百分之二十、三十，以至七十、八十的运费；上海八万倍，芜湖是十万倍，运费看销路如何，在一本小册子的背面随便划上几十万、几十万的，虽然钞票不值钱，可是有几个好读书的人是富的？又有几个富人好读书呢？

一些人另有一种看法：认为这是一个“？”①，是一种“饵”，因为这正是一个钓鱼的季候（在芜湖曾经有事实证明这样的事）——但是，不管是赚钱也好，不管是“饵”也好，由于求知欲的冲动，一本好书很难在芜湖的书店的书架上过夜的。

生活在芜湖的读书人，就是在这样的知识的封锁（和恐怖）和高

---

①　原文如此。

利的剥削下，在量的贫乏和质的窘缩的书荒声里，过着蒙蔽和被压榨的生活！在这里，我要提出一个严重的质问："我们为什么没有获得知识的自由和权利？"

（载《大公报（上海版）》1948年7月22日）

华侨出版文化界的现状

陈萼芳

一、序论

要正确的认识在日华侨的言论出版事业，首先非由出版物的统计着手不可，但在现在的华侨界，不论在公的机关或私的机关，对于此点并无任何统计记录。

言论出版界，即是一种表示各团体的文化水准的晴雨计，故对此方面的总检讨，是具有重大意义的。但实际上在现阶段，对此方面并未有任何的自己批判。

据东京地区华侨商工团体的调查，终战以后设立的华侨公司、料理店等各种经济团体的总数，约达有一千五百之多，但在文化团体，把正式的、非正式的，以及有名无名的合算起来，仅有三十件，其数只不过经济团体的2%左右。这虽然是团体单位的统计，但由个人单位，也可以算出同样的事实。即据职业单位的华侨人口调查，经营餐馆业、理发业、洋服业的甚多，从事文化职业的，只不过全人口的2%左右。这不但是量的问题，并且质的方面也可指摘出同样的事实。由此可知，在日华侨的文化人如何寡少，其文化活动如何沉滞。

二、新闻

终战以后，由华侨发刊的报纸之中，日刊纸有两种(《国际新闻》、《中华日报》)，其他三日刊、周刊、旬刊、月刊物等共有十六种(《中民公报》、《中国科学产业新闻》、《国际中国新闻》、《华民新报》、《版画文化》、《贸易通讯》、《民钟新闻》、《政治经济新闻》、《中日经济新报》、《卫生新闻》、《中国民众公论》、《周刊体育》、《中国通讯》、《华日经济新报》、《中华新情报》、《国际产业贸易新闻》)。此外据说有八幡市的《Concert 新闻》，若松市的《东亚民友新闻》，但笔者未曾看过，所以在此地暂且不谈。

在此等发刊物中，有停止发行的，又有新发行的，其正确数字很难分明，但终战以后所发行的发刊物名称，概略如后（按终战以前并无华侨经营的发刊物）。

领到正式用纸配额的报纸，只有《国际新闻》和《中华日报》两种，其发行部数共达五十万部左右，与在日华侨总数三万人比较，可以知道此等华侨报纸获得相当多数的日本人读者，同时为了维持其经营，亦不能不如此。因此对经营及编辑方面自然给予一种限定。

此两种日刊报纸以外，还有很多小型版报纸（缩版），但大半是因经营困难而停刊或不定期的出版，并且其发行部数也很少，不可以遍布到一般华侨，大半日本人也不知道其存在。将华侨新闻杂志的经营者，以出身省分别，大体如左：

台湾省出身者 50%

东北各省出身者 30%

其他各省出身者 20%

由右述的事实，可以知道，过去三十余年间，由于日本官厅的职业限制，除理发业、餐馆业、洋服业、衣类行商、杂货商以外，不可就业其他职业的内地各省出身的华侨，并无进出到文化方面。如伪满时代及旧台湾时代，在十数年或五十数年的长期间，被日本逼作属国或殖民地，同时由于日本的奴化教育，将民族意识薄弱化的东北及台湾，反而活泼地在文化界活动，此实为值得注目的现象。

现在此等华侨报纸之间没有横的连络，又没有华侨新闻协会或华侨记者俱乐部。并且又没有如英国的新闻社社长联合会或美国的发行人协会等组织。

现在根本没有华文报纸。在国际新闻创刊的当初，采取特殊编辑方法，则第一面是华文，第二面是日文。后来将华文减页到二分之一，但不久遂根本废止。此外，曾发刊过隔日刊的华文报纸（缩版），但这也不过数月便废止了。或许以商业价值为新闻基盘的缘故，商业价值薄弱的华文新闻杂志，故自然渐趋被淘汰的倾向。这固然不能够一概而断定商业主义所致，此外当然另有编辑组织的不足、印刷技术的困难等问题。

总而言之，对于华侨一般企业新闻的批评，概略如左：

一、华文具有被全面废止的趋势；

二、主义、主张极含糊，因此无主义新闻、机关新闻的倾向极浓厚；

三、地方报纸的色彩极浓厚；

四、并无代表一般华侨的言论。

战后，日本的大新闻亦经过了三种变化。即是起初有急进的倾向，后来有了旁观的态度，最近却变成了反动的倾向。但关于此点，可以说在华侨报纸也有同样的倾向。这因为新闻关系人缺乏对于真正文化事业的理想，同时将出版事业当做资本经济的目的物，完全看为一个企业体的原故。

现在华侨经营的新闻社、杂志社中，经过正式法律手续而成为股份公司的，只有国际新闻社一社。其外多半是个人经营，其规模极小又很封建。战后赚不少钱，而又很机巧的一部商人，想投资于任何有利新事业的欲望与日本言论界被整肃的及由外地复员者的再就职的希望，偶然一致，于是开始组织新闻社的亦不在少。

关于华侨新闻的财政状况，难以分明详情，但以正式股份公司而登记的国际新闻社的公称资本，据说一千一百万元。一般华侨报纸的财政方面如同编辑方面，站在过渡期的状态，现在并无由特殊党派获得财政援助。如同南洋的华侨报纸采集卖药的广告，日本的华侨报纸多采集饮食店的广告。现在日本人在华侨报纸登广告的并不多。不依广告费却依靠定期购读者而维持经营的也有。与读者范围狭小对比发行的华侨报纸颇多，此事实结果必定招致猛烈的竞争，因此不得不规定编辑内容。假使要和他者对抗，华侨报纸必须不能不走向商业主义、投机主义，或者煽情主义的道路。为自由职业的华侨记者的生活，在如今经济状态之下，其生活情形困难，因此优秀记者不得多数辈出。自备印刷设备的，只有三社，其他皆依靠他社的委托印刷。

总而言之，为了新闻业的公益性，必须脱离一部资方的支配，同时将新闻由商业主义解放。

三、杂志

迄今将发行的杂志当中，华文志九种(《华光》、《侨风》、《文化建设》、《儿童读本》、《中国少年》、《中华儿童》、《我们的作文》、《华文国际》)[①]，日文志十四种(《桃源》、《民钟》、《中国文化》、《大同》、《黄金》、《中华ハック》、《大都会》、《特タ°ネ》、《新世纪》、《齿友》、《新主妇》、《经济通信》、《淑女》、《中华公论》)。此等以内容试作分别如左：

综合杂志　　十四种
科学杂志　　二种
妇女杂志　　二种
儿童杂志　　四种
经济杂志　　一种
(名单列后)

战后日本最显著而发展的是新闻、政党、劳动组合三事。其中新闻、日刊纸约有一百五十种，周刊、月刊纸一共约有三千种，总发行部数约一千六百万部，杂志类约三千种以上。此等在量的方面比较丰富，但质的方面极贫弱，华侨的发刊物亦在此状。

领到正式用纸分配的，只有五种，其他皆依靠非正式购入。

战后，在日本出现的中国专门杂志里有《中国文学》、《新中国》、《中国评论》（改题为季刊《中国研究》)、《月刊中国》、《新中华》(改题为《中国语杂》)、《志中国资料月报》（改题为《中国研究所所报》)、《中国资料》、《随笔中国》、《中国和日本》、《东光》、《中国》、《中华艺文》、《中华》等等。与此等杂志比较，华侨志如为了启蒙目的，则觉水准太低，为了娱乐目的，则缺少兴趣。

---

① 此处据底稿录入，仅有8种杂志。

总观起来，其内容可以说论旨无力，保守主义的色彩浓厚，纯文学的根本没有，故无任何价值。在华侨里，贸易商办杂志、饮食业者办新闻社，此实为奇异的现象。

与日本人发行的杂志及新闻比较，实有逊色，此实有十分考虑的必要。大半原稿，皆系日本人寄稿，毫不见华侨知识人的进出。在一方面华侨里没有理论的先锋或理论部面的斗将，此亦是不能否定的事实。

在民国卅六年十二月廿八日的《中华日报》里所载的记事《今年度的中国文化研究》之中，罔崎俊夫曾说过："所谓'中国通'的人们的手，都黏着中国人的血痕。在'现地'直接间接地虐待无辜中国人民的'文化人'，复员后便潜入到新闻杂志以及其他所有文化关系的机关里。他们不少在中国人经营的文化机关里。恐怕经营者方面想利用他们，但在本人说，不但没有利用价值，甚至对今后的中日关系有极恶影响。因此中国关系的新闻杂志，首先应把他们追放，不然不能将真实的中国介绍给日本人或者在日华侨诸君。"虽然和日本人在政治、经济、文化方面提携，是极要紧的事，但不可忽略慎重的选择。

总而言之，关于华侨的发刊物，在编辑方面没有人才，但读者方面亦缺少接收的素养，此则是华侨言论出版界所以不振的一原因，亦未可知。

关于文化的水准，绝不能够以若干优秀专门家的研究深度推测，应以华侨大众的素养深度而推测才是。

四、会报

迄今发行的会报，一共有十四种。即华侨方面六种(《侨声》、《建设》、《留日华侨总会会报》、《东京华联会报》、《华侨妇女》、《产研所报》)，留学生方面八种(《中华留日学生报》、《橄榄》、《白日旗》、《龙舌兰》、《星火》、《昆山》、《牡丹》、《白兰》)。(详细名单列后)

总观起来，此等会报里，并见不到会员全般的意见的反映，反而多含有少数编辑员的主观。因此不免视野的狭小以及展望的浅薄。编辑员应该积极地寻找文笔高明的人才，同时读者方面也更应该一致协力。总之，编辑者和读者双方的合作是绝对必要的。尤其是学术研究论稿，在任何阶段之下，往往只止于介绍水准较高的外国文稿，至于会员的高度研究成果，却不易见到。笔者希望提倡由于努力挣扎从幼稚水准发展而最后得到完成的经验论的哲学。同学会关系的种种会报，大多是誊写印刷，同时编辑技术也很拙劣，但他们的热诚尚值得赞扬。

尤其是关于台湾问题，向来是台湾社会运动的统一战线，以反帝理念为主要目标，及至日本帝国主义败退后，大略达到了目的。今后应确立如何指导的理念？对此种问题，在台湾出身者之间应有认真讨论的必要，同时会报的使命亦在此地。

战后，到台湾的美国新闻记者，以主观的论点将台湾渴望着美国统治的事实，报道于全世界，一方面在日本出现了芦田均太及尾崎行雄的“台湾琉球的日本归属”及“人民投票”等问题，及至“二·二八”事件以后，连日本的各新闻亦大大的提起了台湾独立的问题。

被全世界的视野里庞大地浮涌出来的台湾，在政治、经济、文化方面以如何方法担当先锋，为了中国民主化、为了中国近代化，更为了中国工业化，该如何往前走？此问题实在是台湾出身知识人的重要研究题目。

在会报之中，对此种题目内容，如能加以认真讨论的话，那是很有深远意义的。

五、单行本

在华侨方面发刊的单行本，约有二十种。

《新民主主义》（毛泽东著，华光社，日文）

《印缅随军记》（张仁仲著，华光社，中文）

《中国之命运》（蒋介石著，华光社，中文）

《中国民族论》（吴主惠著，大阪华侨联合会，日文）

《三民主义的理论与解说》（吴主惠著，大阪华联，中日两文）

《给与日本之书》（蒋介石著，中国文化社，日文）

《日本应走的路》（刘胜光著，国际民钟社，日文）

《沉落下去的信浓》（诹访系治（日本人）著，国际民钟社，日文）

《中华民国新公司法》（赖贵富，塩胁幸四郎共译，永安出版社，中日两文）

《中国初期木刻集》（李平凡编，日本华侨新集体版画协会，中日两文）

《中国语读本》（吴征编，中文）

《东京中文学校概况》（包象演编，中华学艺社，中文）

《客家研究导论》（罗香林著，客家公会，中文）

《哲学讲话》（艾思奇著，中文）

《有利事业和经营》（康启楷著，政治经济新闻社）

《平易的工业设计制图学》（康启楷著，国际新闻社，日文）

《Modnn Decamelon》（田中荣三（日本人）著，国际出版社，日文，未出版）

《金融动态要论》（小岛昌太郎（日本人）著，中国文化协会，日文）

《延安一个月》（赵超构著，中国文化社译，中国文化社，日文）

《朝鲜上陆记》（张仁仲著，博觉初译，朝鲜新闻社——朝鲜）

《三民主义》（孙中山著，沈觐鼎译，日本评论社——日本）

在用纸、资材方面虽然有困难问题，但华侨发刊的单行本之中，并无佳品，可以说是一般华侨的对文化意识低下的关系。因为著作权的问题，不能将本国优秀及进步的著作，翻译介绍给日本，但将来对此方面的留学生及华侨的进出，甚可期待。

六、结论

以上将华侨及留学生的出版物，分为新闻、杂志、会报、单行本，但关于此等出版物的详细内容，拟于后日再加谈论。

最后，希望留学生及华侨知识阶级，更进一步地积极注目于此方面。（译自《中国公论》第一号）

北平的旧书业

小　玲

美国图书馆协会远东委员会主席白朗和美国国会图书馆副馆长克莱普，于十五日自沪飞临故都，白朗说，他这次到中国来参观图书馆事业。克莱普说，来中国采购图书。克莱普远来中国采购图书，殊不知中国的书业，正遭着空前的厄运，尤其是北平抱残守缺的旧书业。

据闻胡适先生前后在南京，曾向朱部长家骅提倡拨一笔款，救一救这一批默默为文化保护看守者，但是遭了碰壁。文化，这可怜的命运！

提起了北平的旧书业，可以分作二部分。一、西文旧书，这以东安市场的丹桂商场为大本营，最老的如中原，新的如环球，所藏的书籍都相当的丰富，至于西单商场则就零星了。至于新旧书呢（指近代所出之书），亦以东安市场为巨擘。西单商场规模亦无宏大者。至于旧书店呢，以琉璃厂为集散地，隆福寺的也不少，所以这两条街，一南一北可以称为旧文化街，每天有多少学者，在这里消磨打转盘。

旧书店的店员，他们大概多半都是冀县、衡水、获鹿出身的，所受的教育大半都是小学或初中程度，入店作学徒之后首学粘书、补虫吃、修理水渍、衬纸、装订、包角等等的工作。然后走街，等到看书及决定购买，非有十几年寒暑不可。可是他们凭着平日的薰陶、经验、私下的自修，对于版本、书的渊源，也有可惊的考证。

在民元以前新旧书业，分的不太严格。自民五以后新出版事业，如雨后春笋，一般购新书者，很少问津旧书店，买旧书者多找老字号，而新旧就无形中划分了。

小说和地方志走运一时

在五四运动以后，思想开放，对于昔日的曲本、弹词、评话、小说家言，平日无人问津的，因一般文学者的提倡，价格陡增十倍。一般书贾，不远千里，远赴山西及山东、河南等僻远乡村，各地旧家寻求不遗余力，一时成绩斐然，屡有孤本出现。郑振铎及马裕藻及创造社诸人收藏之富，即起于此时。

一般书贾，终日出入于诸学者之门。民十左右，内阁大库的档案，售于烂纸之肆，由罗振玉发现买回，由北大研究院加以整理。因为有关史乘，所以档案的本子及断烂钞本又盛兴一时。民二十左右，英美及日本人士研究中国风土人情及过去社会，搜购省县道志，一时无人一顾之地方志，价格陡增，一时志书都列于旧书店重要位置。哈佛对此，尤不惜重金购求。朱士嘉先生的《中国地方志目录》，即此一阶段之中最大的产物。

挖补抄记，整旧如新

这些旧书商们把买来的旧书破旧烂纸一堆，经过一番修理，面目全新，这你不能不佩服他们的技巧。虫吃的补上，真让你看也看不出来；断线装订书，缺篇抄配，老衬纸，同时还有一种功夫，薰制旧纸配上，真让你真伪莫辨。有时一部书可以抄配半部，用极廉的代价，雇用抄书者，这样无形中把残阙的书让它变成了完全。

战争毁了他们

随着抗战的爆发，敌寇盘踞，北平经济的不断波动，这样影响了一般的购买力。本来烽火连天，谁还有心研究文化呢？除了敌寇的机关和伪组织的大员购买外，很少有人问津。一时南方纸源缺乏，卖书不如卖纸，所以一时旧书多入废纸作坊，及南运作还魂纸，可称文化浩劫。当时伪府曾有旧书禁止南运之令，以挽此危机。

抄配不容易，厄运再来临

光复以后，各大学复员，文化人北来，一时旧书业又呈活跃。加之日人卖出者不少，一时善本甚多。不过随着时局不靖，生活日高，一部《四部丛刊》，非千余万莫办，一部《廿四史》亦需千万。其余金石甲骨之行，如《殷墟书契》正、续编，亦须数百万。即最小部之书石印者，亦须三四万，致一般文人裹足，而即或卖出，所购亦不足生活，故只有食本的一途。且小号购买大批之书，每数号联合，借钱购买，利息既重，半年卖不出，则将无法赔累。且偶有不全的书，抄配需资甚多，卖出之书，不够抄费，所以补残完缺之工作，也就无形消灭了。现在我们走在琉璃厂，家家门可罗雀，并且因为纸的缺乏，卖书不如论斤卖纸。据说，这秤斤的风气又出现了！这真是文化的大损失。现在能够支持的，只是修文堂、文奎堂、来薰阁、王富晋等几家大号，因为他们在上海有分号，可以北方买，在南方销售，并且还可以作外国的买卖。不过一般全是奄奄一息了。这次克莱普来平说买书，或者给他们一个兴奋。不过他们这群默默为文化工作者，政府教育当局不应当让他们自灭才是吧？

（载《一四七画报》1948 年第 18 卷第 6 期）

不堪回首的北平书市

翼 云

曩岁北平旧书肆甚多，其线装之书，素为文人及收藏家所珍重，每得佳本，珍同拱璧。书贾亦多熟悉版本，口若悬河，如数家珍，每岁旧历春正，海甸开放，蓆棚下陈书如山，购者甚夥。今则大异，线装旧书，已成最廉之物，竟有无法卖出，作废纸论斤出售者。殿版《廿四史》，仅索价四千万，有五色精印连史纸仿明版之《古文渊鉴》六十四大本，分装八布函，价仅二百万，衡其斤重，达十余斤，每斤仅合十余万元，较之南方出卖旧报纸之价，尚惭不逮，若比平市猪肉，每斤五十六万元，则相差太巨矣。友人购一故宫博物院出版连史纸之《西清续鉴》廿本，磁青纸面，丝线精装，分贮二布函，价仅百万，每本仅合五万，书贾谓只卖丝线之价，良不诬也。琉璃厂旧书肆已不多，此外隆福寺街有数家，西单大街四五家，均门可罗雀，竞相贱卖。照此趋势，恐将来均难免作废纸卖出，而烧饼花生等零食包纸，或时见宋元明版本也。至南纸铺除荣宝斋、清秘阁，仍不失旧时风范外，余则均已变质，兼售他物，其本业之衰落，可想见矣。

（载《申报·自由谈》1948年7月23日）

厂甸沧桑

清雪学园

文化城里有一条文化街，文化街里有一座文化商场。每年旧历正月之前半个月，照例有所谓“厂甸大会”。此会之盛衰荣枯，则反映时事之沧海桑田。

“文化城”是北平，古老的旧都，数百年政治中心，求名求利的人们，有“群山万壑赴荆门”之势。科举功名，牢笼全国二十余省的文人墨客，与之相联带之文艺一切，百海朝宗，称为人文渊薮。自清末停科举，至民国成立，政治形态，迭有变迁，但文化方面，旧的传留既厚，新的建设亦多。即如十七年国都南迁，北平失去政治领导地位，市面逐渐萧条，虽是事实，但最高学府，新文化运动发源地之北京大学，巍然存在，此外国立、私立各大中小学之密度，远超南北各都市。故南京是政治中心，上海是经济中心，北平是文化中心，鼎足而三，大致无误。

“文化街”是琉璃厂，在大城以南，正阳门之西，宣武门之东，而正当民国十四年开辟的和平门。和平门外之新华街是由北而南，琉璃厂东西长一里有余，与新华街成十字交叉式。此处又有个古雅的名儿叫做“海王村”，有两三朝的史迹，本文不须繁琐叙述。民国以来，扩展街道，整理市容，又在十字街东偏，修造一座“海王村公园”，形式上是比旧时宏敞多了。此街商店鳞次栉比，大多数是书店、字画铺、古玩铺、笔庄、墨庄、文具店，掌柜及伙计，大半能谈谈文墨考据、金石版本，言之津津，昔之风雅官绅、名流高士，于此盘桓，大有佳处。九城各街，文玩图书店铺甚多，向以琉璃厂为代表。货的价格，亦较内城店铺为昂。旧式书铺之外，上海各大书局如商务、中华、有正（有正分局于七年前歇业）皆在十字街西，望衡对宇，故又为南北书业会合集中之地。在昔科举时代，既占绝大之优势，后来学校盛兴，又与教育界联络，名之曰“文化街”，自是不虚。

“文化商场”是文化街东头路北之火神庙，虽庙基不大，建筑颇为整洁，内外三进院子，前后两院皆一正两厢带廊子，最后一层皆北房，各院又皆有夹道可通。每届正月初四之夕开庙，初五至初七为火神进香之正日，同时各城的玉器铺、象牙铺、红货铺、金石瓷铜各式古玩铺、书画笔墨，都到那里分区租屋，或摆摊，陈设货品，皆用精致的“多宝格”，珠光宝气，光怪陆离，应客之商人店伙皆穿着整齐，态度稳静，亦能说几句外国话。顾客则显宦富绅、太太、姨太太、小姐、少奶奶、“洋大人”、“洋太太”等，他们不肯到街上大会场去挤，而喜车马仆从，趋向庙中，因为有的是钱，所以买卖做得特别阔气。门外有“文化商场”的布告，其实可以叫做“贵族商场”。

此庙之生意以民国二三年至八九年间为“黄金时代”，因为革命以后，前清贵族显宦，或失业，或迁津青，府第珍物，大批出售，被古玩商收去。而民初的阔军阀、阔财阀，又酷摹风雅，作兴弄些古董摆摆玩玩，东交民巷的外国大人，洋行老板玛丹，又喜爱中国的 Curio，自买之外还大批的寄回国去。于是每到正月，厂东门的汽车如云，把街口挤得风雨不透。商人财源滚滚，不但近二十年衰落的旧都不堪回首，即前清亦无此特殊的盛景。

古语有云：“隆隆者绝，炎炎者灭。”盛极则衰，亦是常理。民十以来，大借款是早完了，贵重的好东西亦买尽了，阔主顾亦少了。十七年迁都金陵，中外贵人雅人，纷纷南下，旧京百业一年不如一年，尤以“文化街”为最惨，更以倭乱以来，至今为甚。

火神庙又曰“东庙”，因在十字街之东，而街西面对海王村之土地祠为“西庙”。东庙以珍玩翠玉为主，书画为宾；西庙则以图书碑版为主，其他古物为辅。东庙的生意，最大是“洋庄”，其次阔人富人。洋人在沦陷期内，西洋人大批出走，东洋的矮子来的不少，但矮子以

“小气”著名，况在战时注重实际应用的物资，而古玩亦实在“缺货”。所以此八年的东庙，摊则日少，赚钱的不过十之二三。中国人方面倒有伪“财务”（姓汪的）有的是钱，真肯花钱，无所不玩，无所不收，尤其鸡血、田黄名贵图章，南园松禅的遗墨，不惜重价，选购必精，商人以财神目之。此外如“王胡子”、“王瞎子”、“王孩子”（皆伪委员之头领）亦各有所好，惟比旧时之贵族之万户千门，究属强弩之末。发“伪”财的商人只有三五家，其余大半歇业或改业。胜利以来，洋庄方面，众商眼巴巴的只望着“大老美”，但“老美”战后来平者，多是兵士，带钱有限，而最近一年中，又已调离平市，所余之洋庄主顾，能有几何？全厂甸中真是寥如晨星。中国要人又多忙于军事，华北现在“四郊多垒”，食粮及日用品涨价，游资大半注重实需，珍玩自然受到影响。而火神庙更透着无限凄凉！

“西庙”（土地祠）十余年前书摊密如林，堆如山，今则一摊不见，空空如也，只庙外靠街墙零散摆摆。全琉璃厂的旧书店关门者十之八九，线装珍籍，多当废纸论斤出售，作造纸材料，那还有甚么说的！政府虽有拨巨款收买旧书、保存文化之善举，然此事非一时的“救济”问题，故旧书业总是悲观。

（载《申报》1948年3月4日）

旧书之灾

朱光潜

中国文化的特色之一是印刷业最早起而也最盛行。我们略翻阅叶德辉的《书林清话》之类书籍，便可以明白我们的祖先在印书和藏书方面所费底心血和所表现底崇高理想。远者不必说，姑说满清时代，刻书是当时国家文教要事之一。在京师底有武英殿，在各省底有金陵、杭州、成都、武昌、广州各大官书局，都由政府资助，有计划有系统地刻印四部要籍。地方文献多由各当地书局分印，大部头著作一局不能独刻底，则由各局合刻。刻书流传文化，是一件风雅底事，官书局之外有许多书籍的爱好者像阮元、卢文绍、毕沅、鲍廷博、伍崇曜、黎庶昌、王先谦诸人都以私人的力量刻成许多有价值底丛书。当时读书人多，书的需要大，刻书也是一件可谋利底事，官局与私人之外又有许多书贾翻刻一般销行较广底书籍，晚起底商务印书馆是一个著例。现在，官书局久已停闭了，私人刻书也渐没落了，书贾更不必说。从前许多辛辛苦苦刻成底书版大半已毁坏散佚，偶有存在底也堆在颓垣败壁中，无人过问。

从前各大都市都有几条街完全是书肆，有钱底去买，无钱底去看，几乎等于图书馆。现在底情形就萧条不堪了。抗战初我到成都，西御龙街和玉带桥一带还完全是书店，到抗战结束那一年我再去逛，这些书店大半都已改为木器铺和小食馆，剩下底几家都在奄奄待毙。从前我在武昌读书底时候，沿江一带旧书店也顶繁盛，去年我经过那里，情形比成都更惨，有些像穷人区，破书和破铜破铁或是纸烟花生糖夹杂在一起，显然单靠卖书就不能撑持那破旧底门面了。听说苏州、广州、长沙各地情形也大相仿佛。我因而联想到伦敦的切林十字路，巴黎的赛因河畔，以及东京的神田（?）区，我不相信经过这次大战破坏之后，那些著名底书肆区就冷落到这种程度。

中国旧书聚汇底地方当然是北平。经过九年抗战之后我回了这旧都，看见厂甸和隆福寺的那些书店居然都还存在，而且还是琳琅满目，美不胜收，心里颇为欣慰。可是每一家都如深山古刹，整天不见一个人进来。书贾为维持日常底开销，忍痛廉价出售存货。我花了四万元买了一部海源阁藏底《十三经古注》，二千元买了一部秀野草堂原刊底《范石湖集》，其它可以类推。买过后我向店主叹了一口气说："于今世界只有两种东西贱，书贱，读书人也贱！"事隔一年，今冬我逛这些旧书店，大半只是"过屠门而大嚼"，书价比去冬要高二十倍了，我买不起了。显然读书人比去年更贱了，书是否真贵了呢?《古逸丛书》的零种每册合到两万元，许多明刻本及乾嘉刻本也只要一两万元一册，稀见底书或许稍贵一点。我买最平常底稿纸也要八万元一百页，一册旧书至多就只合到纸价四分之一，刻工、运输、储存等等都算不上钱。旧书除研读以外还有一个用途，可以当废纸。当废纸它可以卖到两万元至三万元一斤。许多大部头底书现在是绝对找不到雇主底，像《图书集成》只能卖一千余万元。如当废纸卖，可望加倍。所以这一年来许多旧书是当作废纸出卖底。废纸有什么用场呢？（一）杂货店可以用来包东西，买花生米，折开纸包一看，往往是宣纸莫刻南监本五经的零页；（二）废纸可以打成纸浆做“还魂纸”，质料好底印报章，质料坏底作厕所手纸。手纸也要值二三十万元一刀，一刀手纸和二十册左右旧书价值略相等。请想一想看，这情形是多么惨！

想什么！在这科学昌明时代而且是新文化运动时代，旧书本已无用了，活该做手纸！于是我联想起科举初停底时候，我父亲把家里几大箱时文阐墨送到荒地里，亲自掘一个冢，把它们“付之丙丁”，“葬之中野”。我当时幼稚，不免惋惜，父亲说，“它们没有用处了，留着占地方”。现在一般线装书的无用是否等于时文阐墨的无用呢？其中无用底当然不少，可是大部份是中国民族几千年来伟大底历史底成就、哲学思想的结晶、文物典章的碑石、诗文艺术的宝库，于今竟一旦一文不值了么？西方文化发展到现代这样底高潮，荷马、柏腊图、但丁、莎斯比亚、康德、哥德、卢梭等一长串底作者并未变成陈腐无用，何以孔子、庄子、屈原、司马迁、陶潜、杜甫、朱熹一类人物就应该突然失去他们的意义呢？

于是我又联想起一些我所知道底藏书家，父祖几代费尽心血搜罗起许多珍善本，到了家庭衰败时，子孙们不知爱惜，把书籍送到灶房里引火，或是称斤出卖去换鸦片烟。就一家来说，这是家风的没落、子孙的不肖。现在我们整个民族也就像败家子了。各都市旧书的厄运很明显地指出两个事实：第一，过去几千年底中国文化已到没落期了，黄帝的子孙对于祖传底精神产业已不知道爱惜了；其次，一般中国人不像欧美人那样以读书为正常底消遣，在读书中寻不到乐趣，没有养成读书的习惯，所以书不行销。

我知道，在这兵荒马乱底年头，拿珍惜旧书来谈，未免“迂阔而远于事情”。但是如果我们想到秦始皇焚书一事在中国文化史底意义，目前底书灾并不是一件小事。汉兵入咸阳，萧何马上就派人抢救官府图书，他所做底在当时也似是不急之务。我们要记得现在各大城市的遗留底一点旧书是在这过去九年空前大劫中所未被敌人毁坏或抢掠底一部份，如果这些再毁于我们自己之手，我们不但对不起祖宗，对不起自己，也对不起人类。纵然目前有许多大家认为比较更紧急底事要做，我仍认为抢救旧书也是一件急不容缓底事。好在这件事只要有人肯做，做起来并不太难。

第一，我向政府建议：在最近三五年中每年提出约当现值一百亿底款项——这数目实在很微，不过维持一个国立大学两个月费用底数目——分发各大都市底公立图书馆或大学图书馆，责成它们就近采购当地旧书。采购底程序须尽量把大部头书籍及善本书摆在前面。各图书馆已有底书，复置几部也无妨，反正这批新购书是国家的产业，现在造册刊目代存，将来可以由国家分发以后陆续成立底新图书馆。

第二，我向有资产底私人建议：抢救旧书是一件有功德底事，他们应该尽他们的力量设法采购，供自己研读、传给子孙，或是捐赠给学校或图书馆都无不可。或是再说得低调一点，他们把这件事当作投资，将来到了承平时代再拿来出售，也还是不会亏本底。

第三，我向各地旧书店建议：他们这些年来在艰苦中挣扎，值得我们同情；他们流传书籍，所做底仍是文化事业，千万不能把旧书卖去做还魂纸。从生意立场说，许多小门面分立互竞，是他们的致命伤。他们理应化零为整，组成合股公司，销耗较小，竞争较弱，维持也就较易。

（载《周论》1948年创刊号）

什么最贵？

白　永

自从“八·一九”限价后，您说什么东西涨的最多？

无论什么，大约都还有个谱儿，即使涨了点儿，也不致差的太多；唯有一样，可真“灶王爷打跟头——离板儿了！”这就是旧书。

旧书生意，很走了几年背运，自从胜利后，二百折一，价钱受了一大顿挫；之后，因为新刊物、新作品配合着“新人物”，如雨后春笋，旧东西开始发霉，书架上的老古董，常常二三年翻不了身，连问也没人问。而且，新书是日新月异的往上加倍，由几十倍而数十万倍，信口开河，说一不二，旧书既没有主顾，又那能如此？眼看摆新书摊子和卖新书的店家大赚钞票，再进而兼营投机股票，竟有从此大发财源的，旧书店老板，依然日日坐他的冷板凳，焉能不有所动于中？因之大多数旧书店，赶快出清存货，改营新书，眼看架子上的缥帙芸香，一律换成报纸本子，由冯玉奇而茅盾、巴金，文武昆乱不挡，从此冷冰冰的面孔，也就变作笑吟吟。至于怎样出清存货，说起来真惨，大多数是论斤称卖，作为废纸烂纸，经过一番整理，再去还魂！有一阵子连广东刻本的《四库全书总目提要》都称了斤，因为按分量卖比按部头卖还可以多赚一倍呢！也有些比较爱护斯文的店家，不肯把圣经贤传付之万劫不复，便从新改订价目，其改订之标准，也是以分量来计算的，可是终于不如干脆称了斤，到底也卖不出去。去年冬天，北平因为这样糟踏的书太多，才有人出来说话，主张由政府出资一百亿来收买，作为救济旧书业，嚷嚷了多少日子，算是由教育部拨了十亿，交由北京大学全权负责收买，听内行的人说，这么一点钱，也不过援救下来九牛之一毛而已，旧书之从此罹劫者简直不可胜数。

谁也想不到在牛弘五厄之外，还有这一厄——还魂厄！而这一劫比水火刀兵又全厉害。水火刀兵虫鼠吞蚀是部分的、一隅的，这却是全面的、整个的。如果发展下去，可能全部旧书，都将走入沦亡的命运。幸而来了一位救命星君——“金圆散仙”！从此沧海又化桑田，旧书又翻了身，可是这回翻得又未免太凶些，从前是人们拒他于千里之外，如今是他拒人于千里之外了。

“八·一九”以前，旧书每册价目顶贵的也不过五十万元，普通都在十万元左右，合起金圆来，在三分至二角之间。如今呢，极起码的书也要你五角，风行一点、版子好一点的总得一圆以上！“八·一九”以前，我到旧书店去买《汉书补注》，八十本书，不过五百至六百万元。如今呢，至少十五块！有的索至二十块。请算算看，岂不是涨了整整十倍？据说这还是客气的，有的则一下子涨了二十倍。爱买不买！本来旧书是没有版权页，谈不到定价的，你若检举他涨价，又有什么凭据？所以顾客只有啼笑皆非，束手无策。

据内行人说，这种涨风，也不完全由于敲竹杠。大家重货轻币，这也是一种反映，因为最近他们同行"拍货"，也是贵得岂有此理（书业买到成批旧书，或有店家愿出售存货，公开择地，同行拍价买卖，谓之拍货，先年皆以封筒写封出价，今则如拍卖场之喊价矣）。譬如《越缦堂日记》不带补的竟有拍至二百元者！《翁文恭公日记》亦须一百五十左右，若按原书定价，已高出数倍（二书皆商务影印，定价在四十至五十之间）。不是过于胡闹吗？实则同行竞买，不见得立即付款，而若有顾客，肯出适当现价，即使比拍价略低，亦未尝不可买到现货。这种病态，不是疯狂吗？同行之间，尚且如此，对于外行，可想而知。

全国旧书店如今也是寥寥可数的了，北平、上海、苏州、南京数大城外，几已绝迹。我们弄弄旧东西的人，常存绝灭之惧，宋代的麻沙建阳，出版业何尝不盛，可是如今却连影子也没有了！今之明清版本，即数百年后之"善本"，犹之今日之视"宋元"。但书贾是以利为前提，不以文化为本位的，像前者之称斤论值，与今之暴利敲剥，全是一个摧残！我们希望当局有合理的处置与管理，否则文化前途，总有些可怕，因为文化的资源都要被人垄断了！

（载《申报·自由谈》1948年10月13日）

精神食粮

鲍忠祈

这两天米价叩关猛进，市场起了波动，一切物价也随之上升，我们的精神食粮——书报杂志自然也不能例外，一律增加几成，甚至几倍。

最受影响的当然是我们这些读者，本来袋中藏着一些盈余的钱，走过书局报摊的时候，还可任意翻阅新出版的书报，看得高兴，就拣自己欣赏的买它两本，带回家去，手执一卷，或倚窗披阅，或灯下夜读，真是其乐无穷。

可是，我们这种享受的权利很快地就消失了，我们开始没有力量买新书看，望书兴叹，内心的苦涩和渴望，正和饥饿的人们希望饮食一样。

于是，我们转移了阵地，成为旧书店摊的常客，这一来总算过了瘾，这里也不乏很多可观的旧书，不但常常可以发现绝版了的杂志，富有参考价值；而且正如津津君在本刊所写的《一个奇迹》一样，往往有新版的杂志可见，这时的滋味真像发现翠玉之于璞石一样呢！至于如果在无意中，偶而能够发现一部像《浮生六记》那样的文学作品，只好算是掏冷摊的意外收获了。

事实上，出版界的不景气，使书报杂志不得不一再缩减篇幅，提高售价，读者不胜负担，销数自然清淡，白纸印上黑字反不及原令纸张值钱，旧书最大的去路还不是论斤秤两的回到造纸厂。

因此，旧书店摊又不能不成为我们唯一的去处。

我们的精神食粮已感不继，我们已经成为标准的文化难民！

（载《申报·自由谈》1948年6月18日）

凌霄汉阁谈荟

徐凌霄

上海之出版界，当清季及民初之二十年间，以西法印行历代字画碑帖，各书局、各报社，搜罗既富，而石印、影印之外又继之以珂罗版、金属版、各项彩色版，无美不具，允为大观。故友平等阁主人狄楚青先生，毕生精力，尽瘁于此，极精极备，尤为士林所推重。盖其先世曼农先生（狄学耕）已笃嗜深研，于古名家珍品所得已多，楚青本于家学，继以专心，工于鉴别，亲为题识，而自己又能书能画，故见解真透，评断详确。其所创有正书局，于时报社之外，自为一军，而与《时报》又有同气连枝、相援相济之妙用，营业畅茂，遐迩知名，凭借既厚，产量益丰。北平之有正分馆，昔在琉璃厂西段路南，门面虽只两间，而内有相连之曲舍（平语谓之“勾连搭”），后有畅朗之大院，有苍然之古树，精舍十余间，为同人之宿所。吾充时报驻北京记者时，亦每寄宿于此，或展览书画，或煮茗清谈，几忘此身在市廛间矣。徐世昌为国务卿及总统时，提倡文治，而显宦如陆润生、曹润田、张岱杉等，附庸风雅，又皆楚青之故交，于其北来时，辄出所收所藏就正于狄，得一言审定，可以为券。有正门前，常有名流车马流连，门市生意则学界尤多，所出大小字帖，中小学生几于人人必备。又有佛书佛画，供各寺院各居士之需求，名业之盛，与其东邻之商务、中华两分局成鼎足（中华在街北，商务在街南，距有正甚近）。民国十年以后，军阀抢攘，文事渐衰。至十七年北京降格为北平市，失去都城资格，一般之商业俱见萧索，而学府中心，人文旧宅，流风余韵，未尽衰歇也。“九一八”变起，华北形势日非，驯至“七七”，平津首先沦陷，日寇纵横，文化人纷纷转徙内地，海王村诸肆，门可罗雀，旧书店如耀文斋、同好堂等，相继停闭。三十年之夏，有正平分馆经理张玉兄（常州人）来舍下，凄然曰，楚青先生久病辞世矣！此间分馆亦将结束。予闻而惊叹，相与泣然。越数日到琉璃厂，果见玉兄与一老司事、一老役已一切收拾清楚，即殷殷话别，惘惘出门。时日寇正准备发动太平洋战争，气焰薰天，市街光景惨淡，予亦懒于出门。至胜利之年，复游厂甸，过有正旧址，则双扉半启，上有“中华货栈”数字，始知为其旧邻之书局收作堆货之用。徘徊瞻望，不觉感深今昔！

（载《申报》1948 年 5 月 9 日）

上海与旧文化

凌霄汉阁

昨于琉璃厂书摊买得《诒晋斋巾箱帖》一套，装璜精雅，末册尾注“光绪庚辰上海点石斋印，申报馆申昌书画室发行。嘉庆丁卯金匮钱泳上石”。又见旧小说两部，后注“申报馆本”。友人曰，北人但知申报为老报馆，刊行日报，孰知还有许多出版品。庚辰是清光绪六年，至民国二十九年为次庚辰，今为三七年又阅八载，合计七十年前已有申昌书画室之组织，其继续出版之数量，若加统计，当已蔚为大观。

因思上海一隅，夙称经济中心，繁华世界，誉者比之以东方之伦敦、纽约，毁者指为洋场恶习，污垢所丛，此皆不须深论。独关于文化方面，上海实有甚大之特殊贡献，而为一般所忽略。此事不可不一为纪之。

上海之出版界，可分为“温故”与“宜时”两大类。“宜时”者，适应现代及当前之实用，而随时展布，例如各大书局之针对新教育之教科仪器，供应各级学校之用品，以及社会各方面之“精神的食粮”。各大报馆之编撰、印刷、营业，规模阔大，一切比内地早几步。无论南京、北京，文化人等孰不以上海为取给之渊泉？此为百年来共见之事实，无待申叙。至于“温故”一方面，即是以新法拓印旧有之图书碑帖、版本字画等，印制精而产量富，光辉国故，表彰前哲，嘉惠后学，其丰功实效，非全国任何处所能及，即谓文化之重镇，亦无不可。

昔贤有言，著书立说，固是学人所应有事，然著作不易，亦不能信其可传，则莫如“刻书”，着意前人之佳作，广其流传，功在儒林，而己之名字亦附骥以彰。此论自极平实。但旧法刻书亦非轻而易举，不若新法石印、铅印、影印、珂罗版及新仿宋、聚珍各版之便利敏捷，而又精确美妙。是乃科学之赐，时代的恩惠，断非旧时老先生们所能想像。

文化之发展，与印刷术之进步有密切而必要的关系。上海为中西交通第一门户，文明利器，自然有接受之优先权，江南人士举事敏捷，多数有“干”的精神，凡事见到便做，具此数优点（地理的、时代的、人事的)，故旧有之线装书，老法刻本，或陈腐笨重，或秘密稀少者，被上海印刷界、书业界一批一批的救活起来。点石斋、国光社、有正书局之碑帖字画，扫叶山房之各家笔记小说，印刷整齐清楚，比旧木刻醒目，篇幅匀适，便于观览，亦胜于旧本之“软黯散漫”，参差不齐。其他各书馆、书局、报社之具有良好印刷者，无不精印旧书，或搜求秘本孤本，使重见天日，公之于世人，或将习见之书而笨重费多者，加以整理，变为物美价廉，皆是旧文化之功臣。

古老的旧京，从三四十年前起，书市货品即以上海出版占极大多数，新书固是多数，旧书（改印）亦是多数。如老“同文”、老“鸿文”、“广百宋”之带图的旧小说，其字体之精致清整，纸张之洁白纯雅，图绘之雅秀工丽，皆可当“心精力果”四字，在中国美术史上可占甚大之价值，而实得力于西法之印刷。前清光宣时间，老“同文”绣像各小说，在北京市上已视同珍本，照古玩行市。近十年间虽新正厂甸大会，亦不见同文小说，偶有一二残缺者亦索价奇昂，盖已希世之珍矣。

近来大部木刻的线装书被论斤当废纸买卖（有的作包货用，有的做造新纸原料），论者以为可惜，甚至代旧文化悲观。虽有相当理由，但从实际勘察一番，则优胜劣败，天然淘汰，亦属无可逃避。以予自身所体验者言之，家藏旧书，堆垛殷架，满目尘封，多年不动。因凡物贵乎得用，翻阅此等旧书，须用双手搬取，放在桌上，占去甚大面积，看了一面，并没有多少内容，即须再翻一面，费时间又费手续，不及上海出版新式翻印之品（当然是“同文”、“扫叶”一类之本，而非一般薄纸小字密抄之劣制品）清楚便利，事半功倍。故当敌伪时期，因需款易米，将架上旧书卖出甚多。友人有劝阻或叹惜者，予笑曰：搁在架上亦是废物。所检存者十分之二，则有宋明版各一部，清代大字板两部，及少许精刻，重加整理，仍存架上，然亦只当古玩高拱，与文化并无何等关系。前读《老残游记》到东昌庙想观杨府藏书不得（书中改“杨”为“柳”姓，乃小说例举），作诗有“深锁琅环饱蠹鱼”之叹。然藏书之富如清代内府、殿阁大库，图书充栋，长年封锁，不但蠹鱼蛛网，而且相传为狐仙蛇神之洞穴，即亲贵大臣欲启视一二，守者亦动色相告，几与《水浒传》首张天师山上□□之妖魔一般。试问即使周秦汉魏，字大如斗，本大如船，与文化有何关系？我读《老残游记》，设身处地，假使我为柳府，亦必拒绝老残参观，并告以并非居奇自私，实因费半天事，闹一身尘土，你也看不了几篇几页，长不了多大学问，结果不过在□记上多几句虚好看的门面话。

又如清代《四库全书》，徐世昌在总统任曾下明令派朱启钤专办交某大书馆承印，而未成事实。后来张学良亦有此议，亦算酷慕风雅，然而工烦费重，印亦难，卖也难，这都是瞎操心，无事自扰，还不如上海各书局、各报社、各印刷所，于不张皇不标榜中，把许多旧书印行全国，那却是实际有功于文化的做法。

（载《申报·自由谈》1948年3月12日）

文物·旧书·毛笔

朱自清

…………

旧书的危机指的是木版书，特别是大部头的。一年来旧书业大不景气，有些铺子将大部头的木版书论斤的卖出去造还魂纸。这自然很可惜，并且有点儿惨。因此有些读书人出来呼吁抢救。现在教育部已经拨了十亿元收买这种旧书，抢救已经开始，自然很好。但是笔者要指出旧书的危机四伏已经很久，并非突如其来。清末就通行石印本的古书，携带便利，价钱公道。这实在是旧书的危机的开始。但是当时石印本是不登大雅之堂的；说是错字多，固然，主要的还在缺少那古色古香，因此大人先生不屑照顾。不过究竟公道、便利，又不占书架的地位，一般读书人，尤其青年却是乐意买的。民国以来又有了影印本，大部头的如《四部丛刊》，底本差不多都是善本，影印不至于有错字，也不缺少古色古香。这个影响旧书的买卖就更大。后来《四部丛刊》又有缩印本，古气虽然较少，便利却又加多。还有排印本的古书，如《四部备要》、《万有文库》等，也是方便公道。又如《国学基本丛书》，照有些石印本办法，书中点了句，方便更大。抗战前又有所谓“一折八扣书”，排印的错误并不太多，极便宜，大量流通，青年学生照顾的不少，比照抗战期中的土纸本，这种一折八扣书现在已经成了好版了。现在的青年学生往往宁愿要这种排印本，不要木刻本；他们要方便，不在乎那古色古香。买大部书的人既然可以买影印本或排印本，买单部书的人更多乐意买排印本或石印本，技术的革新就注定了旧书的没落的运命！将来显微影片本的书发达了，现在的影印本、排印本大书也会没落的罢？

（摘录于《申报·自由谈》1948 年 3 月 31 日）

亡书久似忆良朋

惕　斋

好像是放翁的诗句："得剑乍如添健仆，亡书久似忆良朋"，对于我们这些曾经藏过几册旧籍而又饱历忧患的人，真是颇有亲切之感。幼时读《金石录·后序》，对易安居士的遭遇，每为浩叹，然而尚不甚了解归来堂斗茶觅句之乐，仅仅是民族观念的悲愤；年事增长，个人利害得失，有所撄怀，则又多着一层哽咽，虽说是我执的□根，毕竟也是一种中年哀乐的反映，不必自讳，亦毋庸为讳者也。

中国乃是多灾多难的国家，偏偏又历史长而文献多，可以□人爱□者是那样夥颐，争城争地者是以毁灭为目的，而古物爱好者偏偏想从刀剑烟硝之中争取这些残烬，其原始已是充满悲剧的气氛矣，而费尽力量得到的沧海一粟，又辄于不得已中丧去，其懊恼更何须谈？罗雪堂在《五十日梦痕录》中讲及安阳甲骨残片，在田中累累皆是，乃收得数十麻袋，此即今日价值千余万的《书契》前后编之原料。与此可以媲美的，又有罗氏在学部时所见的内阁大库档案，也是盈数十麻袋，业已装好等待称斤卖烂纸，因其力持，才得收购保管，即今日商务所印的明清史料数巨帙，而未经整理者还不知有若干。可是最近我们才听到罗氏旅顺寓居的大批古物皆在胜利后被人以大卡车运走，沿途载重难行，便随意弃置若干在路隅，幸亏罗氏先死，不然岂不可以在《集蓼篇》（氏自传名）大哭特哭，闻其哲嗣福颐，已入北大任教，想来必也可以写成多少篇一唱三叹的文章，供人欷歔凭吊吧。往日读陈登原氏《中国典籍聚散考》，知道所谓牛弘五厄在中国几于成为家常便饭，聊城杨氏海源阁的宋板书可以被刘珍年的余部及股匪当作擦大烟枪的废纸，足示我们民族的奢豪。纪文达公曾有句云，"山河泡影谈何易，一见公羊涕不禁”，那也不过见到大家式微，奴婢以宋本《公羊传》包裹点心而已，去擦烟具犹复有间，文达如生在三百年后，不知又作何等慨叹！

诚然，书卷堆积案头，亦复不见得就天天要看，或随时要用，但这有似乎富人之于钞票，多些不一定是完全花去，看了也足为一乐，于是好财货也就成为业余的性质，初不必计及其使用价值，蓄书想亦应尔。特我们认识几个字，而又没有学会跑交易所或有其他端木子贡先生的殖贿本领，到底还得仰赖几本书写文或骗人吃饭，对书篇之怀念，则又有了比功利主义更大的迫切，殆如贫窭之于米盐柴薪，大有饥寒不得衣食之意，此其为苦，又与唯美派有殊。所以若以书卷喻作良朋，我所忆者乃是可以通财急难的知交，而非纯然良夜清谈的吟侣也。也许有人笑此为俗态，可是事实这样，又将奈何？

我个人治学，颇偏于杂，什么都是浅尝辄止，看了学者先生们的窄而深的工夫，羡慕固亦有之，可也难免有些畏惧，无他，觉得“用志不纷”一句，实是枯窘与单纯的代名词，恐非俗人所敢想望也。以此我买书的范围，简直全无限制，除去分毫不懂的物理、数学等外，凡可以增加一点常识的，都不摒弃。而昔日的书价，也真是便宜，《鲁迅全集》卖二十元，还可以打八折，才十六元耳，等于今日之一千六百万！相去为一百万倍，试问此可令人相信邪？近来因为要教一点历史，而又涉及考古与史料，因而想到那以二十四元法币买到的《周金文存》及十数元买的《愙斋集古录》，三马路店中的《三代吉金文存》乃昂至两千万，只好舌挢不能下！前两天，某书店来信相告，收到《东方学报》数册，每册索价二十五万！这都是从前不肯出钱买的东西。随意一种清人笔记的刻本，不过三数册者，均要三四十万以上，那天朋友告诉我在苏州冷摊以十余万元买到清代的《蕃属丛书》，直是可遇而不可求之事，可惜没有像张廷济其人，每天每月把市价加以纪录（张氏《清仪阁古器物文》皆纪得价），以备百世之后的参考！不必更远，即以三年来的变化为准，岂不已是三代以上乎？

仅有的一点书，都在鲁城家中，算计起来，睽别也有十年开外了。始而是日本人来了，要烧，要搜。有不少的杂志新书沦入战火之劫，继而是战事扩大，存书的地方成了兵燹的残余，则仅留下的一点也被盗贼拿光，最后则国土光复以后，又来了新的战火，以致想去凭吊一下都没有可能，这就十足体会了忆良朋的“忆”字。然而良朋却不乏从飞机、从轮船归来者，即使是尝历了千辛万苦，大家总可以执手呵呵而笑，或是“访旧半为鬼，惊呼热中肠”的放声一哭，那些没有知□的老友，可永远不会回转了！假使他们是有知的，当自己付于劫灰，或是转入一个新朋友的手中时，作何感想？据我所知，书的新主人大致也都改变性质了，不是交易所来的，便是棉纱号肥皂厂的伙友，从前寒士常喜自榜一联，有云：“书田无税子孙耕”，我劝诸位措大，还是歇歇心吧，书中虽无黄金屋，但书却非黄金屋不入，他已成为文化市场上的阿娇了！

（载《申报·自由谈》1948年4月20日）

书林杂忆

钱大成

十年以来，所至访书，知见善本遂颇不鲜，于书林掌故，亦稍稍留意。今年讲述之余，恒多暇日。因述数则，以实《自由谈》，后当赓续述之。

尝于友人庞云斋（士龙）所，得见钱遵王手钞校本《烈皇本纪》两厚册，以《初有学集笺注》墨格稿纸抄写，“学集”二字上皆空一字，全书涂改殊多，与今通行刊本绝不类。愧未得向云斋借来一校。此书云斋以包慎伯楹联等数物与人相易。遵王手钞本绝罕见，其《初有学集笺注》稿本，旧藏曾孟朴先生所，今闻已易主矣。

同邑书贾严瑞峰，旧书业中之霸才也。瑞峰曾在邑中季仙九制军后裔处，购得曾文正笺注仙九《丹魁堂诗集》。文正亲笔注于刊本眉端，密行细字，标注殆遍。盖仙九乃文正座师，《求阙斋集》中曾有《季仙九师五十寿序》及《题季仙九师采兰艺菊图》，一诗一文，具见其师弟因缘焉。然文正为仙九注诗，则世未有知之者。即仙九后人，亦杂乱书中售出，未必知有是书。今瑞峰殁已数年，此书殊难踪迹矣。

民国初年，赵氏“旧山楼”藏书有易主意。丁初我、张双南、王纪玉三先生拟合力往购，以贬其值，赵氏不允出售。纪玉、双南二先生谓稍增价若干，初我先生有难色，遂作罢。后终乃为初我先生独资购去，颇有宋元善本，也是园旧藏元人杂剧亦在其中。初我先生殁后，即丁倭乱，其藏书散出，此事遂大白于世。初我先生治板本之学负当世大名，当另为文以张之（编者按：余曾于苏州冷摊得初我先生藏书章，亦意外胜缘也）。

（载《申报·自由谈》1948年10月19日）

评出版法

现行出版法是民国十九年国民政府公布，同日施行的，完全是国民党一党专政时代的法律，对于言论出版统制极严。现在是行宪了，中华民国宪法第十一条规定：“人民有言论讲学著作及出版自由。”第一百七十条规定：“法律与宪法抵触者无效。”所以表面上不得不将现行出版法加以修正，同时表示要给人民自由了。然而已经提交立法院审查中的出版法修正草案，究其实际，对于言论出版的统制，更是变本加厉！

出版法修正草案有两项最大的缺点：其一，便是关于出版品登载事项上的限制，其解释至为宽泛，漫无标准。如第二十一条中所规定：“意图颠覆政府或危害中华民国者。”究竟怎样就算“意图”颠覆政府，没有一定标准可循，大权在握的人当然就可以“欲加之罪，何患无辞”了。因此，竟有某报登载科长贪污，县长抓人，说是意图颠覆政府事实。出版法修正草案第二个重大缺点就是行政处分。行政处分使行政官署有自由裁量的余地，不经过法律审判程序，这使报纸杂志毫无生路可言。像草案中第三十一条规定：“地方主官署如认为必要时，可以禁止该出版品之出售散布或暂行扣押。”第三十四条规定：“内政部得定期或永久停止其新闻纸之发行。”这规定都异常严厉，使行政官吏可以为所欲为，而且根本违反司法独立，违反法治精神。

这个变本加厉的出版法修正草案，无异为出版界敷设了天罗地网，很显然地表明进一步箝制言论的作用，其目的无非是要将全国人民的嘴封闭。这种政策，岂可谓得计？

我们认为根本不须有出版法，这有两方面的理由：对于违法事项，刑法中已有详细规定，出版品如果违法，可以用刑法制裁。何必又要搬出一套出版法，为出版界套上一重枷锁，而为贪官恶吏大开方便之门？这是就政府决心遵守法治而言。如果政府不遵守法治，也用不着要出版法。因为即使有了出版法，政府也不会照着出版法来做，还是行另外一套，这年头，反正是为所欲为，那末，又何必要出版法？

立法院即将再度集会，而出版法将为讨论的重要议案。这种箝制言论、封闭人民的嘴的法律，那里是人民的本意？如果立法委员还自认是代表人民的话，将何以处之？我们且拭目以待！

（载《大学评论》1948 年第 1 卷第 7 期）

由《新民报》停刊谈出版法

溽暑炎天之际，中国新闻界又出了不幸事件，南京《新民报》于前天奉令永久停刊。读内政部发言人的谈话，《新民报》受到如此严重的处分，全是为了报道与刊载军事新闻失检之故。这可见在国家不安定的时期做报之困难。我们既属同业，实不胜关切与惶悚之情。据内政部发言人谈话，处分《新民报》，是因为该报“违反出版法第二十一条第二、三两款出版品不得为损害中华民国利益及破坏公共秩序之宣传或纪载之规定，乃依照同法第三十二条之规定，予以永久停刊处分”。这可见出版法对于新闻界的关系之重大。我们谨以满怀惶悚之情，一谈出版法问题。

国家不可无法，无法即等于无组织，法之重要如此。但这所谓法，是国家的大纲大法，而不是繁文细节的小章小法。严格说，一个国家不需要有汗牛充栋、多不胜记的法律，只要有三部法律便可治国：一部宪法，规定国家性质、政府机构、人民的权利与义务；一部民法，组织社会、范畴人事；一部刑法，以裁出轨。此外若有法律，大致皆是可有可无的附属性质，甚至若干枝节性质的法律，是有不如无。出版法，是个枝节性质的法律，我们敢冒昧的说，其有不如其无。这个法是袁政府时代的产物，国民政府立法院虽略有修正，而大体因仍其旧，实是一件憾事。因为言论与发表的自由，是人民的基本权利之一，宪法例有保障的规定。出版法的立意，乃在限制言论与发表的自由，这与保障民权的精神是不合的。美国宪法明定议会不得制订剥夺公民权利的法律，是多么可贵的一种精神！自然言论与出版的自由也不是漫无限制的。报章杂志的言论记载若有犯罪，或妨害国家利益，或诽谤个人名誉，刑法上订有罪刑，可为制裁。宪法方在实施，行宪政府自宜特重根本大法的精神，以与民更治。行宪立法院集会，我们曾为文呼吁，请立法院尽速整理现行法规，将重复枝节的繁文缛典加以清扫。出版法就是应该加以清理的法规之一。闻出版法的修正草案即将提出立法院审议，我们敬盼立委诸君，本保障民权的精神，毅然决定将此法予以废止。尤望新闻出版文化各界的立委积极主张并奋斗之。

现行的出版法，实在不合时代精神了。试看该法第二十一条的规定："出版品不得为左列各款言论或宣传之记载：（一）意图破坏中国国民党或违反三民主义者；（二）意图颠覆国民政府及损害中华民国利益者；（三）意图破坏公共秩序者。"这是多么广泛、多么容易入人于罪的规定。依时代精神，国民党已结束一党训政，进入宪政，则本条（一）项属于国民党特权的法律，应已无效。现代民主宪政国家，人民可以公开抨击政府施政，在野党在宪政轨道中尤其以推翻政府为其能事，那非但不犯法，且是一种特权。故本条（二）项的上半截的"损害中华民国利益者"也是极其宽泛容易罗织的。至本条（三）项"意图破坏公共秩序者"，也与（二）项下半截相同，运用起来，流弊至广。这样的出版法，实在不容再存在于今日的时代了！

中国新闻界立言纪事，向来有一种极其畸形的现象，就是对政府小官极不自由，动辄受到停刊封门等处分，而对社会个人则极度自由，造谣中伤，恶意诽谤，受害者无可奈何。这种欺软怕硬的情形，是极丑陋无光的。在欧美民主国家，新闻界的情形恰恰牵涉到私人问题，可以任意批评；而对社会个人的新闻记载则极其小心翼翼，犯了诽谤罪，报馆与记者都吃不消。中国应该进步了！报纸，应该是进步中国里的不可少的一种因素。我们要求废止与宪法牴触的出版法，给新闻界以言论出版的自由，新闻言论如有出轨，应引刑法制裁。我们也宁愿立法院制订一种诽谤法，以防止新闻界滥用自由。(《大公报》七月十一日)

（载《知识与生活》1948 年第 32 期）

论废止出版法

最近言论文化界对于《出版法》问题，曾经引起过广泛而热烈的讨论，上海《大公报》和《正言报》，南京《中央日报》都先后举行过座谈会，足见社会人士对于这一问题的重视，因为《出版法》对于今后言论文化界的关系太密切，影响太重大了。按正在立法院审查中的出版法修正草案的规定，它可以停止任何一家报纸杂志出刊，它可以禁止任何一家书局的书籍发行，它甚至可以不让任何一个人讲话、著作，像这样一部有关言论文化界存亡兴废的法律，自然不容忽视，应当广征各方的意见，迄至目前为止，大家对于这一问题的意见尚不一致。有的主张在“戡乱时期”应有出版法，有的主张宁愿制订一种诽谤法而不愿有出版法，有的主张以检查制度代替出版法，有的主张修改出版法第四章的行政处分，仍保存出版法，有的主张既有刑法制裁而根本要求废止出版法。比较看来，以主张根本废止出版法的人士较多，我们亦系主张废止出版法之一，爰综合各方面的意见，从法律观点上、政治观点上、社会观点上，提出废止出版法的三个理由，以供立法委员诸公，作为审查本案的参考。

第一，就法律观点而言，中国近代法典中本无所谓限制出版自由的出版法，出版法的创行不过是最近五十年间的事，当前清光绪廿四年（公元一八九八）以康有为、梁启超为中心的变法运动（即戊戌变法）展开以后，欧风东渐，革命思潮澎湃，国父首倡推翻满清、建立共和之议，附和者纷纷以文字鼓吹，清廷忧惧，遂于光绪卅二年六月颁布《大清印刷物专律》，是为中国创行出版法之始，其后卅三年十二月复颁布类似日本的《新闻纸法》的《大清报律》，其主要条例为：（一）诋毁宫庭者；（二）淆乱政体者；（三）扰害公安者；（四）败坏风俗者。民国元年三月南京临时政府成立，内务部援清庭前例，颁布民国暂行报律三章，当时曾遭新闻界反对，临时总统孙中山先生遂下令取消。民国三年四月二日，北京政府公布报纸条例，同年十二月四日公布出版法，才有所谓正式的出版法，但此出版法对于报纸杂志并无严格限制，仅对于文书图画有所规定而已，该项报纸条例于民国五年黎元洪复职为总统后即被废止。至出版法则因北京报界一再反对，亦于民国十五年段祺瑞执政时宣布废止，自此以后，对于一切出版品更无□别法令限制，直到北伐成功后的民国十八年，国民政府公布出版条例原则六条，其禁例为四项：（一）宣传反动思想者；（二）违反国家法令者；（三）败坏善良风俗者；（四）妨害治安者。民国十九年十二月十六日，政府正式公布出版法，为现行出版法的蓝本。廿年一月又公布日报登记办法十三条，作为出版法的补充，是项出版法于廿四年七月十二日经立法院会议初次修正，廿五年十一月二次修正，廿六年七月八日三次修正，同时并修正施行细则，以上为我国现行出版法一个简单的沿革史。

至于现在立法院审查修正中的出版法草案，系根据于民国三十五年二月十二日国民政府处字第一〇二号训令：出版法及施行细则，业经国防最高委员会第一百八十二次常务会议决议修正通过。可见这一修正草案不是新近所拟订的，而是沿用旧出版法，更加扩大其限制范围与处分权力的，在过去未有出版法颁布以前，只有所谓报纸条例的施行，目的不过在安定社会秩序，禁止若干诽谤行为而已。民国十九年，政府正式颁布出版法，对于违背禁止出版品记载之事项，轻者仅得由内务部予以纠正或警告，其重者必要时□得扣押，扣押之出版品如经发行人之请求，仍得于除去该事项后发回之。此外，在行政方面并无其他处分。民国廿三年国民政府第九八号训令，才有正式行政处分的规定，对于报纸任意登载不实消息，不服删扣，或狡词攻击者，军政机关得予以一日至一星期停刊处分，不但无永久停刊之制裁，而且限于不服检查之情形，可见最初立法仍然顾及到言论自由的。民国廿四年国民政府第一一九号训令，规定报馆对于党政之设施，有事实之根据，而为善意之言论者，除涉及军事或外交机密而妨害党国大计外，均得自由刊布之，可知当时以党治国，尚非绝对的限制言论自由。迄民国廿六年三度修正出版法以后，除保留旧法各项规定外，于行政处分，又增入内政部得定期或永久停止其新闻纸或杂志之发行一项，并且还增加了若干行政罚锾的条文。于是言论自由的命运遂操于内政部，要禁止出版就禁止出版，要扣押就扣押，要罚锾就罚锾，没有评议，没有辩白，仅凭内政部主观的判断遽加以认定，而且自兼告诉人、检察人、执行人三者于一个机关，不经过任何司法的审判，出版法完全与司法脱了节，按现在行政法令，凡有涉及科罚处刑者，如印花税法、票据法、所得税法、兵役法等，无一不经由主管机关移送法院审理者，惟有出版法既有罚则，又有行政处分，反自居于例外，从不与司法机关发生关系，概凭行政机关自由处断，显已失去法治系统，而且出版法中规定出版品登载事项上之限制一章，也与刑法第二编有关各条冲突，且完全重复，关于禁止记载之文字，如内乱罪者见于刑法第一百条，妨害国家罪者见于刑法第一百六十条，妨害秩序罪者见于刑法第一百五十三条，妨害风化罪者见于刑法第二百卅五条，妨害名誉及信用罪者见于刑法第三百〇九条及三百一一条，至于处刑标准亦见于普通刑法之外，足见出版法并非一种特别法，其本身既与司法脱节，其禁止事项又与刑法重复，其行政处分更不合理，而且根本违背保护言论出版自由的目的。

据内政部解释我国管理出版之所以订有专法，是因为我国立法体例向属大陆法系，与英美海洋法系之国家采用□在规定者不同，此种解释亦极牵强。盖此两大法系的主要区别并不明显，大陆法系渊源于古代的罗马法，海洋法系渊源于英格兰的判例法，大陆法系以德、意、日、法等国家为代表，海洋法系以英、美、澳等国家为代表，但事实上，海洋法系的国家既有采用大陆法系国家的立法体例的，也有大陆法系的国家采用海洋法系国家的立法体例的，两者并没有截然的分别，只是就比较而言，大陆法系国家的立法多是成文的，海洋法系的国家之立法则多是不成文的。同时大陆法系国家的政体多采独裁制，海洋法系国家的政体多采民主制。采民主制的国家对于出版自由每为放任的，采独裁制的国家对于出版自由则为管制的，如美国在宪法中即已规定国会不得制定任何法律，限制言论出版自由。英国对于出版一向任其自由，从未制定出版法，仅有毁谤法，以求保护个人信誉及注重良善风俗而已。惟有法西斯蒂的意大利国家对于出版管制綦严，先后颁布的法规不下十数种之多，最著者如一九二三年的监督新闻纸法，一九二五年的新闻条例，一九二六年的治安法，一九二八年的新闻记者登记法等。次为纳粹德国，早在国社党政纲第廿三条中曾作非常严厉的出版规定，复于一九三三年公布新闻记者法，对于言论出版自由完全剥夺无遗，可见海洋法系的国家始有言论出版的自由，大陆法系的国家甚少有言论出版自由的。战后的德、意、日国家，其独裁政体业已瓦解，其立法体例也有变动，逐渐趋于海洋法系，以求接近民主政体，此为显而易见者。我国行宪后，已完全采行美式的民主制，其立法体例自不能仍囿于大陆法系，必须倾向于海洋法系以适应时代要求，对于出版不必订立专法，以效法落伍专制的德、意、日国家，以自贬民主宪政的价值。即使自居于大陆法系的国家，也有不限制出版的，如以实行大陆法系著名的法国为例，仅于一八八一年颁布有出版自由法，但并非限制出版的，而是保护出版的，主要为办理登记手续而已，可知大陆法系的国家不必要订立出版的专法，出版不过是法律行为之一种，没有出版法，出版行为可依已有的正规刑法而一样可以纳入正轨的，何况新宪法第十一条已明白规定“人民有言论讲演著作及出版之自由”，第一百七十一条又规定“法律与宪法抵触无效”。战时限制言论出版自由的法令多已取消了，像《战时出版品审查办法及禁载标准》、《战时书刊审查规则》、《军用图书杂志出版品统一审查办法》、《军事机关学校部队军用出版物审查办法》等都已先后一一废止，独有出版法，亦系战时法令之一，自应同时废止，否则，便与宪法抵触，应归无效，如妄加引用，即是违宪，此为应废止出版法理由之一。

第二，就政治观点言：民主政治是以人民为主人的政治，国家是人民的政治团体，政府是人民的政治机关，官吏是人民的公仆，国家的产生，是由于人民各自将行使的一部分主权让给社会全体，而服从公意，国家就是为实现此公意而成立的产物。政府的成立，是起源于法律，法律是公意的表示，是主权决定的原则，但法律本身不能执行法律，于是选出官吏以执行法律，这就是政府产生的由来，而一切法律的重要目的，都不外保障人民的权利，如英国布纳克斯通说："法律的重要目的，在保护及规定人民的权利。"法国《人权宣言》说："一切政治结合，皆以保存人类之自然的及不可侵犯的权利为目的。"人民权利的争取，起始自英国，英国远在十一世纪即有所谓判例法，依人民权利诉讼案的判例，即为人民权利产生的根据，以后复有十三世纪英王约翰所承认的《大宪章》，十七世纪查尔斯一世的权利请愿书，威廉的权利条款。美国于一七九一年通过《权利法案》并入联邦宪法，并特别说明"任何一个政府不受权利法案的限制，它会变成一个专制政府"。法国于一八九三年列举人民权利宪法篇首，如第一条"社会的目的在求人民的幸福，政府的存在在保障人民享受天赋的不可丧失的权利"，及第三条"凡人民生而自由平等"，是为人民权利正式载于宪法之始。演至近代，凡是实行宪政的国家，莫不于宪法之首，列举人民的基本权利若干条文，以为人民神圣权利的保障。所以，中山先生曾说："宪法者，国家之构成法，人民权利之保障法也。"足见宪法是实现人民权利的根本大法，舍去人民权利，便失去宪法的重要目的，盖人民的基本权利，一经载入宪法，便神圣不可侵犯，就是以政府的权力也不能任意加以剥夺的。

人民各项基本权利之中，以人民言论出版自由的权利为最重要，它是测验一个国家政治自由程度的寒暑表。言论出版自由范围愈小，这个国家政治自由程度愈低。反之，言论出版自由范围愈大，则这个国家政治自由程度愈高，因为民主不能离开自由，离开自由即无民主，而政治自由人人都有份，人人都有权利，这由于民主的根本要义在于自己治理自己，各人对于政治都有贡献其意见的机会，必以言论出之，和杂志真正能代表人民意志而发言的只有靠民间报纸，故民间报纸和杂志在政党报纸和杂志充斥之中，要建立“公正舆论”，却是一件极端困难的事情，再加上新闻不自由，其困难的程度就不堪想像。

一个民主自由的国家和新闻自由是不能分开的，没有新闻自由就不成其为自由国家，因为新闻自由为一切出版自由的缩影，新闻无自由则一切出版皆无自由。出版自由惟有靠先有新闻自由为人民言论开辟一条大道，然后出版事业才能欣欣向荣，这是显而易见的道理。

总之：民主政治的根本要求在于如何反映民意，民意是民主的表征，而民意的反映，惟有从言论自由之中才能见到，言论自由则唯新闻自由的“马首是瞻”，试看现况下的我国新闻自由在那里？新闻记者可以任意被拘被打，报馆可以随时被捣被毁，新闻纸可以到处遭没收，再加上出版法这一个沉重的枷锁，任何地方政府可以对一家报馆或杂志社封门，内政部可以随时予报馆刊物以警告、扣押、永久停刊等处分，所以，出版法是新闻自由的致命威胁，其威胁之大，甚至可以使人民的言论完全窒息。民意无从反映，民主不能存在。何况自从国大召开以后，我国政府已经不是国民政府，而是中华民国政府，我国政党已经不是一党专政，而是三党执政，由训政时期进入宪政时期。训政是政府训人民，是专制。宪政是人民训政府，是民主。专制可以有出版法，以干涉人民的言论自由。民主则不能有出版法，出版法是统治人民言论自由的东西。民主而有出版法与专制何异？宪法已经将人民言论出版□自由，定为人民的基本权利，政府就应当予以不折不扣的实施，以实现保护此神圣的条文，才能区别宪政与训政，才能辩白专制与民主，然后才能一新国人耳目，此为应废止出版法理由之二。

第三，就社会观点言：由专制的社会而进入民主的社会，一切都在学习的阶段，民主政治的优点就在给人民以学习的机会。英国学者本恩斯曾谓政府之机能，本含有教育作用，而教育之主旨在于自修，故民主为最好的制度。社会学者开斯亦谓民主是能因人民自习而时时改善的。可知在民主的社会环境中，是人民相互交换知识、批评政治设施的绝好机会，因为任何时代的任何人民，对于政府的设施都不会有百分之一百的同意，即使一群人拥护政府的设施，另一群人却不一定拥护，因而持反对态度的也是势所必然的事。通常持反对态度的本来是一般老百姓，而老百姓们至今尚没有直接发言反对政府的能力，惟有靠一般知识份子为他们表达一切，知识份子既未受老百姓的委托，也未受老百姓的邀请，知识份子全凭一腔热烘烘的正义感，为老百姓申疾苦，为老百姓述不平，从而反对政府的行为，批评政府的设施，无论自那一方面讲，都是极应当的事，尤其在社会未臻健全，政治未上轨道的国家，特别需要这一批知识份子站在人民与政府之间，作为人民利益的维护者，作为人民意志的代言人。而政府允许人民反对，不但不会失去政府的威信，且可以增加政府的威信，政府接受人民的反对意见，是使政治清明的唯一良方。反之，政府压制人民反对的意见，便是助长革命的乱源。人民对于政府尚觉得可以被批评的时候，则这个政府尚有可为之处，就只恐“一个政府弄到人民连批评它的兴趣也没有了，这个政府也就够悲哀的了”。

这次，政府要求立法院通过出版法草案，无疑义的是政府企图压制人民反对意见的具体表示，因为就该法第四章所列的第廿一、廿二、廿三、廿四各条文看来，均可作以广泛解释的。它可以包括对于政府任何政策或行动的攻击，它可以包括对于政府任何官吏的批评，尤其“意图”二字，规定得笼统含混，易致人罪，因为意图只是行为的动机，不问行为而制裁动机，与统制思想有何区别。且民主政治着重于意见自由（Liberty of Opinion），人民的意见尚无自由，则一切自由都属空谈，故英美国家为表现意见自由，对于任何出版物都听其自由，任何人的言论如果只是一种意见，便不能构成一种非法行为，必定其意见已经构成一种妨害社会利益之事实，始能认为非法。法国人尝谓出版法中不应含有一种所谓“意见罪”（Crime of Opinion），因为意见并非行为，故不应有罪，而我们出版法中规定“意图”二字，既嫌笼统，复无标准，这对于人民言论出版自由完全剥夺罄尽。因为只要人民一有反对意见便认为非法，便认为有罪，政府用非常严厉的手段对待之，结果，人民反对的意见反而增多。从物理学证明，压力愈大其抵抗力亦愈大。再从社会心理分析，凡是政府无理压迫的，人民反欲冒险尝试，以博得勇敢的美名，而使社会一般人注意。正例如过去美国之禁酒令，照理本不应严厉执行，不仅于事实无补，且因之弊病丛生，不但贩酒者照常贩卖，饮酒者且以犯法为勇敢，日子一久，法律成了具文，何况言论更非任何严厉手段所能对付得了的，若于事前一律对言论加以限制，则无异摧残所有言论自由，一切言论只要是主张而不立即加以行动的，都应任其自由。在言论自由的场合下，我们容许国民有互换意见的机关，我们却不允许煽惑群众而立即加以行动。我们如果述说政府之对某事处置不当，我们却不能立于街头高呼打倒政府，我们可以批评某当权者之对某事作差，我们却不许主张直接打向他的住宅。因为民主要有理性，言论要有限度，超出言论以外的行动就要受法律制裁，这是民主国家的通例。如最近华莱士在美国南部旅行演说，屡次遭人掷以番茄鸡蛋，照情理，华莱士本来是杜鲁门总统的政敌，对于此项行动不必有所表示，相反的，杜鲁门却斥此项行动为非“美国式”的，这种光明的襟度，就是攻击他最激烈的华莱士，也不能不感佩杜鲁门总统的态度。可见，在民主国家中，容许最激烈的反对意见，但却不容许最激烈的实际行动，此是一例而已。

本来，民主政治是以社会公共意见为基础的，公共意见是社会对于某事而□近公共目的所发的意见，是指导社会进步的力量。如果公共意见不活跃，特殊利益的追求便活跃，便会造成这个社会的不公与不平。反之，如果公共意见强大，则特殊利益的追求者便得低头让步。所以，一个臻于健全的社会，必以公共意见为主要中心的推动力；有此公共意见才能建立社会的公正舆论，才能监督政府的一切政治设施。如何才有公共意见？须先要有公共言论，须先要有言论自由，允许人民讲话，允许人民批评，同时，也要政府鼓励人民著作，鼓励人民出版，这样，始能推动社会进步，繁荣社会文化。

我们政府已经下令行宪了，在保障人民基本权利的法律上，尚未见颁布有利于人民言论出版自由的法律，就先见政府颁布于人民言论出版自由有害的法律，令我们不能不怀疑政府“决心行宪”与“还政于民”的两大诺言，是否政府不要公共意见？是否政府不愿社会进步？政府应当有所表示，以一新社会视听，此为应废止出版法理由之三。

以上三点，综合来说：第一，为贯澈法治精神，政府应废止出版法。第二，为保障政治自由，政府应废止出版法。第三，为培养社会舆论，政府应废止出版法。反之，就是政府不顾法治精神，不顾政府自由，不顾社会舆论。

有人说，在“戡乱时期”，不能无出版法。事实上，政府已经颁布过了《战乱时期危害国家紧急治罪条例》，又组织了特种刑事法庭，已经于无形之中剥夺了人身权。如果再颁布出版法，就很明显的剥夺了言论权。这何异对于一个人既捆束其身，又堵塞其嘴，这还谈什么行宪，这还谈什么民主？

立法院立法委员产生于人民，受负托于人民，职责何等重大，人民期望于诸公者何等殷切，人民喁喁望治如大旱之于云霓，自然应当多做几件于人民有利益的事，不要以为获得政府的信赖就满足，最重要的还是要获得人民的信赖。诸公半年以来为人民固然做了不少的事，但是，也做了不少为人民所不满意的事，人权案被否决就是其一端，这次，政府提出的出版法草案，又面临重大的考虑了。废止与通过其权力都在诸公，诸公亦应有所抉择。

最后，我们借用江一平先生的话“我敢说，现在的立法院决不做宪法的罪人”，那么就请自废止出版法始。

（载《中国新闻》1948 年第 2 卷第 12 期）

出版法应废止

明

出版法的存废问题，各方面讨论得很多了。赞成出版法存在的人也认为出版法令该予以修改，反对出版法的人则干脆主张废止。

我们认为出版法在宪政实施后，政府应该考虑将其早日废止，《宪法》既规定人民言论著作上出版的自由，不应该再加上什么《出版法》来限制人民的自由，假如有毁谤妨碍风化等事情发生，有名正言顺的刑法加以合法的制裁，主张《出版法》的诸公也许会说几句漂亮话：“出版法不仅消极地制裁不法的出版物，更是积极地保障和发展合法的出版事业。”对于这些好话我们听够了，对于这些坏事我们也受够了。出版界会比诸公更懂得如何才是保障和发展出版事业的途径。

因为《出版法》的存在，往往政府就借此作为约束言论自由的一种工具。出版的新闻纸、杂志首先要经政府有关机关核准方可发行，出版后的言论如政府认为不满时，常会遭到一种行政的处分，勒令停刊或者吊销登记证。所谓政府认为不满的言论大都是与政府的看法不同或者是反对政府的现行政策。我们认为一个民主政府，应该多接受人民的批评，多倾听人民的声音，这样才能创造出一个健全而理想的政治。我们反对《出版法》最坚强的理由，是《出版法》内的行政处分，以行政来侵害法律！

（载《新人》1948年第2卷第2期）

废止出版法的酝酿

沈　明

这一次南京《新民报》奉令停刊，内政部还特别发表了一个声明，说明该报“为匪张目”，依照《出版法》第二十一条勒令停刊，在表面上看来好像政府取缔《新民报》是合“法”的。

其实，内政部本身所依据的《出版法》，本身就大有问题，因为《宪法》第十一条明确规定：“人民有言论、讲学、著作及出版之自由。”旧《出版法》既然限制了出版自由，显然与《宪法》抵触，况且内政部引用旧《出版法》第廿一条条文为：“出版品不得为左列各类言论或宣传之记载：（一）意图破坏中国国民政府或违反三民主义者；（二）意图颠覆国民政府或损害中华民国利益者；（三）意图破坏公共秩序者。”此一条文第一款暨第二款前段，行宪后自然无效，至为明显。《宪法》第一百七十条规定：“本宪法所称之法律，须经立法院通过总统公布之法律。”又一百七十一条规定：“法律与宪法抵触者无效。”旧的《出版法》，既未经新的法定秩序，不成法律。即使旧《出版法》纵成新的法律，也与《宪法》抵触，应归无效。一般人都认为行宪以后，一切法令自须重新制定。但以行宪未久，政府对于旧日法律，只要不违反宪法精神者暂仍旧贯，权宜一时，还有可说。可是此次内政部根据廿六年修正的《出版法》，停刊《新民报》，却为故意引用绝对违反宪法精神的旧法，实在不应当。

于是，在《新民报》停刊后，国民党的立委刘不同即发表谈话，指摘政府的错误，《大公报》也发表社论主张废止出版法，与国民党有关系人士毛健吾、方秋苇、周一志、吕克难、胡道静、曹聚仁等也联名发表意见，指摘政府违宪，立法委员们也提议修改《出版法》，现正由立院内政及地方自治委员会审查。日前于右任氏约宴新闻界友人时，座中亦曾谈及此事，有人主张根本不要《出版法》，径以《刑法》内所载诽谤条例作为报人的戒条。究竟能不能实现，还要看新闻界立委的努力了。

（载《群言》1948 年第 3 期）

关于出版法存废之我见

刘　煌

南京《新民报》受永久停刊的处分事件发生后，关于现行出版法存废问题，几成了学者间争论的焦点。主废的以宪法第十一条为根据，谓言论、讲学、著作及出版之自由，为人民基本权利之一，出版法限制言论与发表的自由，与宪法保障民权的精神不合，并推论到国家的大纲大法，只要有宪法、民法、刑法三部，便可以治国，像出版法这种可有可无的法律，即应废止。主存的以宪法第二十三条为根据，谓人民之自由权利，为防止妨碍他人自由，避免紧急危难，维持社会秩序，或增进公共利益所必要，得以法律限制之，出版法基于宪法所许可之必要范围，以维持社会的秩序，实有存在的价值。两者之立论，要不外以出版法应存应废，是否违宪，为同一的出发点。出版法果然违宪而应该废止吗？抑并不违宪而不应废止呢？我们现在从法律的观点，来讨论这个问题。

自由非绝对的毫无限制，须在法律范围内始有其自由，出版自由，当然不能例外。不能说出版法有限制的规定，即是妨害人权，亦即是违宪。况且法律有基本法，有补充法，有司法法，有行政法，更不能说只有宪法、民法、刑法，便可治国，一切法律均可废止。就出版自由来说，英美法系的国家，固然是无所谓出版法，而其他法规中，亦间有限制的规定，大陆法系的国家，大抵都有出版之成文法。我国立法，既然是采大陆法系，有出版法之规定，自无不可。主张废止论的，未免趋于极端。但是人们之自由，应积极的保障，为宪法上基本的规定。纵然为维持社会秩序，于出版自由，制定出版法以限制之，但限制的程度，应不超过必要的范围，否则借口维持社会秩序，任意的限制，势必演成名为限制实为压制的现象，自非民主立宪国体所容许。主张存在论的，也不免专重形式，而忽略了实质。我们的主张，关于出版的形式法规，废止与否，并没有重大关系，但是要使其存在，须实质规定，不背乎宪法保障人权的精神，即（1）限制规定，不但要客观上一般均认为显有维持社会秩序的必要，而（2）限制方法，并须在主观上于人民之基本权利不致有所侵害，然后方足以建立法治国家之基础，发扬民主自由之精神。现行出版法，殊不合于上开条件。行宪之后，犹本此而限制出版，期期以为不可，亟应加以修正。

从立法的精神来说，出版品以提倡文化、改进社会为目的，所发表的言论，本此目的而为者，就是评论政府的措施，或现存的社会秩序，也不能假法律而干涉之。

我国明清间的许多文字狱，都是专制君主的一种政策，说不到什么法律。欧西各国，最初对于著作及出版，亦认为特种之权利。以法律来保护之，由出版特许主义，进而为著作者保护主义。大陆国家固然有出版法之制定，要其用意，仍不外乎保护著作品，并非以高压力来钳制言论。在英美各国，除了军事秘密消息不能发表外，旁的言论，大都可以自由发表。可见在高度民主的国家，言论是绝对自由的，不受任何限制。现行出版法，关于出版品之种类，发行人、著作人、编辑人、印刷人之责任，主管官署之监督，以及新闻纸或杂志发行之登记、核定或注销、登记及废止发行，有关政治之传单或标语印刷、发行之许可等各种规定，均属应履行的程序。新闻纸或杂志登载事项之更正辩驳，亦属双方权义的关系应有之规定。至地方官署得派员检查通讯社之社务组织及发行状况等规定，已是迹近干涉，但既限于必要时，尚不能指为超过一定的范围。这些规定，可以说是对出版示以轨范，解作因维持社会秩序而加的限制，在客观上一般人当然可无异议。其不能不使我们非难的，就是出版品登载事项之限制。第二十二条限于有妨害之行为，第二十三条违反禁止之规定，尚无不可。乃第二十一条禁止言论或宣传之记载，一曰：意图破坏中国国民党或违反三民主义者；二曰：意图颠覆国民政府或损害中华民国利益者；三曰：意图破坏公共秩序者。不问行为，专问意图，而所谓意图，就是行为的动机，无行为而制裁动机，与制裁思想又有什么区别？不必说所谓破坏，所谓违反，所谓颠覆，所谓损害利益，所谓破坏秩序，均出之以概括的规定，已有待于解释；而置重于有此“意图”，则有无“意图”，全凭执行者主观的认定，该有多么危险！这样一来，凡记载的事项，于政府的措施或社会的秩序有所抨击，便可以说有此“意图”，而加以制裁，流弊所及，政府随便可以利用该条规定，而钳制言论，剥夺自由，于人权之保障，显然受重大的影响。在二十四年时，国民政府第一一九号训令，报馆对于党政之设施，有事实之根据，而为善意之言论者，除涉及军事或外交秘密而妨害党国大计外，均得自由刊布之。当时以党治国，限制言论，尚非绝对的严格而漫无一定的标准；今日行宪以后，而犹用此不合时代的出版法，几得假之为摧残自由的工具，又乌乎其可？

从立法的沿革来说，现行的出版法，渊源于民国三年北京政府公布之出版法及报纸条例。当时尚公布一治安警察法，禁止有扰乱安宁秩序之虞及其他秘密结社。一面干涉言论，一面干涉结社。彼时帝制方张，用意所在，不问可知，当然不足为训。民国十九年十二月十六日国民政府公布之出版法，即胎息旧日的出版法而来，但其中与现行出版法，固然大同小异，不能说没有过分干涉之处；但于前开第二十一条禁止出版品记载之事项，所写的行政处分，情节轻微的，仅得由内政部予以纠正警告，其重者于必要时，始得扣押，扣押之出版品，如经发行人之请求，并得于除去该事项后返还之，此外在行政方面，并没有其他处分。二十三年国民政府第九八号训令，对于报纸任意登载不实消息，不服删扣，设词攻击，军政机关得予以一日至一星期停版处分。不但无永久停刊之制裁，而且限于不服检查之情形。可见立法之初，并不是没注意到言论自由一点，所以不便公然的压制。乃现行出版法，于二十五年七月八日修正公布后，除保留旧法各项规定外，于行政处分，又增入内政部得定期或永久停止其新闻纸或杂志之发行一项。更于罚则以外，增加了许多行政罚锾条文，政府对于言论，逐具有强大的限制力。在现行法之下，出版品既受刑事上的制裁，又受行政上的制裁，甚至永久停止其发行，动辄得咎，局促辕下，牵制舆论，真可以说变本加厉了。当修正的时候，军事方兴，还可以说不得不为必要的限制。现在抗战早已结束，宪法正在实施，出版自由，为宪法上所保障之人民基本权利，殊不得再加以过分的限制。战时法令，像战时出版品审查办法及禁载标准、战时书刊审查规则、军用图书杂志出版品统一审查办法、军事机关学校部队军用出版物审查办法等，限制出版的一类法令，均经先后废止。现行出版法，亦战时法令之一，最小的限度，也应将它修改到适应行宪的程度方可适用，绝对不应许其长时期的存在援用，这是毫无问题的。

民国三十五年二月十二日国民政府处字第一零二号训令，出版法及施行细则，业经国防最高委员会第一百八十二次常务会议决议修正，并令立法院行政院军事委员会遵照办理，这说明了现行出版法之不适于行宪，但是算到现在，已经过了两年多，终未见到修正的出版法公布，也不知是什么原因。要说英美人的知识水准比我们高，不但著作家、出版家的程度，比我们一般为高，就是一般读者的程度，也比我们高，法律上虽不加限制，他们自己也会限制自己，我们对于言论出版，若完全付与绝对的自由，就发生了窒碍，所以不便轻于修改，这样说法，我们敢断然说他是轻视我们民族，忘了东亚文物之邦，也可以说他是抹煞民主立宪，阴行专制独裁之私。我们要知道，国家之进步，有赖于文化之发达，民主之实现，悉以舆论为指归。出版不自由，文化也就不能广事传播，民智也就不能日渐增进，真正民主宪政，亦即终于不能实现，际兹行宪伊始，整理旧法之时，深望立法诸公予以注意，纵不能将其毅然废止，亦应本于宪法保障人权的精神，而修正之。防民之口，甚于防川，人言可畏，断非法律所可限制的。

（载《新路周刊》1948年第1卷第14期）

论新闻出版自由

纯　青

我对新闻及新闻自由，有些奇怪的想念。因为没有根据（我没有读过新闻学），平时不敢落笔。趁九一记者节的机会写出来，向社会公开叨教。

出版法，讲话法，思想法

时下热辩的中心，是出版法存废问题。出版法确有大毛病，不容否认。其所发挥钳制言论的作用，好比笔上带个架子。自由之笔自然不喜欢受着梏桎。反对出版法自有理由。因为英美都没有制订关于出版的单行法，中国当然也可以没有，有则应该废除。现代宪法尊重人权，任何一国任何一部宪法，都规定着出版自由；而出版法，往往就是剥夺出版自由的，不为剥夺，也是限制。一个民主自由国家，似应以无出版法夸耀其人民享有充分自由，才是正理。

但我的想法有点不同，出版法固然目的在钳制言论、封锁新闻。无出版法也同样的可以钳制言论、封锁新闻。尤其在中国，有法无法实在差不多。法律像橡皮，因人而伸缩，可用也可不用。反之，不必根据法律，也可命令你如何如何，不得违抗。事实是：除了出版法，还有普通法、特种法及命令等，类别繁夥，灿然大观。在这社会，自由的人永远自由，不许自由的人永远无自由。法律无罪，用之则存，舍之则亡。以为废止出版法便可逃过妨碍出版自由的难关，那未免太天真了。中国事情不如此简单。

其实，油墨印出来的字，是没有声音的话。问题不在字，在你的话。那一缀字不能自由发表，就是那一句话不能自由开讲。从这点说，出版法可谓讲话法。讲话在中国是不自由的，特别是对上面不可随便讲话。语云："病从口入，祸从口出。"因言召祸的事，不胜其数。例如：周厉王用荣公专利，民不堪命，谤王。这件事说来极普通，即国王垄断全国的利益，人民不满，发发牢骚罢了。发牢骚可没有自由。厉王使卫巫监谤，那个牢骚便杀那个，人民道路以目，三年不敢说话。当时有法无法不可考，总之，批评国王，便犯死罪。孔子说有三种枉死。其中一种为"居下位而好干上"，将被"刑"杀。可见对上面说话很危险。我以为，今天不是出版难，出版不自由；实际是讲话难，讲话不自由。垣墙有耳，动辄坐罪，奈何奈何！

进一步说，话是有声音的思想，追究下去，问题又不在话，而在思想了。在这点上，出版法就是思想法，今人说："你的思想有问题。"一个思想有问题的人，当然讲话也有问题，写文章发表也有问题。照现代刑法所宗的行为主义，不论任何思想，在脑里没有行为，概不犯罪。但中国法律有"腹诽"的传统，不说话也可以死刑。那是汉武帝创始的。武帝连年用兵，国库涸竭，滥铸新钱，奖励人民捐输，不济。有一次和张汤造一种"白鹿皮币"，以问大农颜异，异说："王侯朝贡的苍璧，才值数千。一张低贱的白鹿皮，要值四十万，怎样可以呢？"后来武帝叫张汤办颜异的罪，罪名是：颜异与客语，客语令有不便。异不应，微反唇，不入言而腹诽，论死。从此以后，刑章便添一条腹诽之罪了。腹诽是不行为的，无证据的，犯罪不知，防不胜防。现在所谓思想有问题也是这一类。只要一顶红帽子戴上，罪证自足，有口难分，有什么法律不法律！

要出版自由，先要讲话自由。要讲话自由，先要思想自由。若思想和讲话都没有自由，出版自由是不可靠的。在这样环境下，只有"思想没问题"的人，可得享受讲话和出版的自由。所以澈底点想，废出版法不如废讲话法，废讲话法不如废思想法。这是我的奇怪想念之一。

实录的自由，真理的自由

出版包括两部分，新闻及意见。联合国新闻自由会议第一个公约说："希望能由新闻及意见的自由传播，而增进其人民间的互相了解。"是两部份的。

新闻是现在的历史。记载历史极不容易。刘知几论史官谓："多窃虚号，有声无实。近代趋竞之士，尤喜居于史职。"一个新闻记者，就是一个史官。他应该"博闻实录"，对事实不歪曲，不隐蔽。孔子称赞董狐，古之良史，只一句话，"书法不隐"。董狐公认是一位最早最好的史官，因为他敢于直书"赵盾弑其君"五字。其实这个"君"——晋灵公，昏淫无道，是赵穿把他杀死的。赵盾之罪仅在：他逃走没有出国，回来又不讨贼。"董狐笔"乃由臣子的道德出发，义理为先，并非实录。现在的新闻记者，当然，也要有道德立场，但其纪事的标准，必须根据事实。善善而恶恶，褒正而嫉邪，义不可非，然而今日的新闻，道德色彩已很淡薄，纪载只求翔实无讹。必须大胆暴露现实，无所顾忌。章实斋所说的"秽史自秽，谤书自谤"，这是另一件事。新闻自由最主要的内容，我想无他，应该就是记载真实事实的自由。假使保护造谣、指鹿为马、隐讳秘密等等各种的自由，对于实录，说老实话，反而没有自由，那就不是自由，而是欺骗了。

联合国的新闻自由公约，第二条列举十项，以限制新闻自由，称为"相对的义务与责任，如有违犯，应予以法律明文规定之必要惩罚"。限制的范围太广泛了。例如一二两项："为国家安全应守秘密之事项"，"意图煽动他人以暴力变动政府制度或扰乱治安者"。究竟那些东西是"国家秘密"？怎样叫做"煽动"、"暴力"和"扰乱治安"？很清楚地，现在新闻尚没有真正的自由，随时随地都可触犯禁章。不利于统治的新闻，纵属事实，也总不能自由发表。

号称新闻最自由的美国，骄傲为自由的输出国，实际也没有报导实事的自由。请读乔治·赛德斯著的《一千个美国人》，他们控制国家的一切，控制所有报纸，报纸不过是他们统治国家的工具之一而已。美国人不知道那一千人所作的勾当，赛德斯说："美国人是开明国家中消息最不灵通的人。"美国何尝有新闻自由？

因为没有实录的自由，所以现在新闻有如刘知几所说史有五失，那五个缺点：（一）虚说。即造谣。"徒有其文，竟无其事。"（二）厚颜。饰词矫说，不以为耻。（三）假手。只是御用的，叫怎样写就怎样写。"肆其笔端，何事不录。"（四）自实。自相矛盾，反覆无常。"皇鉴无恒"、"是非变于俄顷"。（五）一概。等因奉此，一套八股。"人事屡改，而文理无易。"擅此五长的人，才可以在这社会混，横冲直撞，无往而不自由。

至于意见——清议舆论等，自由的意思，决不是发谬论、说风话儿、骂人过瘾或幽默一番为已足，最主要的是要说出对的、真理的、科学的意见。不要以为说真理有自由，有人最忌讳真理。欧洲中古就只有神的自由，没有科学的自由。大科学家加利里（Galileo）于一六三二年出版一本《对话》，证明哥白尼地球绕太阳的学说是对的，被教庭斥为异端邪说，票传鞠讯，至于被迫承认错误，深悔违反《圣经》的不是。一六三三年六月廿二日加利里发表誓书，推翻自己的学说。由这例子可见科学没有自由，尤其是社会科学，对的话都不能说，好像只有妖书妖言可以自由制造、自由发表、自由传播，令人慨叹。

发表意见难，尤以非议朝政，批评政治最难。清雍正时有广西人陆生柟，细书通鉴论十七篇，被顺承郡王锡保告发，捉将官里去，皇帝亲自下诏治罪。因其主张宜复封建，责以狂悖，判为叛逆，诛杀于军前。尔时诸王妨碍统一，封建论多抗愤不平之语，遂被认为援助诸王。附逆勿论，就是忠心耿耿诤谏之臣，说话也要很有技巧。孔子批评被陈灵公所杀的泄冶，有几句话："无骨肉之亲，怀宠不去，仕于乱朝，以区区之一身，欲正一国之淫昏，可谓狷矣。"在家天下的时候，臣仆最好是唯唯诺诺。因为只有圣旨自由，解释圣谕阿谀奉迎的自由，意见是没有自由的。

新闻和意见的自由，我以为不过就是要求报导事实和发表正确的意见。这是我的奇怪想念之二。

自由的感觉，自由的人数

对自由的感觉是相对的不同的。因为物有类，人亦有类。彼亦一是非，此亦一是非。圣人有道，大盗亦有道。在不同的眼光里，泰山为小，秋毫为大。猿猴在树上为自由，鱼以在水中为自由，鳅以在泥湿为自由，蚯蚓以在土里为自由。易地而处，便都感觉不自由了。人类社会也是如此。某种环境对你极自由，对我可以极不自由。所以自由不自由，不能根据一个人、少数人，或一种人的感觉，遽下定论。理论目标应该是，最大多数人的自由，才是真自由。要大众的事可以自由报导，大众的意见可以自由发表。

现在一般所争的新闻自由，因狃于习惯，囿于事实，其自由天下并不大。只是有笔杆，而且必须有地盘的一些人，要求他们的自由。没有笔杆的不用说，有笔杆而无地盘的，也谈不上争出版自由。至于清议人类较多，可用嘴巴。宋武帝曾下过一道命令，犯"乡论清议"的罪，与"贼污淫盗"同科，这与今日的"莫谈国事"相类。中国社会大多数人不能用笔，只能用嘴，用嘴一向被抹煞，没自由，不在新闻自由之内。一般议论不自由，实际上，只是士大夫智识份子的不自由，而且大半是"良药苦口，忠言逆耳"，对君王不能谔谔极谏的不自由。以此范围，以此标准，以此感情，去争取言论和新闻的自由，就是自由得到了，去大多数人的自由也尚有十万八千里。大多数人对那种自由的美丽，也许会像庄子所譬喻的：鱼鸟麋鹿看见毛嫱丽姬，都争着逃跑了。人之所美，于它们无关。

少数或个别的人，不能说出多数人想说的话么？当然能够的，不是人人能够，但只要不偏不私，无蔽无囿，忠实于客观的事实，服从真理，看得透，看得远，总可以听到众人的声音，得到正确的认识。莫以一己的感觉、主观的判断，当作自由的尺度，要以多数人的自由为自由。应该如此。这是我的奇怪想念之三。

新闻自由的限度

我说新闻自由有限度。一条新闻或一种意见，对国家、对社会，都有道德和法律的责任。说新闻自由是一种人权，有权利自有义务。什么义务呢？按道德说，只要不撒谎，不发谬论，就够了。如报道不根据事实，而出于捏造。其捏造是恶意的，不是无意，这样当然不应该，不能允许其自由。如叛国事贼，替敌人宣传。或以邪说当作真理，妖言惑众。也应该取缔，不能允许其自由。孔子诛少正卯，诉他五大恶，其中有“言伪而辩”、“记丑而博”。此种罪名虽不足以法律为准绳，但却可以分出一些是非的标准，自由的界线。就是说，绝对自由是不许可的，不应该也不必要。其实困难之点不在限度的宽狭，而在政治的立场。

对个人，是否侵犯他人的自由，事属细节。那一切，都可以法律明文规定，有所遵循。顶讨厌的是对社会、对国家，尤其是在社会国家逢到变革的时候。人类社会存在着不合理的制度，人类历史有革命，因革命而进步。人权是否包括有革命之权？如其不包括，则新闻不能报道革命的事实，意见不能宣扬革命的理论，在被革命的政权之下，没有革命的自由。在革命政权之下，当然也没有反革命的自由。此时新闻和意见被迫离开了革命斗争，即等于离开事实，离开自由。因为对事实要保守秘密，不能接触。一般人最需要知道的事情，在报纸上不见了。大家最想说的话根本不能说了。

提起“秘密”这件事，本来不好处理。知道秘密是很危险的，不幸的。阎婆惜因为得了宋江的秘密、晁盖的一封信，喜得叫道：“好呀，我只道吊桶落在井里，却原来也有井落在吊桶里！”那知阎婆惜就为知道这个秘密而送了命。《坐楼杀惜》这出戏的教训如此。但在一个新闻记者，所有独得的新闻都是秘密的，其职业便是打探秘密。秘密而受国法保护，新闻何来自由？

中国现行出版法第二十一条规定：“出版品不得为左列各款言论或宣传之记载：(一) 意图颠覆政府或危害中华民国；(二) 妨害邦交者；(三) 意图损害公共利益，或破坏社会秩序者。”照这样广泛规定，国内的政治、经济、军事以至社会新闻，有不顺眼处，一经挑剔，便可构成罪状。外交新闻也不能随便发表。因为“意图”只是一种思想，不是行为，对“意图”可以任意曲解，罗织罪嫌。政府不可颠覆，社会秩序不可破坏，就是说不可革命。一个革命政府而否认革命，在理论是上讲不通的。出版法也是不通的。

现在对新闻自由确有着种种限制：（一）垄断新闻机关，操纵舆论；（二）打击不同的意见；（三）封锁新闻；（四）对自由的报纸杂志，加以经济的、政治的压力，法律及行政处分，使其不能存在；（五）利用严格的登记手续，胎杀异己的定期出版物。我不敢说这些限制全不对，都不好。这是手段，不是目的。我们要问的是限制新闻出版自由的目的何在？是为进步的，革命的？还是复古的，反革命的？牺牲自由可以，不过要为进步，为革命，为多数人的利益幸福着想。这是我的奇怪想念之四。

总合上述，我的意思是：出版、讲话、思想分不开。新闻要报导事实，意见要说出真理，自由应属于最大多数人。限制自由应为进步与革命。谨以刍荛之见，奉献于苦难重重的中国新闻出版事业，致意年轻的记者节。

（载《中国建设》1948 年第 6 卷第 6 期）

难关重重的出版自由

陈　时

一

中国的法网实在太密，密到使你矇然不知其存在。我们每一个人的言论行动，未必不时常触撞法网，一旦有人挑眼，你就犯了罪。去年上海有一个小本商人，辛辛苦苦十多年积蓄了一万多块银洋，被当局用等量的法币，一块掉一块地古脑儿搬去。于是乎喊冤，结果当然是等于零。因为后来我们知道了当局确是有“法”可据，那是十余年前颁布的叫什么《收兑银币条例》。最近南京《新民报》奉令永久停刊，大家才纷纷议论这违反《宪法》的《出版法》之不当。在细针密缕的广大法网之中，《出版法》算是比较显著的一个。由于它的存在与日常生活太密切，我们对它其实并不像对《收兑银币条例》之类那样漠不关心；不过我们无力对它提出抗议，或明知其抗议也无效，大家马马虎虎，只要人家不挑眼，得过且过罢。《时代日报》被封之后，也以为这是一种“敌性”的外商报纸，被封是情理之内的事，各人自扫门前雪，还是不响为妙。但万不料这一次竟从《新民报》开刀，杀鸡吓猴，使一些多少带了几分民间性的报纸杂志大惊失色了。政府的武器是《出版法》，自去年《文汇报》、《联合晚报》被封以来，出版法的威风敛息已久，这一回又大大的显露了一番。于是大家来谈《出版法》，嘘它，骂它，唾弃它，诅咒它，仍然无损它的威严。唯一能制服它的是《宪法》，但《宪法》不会开口说话，制宪和立法的先生们全顾左右而言他，笑骂由他笑骂，好“法”我自为之，这情形真是尴尬。

二

在昔专制时代，谈不上什么言论自由、出版自由，我们仅知道有所谓“焚书坑儒”、“罢黜百家”，以及一连串血淋淋的文字狱史，因此更谈不上什么《出版法》。中国之有《出版法》，始作俑者为彼“窃国大盗”袁世凯，但其前，也有一些“律例”之类可称前驱，现在择要依次记叙于后，以见这可怕的出版法是怎样蜕变而来。

（一）大清律例

清光绪二十七年所刊行之《大清律例增修统纂集成》，有“造妖言妖书”条列于刑律盗贼类。占革命史上光荣之一页的《苏报》案，判决时即引用之。文如次：

造妖言妖书

凡造谶纬妖书妖言，及传用惑众者，皆斩（监候，被惑人不坐。不及众者，流三千里，合依量情分坐）。若（他人造传）私有妖书，隐藏不送官者，杖一百，徒三年。

条律

一、凡妄布邪言，书写张贴，煽惑人心，为首者斩立决，为从者斩

监候。若谶纬妖书妖言，传用惑人，不及众者，改发回城，给大小伯克及力能管束之回子为奴。（下从略）

（二）报章应守规则

光绪三十二年，巡警部订定《报章应守规则》九条。后《报律》颁布，此规则即行收回，其较重要之前四条如下：

一、不得诋毁朝廷；

二、不得妄议朝政；

三、不得妨害治安；

四、不得败坏风俗。

（三）大清报律

《大清报律》脱胎于日本报纸法，光绪三十二年十二月颁布。其第十四条云：左列各款，报纸不得揭载：

诋毁宫庭之语；

淆乱政体之语；

扰害公安之语；

败坏风俗之语。

（四）民国暂行报律

民国元年三月，南京政府内务部订报律三章，后因报界反对撤销，其（二）章云：

流言煽惑，关于共和国体有破坏弊害者，除停止其出版者，其发行人、编辑人并坐以应得之罪。

（五）报纸条例

《报纸条例》系民国三年四月袁世凯所制定公布，四年七月，又加修改公布，其第十条谓：

左列各款，报纸不得登载：一、淆乱政体者；二、妨害治安者；三、败坏风俗者；四、外交军事之秘密及其他政务经该管官署禁止登载

者；五、预审未经公判之案件及诉讼之禁止旁听者；六、国会及其他官署会议，按照法令禁止旁听者。（下略）

（六）出版法

出版法系民国三年十二月袁世凯所制定公布。《国民公报》等之被封即援引此法，民国十五年废止，其第十一条内容如次：

文书图画有左列各款情事之一者，不得出版：一、淆乱政体者；二、妨害治安者；三、败坏风俗者；四、煽动曲庇犹罪人、刑事被告人，或陷害刑事被告人者；五、轻罪重罪之预审案件未经公判者；六、诉讼或会议事件之禁止旁听者；七、揭载军事外交及其他官署机密之文书图画者，但得该官署许可时，不在此限；八、攻讦他人阴私，损害其名誉者。

（七）国民政府出版法

本出版法十九年十二月公布施行。二十六年七月修正。内政部封闭《新民报》，即援引此法。其第廿一条条文如次：

出版品不得为左列各款言论或宣传之记载：

一、意图破坏中国国民党或违反三民主义者。

二、意图颠覆国民政府或损害中华民国利益者。

三、意图破坏公共秩序者。

（八）修正出版法草案

本草案经行政院三十六年十月二十四日会议通过，并将作为行宪立法院讨论修正的张本。其第四章《出版品登载事项之限制》，全文如次：

第二十一条　出版品不得为左列言论或宣传之记载：

一、意图颠覆政府或危害中华民国者。

二、妨害邦交者。

三、意图损害公共利益或破坏公共秩序者。

第二十二条　出版品不得为妨害本国或友邦元首名誉之记载。

第二十三条 出版品不得为妨害善良风俗之记载。

第二十四条 出版品不得为妨害他人名誉及信用之记载。

第二十五条 出版品不得登载禁止公开诉讼事件之辩论。

第二十六条 战时或遇有变乱及其他特殊必要时，得依中央政府命令之明定禁止或限制出版品关于政治、军事、外交或地方治安事项之记载。

以上八项，大致可以看出中国出版法成长的痕迹，就是愈往后，条文愈笼统，也愈严密，“不得”愈多，真是青出于蓝而胜于蓝，我们在这方面的进步是可惊的。

但是这些或认为太不雅观了，仿佛中国不是一个民主国家似的，那末我们加一条漂亮的尾巴，以资点缀罢——

《宪法》第十一条：“人民有言论、讲学、著作及出版之自由。”

（载《远风》1948 年第 2 卷第 2 期）

国府摧残出版自由！

吴敬敷

美国民主政治开山祖、《独立宣言》起草人杰弗逊（Thomas Jefferson）说：“政府的基础是民意，一切都应该以民意为依归。如果政府与报纸两者不可得兼，有政府则无报纸，有报纸则无政府，要我选择其一，则我毫不犹豫地主张宁可有报纸而无政府！”杰弗逊这几句话是绝对正确的。历史告诉我们：近百余年来，欧美各国所以能够文明进步，一日千里，最重要原因之一，就是因为有了言论出版自由。如果人民的公意始终被压制着，统治者说出来的话便是法律，恐怕今日欧美各国的情况也许比我们中国还要糟！

多谢那些“为国宣劳”的国大代表们，当民国三十五年十二月二十五日通过《中华民国宪法》时，他们很勇敢地替全国国民写下一条明文：“人民有言论、讲学、著作及出版之自由”。（宪法第十一条）虽然只有寥寥十五个字，全国同胞对它却怀着无限的憧憬。所以实施宪政以后，一般人所最注意者，就是这个依据宪法而产生的政府是否遵照宪法的规定给予人民“言论、讲学、著作及出版之自由”。但是说起来未免太令人痛心，蒋总统就职还不到两个月，内政部却于七月八日勒令南京《新民报》永久停刊了！

《新民报》是私营的言论机关，编排新颖，颇受社会欢迎，这次突被处分永久停刊，据内政部发言人的谈话，是因为该报：“一为共匪宣传，夸大匪军战力”，“二故意散布谣言，扰乱社会人心”，“三谎报事实，污蔑国军”，“实违反《出版法》第廿一条第二三款‘出版品不得为损害中华民国利益及破坏公共秩序之宣传或纪载’之规定，乃依照同法第三十二条之规定，予以永久停刊处分。”俗话说：“欲加之罪，何患无词。”我们认为依据这样的理由勒令《新民报》停刊，徒见政府当局的蓄意摧残出版自由而已。

第一，内政部所引用的《出版法》，根本就是一种与宪法抵触的法规。这个《出版法》乃袁世凯时代的产物，是北洋军阀用以奴役人民工具的一种。国民政府立法院虽曾于民国十九年及二十六年略加修正，但大体上仍无多大出入。依据该法第二十一条的规定：“出版品不得为左列各款言论，或宣传之记载：（一）意图破坏中国国民党或违反三民主义者；（二）意图颠覆国民政府或损害中华民国利益者；（三）意图破坏公共秩序者。”这是多么违背时代精神，多么容易入人于罪的规定呀！现在是实施宪政的新时代，国民党的特权早被取消，这个保障特权的法规也应该跟着废除或彻底修正，但是内政部却依然用它来做取缔出版品的法律依据，未免太开倒车吧！

第二，内政部所指出的《新民报》的罪状，都非常空泛，没有确实的证据。内政部说《新民报》“为共匪宣传，夸大匪军战力”，实则“匪军战力”究有多大，直至此刻恐怕连国防部也得不到精确的情报。内战以来，最削减“匪军战力”的，要算是陈参谋总长了。他曾经说过，只须三个月的时间，剿共军事可以告一段落。现在又怎样呢？内政部说《新民报》“故意散布谣言，扰乱社会人心”，登载《香港的野风》、《透视大巴山防务》等文，为“匪军”夸大宣传，实则半年来由于国军的着着失利，全国早已风声鹤唳、谣言四起，《新民报》披露新闻也许失检，但却不能说它一定是故意“为匪军夸大宣传”。最后，内政部说《新民报》“谎报事实，诬蔑国军”，登载《看西北战局》、《悼宛西民团》等文，诋毁“国军受制于人”，不肯互相救援，并肆意侮辱团队，离间军民感情，实则今日军纪之恶劣、士气之沮丧，即最高统帅也迭曾公开承认，岂待《新民报》的“谎报”哉？相信《新民报》种种逆耳的记载，到底是一种有助于“戡乱”的忠言，还是一种专为中共张目的呓语，一定还有推敲的余地。

第三，人民有诉讼之权利(《宪法》第十六条)，政府对于人民的逮捕、拘禁、审问、处罚，更须由法院依照法定程序办理(《宪法》第八条)，此次内政部直接下令处分《新民报》，绝不给予申辩机会，手续是否合法，大有研究之价值。在欧美国家，出版机关是否犯法，须由法院审判，行政机关只能提出控告而已，并不能直接加以处分。且实际上行政长官和报馆打官司，几乎十之六七都是败诉。正因为出版自由这样被重视，所以他们政治上的黑幕也就跟着出版事业的发达而逐渐减少。我国刚刚实施宪政，出版自由就遭受摧残，岂不可叹！

我们对于《新民报》并无所好恶，但对于政府任何摧残出版自由的行动，则绝对不能缄默。人们往往强调政府的神圣性，把政府看得比什么东西都重要，所以任凭政府侵害民权，甚或任凭各种奸贼假政府之名以蹂躏民权，而不作声。殊不知政府根本是人民用以满足欲望、增进幸福的一种工具，官吏则是人民公共的奴仆。政府和官吏都是为人民而设的，人民则绝对不是为政府和官吏的设立而生存的。所以政府和官吏的基本任务，就是对人民赤诚尽职，尊重人民的意见，服从人民的驱遣。如果政府和官吏可以剥夺人民的权利，则人民又何必自寻烦恼设置政府和官吏呢？我们觉得杰弗逊所说“宁可有报纸而无政府”，是一句至理名言，一切不愿做奴隶的人们都应该以它做座右铭！

（载《中美周报》1948 年第 294 期）

关于公开出卖淫书

余 山

八月十日《字林西报》第二版登载一篇关于公开出售淫书的文章，大意是说："任何行人经过外滩或者附近的马路，都可以看见许多书摊上都放满了英文本的邪淫小说，虽然在全世界各处都有这类淫书出售，然而在任何文明的国家都是禁止公开出售的，在这□淫书里面都是用淫秽不堪的文字描写不正常的邪淫行为，这些书籍将严重的影响青年们身心的健康。"

这的确是一件值得注意的事，淫书竟能公开出售，这是我国的耻辱，这事已经不小，但是更大的事就是我国许多青年将因此而受害，为了爱护我们的青年弟兄姊妹们，我们希望做父母的、做师长的应该严格注意自己的子弟，以免受到淫书的毒害。

我们更向施政当局建议立刻严加取缔，我们当然原谅一般普通警察不能取缔英文本的淫书，因为他们的英文程度较低，但是终得想个妥善办法才是，而况在晚上，霓虹灯照得通亮的南京路上，各大公司门口都挂满了邪淫的小说，普通都是中文的，有些连书面上都有邪淫的图画，这些书籍是很容易辨别的，所以请求当局要切实的严厉的取缔。

（载《益世周刊》1948年第31卷第9期）

学术刊物沧桑录

王 奇

先发牢骚

米价卖到二千多万，什么都是废话，学术更是废话中之废话，生活不安定，神仙也摘不出学术来！可是我们要笔杆子和干出版的，到底不能因噎废食，一令白报纸的价钱，虽则与一担白米相去无几，办报的、办刊物的还是得苦撑！有靠山可以办“报销文化”的报刊还无所谓，民营的东西可就真吃不消。至于学术，既不能靠喝西北风、抽紧裤带来研究，自然尤其谈不到，所以我们要“蒿目”一下“时艰”，感慨简直无尽无穷，这篇零碎小文，说是过门大嚼，数数当年家当。聊以快意固可，认作牢骚却也无所不可。

且说当年

卢沟桥事变以前那几年，出版界真是风光极了，报纸一来就是五六大张，《东方杂志》之类，光是画报就是十几页，最近商务印书馆大廉价，把廿六年的《少年画报》拿出来卖，我们几乎以为是美国玩意儿了。这都是闲谈，让我说说那时的学术刊物，先拣学校机关的出版品来说吧。北京大学的《国学季刊》也和北大本身一样，可算牌子顶老，由北大研究所国学门编辑，王国维、汪荣宝、林玉堂（后来才改语堂）、胡适之、赵元任、刘半农、外国的钢和泰等，都是经常作文的，一年四册，分量足够我们消化。这里也像一切研究机构的母体，后来的中央研究院、哈佛燕京社、清华国学研究所，那一单位不是由北大分出去的人主持的？也许附庸蔚为大国，反而枝荣本细了。至于后起的辅大、师大研究所更是瞠乎后矣。《国学季刊》的出版约在五四以后，与之相翼辅的，更有什么《歌谣周刊》、《努力学报》、《读书杂志》、《民俗》等，可以说全与北大研究所国学门有关。稍后，燕京、清华两校学报创刊，燕京是每半年一册，结实厚重，只要看见那重磅道林纸及木造纸封面，就让人感觉到他的分量。最初编辑人是容庚、顾颉刚等，后来则是洪煨莲、陆志韦诸先生，其特点在每期都附有详细的国内学术界消息及文史方面出版物介绍。就我的记忆所及，像陆志韦先生对于古韵学的贡献，顾颉刚、杨向奎等先生对于古史的新研，其功正不在北大的赵元任、刘半农、傅孟真、孟心史诸先生之下。同时，又出了许多专刊，如《三皇考》、《明器考》、《明史纂修考》、《殷周彝器通考》等，与哈佛燕京社出版的《引得》同为学林所重视。顾颉刚先生另外组织了一个禹贡学会，专门研究古地理学，出版《禹贡半月刊》，也是很有权威的刊物。清华学报与燕京不同之处，燕京与北大皆是以文史为主，而此则不限于人文科学，自然科学、社会科学轮流刊载，如吴景超先生即当时社会科学方面的负责编辑人也。梁任公正主持清华国学研究所，好像很写了些文章，王国维先生亦在清华指导研究工作，故后期文字分载燕京、清华居多，闻一多、朱自清等先生之国学研究文字，只有在此处见之，与燕京的陈梦家专治甲骨，都是以新文学家转向钻研骨董的趣事，如今闻先生墓木已拱，全集尚未出版，亦诚后死者之责也。俞平伯先生在清华文学院任教，其研诗之作，皆载于是。还有吴晗先生的明史论文，也是脍炙人口的（偶有在《文学季刊》发表者乃其一部份）。梁王主持研究所时，并曾发刊《国学丛刊》，（？）赵万里（斐云）、谢国桢等，均在其中撰文，大约可以说是学报的姊妹刊物。上述三大报在北平及全国学术界均占重要位置，后起的《师大月刊》及《辅仁学志》则相差甚远。这三个刊物的排版格式一律横行，好像铸成了一个定格。北大、清华封面均取朴素式，刊名之下列题目撰人，燕京稍有图案。大部份也取自古代石刻。

看看研究院

中央研究院是蔡元培先生手创的，今年整整二十周年纪念，他们的《史语所集刊》也出到第二十本，并且是蔡先生的纪念号。这些时，出版物正在商务廉价（六月底止），本来中研究有几个研究所，但经常出集刊的，仅有历史语言研究所和社会科学研究所，两种集刊，最初全是自印，后始委托商务代为印行（一—四自印，五本起改的），故此次减价，集刊是第五本起。此刊格式，极似北大《国学季刊》，其主持者傅斯年、李济、董作宾诸先生，也与北大关系较深。一切刊物有一公例，起初有好文章，慢了就松懈了，集刊的一—四本作者戏码极硬整，单说名字就可以使人生出一个偶像：胡适、沈兼士、徐中舒、丁山、陈寅恪、赵元任、李方桂、罗常培、孟心史、翁文灏、丁文江、李济、董作宾……特别是蔡元培先生六十五生日纪念论文集上下两册，内容精粹，真是不易见到的。而鼎鼎大名的胡适之《说儒》、董作宾《甲骨文断代研究例》，沈兼士《右文研究》，全是在这些本里的。老实说，五本以后，内容已是差些了，但还有些精彩，至九本以来，多是在抗战时的写作（九本是编好的稿子，抗战时失了，如今又找到补印的）。

学术不完全出自“王官”

古代学术是贵族私有，平民只合作奴隶，等到平民的生产力大到足以有余闲研求学术，于是学术的园地开放，耕耘者日多，花果日见繁茂，周秦诸子的兴起，原因在此。历代学术，大约都有官私之分，而官的往往是虚应故事，甚或贻弊将来，即如史学，过去官修史书总是搞为尊者讳、为贤者讳那一套，而文章之变作八股，诗词之衍成试帖，如出一辙。我们看看今日的官家学术，难免有逃避现实钻牛角尖的感觉，反而是私人研究，可以适应潮流，周于世用。以刊物论，从前之创于私家或一个社团而在学术界卓有成就者，真是更仆难数。商务印书馆的《东方杂志》，虽属综合性质，但每期必有一两篇分量很重的专题文字，民国十三四五几年间，尤其受学林重视，梁任公、王静安、徐中舒等人的文章刊载得不少，目下之“党国要人”，多有曾在那里作过文字的。商务代为刊行的《学艺杂志》，是以留日分子为中心的，其组织名“中华学艺社”，至今犹存。《民铎杂志》，是以留德学生为中心的，还有《太平洋杂志》，则似以留欧学生为中心，其中颇多讨论社会政治经济诸问题的著作，吴稚晖的《一个新信仰的宇宙观与人生观》，把当时的人生观与科学论战作一综合结论，即刊于《太平洋》者。此外商务还刊行过《自然界季刊》、《留美学生季报》等比较冷门刊物，数年之后，即便停歇。民国廿一年“一・二八”之役，商务被毁，以后虽然复兴，杂志多遭调整，不再续出，较专门者尤其受了影响，连《小说月报》那样有悠久历史的文艺刊物都从此中断。《东方杂志》专以画报诱惑读者，其内容已不如从前之精神。中华书局利用此时机创刊了《新中华》，申报馆也发行《申报月刊》，一时竞争很盛。事实上，我们应该承认“一・二八”的大破坏乃是新生的契机，尤其文化方面。一个商务暂时倒下，而多少崭新的力量生出来。譬如说，《小说月报》之后有现代书局的《现代》月刊，更有生活书店的《文学》月刊，以及纯左翼的刊物《文学月报》；《东方杂志》之后，有《世界知识》，乃至由翻译文字而产生的《译文》月刊等等，虽则不全是学术性，但内容常会触及学术方面的问题，此诸刊大部均是生活书店刊行，四马路三八四号弄堂成为与全国文化有关的地点，也算一个奇迹（我们得佩服邹韬奋先生的眼光毅力）。开明书店的学术刊物本来不多，因为他们的营业对象是一般读者，后来也逐渐走翻印旧书的路子（如《廿五史》、《廿五史补编》、《快阁师石山房丛书》等），在刊物方面也有了反应，十九年起，词学研究会的《词学季刊》由该店发行，是中国研究旧诗词的唯一读物。至二十六年创刊的《月报》，乃是文摘刊物之一种，唯内容也略略涉及学术。世界书局曾刊行《世界学术》，撰稿人主要为陈柱尊、唐文治、钱基博等正统派，许多文字都太偏于保守，自然不会受读者欢迎，也许就因这个，寿命不能长久。至于附属在日报的学术性周刊，此文暂先不论。

扼杀与新生

“七七”、“八·一三”以来，全国都集中汗血精力来抗战，各种刊物，特别是上海的（占全国百分之八十以上!）清一色是抗战文章，学术工作只好暂时搁起。到了上海成为孤岛，毕竟人们不肯窒息，一方面是呼号愤怒，一方面是潜育滋生，学术工作应该属于后者。我所看到的，如所谓卫大法师（聚贤）所创刊的《说文月刊》，和开明发行的《学林丛刊》，皆于此际出版。《说文月刊》的内容，在沪不如迁入内地以后，因为上海许多学者，都已间关内徙，何况内地还有来自全国各地的学人。《学林》是每一辑标一个名字，即以其中较重要的一篇名之，如《五十年来中国之史学》、《生物进化与人类》……也许是为了避免耳目罢。撰稿人有周予同、马叙伦、周建人等，虽是全部学术文章，却充满民族观念色彩。这是由开明发行的。在内地，新生的学术刊物颇多，竟有不胜纪录之感，其中中华出版、顾颉刚主编的《文史杂志》销数尤多。胜利后，此刊停顿甚久，至最近始改由文通书局出版，但已有些精神不振的样子。政治没出路，经济入泥淖，当然马上反映到出版界。讲学术也得应合时宜，并不是要拍马屁，而是逃不掉学以致用的老圈子。学院式的钻研已经不为吃不饱窝头的饿鬼所需要了，其遭遇冷淡乃是必然。商务的《学原》，以纯学术标榜，试问有几个大学生买来一看？就连《东方杂志》，也成了图书馆的装饰品，这都充分表现出老出版商的没落，读者大众多不对他们寄托什么希望。而有些出版商人，本身只要拿到配纸和贷金，也便不必计较刊物之销路如何！——销路越大，可能蚀本愈甚。《中国建设》一类是比较肯以新观点探讨问题的，可是读者数字仍不能达到战前水准。大夏的《文史丛刊》，由吴泽、翦伯赞等人领导，其观点也比较的新。再看看一些老牌的学报，《国学季刊》不知恢复了没有，《清华学报》也渺无消息，大学教授每月研究费二百万，学校办公费不够烧开水，这些根深蒂固的老树也会旱死了。《燕京学报》是有"美援"的——哈佛燕京社与美国哈佛大学合作，听说为这个还曾起争执，因为哈佛社的经费指定是发扬中国文化，有些学系就提出来，文化不限于史学，过去《燕京学报》专弄史学是不对的。——总算在前年司徒大使名字正叫得响的时候复刊了，并且是祝寿专号，内容纵不见得如何了不起，厚厚实实一本，到底还看得过去。去年的第三十一期也出版了，主要撰述人为齐思和（主编）、聂崇歧（史学系主任）等，好像都是从前挂二牌的，如今全升格了。这个刊物可以维持到何时，那也就看中美关系，以及整个世界谐调的前途了。

暂时荒歉，也许正是丰收的前景。

（连载《大公报（上海）》1948 年 7 月 8 日、7 月 15 日）

略谈抗战后几种专门学术刊物

于鹤年

考察学术的进步，必需参考期刊中的论文，因为一切新学说、新理论、新解释、新看法，乃至新资料，都差不多是先见于期刊，然后才能见于专书。我向来喜欢搜购关于人文科学的专门期刊。自抗战军兴，多数学术机关避入内地，骤然感到岑寂起来。以前各种刊物率皆不能到手。自光复以后，我用尽各种方法，搜集了若干种在内地刊行的以及在战后继续出版或新刊的期刊，虽不甚多，亦足以代表抗战以来国人在学术上的努力。我因为这种情形，尚少人介绍，所以我不辞谫陋，姑就所见，略为说明，想亦是同志们所赞同的。

首先说到国立中央研究历史语言研究所刊行的集刊。此刊在战前刊行了八本（即八卷），共三十二册。历史、考古、语言、文字、人类、社会，各类论都有。抗战期中继续刊了几本，光复以后，已在内地刊行的又都在上海商务印书馆再版，并又续有新刊。已竟印出来的一共见到四本：第九本、第十一本、第十二本、第十六本。第十本未印出来。第十三本至第十五本闻系在重庆所印之三册六同别录，本来列为外编，今又改为集刊，亦未印出。兹就已印出之四本看来，成系统的长文和零碎的考证各居半数，更有数篇不过是读书札记，不能称为论文，比较从前似有不如。不过其中可读的文章尚不算少，而我认为可算定论的要属芮逸夫先生的舅甥的称谓。

其次说到同研究所刊行的《中国考古学报》第二期，商务印书馆印行。第一期原名《田野考古报告》，第二期始改今名。此期共收论文六篇，都是很切实的，为其他同类刊物所不及，不过其原稿都是在战前付印的，至三十六年三月才出版。

同研究院社会研究所的《中国社会经济史集刊》在战前刊行了五卷，民国二十八年刊行第六卷，编辑于昆明，由上海商务印书馆印行。第七卷改由独立出版社印行，第一期刊于民国三十三年六月，第二期刊于民国三十五年七月。

《民族学研究集刊》，中山文化编译馆印行，战前已出二期，战期续刊二期，未见，均商务印书馆出版。民国二十五年刊行第五期，系由重庆中华书局印行，内容充实，除纸张、印刷稍差外，极满人意。

国立北平图书馆原有《馆刊》和中西文《图书季刊》三种。馆刊登载论文、书评、新书介绍、学术消息、书目等。中文《图书季刊》多转载战前天津《大公报·图书副刊》（亦由该报编辑）中所登文字，长文较少。西文《图书季刊》略同。中日战起，各刊均停。民国二十八年三月，中文《图书季刊》在昆明复刊，内容较战前充实，略同馆刊，书评、新书介绍及学术消息既多且广，南北均收，足供学人的参考。至去年已刊到第七卷。

国立中央图书馆馆刊系继续战前的《学觚》、战时的《图书月刊》而刊行，每年四册，上海开明书店印行，最易购到。已印出第一卷四期，内容与《图书季刊》相似。其入藏图书目录多属不见广告之新出版物，甚为有用。

四川省立图书馆有《图书集刊》，已见到三十五年十月所刊之第七期，虽为薄册，收文二篇，然均为极有价值之作。

浙江省立图书馆在战前有三种刊物，（1）《文澜学报》、（2）《浙江省立图书馆馆刊》、（3）《图书展望》，前二者登载有研究性文字，后一种则重在宣传。战起均停刊。民国三十五年《图书展望》复刊，性质大体如故，略收短篇论学文字，现已刊出五期。当此文化闭塞时期，此刊不失为传达消息的良好工具。

抗战时期济南之齐鲁大学与南京之金陵大学均迁到成都。此二大学与成都之华西协合大学合编《中国文化研究汇刊》。燕京大学在成都成立后亦行参加。自民国三十年创刊，迄今刊至第六卷。现在各校均已迁回，恐不易续刊了。所收论文包括汉学全部，内容极为丰富，且多长篇。第六卷内傅吾康先生（德人）著《中日战争期中后方之汉学研究》一文（英文），值得最先一读。

金陵大学本有《金陵学报》，其中人文科学与自然科学分期刊载，内迁后续刊至第十卷。

齐鲁大学在战期刊有《齐鲁学报》二册，系上海开明书店印行，多为考证文字。此外尚有数种，均未见。

华西协合大学中国文化研究所集刊已出六卷，刊于民国三十年以前，所收文字多有西文著述。第六卷全为西文。此卷内之《明代东蒙古史》系俄文原著，译成英文，最有价值。其第一卷在上海印刷，值太平洋战起，不能内运，另行贮藏，迄未得发售。

燕京大学于民国三十四年复校，三十五年继续刊行《燕京学报》第三十期，为纪念司徒雷登氏，成一厚册。最近刊至第三十三期。最努力者为陆志韦先生对于中国语音之研究。

《浙江学报》系国立浙江大学所编，民国三十六年印行，已见第一卷第二期，闻第三期尚未出版。内容范围极广，亦甚充实。

《文史》杂志系顾颉刚先生主编，民国三十年前后刊于重庆，本系月刊，然所见到的第三卷以下都是二期合刊，实等于二月刊。至民国三十四年十二月刊至第五卷第十二期。第三卷至第五卷系由重庆中华书局出版。民国三十五年七月在上海中国出版公司续刊第六卷第一期，连续刊出三期，不见下文。此三期流行不广，不易购到。最近上海文通书局刊行此志，仍为第六卷第一期，内容与已刊者不同，因尚未见到，不知期数重复有何原故。此志范围广泛，除文学与史学以外，乃至哲学、宗教、美术、考古、社会、民俗皆包括在内。所收文字篇幅尚不过长，成熟之作不少，例如向达先生的《唐代俗讲考》即其一种。

《思想与时代》月刊，于民国三十年创刊于遵义。编辑部设在国立浙江大学。战时共出四十期。战后随国立浙江大学迁到杭州，续出十一期。所收论文各门皆备，惟偏重学理讨论，少载考据文字，乃是带研究性的普通杂志。

在战后刊行的期刊性质与前一种相似的有商务印书馆出版的《学原》，已出七期，购阅容易，不必多谈。

《中国史学》，中国史学会编，民国三十五年重庆中华书局印，内容与《文史》杂志相近。

《西南边疆》为研究西南边疆史地民族之专门刊物，刊行于民国三十年前后，主持人似为金陵大学教授徐益棠先生。此种刊物销路极狭，不得社会的协助，很难久存。刊至第十八期。

《边疆公论》是蒙藏委员会的附属机关刊物，所以尚能存在，不致夭亡。所收文字有的是泛论，有的是研究。不似前者专门为研究文字，涉及范围包括各方面，亦不以西南为限。内容充实者与空泛者均有。编次嫌不整齐，刊出日期亦太不准。创刊于民国三十年，本为月刊，然多合期，第五卷仅出二期，第六卷正式改为季刊。第七卷尚未印出。

《现代学报》，民国三十六年创刊，独立出版社印行，已出三册，一为第一卷第一期，一为二三合期，一为四五合期。内容包括法律、经济、历史、地理、考古、民俗、文学各类，泛论与考证兼而有之。表面看来似是充实，详加考察，颇嫌不精。如与敌伪时期刊物相较，很像北平出版的《中国学报》。

《历史考古》第一号是沈阳博物馆刊行的专刊，民国三十五年出版，论文一部分是东北考古报告，较有特加注意之价值。

大夏大学刊行的《历史社会季刊》，已出二期，兼收师生作品，范围广泛，通论与考订均有，虽不如《浙江学报》之整齐，到亦相当充实。

《人文》月刊，战前刊行八卷，每卷十期，共出八十册。内容有论文、书评、大事类表及杂志要目索引等项。论文包括时事评论和掌故考证。人文社是一种社会事业，以保存现代史料为目的，所以表现出来的精神别具一格，与一般不同。自民国三十六年四月刊行季刊，论文减少，书评免去，大事类表和杂志要目索引如故。索引又增入日报一种。惟索引所及杂志种类较少。

《国文月刊》系专门研究中国文学及中国语文学各项问题，更特重关于教授方面。民国三十年刊于昆明，出至四十期而结束，民国三十五年由上海开明书店复刊，迄今出到第六十五期。此刊最易见到，不必另为介绍，以其应列为专门学术刊物，姑附于此。

搜集专门学术期刊很是困难。除了由书店发行者购买比较容易，其自行发售者几乎毫无办法。第一、我们无法知道有某种期刊。第二、我们更不容易找出负责发行机关。第三、价目时有变化。第四、不知出到何期。第五、邮汇费时费事，极不便利。所以每购一种不知费几许精神。有时因往返函询，乃致本可购齐者，反不能购齐。其最令人不快者，即发售处答复迟缓，贻误时机，答非所问，枉费精神，甚至竟不作答，令人失望，所以我每辗转托人代觅代购，倒比较可靠。考其困难的原因就是消息迟滞、广告缺乏。所以我希望有一种介绍学术书刊的刊物。现有各图书馆的刊物都太迟缓，且不完全，难以利用。最好由国内大图书馆负责搜集新刊消息，由书店代为发行，每月一期，或者附刊流通范围较广的刊物之内，更为便利（若已刊行的《读书与出版》，虽有介绍学术的作用，然而目的不在研究，不能并为一谈）。（民国三十七

年四月一日）

（载《大公报（上海版）》1948年5月6日）

全国农业期刊出版现状及其改进

王如海

从一国的出版物可以看到他们人民的文化程度，从我们的农业刊物上也同样可以看到我国现代农业的进展情形。

最近中华农学会做了一个全国农业期刊的调查，这是一个有意义的工作。我们不能否认农业建设对于国家前途的重要，也就不能否认农业刊物的出版的重要。在"工业化"还是可望不可即的今日，这有着数千年的根底的农业底改造，是更有着其迫切的需要了，所以怎样通过农业刊物的出版，来互相研究，互相讨论，扩大宣传，加深大家对农业改造的认识，是农业出版界的任务。

据该调查，截至本年一月二十日止，全国有农业期刊共七十九种，把准备刊行的合计在内共为八十九种，这里面虽然有的不是纯粹的农业刊物，但确与农业有着密切的关系的，虽然不免也有遗漏的，但也足可代表全国性了。我们分析这八十九种期刊，得到下列的结果：

（一）在地域分布上，八十九种刊物在京沪二地出版者达二十八种，占总数的三分之一。大多数的省份，几乎只有一种农业期刊，许多省份一种农业期刊都没有。

（二）在内容上，偏学术性的十九种，一般的研究与报导的六十四种，通俗性的六种。

（三）在分类上，专业性的二十八种，内棉三种、烟二种、林四种、蚕丝三种、水产一种、畜牧兽医二种、昆虫三种、茶一种、糖一种、稻作一种、农业经济二种、农业推广二种、土壤二种、植物一种、地政一种。其余六十种皆为综合型的。

（四）在刊期上，周刊四种、旬刊二种、半月刊六种、月刊三十一种、二月刊七种、季刊十三种、半年刊二种、不定期刊四种、未明的十种。

从上面大概的分析上，我们对于全国农业期刊出版的现状就可得四项结论，即：

（一）大部地区农业期刊的缺乏。

（二）通俗的农业期刊的贫乏。

（三）专业性农业期刊的贫乏。

（四）刊期在一月以上的农业期刊占百分比过多（刊期在一月以上的与一月以下的几乎各占二分之一）。

就上列第一项大部份地域农业期刊的缺乏言，足以显示出我们的农业改造在大部份国土内没有热烈的展开，虽然这与农民的文化程度落后有关，这与刊物印刷费用支出的巨大而使许多机关团体无力负担有关，但就主观与客观两方面的要求上看，以这些少数的农业期刊要去配合广大农村的改造工作，决是不够的。农业改造在今日的中国，不是和别的经济部门的改造那样地可以由政府定一个方案，由政府的力量去执行就能成功的，农业的改造需要广大的农民及与农业生产有关的人们底彻底的认识，需要他们由衷地拥护，单凭政府一个方案，单凭由上而下的政治力量来推行而期其成功是件难事，而我们的农村又是那么的辽大，我们的农民是那么的众多，我们农业改造的范围又是那么复杂，以现在有限的农业刊物，怎能胜任它应有的任务呢！

何况，以目前物价的激涨，印刷成本的高昂，除了极少数资本浓厚的外，几乎没有一本刊物不是在挣扎中的，有的出了这一期，就不能把握得住下一期能否继续出版出来，因此，在应有的期数上打了折扣是件极普通的事，这使现有的期刊在数量上面更感到了不够。

就第二项言，是一个更严重的问题，如上段所讲的，全部的农业期刊在数量上看已是太少了，而通俗性的农业刊物更是少乎其少，现有的农业刊物几乎完全是农业公务员、教师、学生群中的刊物，没有及到一般的小市民阶级，更没下乡去，没有到农村去！这是农业出版界太严重的弱点。农民们诚然由于知识的不够，一时不能接受这些刊物，但政府和一般从事农业改造者却绝不能放弃或忽视这一宣传工作。现在的各级负有农业改进责任的大小机关，他们出版了一个刊物，常送到上级机关去报销，却忘记了应该大量的印发到农村去。

就第三项言，虽然我们现阶段的农业改进一般地讲还是着重于普遍性的，但普遍之中包括着专业，从农业各部门的专业改进，可以促使整个农业生产的改造，所以如何配合作物生产区域，发展专业性的刊物，实在也是很需要的。在南方的农村里，稻的栽培是他们的主业，但竟没有一本专门研究稻的栽培或宣传与指导稻作改进的刊物。

就第四项言，指导农业生产有着紧密的时间性，一种农业期刊，除了是学术研究性或工作报告之类的外，刊期不宜过长，但我们现有的农业期刊刊期在一月以上的竟占了一半，这就是说，能够把握住时间性予农业生产以指导的刊物太少了。

由于以上那些的申论，我们找到我国现有农业期刊的缺乏或贫乏之最重要的原因当然是印刷费的支出过巨，使各个机关学校团体不胜负担；其次是农民文化程度的低下及由于政府的忽视，所以农民化的通俗的农业期刊几完全缺乏；其三是各单位事业的贫乏，研究的贫乏而使已有的刊物内容空洞，发行数无法增□或竟而无法持久，针对这些原因，我想单从农业期刊的出版上作一个小小的建议：

（一）代表全国性的纯农业学术性的期刊，其种数不在乎多，大家应该集中力量来充实一二种此类刊物即可，如中华农学会的《中华农学会报》（*The Journal of the Agricultural Association of China*），如中农所的农报，都已成为全国农学刊物的权威，而且已在国际上获得声誉，尤其是《中华农学会报》已有三十年的创办历史，农界的人应该共同维持它，使它更充实更发展。

（二）如农林部农业推广委员会现编行的《农业通讯》，以报导全国农政设施兼具农业推广性的内容为主，是合乎各项农业从业人员的需要的，我们希望更充实实际材料，少登空泛议论，并且大量发行，如果全国每一县的农政机构都能长期免费地收到一份，那对于它的任务就可胜任愉快了。

（三）每省或每一农区需要一个把握农时指导实际生产技术的较通

俗的期刊（一般的或专业的），这期刊以农业公务员、农学生、有知识的地主和自耕农，及乡村教师等为对象。如北平农业生产社的《农业生产》月刊可作为这一类的例子。这类刊物很重要，但在现有的期刊中却是最少的。

（四）农民化的通俗性刊物如农推会的《推广画报》一类东西极为需要，但这类刊物不宜全国性，它应该富有地方色彩，每一个地方应该有一种经常地出版，深入农村，免费地送到每一乡村的农民家中去，如福建省农会的《农报》是一个很优良的体裁，但给农家看还应该更从通俗化并加插图。又如中国农业协会的《现代农民》也不愧是一本体裁优良的通俗农业期刊，但如每一期加上一点科学农业生产常识，大量下村去，那就真可使《现代农民》十足的名副其实了。

以上这一些建议当然还是一隅之见，但如果循着这几个方向发展，我想是一条正当的路线，至少现有许多内容贫乏、同一，甚至八股化了的用以报销装饰的刊物是不需要的。试看美国的《农报》（*Farm Journal*）吧，每期发行数量达二十万份，内容那样的充实有力，我们是农业国，我们的农民那样多，我们不能使我们的国家和农民有一本这样的刊物么？

（载《大公报（上海版）》1948 年 3 月 4 日）

再论全国农业期刊出版现状及其改进

吴毅农

三月四日本刊载有王如海先生所著《全国农业期刊出版现状及其改进》一文，对当前农业刊物的分析，相当正确。据笔者所知，无论农学者或非农学者，向来对农业出版物很少注意，将这个问题提出来分析检讨的，更是绝无仅有；因比，在我国本已显得贫乏的出版界，农业出版物就更其可怜！现在王先生对这个问题，可算开了个端，我们希望大家重视这一问题，把这问题作更深入的挖掘，使国内现有的农业期刊，从凌乱贫弱的领域，步入充实新颖的坦途，这对我国农业的改造，也许不无帮助！

王先生从七十九种现有农业期刊的分析中，得到下列几个重要结论：

（一）印刷成本高昂，使期刊在数量发展上受了限制。

（二）各级机关编行的农业刊物，旨在向上级报销，却忘记了应该大量印发到农村去。

（三）各级农业机关事业萎缩，工作贫乏，使刊物的内容空洞。

因为有以上三种主要因素的影响，所以使现有的农业刊物始终停滞在苟延残喘的状态中，此点原文说得甚详，我们除同意外，无须再加申述。不过王先生的分析，偏重于客观的事实，关于农业文化工作者本身主观上应有的革新与努力，说得不多，笔者想在这一方面补充一些意见。

所谓农业文化工作者，是暂时杜撰的名词，也许不很适当，不过意思是指那些农业期刊的负责者，与经常有兴趣写农业问题的投稿者。我们觉得，这些人的努力与否，对农业期刊本身所发生的影响很大，在现实的环境下，一切客观条件不能令人满意，那是必然的，但是要克服困难、突破限制，只有凭主观的努力，因此，在强调主观努力原则之下，提出下面几个问题来加以讨论。

一、编排问题——这是刊物本身的形式问题，一本真正完美的刊物，它不但有充实的内容，同时也应该有美观的形式，农业刊物在这方面做得不够，随便走到书铺子里看看，便会发现农业刊物的编排版面，远不如文艺、政治、经济、理工等刊物来得考究。就字体说，从头到尾，常用同一的字体，很少变换。就版面说，也多是用呆板的循序排列，很少花巧。因此从外形上看下去，显不出刊物内容的变化，容易使读者感到乏味与忽略重点。如果我们将字体与版面加以灵活的运用与布置，使版面美化，重点显露，一定会增加读者的趣味与吸引读者的注意力。这是农业期刊编者应该注意研究的一点。

二、稿件问题——目前的农业刊物，数量固然少，内容也不能令人满意，正如王先生所谓，机关办刊物的目的，在向上级报销，多数刊物除了登载一些公报之类的东西而外，精彩的内容实在说不上，说得严格点，以现有刊物的“量”来容纳现有刊物的“质”，恐怕还嫌浪费，所以我们觉得，现在充实内容的工作应重于扩充数量。充实的要点，除前面所说的编排问题外，主要的就是稿件问题。这个问题，可分两点来说：第一，就编者说，我们认为，一个成功的编者，不单是有鉴别选择稿件的能力，更应该有把握内容、征集稿件的办法。目前大家感到衣食之不暇给，很少有余裕的心情写文章，如果编者不主动的向各方面挤文章，无疑的，刊物会感到稿件的贫乏，所以一个刊物的使命，绝不是被动的容纳文章，而是主动的激发出好文章，并且对其所隶属的事业，发生促进的影响，这才是刊物存在的真正意义。所谓挤，当然不是单纯的发一些征稿信所能济事，是要根据内容的需要，选择适当的题目，请合宜的人去写。第二，就写稿者说，写稿要注意到读者的需要，正如演戏的要随时随地考量到观众的兴趣一样，一篇文章发表出来要有人读，才有意义，否则便是浪费。我们学农的人，一向只知道老老实实的研究种庄稼，对写作技巧，大都不十分考究，所以写出来的东西，不是生硬的报告，便是八股式的论文，很少生动有味的文章，因此不免减少了读者的兴趣，文章所发生的效果也就不很大，这不能说不是一种缺陷。今后如何把科学的农业知识，用通俗的生动的笔法，灌输到广大群众之间，是值得每个农业工作者深切研究的。

三、发行问题——如果把现有农业刊物的读者统计一下，恐怕农业工作者和农校教授、学生占绝对多数，一般市民及广大农民仍是绝对的少数。这种情势，已保持了几十年，如果不改变，不但农业刊物的发展前途无望，整个农业的前途也很黯淡。因为广泛的农业改造工作，一定要有农民参加，才有效果，而农业刊物又是介绍新式技术、掀动改造工作的重要媒介，所以如何把农业刊物送到农民或农村知识份子的手中，是当前农业改良工作上的一个大问题，也是农业刊物本身发行上的重要问题，这是就发行的方面而言。在发行技术上，起码的要求，是按期出版、准时寄达，这个问题看起来似很简单，做起来并不顶容易，当前的七十九种刊物中，做到这个起码要求的大概不会超过十种。因为刊期的时常延误，投稿者与订阅者都减少了兴趣，甚至影响到刊物的存在，故发行技术也是值得研究的大问题。

总之，今天在客观上，农业刊物被机关团体视为点缀品，还没得到应有的重视。在主观上，我们农业刊物的负责者，也还没有把这工作认清楚，以致缺乏主动性与创造性的努力，使现有的刊物陷在苟延残喘的状态中而无以自拔。以上不过是一些初步意见，更具体更有分量的意见，还希望大家贡献。

（载《大公报（上海版）》1948 年 4 月 15 日）

参加上海市杂志界聚餐会感言

言心哲

文化的势力是衡量国势强弱一个最重要的因素。所谓文化的势力，范围亦颇广泛，但无疑的，一个国家出版事业的荣枯与一国的文化势力有极密切的关系。因为文化势力的基础大都要建立在出版事业之上。我们或者可以说，没有出版事业，基本文化事业就无从发展，更谈不到文化的势力。

就出版物的种类来说，大概可分为书籍、杂志与报纸三种。上海是我们的第一个大都市，它的出版事业的消长，大致可以反映全国文化事业的盛衰。现在上海市的书业方面已组有上海市书业同业公会，在报纸方面已组有上海市报业同业公会，而杂志界至今尚无这类的组织。为求加强同业间的联系与合作，研讨当前的各项困难问题，此种公会的成立，似有迫切的需要。

基于上述的认识与观点，上海市杂志社负责人于最近曾举行一次聚餐会（编者按：聚餐会是上月二十八日举行的，本市现有杂志社一百三十二家）。进行组织同业公会，并商讨杂志界当前所遭遇的种种问题。这次的聚餐会到有吴市长国桢、大公报总编辑王芸生先生及同业代表六十余人，席间谈及我国杂志界的现状及其前途，大家的感慨颇多。吴市长的剀切指示、王芸生先生的现状分析，尤其值得同业同人的警惕与奋勉。

杂志对于传播文化、增进文化势力，陡然看来似乎不及书籍与报纸力量之大，而实际是殊途同归的，因为杂志在转移社会风气、增益人民智慧、报导学术消息（有许多新的学说、理论、研究，乃至所有新的资料，大都先见之于杂志，然后才能见之于专书）、协助进修、改善生活等等，实有其深远的影响与伟大的贡献。因为如此，在欧美先进的国家，政府与社会，以及工商各业对于杂志界莫不尽力的扶植与赞助，使其与国家他种事业并驾齐驱。现在美国杂志的销路在一百万份以上者计有三十余种之多，其销路最广的杂志，甚至有超过一千万份以上者，若拿我国首屈一指上海这个都市所出版杂志的销数一比，已经是显得格外的可怜。据我所知，现在上海发行的杂志销数在一万份以上者已不多见，而且其中或寿命短促，或名不副实者，比比皆是。至于黄色气氛之浓厚、内容之不够水准，姑且撇开不谈。尤堪吾人注意的一件事实，就是外国杂志在中国的销路比中国杂志的销路，一天一天的多起来，且大有“喧宾夺主”之势，长此以往，岂仅是吾国文化出版界的耻辱，简直是民族文化上的莫大危机。

欧美先进国家的杂志出版业之所以能够蓬蓬勃勃的发展，一方面固由于杂志界的自身的努力，一方面系由于政府、社会，尤其是工商界的协助。例如美国赫希特（Hecht）所主编的《父母杂志》（*Parents Magazine*）每月的销数有一百十五万份，每年的广告收入达三百五十万美元之多。当然，除此之外，还有一些其他的原因。吴市长在这次聚餐会的演讲中分析外国杂志为什么比中国杂志销路来得好，他说：（1）外国人识字的多，交通便利，杂志运输便宜迅速。（2）编者懂得社会心理，每种杂志都有确定的对象，刊登的文字都有一定的范围，不像中国的杂志，综合性者居多，专门的与实用的较少。（3）安定中求进步，能维持长久而不断，不像中国的杂志，短命者多。以上各点都是值得本业同人深切注意的。不过，在今天举世动荡中的中国与上海，物价飞涨，任何事业，要求安定，实在很难，要在不安定中求进步，更是“谈何容易”，但是我们又再想一想，要等待一切安定之后，再求进步，也许遥遥无期，至少目前没有这个希望，惟有在不安定之中，勉求一点进步，或能勉强得到一点安定。

吴市长深信，“中国杂志的前途，仍然无可限量，谁肯吃苦，谁就成功”，这也是吾人应有的一种信念。不过，能吃苦固然是事业成功的一个重要因素，而外在的环境，关系很大，这是因为任何一种事业不能遗世独立，在万方多难的今天，出版事业是无法“心旷神怡”的，杂志出版事业尤其不能例外。因此，我们总觉得，老是要“在夹缝中求活路”，处境是很艰苦的。所以“要使杂志、报纸，以至整个文化事业有进步，就必须自由、民主”。要达到上述的期望，则政府的扶植、社会的提倡、工商界的赞助与杂志界本身的努力，都负有同等的责任。

（载《大公报（上海版）》1948年6月10日）

上海杂志巡礼（一）

孙璧如

一

我也曾经常逛逛书店，看看报摊，单看看所谓杂志之类，的确五光十色、花样繁多，令人有“山阴道上，应接不暇”之感。假使有人问，现在上海出版的所谓杂志究竟有多少？恐怕谁亦说不出一个确数来。因为严格地说，究竟怎样才是杂志，恐怕谁亦不能确切地说得上来。现在假使随便找那一天的报纸，看看杂志的广告，譬如，我手头一份五月四日的《大公报》，登着上海书报杂志联合发行所的广告，照数点算，竟有一百八十七种之多，然而再仔细看一下，有的并非定期出版的，有的只是机关的官报；还有一部分是属于专业的、技术的，其所拥的读者群，当然为其内容所限制。所以一般地说，常逛书店看报摊的读者所注意的杂志，恐怕至多不会超出二十种。我亦偶曾和书报摊贩或书店店员闲谈，从他们的经验中可以知道，所谓最热销的杂志事实上不会超出半打之数。

这年头本是历史上未见的古怪的年头，在杂志界便可以见出来的。

物价高不可攀，文网密不通风；编者与读者之间，有咫尺天涯之感；读者要听的话，编者不敢说，即使说出三言两语，也是那么吞吞吐吐，七折八扣；一边是站在闷葫芦外，一边是封在闷葫芦里，大家闷得慌。然而有什么办法呢？自然也有若干另一批编者，有的是钱，有的是纸，不怕亏本，而且愿意亏本，大量印刷，廉价出卖——出卖那廉价的言论，然而读者们又偏不要。进步的作者与编者和进步的读者在相互追求，可是他们之间常有咫尺天涯之感。不长进的作者与编者奉命追求读者，却又为读者所厌弃。这颇有些“三角恋爱”的意味，也是此时此地“人生的憾事”！

而况物价又那么高。那些奉命追求读者的杂志是那么“不惜工本”地廉价；而读者所追求的杂志却继长增高地加价——他们不加怎能生存下去呢？便宜的无人要，要的又不便宜。于是进步的读者们不能不就有限的购买力选取他所心爱的言论与知识；所以巡视与选择成为今天读者们所必须经过的程序了。

假使我们再向店员与摆贩打听一下最热销的究竟是那几种杂志，那么我们立刻可以知道；进步的读者群爱知道的都是关于时事与政论，即此也可见读者们对于当前的政治，不论国内或国际的，是如何地关切了。我们甚至可以说，凡是关心国内或国际政治的，大抵是进步的读者。所以我们不特在这儿谈谈时下的几种时事与政论的杂志。

二

说到时事，假使从国际与国内两方面去分别，那么一般杂志大多兼谈二者，而专论国际问题，目前在上海为读者们所熟知的，当推《世界知识》与《时代周刊》（苏商，中文版）。

《世界知识》在上海乃至在国内杂志界中算得是一个老资格的刊物。它是个周刊，每星期六出版，每二十四期为一卷，每年出版两卷，到本年六月底，已经出满十七卷了。照这刊物的命名看，既称“世界知识”，又称是“国际政治经济文化周刊”，范围原极为广泛的。假使说中国亦属于“世界”的话，应该在该刊可谈的范围之内的。可是该刊所涉及的，关于中国问题的国际面的，也还似乎在比重上嫌少一点。当然，完全涉及国内政治的问题，与该刊性质不甚相合，可是目前中国的政治问题和美国的对外政策的关系，实在太密切了。所以要了解中国政治问题而不了解美国，实在是个大缺陷。今日作为一个进步的中国人，应该尽一切努力了解美国，所谓知己知彼，百战百胜。

自然，我们不能否认，《世界知识》在使读者了解中国问题的国际面方面，并没有忽略的，譬如，对美国扶植日本问题，该刊曾有过极正确深刻的论列。可是，我们不能不说，这只是美国对外政策的一面，自然是与中国有关的极重要的一面。此外，对于美国扩张主义者的面目的更深刻的更多样多方面的了解，还是十分需要的。

所谓多样多方面可以分两点解释：从正面立论，以分析与说理来阐发一个问题当然是重要的，可是仅从正面，仅仅说理是不够的，应该还须从侧面，从多方面，应该用更多的事实材料来帮助读者对于问题的了解。譬如，以司徒声明而论，对此声明的驳斥当然需要，但假使有一篇司徒的传略或轶事之类，或者分析美国对华文化政策的文字，使读者们更清楚认识这位“中国友人”的真面目，岂不更好？又如日本再起问题，论文之外，如能有报导日本侵略者再起的通讯，其有助于读者对这问题的了解，一定是非常大的。所以，假使正论与侧写并重，说理与报导并重，而一切以了解美国对外（特别是对远东对中国）政策为中心，亦许可以给读者以更多的益处。

毫无疑问地，《世界知识》是国内有数的权威刊物；对于当前的重要的国际问题，该刊都能及时给读者以正确的知识，可是当读者们满足了初步的需要以后，还想进一步对该问题获得更博大精深的了解时，该刊似乎就不能令读者完全满足了。

三

《时代周刊》是苏商时代出版社发行，从开始发行到现在已是第八年了。从今年起，似乎有了极大的改进。篇幅增加了，编排方面，由横行式改成了直行式，更适合于一般读者的阅读习惯；内容方面虽仍一贯地从介绍苏联的文化为主，但选材与编辑方面，似乎也较前改进了不少，至少可以说，更适合中国读者的需要了。

《时代周刊》的特色，在国际问题的论文方面，可以说大部选译苏联各报纸杂志的文字。本来，今天的世界早已清清楚楚地分成了帝国主义反民主与反帝国主义民主两大阵营，而苏联在国际政治中正是反帝国主义民主阵营的领导力量。所以毋须讳言，今天苏联的许多有关国际问题的文字的权威性是不能抹杀的。今天要对国际问题求得正确的了解，苏联权威政论家的论文是必须看的。

当然它有不可避免的缺点是全部都是翻译的；这在读者的经验中，阅读译作比了写作无论如何是不同的。虽然《时代周刊》的几个译手是上乘的，但正如鲁迅所说，看译作总不免须硬着头皮多化一些思索的。然而由于该刊所选译的文章大多是国际间的权威的作品，不仅言论正确，而且取材是异常丰富的，而编者常以一个问题为中心，选集若干篇于同期内刊出，譬如，第八年第十六期中，以日本问题为中心选集了七篇，使读者从多方面来了解这个问题，这个编法是可取的。可是同时显示出编者似还不能完全主动地每期确定最能适应现实需要问题为中心，而仅能就手头现有的材料，勉强凑出一个中心来。假使能更主动地选译，当更能适合读者的需要。

（待续）

（载《读书与出版》1948 年第 8 期）

上海杂志巡礼（二）

——上海的几个政论杂志

孙璧如

一

目下上海出版的政论期刊虽不下十余种之多，但细看若干期刊的论调与主持的人物，便不难推知其赔蚀金钱、虚耗精力的目的，所以书店报摊上虽摆得五光十色，为人注意者，究属寥寥可数。因为言论界虽如鲁迅所说，像石头底下长出的小草，不免屈曲孱弱得可怜，但读者却比十年前乃至五年前进步得多；这进步真可谓一日千里，眼光确如燃犀，一切真伪曲直，到眼分明，毫不含糊，写文章的和出版的休想蒙混得过。这是前所未有的好现象。所以今天评介政论的期刊，自不宜应有尽有地凡见于市场者一一加以评介。不过必须预先指出的是：期刊之受读者欢迎，假使以该刊印刷的数量甚至以该刊卖出的数量来作衡量的标准，并不一定正确的。譬如，有些官方刊物印制之数，动辄以万计，仔细查一下，究竟有多少人看，亦许是一折九扣。因为这些刊物，用了国库的钞票，反正无所谓血本，不妨多印一点，一面是大量赠送，一面是依势强迫推销，常常通令定购。这些刊物每每集体地发出，但立刻集体地转入收买旧报纸摊贩的手里。其次，所谓销数大小，也并不能正确地代表读者的多少。譬如，有些刊物，销数似乎极多，但细查它的读者，大多数是薪水阶级，如公司银行以及机关的职员。这些读者大都购买力尚未到水平以下，而且他们的习惯一向喜欢人手一编的。所以，以这些读者为销售对象的刊物，则销两万，大抵就是两万个读者，至多加一倍，就算有四万个读者吧。可是假使另一种刊物，实销亦许只有一万，可是它的读者大多数为学生、店员或工人，那么这一万销数至少可以代表五万个读者。因为这些读者大都购买力薄弱，而且一向具有集体生活的习惯，五人乃至十数人合读一书，是极为普通的。所以对刊物予以衡量，最好撇却势利眼光，而朴素地从它的内容上着眼。

本来写无论什么文章总离不开作者的立场的。世间决不会有没有立场的文章，正如世间决不会有永不着地的人一样，而政论的立场更是无法掩藏的。曾有一时，所谓“自由主义”、“中间路线”、“第三方面”，甚至“超阶级的”种种自想腾空的说法，甚嚣尘上，似乎写文章、说话，都可以毋须立场，而按其实际，只是一种掩藏立场的企图而已；只是自己提着自己的头发想腾空，离开这地球，以表示其“超然”而已。结果是欲盖弥彰，自欺欺人。政论作者是如此，政论刊物的编者也逃不开这规律。世间既没有无立场的政论，也没有无立场的政论刊物。可是现在偏有若干政论刊物故意要费尽心机，装出其毫无立场的姿态；揆其用意，不外两种：一种是本身原是人民公敌的帮闲，可是这编者却颇懂得生意经，知道假使完全露出了反人民的立场，必然毫无销路；而且为了要把含有反人民的毒素的文字渗入人民的脑子去，必须先诱致人民来读他的刊物，因此为了生意经，为了夹卖毒物，必须装得与民敌无关。□□□□。另一种是恰恰与前一种相反：基本上亦许同情甚或同意人民的民主事业，可是亦许格于环境，或者呢，还不肯百分之一百地大步走上人民的道路，于是便故意地或无意地对自己的立场游移恍惚起来；有的时候，看到进步人民对此刊物殷切期望，这编者又一则以喜，一则以惧起来；喜的是自己似乎已坐上了“领导”的宝座，惧的是又怕自己的头被敲开。天下既安全又实惠的事本来极少的，于是这位编者便在鱼与熊掌之间一直在摇摆。于是也便想尽方法以表示其没有立场。

没有立场的立场是没有的。上述的所谓“自由主义”之类的立场，从其用心上分别，约有两种：一种是以“自由”为幌子，骨子里是做人民公敌的屏风；一种是虽不慊于公敌，但又不相信人民必胜，便想乘了“自由”的轻气球腾空离开这人世的战斗场，作壁上观，等到战果分明以后再冉冉而下，以求分润一点战果。前一种显然是人民之敌无疑，而后一种虽非人民之敌，但也绝算不得朋友。

我想，不论办刊物的、读刊物的、为刊物写稿的，对于这一点的辨别是需要的。

二

题前话说了许多，现在且归正传。

目下上海出版的许多政论刊物中，我首先要提到的是《观察》和《时与文》。

《观察》每期第三面顶端报头的两旁各有一小块：右边是“本刊传统”，计两条——第一条内除“民主、自由、进步、理性四个基本原则”外，还说“在本刊所发表的文字，其观点论见，并不表示即为编者所同意者”。第二条，“本刊在任何情形之下，不刊载不署真姓名的任何论文”。左边是“本期作者”，列举其头衔。这两块，有人说，是该刊主编储安平先生的“噱头”，有如药店发售秘制膏丹的仿单上印着的左右两行字曰："修合虽无人见，存心自有天知"，又像大舞台戏码广告，对挂牌的台衔必定冠以"谭派正宗文武老生"之类。关于其姓名的问题，记得该刊曾有过一篇关于"民主国际"的论文，有人指出其作者就是储先生的"一炁化三清"的手笔，虽经储先生否认，但至今尚在读者心中存疑的。本来姓名真假与文章货色的真假是截然两事。此时此地多用笔名，其实是文网太密的缘故；所以储先生的提倡真姓名，倒是对付作家的，其意若曰：你不敢露真姓名，就别投稿；要写稿，一切天灾人祸，都由贵客自理，与本店无涉。这的确是再稳当不过的买卖。至于原则云云，那真所谓仁者见仁，智者见智了。

然而，见仁见智之间其实也绝不可能漫无标准的。譬如，这一向为国人热烈讨论的美国扶植日本军国主义的问题，便不能任其见仁见智的，因为不论编者、作者、读者，不仅都是人，而且都是中国人，虽说见仁见智，或许少有出入，但人同此心，心同此理，也不会过分悬殊，至于产生了忠奸之间那样大的距离。而且作为一个办刊物的，虽说生意经第一，但也不能只顾了生意经。譬如，李纯青先生那篇赤血丹心的爱国文字《论反扶日》，的确是有数的有益民族国家的好文章。可是在该刊上也同时会出现像刘子健那样十足汉奸论调的文章。难道储先生对于这点辨别会没有的么？储先生难道办一个刊物，对民族国家可以不负责的么？储先生当年在重庆办刊物，是否可以同时兼载汪精卫的文章呢？

该刊"传统"所谓"本刊发表的文字，其观点论见，并不表示即为编者所同意者"，这话其实说不通的。办刊物究竟不同于开药铺，人参与砒霜可以兼收并蓄，但也究竟要凭医生的方案的。我就不相信，一个刊物的编者在采用文稿或约请作家写稿时，难道真是"乱点鸳鸯谱"似的？一稿的取舍，或者决定邀请何人写稿，无论"自由"到任何地步，总得有个选择，一选择，其中必有个编者在，无论如何推不掉责任的，至少应该向读者负责，他应该向读者说得出，这一期为什么要用这几篇文章？即以单纯的生意经说吧，卖主既收买客的钱，至少应该向买客负责说，既收你的钱，决不让你受骗，也不会让你受害的。可是，储先生"传统"地不负责的。所以读者购读《观察》时千万要当心，全凭自己眼光，万一上当吃死了人，储先生是不负责的，人命官司是打不起来的。

《时与文》这个政论期刊，我将不客气地说，是目前上海杂志界的一颗“惑星”，令人有“莫名其妙”之感。说不够政论的水准吧，当然不对的；因为像三卷四期第一篇短论《贺李宗仁》，以及九期中宦乡先生的《论司徒声明》那样文章，的确跻于当前第一流的政论可以毫无逊色。然而是否经常保持这个水准呢？却大谬不然。譬如，三卷十期的那篇《由“新闺怨”望新“新闺怨”》，固然本身原非政论，但即以文意的水准而论，实在低得可以，作者似乎连电影都看不懂。从采用这一类的稿子看，似乎编者对于办这刊物的态度是随便的，不甚严肃的。

我这样的批评《时与文》，当然并不是说，这刊是不足读的；在时下政论刊物异常缺乏的时候，虽无山珍海错，则小鲜亦总胜于无，只是该刊离开读者的期望尚远而已。而且还有一点值得指出的，就该刊偶而刊载出色文章这件事看，可见该刊并不是找不到好文章，也不是不知道怎样的才是好文章，更不见得无法刊出好文章。如就这一点上看，可以说，编者为读者着想者少，而为自己考虑者多。因此也可见现在的读者可怜，充其量只是编者门前的待施舍者而已。

此外值得一提的是社址设南京而在上海发行的《展望》周刊。

这个刊物虽没有长篇大论，但其内容所触及的方面比较地多，而且非常现实；这是它的特色。即以篇数而论，与《时与文》篇幅相等，而项目之多常及《时与文》的一倍。而且国内、国际、军事、经济，从工商界、学生乃至工人各界的问题、华侨的问题，都经常反映接触到的，就其通体的精神看，可说完全致力于民主这一课题的。不过它的缺点，就因为篇多幅小，所以虽触及许多问题，但对于每一个问题都不能作深入的探讨与宏畅的发挥。所谓博而不精，只能算是一个“常识的”、“入门的”类型。这是小吃格局，对于饕餮之徒，是难令其餍饫的。

三

除了上述三周刊之外，还有两个期刊，似乎也不应该不提，那便是

《中国建设》月刊与《新中华》半月刊。

这两个期刊虽然时间性较差，而且都偏重于学术研究方面的，可是由于两者的篇幅较多，可以容纳较长的文章，因此，其中的政论文章，对于所涉及的问题，常能以较丰富的资料，从学理上作较为深入的研究与阐发。假使关于同一问题，将这两个期刊内的较为学术性的长文和其他周刊的论文比较研究，亦许可以收获较多。当然，这并不是说，这两期刊文字内所引资料都齐全而可靠，但至少在目前精神食粮异常缺乏的时候，这两期刊比较还能供应一点的。

现在限于篇幅，我所能评介的只是如此；最后想把《新路》作为一个特别类型提出来说几句。

这个周刊及其主持人物的“自由主义”的价格早已有不少人加以估定了，这里毋庸细说。这里值得一提的是，作为该刊的特色的“辩论”栏。从发刊迄今，辩论题目似乎是有系统地排列下来的。先辩论美国，再辩论苏联，再辩论社会主义。其预定的结论是：美国是好的，苏联是坏的，社会主义是能用和平方法实现，换言之，毋须革命的。这简直像粉墨登场，预定脚本，预定角色，按幕扮演出来。读者只须细看一下，论到美国时，那个担当反对美国的角色，论到苏联时，那个赞成苏联的角色，论社会主义时，那个主张革命的角色，所有言词及理由都极拙劣，应该提出的许多极有力的理由，都没有提出；完完全全扮成了丑角，以烘托出对方的堂堂一表的正生面目。这个戏法便是“自由主义”的戏法。公开辩论总算“自由”之至了，但可惜这圈套布置得并不怎样高明，这种“路”数并不怎么“新”奇，上海马路边上多的是。这类东西，现在虽并不热销，但能不惜工本，层出不穷，如《改造评论》、《中国论坛》、《主流》、《申论》、《再造》等等，一时也记不清许多，无暇在此一一论列了。

（载《读书与出版》1948年复3卷第9期）

香港杂志巡礼

周　哲

国内局势的变化，直接影响到许多杂志的生存，因而也造成了香港定期刊物的“繁荣”现象。直到目前为止，香港当局还维持着一种相当程度的言论自由，但从另一方面来说，香港比之上海更像一个“孤岛”，因为香港的刊物几乎全部不能在国内发行。这样一来，除了香港外，就只能靠南洋了。由于香港愿意接触一点严肃的东西的读者为数不多，和南洋当局对于华侨文化的歧视政策，今天香港的杂志销数一般说来都不很高，印行最多的《群众》，也不过一万份而已，和太平洋事变前韬奋先生主编的《大众生活》比起来，还是逊色的。

《群众》所刊载的各种文件，差不多都能先在《华商报》上看到。汪老吉的《茶亭杂话》，是非常辛辣的杂文，读《群众》者几无人不喜欢它。与《群众》同性质的刊物有是《正报》，《正报》和《群众》不同的地方，是具有地方色彩，对于华南的报道甚详，社评亦每多针对广东情形而发，学习性文字较多。

其他政派的代表刊物，有民盟的《光明报》，国民党革命委员会及国民党民主促进会的《自由》，以及民社党伍宪子等所办的《人道》。《光明报》现由陆诒等人在编，经常有沈志远、黄药眠等的作品，民盟的对外文件也在此发表。《自由》经常写稿的人是蔡廷锴、李济琛等。《人道》的内容中间偏右。这三个刊物，销路都平平，说不上好。《自由》比《光明报》差，《人道》比《自由》又更差了。

周鲸文是民盟一份子，他所主编的《时代批评》，也是中间的，有自由主义色彩的刊物。替它写稿的人不限于某一方面，最近所出的一〇一期，有冯玉祥、周新民、曾昭抡、千家驹等。这个刊物因为兼包并容，读者对它的批评也就不很一致，在香港说来，销路不算是坏的。

销路在香港刊物中算是数一数二的当推《星期报》，这是介于报纸与杂志形式之间的刊物，套一个流行的说法，就是所谓“报纸杂志化，杂志报纸化”的东西，和储安平在重庆编的《客观》相似，但封面要漂亮得多。这个刊物可以说已经做到了相当的综合性，每期都有相当数量的漫画发表。现在的印数是六千份，这在香港说来是不容易的。

关于经济方面和青年学习方面的刊物，我们只能说到《经济导报》和《青年知识》。《经济导报》是周刊，编得不坏，对于香港、华南及南洋经济的实际情况反映得很快，销路中上。《青年知识》是张铁生主编，月刊，文艺气息很浓，也有关于青年修养的文章。“读者信箱”偏于青年生活上所发生的实际问题（如恋爱婚姻等）。每期有“青知之友”介绍读者互相通讯认识，和本刊以前推行的“学习合作”性质相似。但提供各科知识的文字很少。

文艺方面的杂志有《文艺生活》。读者大多在南洋方面，因此，关于马华方面的创作及其他反映马华生活的稿子，也发表得很多，最近第三十九期有一个《马来亚人民抗敌记》专辑，主编司马文森，经常写稿的有黄宁婴、周钢鸣、陈残云等人。附在《文艺生活》一起的有一个《文艺生活副刊》，也是司马文森在主持的，这个刊物主义是给《文生》的读者看的。

上面所举，都是经常出版的周刊或月刊。在香港要办一个定期刊物，首先必须缴得出三千元港币做保证金，因此，许多拿不出钱的，都以丛刊面目出现了。

这些丛刊里面，学术性方面的有《理实丛刊》。这丛刊的前身就是《理论与现实》，主编人仍为沈志远，最近一辑是中国土地问题专辑，听说在筹划中的是新民主主义经济专辑。前身为《自由世界》的《自由丛刊》，现已出至第十五辑，所讨论的都是现实性的问题，内容非常充实，在思想战线上很起作用。

文艺方面自然首推《大众文艺丛刊》了，特别着重文艺批评，在读者中的影响是巨大的。但一个可悲的事实是，第二辑的国内读者有三分之一不能收到。它所发表的《实在的故事》，是文艺上的一个新形式，这个形式现在已经被人普遍地加以注意和运用了。

此外还有专门发表杂文的《野草》丛刊，秦似、绀弩等编，最近一辑名为《论白俄》；《中国诗坛丛刊》，第一辑名《最前哨》，黄宁婴等编，有郭沫若、冯乃超、力扬等的作品；《海燕文丛》，达德学院师生合编，及《新青年文艺丛刊》等。

妇女方面有《香港妇女丛刊》，儿童方面有《新儿童丛刊》，工人方面有工人文化社出版的《中国工人丛刊》，都是内容比较进步的，销数尚可。

国内的杂志此地大都可以看到。《观察》的销路最好，一般读者对它的立言观点容有不同意之处，但都喜欢读它的通讯版和读者投书，因为这里面往往能够暴露许多事实。其次，《中学生》、《开明少年》、《读书与出版》、《世界知识》、《时与文》、《时代》、《经济报导》都还受欢迎。销路最坏的恐怕是《新路》吧！

听说马老先生（叙伦）在筹划《民主》的复刊，适夷、周而复等在筹划《小说月刊》的创刊，什么时候能够实现还不知道（大约《小说月刊》将于七月创刊）。

（载《读书与出版》1948 年复刊第 3 卷第 7 期）

江西之杂志界

赵景三

江西之杂志界，当抗战时期，赣州有东南文化城之称；自复员后，文化事业集中南昌，南昌市杂志界因有联谊会之组织，于卅七年元旦正式成立。兹分志该会成立情形，以代介绍：

一、杂联的成立宣言

本会的成立，在国家、社会对文化事业都相当漠视的今日，我们一方面忻慰，一方面感慨，一方面深觉本身的责任又特别重大！

曾经有人这样的说：“在今天从事文化工作的人，都是头号大傻瓜！”我们听了，只好笑笑。然而，国家如果还不能离开文化的滋养，就不能没有文化工作者；如果大家都做聪明人，大家都打自己的主意，我们的国家又怎样办呢？我们不愿自大而愿自重的说，文化是国家的血液，全国的文化工作者群，都是制造并输送这血液的份子，傻固傻矣，但傻得有意义——“傻事是人干的，坏事才不是人干的！”

我们认为，国家必须要有一个健全的文化政策，从点到线，从线到面，都要有一个通盘的打算。像现在这样的听其自生自灭，不仅扼杀了文化，而且多有重复浪费；尤其是一般文化工作者的艰苦奋斗、坚守岗位，政府应加以鼓励和保养，才能使文化工作配合着国策去生根、茁芽以至成长。然而，政府似乎只看到军事、政治、经济，而忽视了文化。我们为了适应国家的需要，为了重视自己的使命，一定要向当局呼吁、力争，一直到当局践于事实而后已。

复员以来，我们在南昌所看到的，是报纸期刊的不断增加，这一方面是好现象，一方面又有点反常，而文化工作者之间的联系不够，空气不浓厚，也是事实，许多朋友曾经为此而慨叹！因此，本会特趁这次的成立大会，举行一次文化晚会，邀请全市文化界的朋友，惠临参加，以期一堂共聚，尽情欢乐一番，同时，更期待着各位先生的力量，作为推进本会工作的动力！

理事长	赵景三	《商友》副社长兼总编辑
常务理事兼研究组长	姚子介	《工商知识》发行人
常务理事兼交际组长	程晋之	《十月风》发行人兼主编
理事兼总务组长	许熙文	《电讯》主编
理事兼福利组长	夏凌云	《回力》主编
理事	丁迪	《尖兵》主编
理事	陈仲镔	《四海》社长兼主编
理事	刘善初	《经建》编审
理事	张家驹	《翻译》发行人
常务监事	王金铭	《东南杂志》发行人
监事	王士权	《学海》主编
监事	徐信诚	《艺虹》主编

二、杂志社的介绍

《十月风》

《十月风》这个名字，在不久之前为《力行》、《中国新报》，以及京沪的《大公》、《中央》等报的文艺副刊所推荐、批评和介绍过。

为什么叫做《十月风》，我常［曾］问过发行兼主编的程晋之先生。他说《十月风》创刊的发祥地是在九江。去年九月间一群文化的朋友们和些赞助的人士，发动办一个刊，在公余联谊社广场的茶会席上，慎重的讨论命名，于是“十月风”便通过一致的意见而被采用。这意义是，一方面我们准备在十月成立和出刊，一方面我们希望仍然保持辛亥十月革命的风气，有待于文化从事者的坚信与发扬。虽然几经艰困的挫折，我们终于在今年四月诞生了创刊号，这巨型的文艺刊物与读者见面的时候，便是一些辛苦的播种者所得到一份小小的收获和喜悦。

现在，该刊一卷五期已经在新年出刊，在这文化正面着严重的危机，还能够苦苦地支持，是不能不佩服主编者的努力和文化友人底温暖的友谊鼓励。渡过了这漫漫艰苦的长夜，它一定会得到全国人民所共同企望底光明的日子。

《工商知识》

在本会的会员刊物中，要算《工商知识》月刊的资格最好的了！它是民国三十二年七月创于赣县，一直出版到二卷四期，因为赣县的沦陷，而跟着停刊了。赣县光复后，一度改为周报，附报发行。但自三十六年六月迁来南昌后，很快的便健全组织，充实基金，以二十五开的报纸本而问世了！现在发行人姚子介、社长徐劭文、副社长吴赞群、主编罗思为。

《工商知识》，无疑地，其内容重在专门知识的介绍、一般理论的铨释、现行经济政策的评判，以及现代工商企业的检讨，不艰深，不浅薄，“是一群喜欢研究经济科学、知工商问题的人，没有党派，没有背景，只是想在真理之海寻找一些贝壳”（见《复刊词》）。

今年又扩大篇幅、充实内容，改为十六开报纸本，应该列为第四卷第一期了。不过，因为有些统计数字，必须要截至年度终止，所以，赶不及在元旦出版。它们除了月刊而外，还出版了《火柴制造程序》和《法币之谜》两本丛刊，和大纬文化出版公司的组织。其计划是相当久远的。

《四海》

《四海》是一种综合性的刊物，只要看它的命名，便会意想的到它文风有洋溢于四海之概。写稿的都是海内闻人，胡先骕、王易等先生，都有大作在该刊发表。现任董事长何人豪、社长陈仲镔、副社长刘善初。现已出版四期，第五期正编印中。

《回力》

《回力》是一种新型的商业刊物，主编人夏凌云是有名的广告画家，以他的努力来主持一种刊物，所以对于每一期的内容编排、封面着色，以及图案的设计、照片的选取，都费过很缜密的细腻的考虑。

它活泼而不低调，轻松而不肉感，纸张油墨都选用上乘，几乎不知道它是内地的刊物。

《尖兵》

《尖兵》诞生于民国二十八年“七七”日，已有八年多历史，出刊以来，从未间断，在东南各省来说是历史最悠久的刊物，在销路方面来说，推及本省每一县份，外省亦推及苏、浙、闽、粤、桂、湘、鄂、豫、皖等省，数量要算占第一位。

他们的宗旨是负起三民主义的文化使命，以正统哲学的理论为指导原则，驳斥荒谬、歪曲、偏见的言论。在这八年多的过程中，从未变更立场，拯救了成千成万的迷途青年，纠正了无数错综复杂的思想份子，当中虽然经历不少“内在”与“外在”的困难，但这决动摇不了他们的初衷与意志，一秉犯难冒险、克苦耐劳、当仁不让、见义勇为的精神，所以终能渡过重重难关。除了他自身的“革命热忱”外，还有无数作者的“心血”，广大读者的“援力”，有了这热、血、力的交织，那怕铜墙铁壁的障碍，也能把它冲破、溶化、毁灭！

《商友》

我国有四万万七千万的人口，除去农人而外，商人是一个极广大的阶层，可是我们要找一本真正能适合商人需要的定期刊物，全国几乎没有，这不能不算是一件怪事。该社发行人周友端先生，有见及此，乃决定发行《商友》半月刊，为商人制造一点精神粮食，现已出刊到二卷第二期了！

一个刊物的发行，都有它的宗旨，该刊的宗旨是：“以扩充商人智识，提高商人地位，反映商人愿望，沟通商界意见暨宣扬政府经建国策，促使商业繁荣为宗旨”。它虽没有标新立异，但全体同仁都很努力的往这一方向跑。

内容方面：系以深入浅出，力求大众化、通俗化为要求，它有两个信条，就是“充实而不庞杂，趣味而不低级”，现分有下列各栏：一、半月时事；二、商友论坛；三、大众园地；四、商情报导；五、法令座谈；六、生意经；七、商人信箱；八、社员动态；九、谜海；十、小辞典；十一、生活之页；十二、百货商场；十三、人物志；十四、工商界。

《商友》自发行以来，销数日增，现已普及本省各县市镇，外省北至长春两辽地区，西至成都，南至香港南洋，东至上海。总之，全国各重要城市都有《商友》的踪迹，我们希望它将来不折不扣的成为“全国商人唯一的良友”！

《电讯》

《电讯》是一个由业余家创办的无线电刊物，在内容上说是偏颇于业余家的应用；他的目的，不纯是介绍新式的机器与技术，更重大任务是怎样使无线电成为大家的朋友，他们好像替中国人民与 R 小姐拉皮条，希望谁都会爱上它，所以他们准备披荆斩棘，在这一个伟大的目标下而努力，这一位媒人是中国无线电协会南昌分会出版的——《电讯》。

《经建》

《经建》可以说是本省——不仅在本省，简直可以代表本省——经济界的权威刊物，它的前身便是《裕民》期刊。期刊出满六期之后，随着江西省银行的改组，更名为《经建季刊》了！

发行人洪轨、主编袁榜先；姚肖廉、刘善初助之。国内外很多有价值文章，都寄给该刊发表，篇幅之厚、内容之富，有鹤立鸡群之概。现已出至第四期，新年号为“江西一年来之经济现势专号”，正编印中。

《学海》

《学海》是一种“学术”刊物，以“集体研究”为动机，以“学术民主”为目标，而“细大不捐”、“兼容并蓄”为基本态度——见该刊创刊号编后记。他们以为“学问之道，浩如烟海”，也许这就是学海命名的由来。

他们的名誉社长陈剑翛、顾问编辑陆晶清、董事长洪轨、社长王士志、副社长兼主编王士权。并组有学海文化出版社，新近并出版《上海金融市场》译稿一本。

《翻译》

《翻译》是专门介绍欧美名著和译述政治论文，系由国立中正大学蓝星英文学会主编，发行人张家驹、总编辑张英荃，对编译工作极为勤奋而努力。他们除了自己出版月刊而外，也经常供给报馆的特稿，便以这项稿费收入来营养这一刊物，其工作精神是值得杂志界同人效法的。

《赣风》

《赣风》——这是由一群青年作者及新闻记者，抱着提高文化的纯洁动机而热心培植出来的旬刊。自创刊以来，得到各界人士的赞助与读者的爱护，冲破了层层的障碍，到现在已是第四期了。他们的希望：能在这广泛的人海中，激起一些小的浪花；在富丽的文坛上，供奉一份精神的细点。

该刊的对象是广泛大众，所以编辑取材，也以适合大众口胃为宗旨，为着节省读者的负担，只得采八开二张装订式。

关于内容方面：分为内幕新闻、社会新闻、各地通讯、学府风光、艺谭、文艺等版面，以公正、趣味、泼辣、幽默为主宗，不带黄色色彩，同时更反对黄色的刊物。

面临着这个经济危机快到极点的时候，涨风一日数起，干文化事业的人、办出版事业的人是够伤脑筋的，但是，他们都年青，有的是热精与热血，用来培植灌溉这初苗的蓓蕾，相信不久的将来，是会放出灿烂的鲜花、甜蜜的硕果。

《艺虹》

《艺虹》系文艺综合性刊物，创刊以来，已有半年之历史，目前已出至第四期，内部主要负责人颇多年青学子。该杂志为月刊，每月出刊一次，内容丰富，且多海内名流作品与夫对于文艺精华作品。

该杂志分销地点广及全国，经费亦颇充份，传该社负责人有从事各方面之积极改善及扩充范围之说，预卜该杂志之发展，前途诚未可限量！

三、杂志界活动素描

这是一个值得纪念的日子，昨（四）日的晚上，青年会交谊室挤满了文化工作者群，参与这个盛典，同时举行的文化晚会，他们都带着喜悦，一个个地络绎而来，杂联会全体理事们都担任着招待，忙碌地请客人签名，一片招呼寒暄的声音。是啊，偌大的南昌，文化界的活动的确太少了，连许多最熟悉的朋友，都难得有一个机会碰头。这一次，杂联会的成立大会正巧是一年的开始，新的日子，大家是该在整年的忙碌，欢乐一下，就这样情绪上是格外地高兴。六点二十分大会开始，首先由杂联会理事长赵景三作了一个简单的致词，接着开始茶点及余兴，报告节目的夏凌云提高了嗓子，第一个节目是张家驹独唱，经过了一番谦虚，唱了一个英文名曲，接着李季和姚冷的幽默日本鹿儿岛闲话，姚先生担任翻译引起了满堂的哄然大笑，随后姚先生又独唱了一支日本情歌。魏瑞芝的解释方言诗、潘惠然的笑话，都很精彩，万昌文，姗来迟，然而他正患小恙，本来他们几位音乐界的朋友，预备来一个合唱，因为没有钢琴，临时由万先生来一个独唱——李大妈，博得全场的鼓掌。节目报告到一位小朋友的表演，大家都以奇异的眼光注视着，人丛中挤出来一个长不满三尺的小朋友——姚卿漳，由他底爸爸姚子介提携到场的中央，带着表情地唱了两个歌，天真活泼，逗引了满场发笑。最后是请了友联飞车团夏祖绳等三位，表演脚踏车技术，技艺的高明，使满场都屏息而视，一个个的节目表演完了，在融洽欢笑的空气中散会。

这里，不得不重复记述一下的是，由于杂志界联谊会的产生，使南昌文化界生添了一个新的活力，这种活力将使沉寂的文化界又趋于活跃，我们盼望这个新诞生的婴儿，壮大结实，带给人们以无限的精神的食粮，而这一次文化晚会温暖友谊的交流，却是一个新的开端。

（载《工商知识月刊》1948 年第 4 卷第 1 期）

警察与报章杂志

张志刚

编者按：本文系摘自福州《中央日报》副刊，颇有研究价值，经原作者同意转载本刊。

我们知道出版事业，是社会事业主要的一环，出版业务发达的地方，固可直接声明这社会底文化与教育发表的程度，间接也可以藉此促进这地方底政治、经济等各部门工作的进步，最低限度也可以做到联系人心、宣达政令，这是毫无疑义、已为大家所公认的事实。

但我们认为，报纸与杂志的作用，除了上述的价值外，对于警察的工作，往往是含有极大的帮助，而一向为人所忽视。我们知道，每当一个问题的发生，虽然报刊的记载，有时难免宣染得过甚其词，甚或带有一些谗毁的作用，但“空穴何能来风”，“烟焰高涨下必有炬火”，所以每每就潜匿着许许多多的罪嫌，只要凭此搜索，往往可以发掘出重大罪案，就以前此本省所发生较大的案件：如粮案、烟案，及最近的金案，大多是由报刊上先有了似属“含沙射影”，或“捕风捉影”的刊载，结果引起了当局的注意，而终至案发免职，有的判刑罹狱，所以警察人员，对于报刊登载的消息，在发见寻味之初，无妨小心翼翼地加以深思、明辨、体察，尤其负有刑事的警察官及司法检察官，更不可有先入之见，等闲视之。

例如：报刊有时刊载，“某汤池、茶座、书场、咖啡馆，生意兴隆”，我们就可推想到，该处女招待是否有伤风化的情形，“某饮食店至夜半三更尚未歇业”，则可想知该处附近是否有舞场或赌博情事，“商店有夸大的广告”，我们应该查察它是否有诈欺的行为，遇有事件发生，而有故意扩大的宣传，或载有“罢工罢学”的消息，应该注意侦察其内部，或其消息来源，是否有奸徒从中煽动。又如小孩的迷路失踪，与物件的遗失的告白与启事，暨发现各种尸体的描写，均是值得警察人员的注意，这不过随便举述一二而已，我们固然不能凡事对人，全从坏处想像，但我们站在社会群众利益的立场，与其自身职责的关系上，都须要随时随地加以省察研究，而不容有所怠忽的。

我们看了前面的叙述，就知道报刊对于警察侦查犯罪，是有颇大帮助，但是事实告诉我们，如果全靠报刊的播扬与线索，也不是最有效的方法。警察人们，应该一面除了加强自身的阵容与步骤外，一方面对于报刊当局，应该作进一步的携手与配合，常常利用作种种巧妙的宣传，使犯人心虚，迷惑于这种记载宣传的笼络，而自缚于绳、自堕于渊，这种巧妙方法，在警察侦查、搜集犯人所能湮减的证据时，犯人欲盖弥彰，反为发觉，尤其须要善为运用。至于报刊人们，站在国家与民众利益立场，对于一般作奸犯科的罪犯，亦必非常厌恶，定能尽量协助警察。报刊人们虽无拘捕人犯的权限，但在警察人员未到场以前，尽可自由运用“警察权”，作目击证人的访问、现场的维护、现场影片的摄取、策谋证据的搜集，甚至探访本案社会舆论反应的一般，与诈欺窃盗的情形，均可专栏刊载，以供警察当局的参考。警察机关也可将这种“警察新闻”，随时刊载报端，以作社会民众的殷鉴，达到防范犯罪于无形，如果有人干涉报刊对于这种工作的进行，那么，警察机关也应该加以制止，虽然这在现在是不会有的现象。

不过在这里，报刊人们也有着应该注意的地方，有时在时机未熟，而滥自刊载，亦往往会弄巧成拙，漏洩风声，致犯人闻风逃之夭夭，反而有害于警察工作，这是叫我们不能不稍加顾虑而慎重的一回事。一种有关警政的新闻，不论其来源出处，是外来的告密书信要求揭发的，抑系报刊人员自行采访的，事前都应该稍作考虑，认为不应刊登时，即可以书面或电话通知该管警察机关，密予侦查，以免“打草惊蛇”，偾误大局。又依现行出版法第二十三条规定：“不得登载禁止公开诉讼案件之辩论”，即正在诉讼程序中的案件，报刊也不得加以批评，盖维司法的尊严，也有加以注意的必要。不然凡在警察，对于该案开始侦查时，无论是人民保障为立场，抑是警察侦查为立场，都可以本着协助的精神，以一个局外侦查员的姿态，多作本案事实上的阐扬与探讨，以减少警察人员侦查破案的困难，必要时，警察机关也可以选择一二学验丰优的警官，专与各报刊做联络的工作，他的任务，除了平时的联络外，至于报刊有关消息的怎样刊载、怎样发布，为有助于警察对本案的侦查，有利于民众，而能得到民众的帮助与社会的好感，这都是他分内的情事。

警察机关与报刊当局，果能这样地真正的携手合作，我想这固然对于警察工作是有利的，即报刊本身，甚至于人民方面，也会因此获益匪浅了。

（载《警保通讯》1948年第2卷第5期）

报纸与杂志

王芸生演讲　方蒙笔录

五月廿八日午后六时，沪市一百卅二家杂志社主编人在北京东路中一大楼复旦同学会内举行聚餐会，邀请王总编辑芸生前往讲演。下为演讲全文，由方蒙笔录。

今天很荣幸参加这个盛会，我是报人，杂志虽编过几年，但在各位专家先生面前谈杂志问题，总觉得羞答答的难于启齿。（哄堂）今天到的人不少，如果没有客观环境限制，我想参加的单位一定更多，定非复旦同学会所能容纳。

记得上次暨大新闻系要我讲演，讲做“报”问题，我当时向他们说：“我实为你们前途担心，毕业以后怎样办？”这是个大难题。当前政治环境注定了报纸杂志的不能进步，即使保持现状，也颇不容易。一种事业要求进步，主要使它有蓬勃生气和热烈竞争，就目前情势看，既不容许出新报，也不容许出新人，让几个已经干了几十年的老头子拖到底，拖进棺材为止。（哄堂）今天上海只准有这几家报纸，即有傻劲的人愿出钱办报，也不可能。现在政府对报纸杂志的箝制，不仅打胎，简直是避孕，一个新报纸要出版，第一个难关是不准登记。其次是不允许出新人，许多人赞新闻记者是无冕皇帝，其实命运却极其凄惨，看看今天上海的各种报纸，简直没有什么不同，即使有，也很少，从社评表现的，仅只一点点，但仅此一点就不容易了！去年六月政府大抓本报渝、粤同仁，为什么不抓头目？他们大概以为：胡政之是社会贤达，有个头衔。王芸生干报多年，有点小名气，于是便从新人下手，新人出来，马上给你打下去！无新人，无新报，这样的报界，还有什么发展可言！（鼓掌）

同样情形看杂志，其境遇可以想见。刚才有位先生说：杂志登记证半年之内能请到的，不算新闻，拖延到二三年的，也没啥稀奇。（用上海话。哄堂）领到登记证的，随时可停你刊，封你门。政治环境如此，杂志界怎能生存？又怎能求进步？记得四月廿六日《大公报》第十九次“出版业现况”座谈会上，很多位先生追述中国出版界全盛时代是民国九年、十年。我回忆这就是五四文化大革命时代，杂志界现况远不如前，一种事业，不能向前追求光明，反而向后回顾，就可证明它的没进步。一种东西要他生长，一定要足够的空气和阳光，政府现在却唯恐报纸杂志见天日。有人说笑话：政府现在什么都配给，只是空气没有配给，假如空气也抽些捐税，实行配给，那就一切都解决了。现在政府对待报纸杂志，一步逼一步，想做到空气配给而后止。我们理想的时代应该是：“杂花生树，群莺乱飞。”照政府说法：目前第一是“乱”，第二是“杂”，有“乱”要“戡”，有“杂”就要肃清。我认为：单调就是平凡，要做到清一色，万事都没法进步。现在做报和做杂志的，是在空气、阳光均感不足的条件下存在，可是政府的政策却不仅如此，他要使：已产生的窒息！将产生的打胎！未产生的避孕！（鼓掌历一分钟）

报纸杂志，两者可相辅而行，像《大公报》，过去曾出过《国闻》周报，载有论文和一周时事动态，尖锐的通讯也都载在内面，很多人都欢喜订阅。现在综合性杂志能够存在，是从报纸中间钻狭缝，今天储安平兄未在座，我听说：《观察》能有较好的销路，与其说时论文章卖钱，不如说通讯卖钱，如果报上登那样的通讯，政府恐怕不能忍耐。读者读报纸，看不到什么，开无线电，想听听“那方面”的消息，但现在收音机也要登记，司令部抓到，你就有资格上特种刑庭。于是爱听些消息的人，就在报摊上转，偶然发现一二本杂志有些记载，也就沾沾自喜。

一个报纸，如果不听命政府，不抓你社会贤达，或从事二十几年的记者，就抽紧你的头寸，或减少配纸，官家报纸有剩余的配纸抛出，卖黑市，我们却要出钱买黑市，这就等于让我们去津贴官家报纸。（哄堂）这种种办法，都是想捏杀民间报纸。杂志界目前正热烈讨论争取配纸，我希望你们能争得成，并能求得分配上的合理，否则，像报纸一样，让民间杂志津贴官方杂志，结果会受反淘汰，这种淘汰不是优胜劣败，而是优败劣胜。要拯救报纸杂志今后的危机，老生常谈一句话，就是要：自由、民主。不民主就要受反淘汰！不自由，就要受空气配给！（鼓掌）

（载《大公园地》1948年复刊第20期）

大众杂志的编辑及其它

赵南柔

一、大众杂志及其编辑要点

我所谓“大众杂志”，是指除了学术杂志以外所有一切的杂志而言。说到大众杂志的编辑，则并没有什么特别的方式。我以为只要经常自由地抱着流水一样的态度去编辑就行了。就是说，必须与时、地、条件相适应，而不绝地变化。因此，我反对预先订立什么特别的计划。

照现在这样生活样式的复杂，各杂志社都变成了间谍机关似的。譬如甲社开编辑会议，马上会给乙社知道的，如果乙社举行编辑会议，其讨论的提案与会议情形，又马上会给丙社探听了去的。为什么会这样？因为出席编辑会议者中，有一部份是生活未被充分保障的编辑者之故。他们既不能竭智尽能地替杂志社设想，也不会特别替它保持秘密。以这样事看来，对编辑者生活不给与充分保障的杂志社，还是不免于失败的。

其次，杂志应怎样去编辑？关于这点，不妨借用美国新闻大王哈斯特给其部下的名言："和大众一起兴奋！""表现大众的感情！""无论化怎样的代价，须抓住群众！""不断地呐喊，以吸引读者的注意！"

我不是想拥护哈斯特，但是他的这几句话，的确说得很中肯的。或许有人要说：哈斯特的报纸，尽是人类的丑恶的暴露，所以不能赞成。但是我以为"忠实地表现现实"，这事不能算坏；否则，即是虚伪的文饰，是伪善的道德。所以我主张在编辑大众杂志时，应当记住哈斯特的名言。

二、怎样获取原稿

"原稿怎样取得？"——如果有人以为这是不成问题的事，杂志的原稿是谁都有法子取得的，那是一个极大的错误。因为如果能够毫不费力地获得原稿，那他就已是一个具有相当手腕的编辑者了。假使只是去访问作家，对他说声"请先生写一篇关于什么什么的文章"，这编辑者之中的落第者，他的编辑者资格不妨说等于零。因为假使说"请写一篇什么什么"就行的话，那是再便当没有的事。只要写封信也就可以了。所以我以优秀的编辑者，去访问作家的时候，决不预先决定题目而去的。因为如果要预先决定题目，那大概总是这个作家已经发表的东西了。优秀的编辑者去访问作家之先，须对这作家已发表过的作品至少要读过一部份，然后以一张白纸的态度去访问，最好打算在那里坐上半小时或一个钟点。有时也不妨由编辑者方面发表一点议论。这样，作家大多会投入议论的漩涡。于是，在议论进行之中，编辑者留意选择题材，遇到适当的时机，抓住一点，向作家说：“好，就请写这一点吧！”而且，能不能获得原稿，可当作别论。总之使用这样的方法，有时可听到很能供编辑上参考的意见，有时可获得学术上的知识，有时还可以发见作家并不像外间所传的那么有实力，而是一个无聊的人物。这就是说，是不是真的请他写稿，是另一个问题。总之要去访问作家，因为这事绝不会是徒劳的。而且就是在请他写稿的时候，也得以战斗的情绪去做，必须抓住认为可取的题材，才请他写。所以能不能获得好的原稿，并不是只在作家，同时也在编辑者的手腕。

三、杂志的内容问题

关于大众杂志的内容，我以为不应预先打算“必须这样”或“必须那样”。因为我说过，杂志是流水一样的东西，必须不断地变动的。所以说“什么东西应占百分之几”之类，也得顺自然的趋势，而不能预为决定的。但是有一点，即关于杂志的内容，亦得遵照前面的哈斯特的那几句话。

四、稿费问题

杂志的稿费，以日本的情形说，大概能销五万份的杂志，稿费占其全部生产费的六分之一。不过我以为稿费应尽可能地多给。因为一般说来，原稿也和普通的商品一样，好的东西应得高的价钱，同时，高的价钱可得好的东西。只是有一点，就是尽量给与高价，是对好的原稿而说的。

五、广告问题

我觉得杂志的广告，应当是一种胁迫或压力。也正唯有这样的胁迫或压力，杂志的广告才算成功。在现在的社会上，的确有专门等待此种胁迫或压力的许多人，他们需要刺激，需要兴奋。同时，广告是推销商品的一个最有力的武器，在现代这一斗争的社会中，如果这武器不能发挥其胁迫的力量，以使读者发生非购买不可的感情，则这广告的效力，只有“失败”二字而已。

六、杂志社与编辑者

我主张编辑者除了有特别关系的人之外，不应当与作家多作请客之类的应酬的。因为人是感情的动物，即使心里觉得不是，可是常会受感情的支配，结果会做出与理智相反的事。所以编辑者必须注意，原稿是原稿，政策是政策，必须有明白的区分。就是说，杂志有杂志的政策，不能以政策去适应原稿，而必须以原稿去适应政策。然而大多数的编辑者有“碍于情面”的癖气，常会不依杂志的政策而定原稿的取舍的。这样，就不容易有好的原稿。

其次是编辑者的待遇问题。杂志社方面，常因节省经费起见，而有减薪或给以低廉的薪给的倾向。这是想以少额的薪给，驱使编辑者作最高的工作的企图。但这是很大的错误。要使编辑者避免前述“碍于情面”的弊端，也有充分保障编辑者生活的必要。

七、明日的编辑

我说“明日的编辑”，仅在写字桌上去做是不行了。编辑者只顾以苍白的脸伏在写字桌上干编辑工作，这样的时代已经过去了。今后的编辑室，至少是要在街头、工厂、卖淫街、百货店、山、川，所有一切的森罗万象，都须成为编辑室。同时，编辑工作的对象，也不能仅像过去那样在“与某杂志竞争”，或“竞过某杂志”，至少须以大报纸的读者为对象。关于原稿，也不能像过去那样以三分之一给学者，三分之一作为使读者愉悦的艺术的篇幅，其余的三分之一由编辑者另外去拉稿。今后的杂志编辑者必须变为“记者”，成为“记者”式的“作者”。最后我还有一点提议，就是编辑者必须常常携带照相机，无论在访问作家，或是在工厂、在街头，以及随时随地，都须摄影。总之我以为凡是公理及真理所在的地方，对于杂志，一切都是好的材料、好的文章、好的图面。但因它们都不断地变动着的，不是永远有一定的典型，所以在这些材料、文章、图面的追求者即编辑者方面，如果不予立时摄取，也有稍纵即逝之虞，所以必须即带照相机。

（载《社报》1948年新23期）

杂志编辑的要谛

赵南柔

关于杂志的编辑方法，如果要把个人的意见尽量说，那是多得说不完的。不过编辑杂志的这个工作，是容易说而不容易行的一种工作，所以尽管发一大篇冗长的议论，也没有什么实际意义。何况杂志所包括的种类也很多，各种杂志的写作者也各有不同，自未便说得句句都中肯。这里，仅说说关于杂志编辑的要谛。并且以几个关于这方面的有力的先觉者的话为中心，而进行论述。

所谓"不求闻达的质朴的"周刊杂志《珍闻》（*Titbit*）的创始者（该志创刊于一八八一年十月三十日）亦即近代新闻杂志事业的先驱者乔治·纽纳斯氏（一八五一——一九一〇年），由创业地孟彻斯特而进展至伦敦，把创刊时仅数千份的杂志，只以数年功夫，跃进至八十余万份。对于纽氏的这种惊人的手腕，无论在编辑或营业，两方面都有很多值得我人学习的地方。可是其最使我人感觉兴趣，同时也给我人暗示的，是他和W.T.史迭特氏（一八四九——一九一二年）提携，而创办《评论之评论》（*Review of Review*）当时的情形。

史迭特和纽纳斯两人，都是牧师的儿子，而且从小就是同学。这两人，一个以新杂志的经营者的姿态，雄飞于出版界；一个则先是*Northern Echo*报的投稿者，后来则成为*Pale Mail Gazette*报的主编，被文坛推重了二十年。之后，两人又携手经营同一个事业。史迭特提出新的月刊杂志的计划，是一八八九年年底的事，纽纳斯立即接受这个提案，于是新杂志《评论之评论》即于翌年新春问世了。以纽纳斯为经营者，史迭特为编辑者，C.A.皮亚逊为经理，可说是最理想的阵容。果然这杂志一出世，第一期没有几天便销了六万份。可是不到三个月，纽纳斯便声明要脱离这共同事业，史迭特也给以谅解，于是两人就在事业上告别了。但是他为什么要罢手？这个杂志在十分的把握之下呱呱堕地，其经营前途也决不会有什么困难。那末纽纳斯究竟为什么不想干《评论之评论》？这个理由，纽纳斯自己当时向史迭特所说的话，最能明白地表现。

"新闻杂志事业有二种。一种是具有支配国际的事件的力量的。它可以使一个内阁成立，也可以使它崩溃。并且，压迫政府使其扩张海军，以及其他许多大事，它都有力量可以自由做到。这是你的新闻杂志事业。但是此外也有一种另外的新闻杂志事业，它并没有此种野心。那就是对于渴望着娱乐与趣味的勤劳阶级，不断地供给有益无害的慰安与快乐。以这事为目的的新闻杂志事业，真是不求闻达的质朴的东西，这便是我的新闻杂志事业。"

纽纳斯的话，如果从今天的新闻杂志事业看来，毋宁是十分当然的。但在半世纪余以前的当时，不能不说是值得敬佩的卓见。以如使他发生这种卓见的原因，为英国于一八七〇年实施了国民义务教育计划这事。这个计划实施了十年之后，在这个时代里成长的英国的青年国民，已抱着他们的父母所一向不知道的趣味与嗜好。他们渴望着与此种趣味及嗜好相适合的读物，特别是新闻杂志。可是当时的英国出版界，还是旧态依然，汲汲于迎合一定的老顾客的心理，丝毫没有注意到这种新的方面。虽然硬派的东西，在当时已很有可观，但这种读物对于新的读者层是标准过高。他们所需要的，是单纯的愉悦与娱乐。不过也并不是那些魅惑的无内容的通俗杂志，而是希望一种新型的杂志。最先看出这种需要的，便是纽纳斯。

但是他虽然注意到了这种新型杂志——即廉价而又具有百分之百趣味的杂志——的缺乏，可是要以怎样的形态才可填补这种缺陷，他却一时想不出确当的方案。依他的传记中所说，有一天晚上，他正在看一些无味的新闻记事之际，忽然碰到下面的一椿记事。那就是报导在火车出轨时，救出二个孩子的戏剧似的场面的文字。他对于这个记事，十分感到兴趣。在看完以后，对他的夫人说："啊，这才是我所说的珍闻。为什么还没有人出版专载这种珍闻的杂志?”当夜他就想好了计划，而且决心由他自己来实行这计划。他马上着手搜集材料，在很短的时间内，从书籍、报纸、杂志中寻出这种珍闻——就是他自己都觉得有趣，同时他想别人看了也一定感觉有趣的许多记事——不但尽够第一期之用，即使出二三期的材料也都够了。于是，他从经营小饭店弄得了钱，就出版新型的周刊杂志《珍闻》。这杂志因为适合一般需要，所以出版后不久，销数就直线上升。而他的讲求发展事业时的新奇方法，也是使这杂志销数激增的重要原因。特别是这杂志移至伦敦出版数年以后，所举行的“探宝”计划，在社会上引起了极大的疯狂。就是该杂志的主编者，把五百金镑装在一个筒里，埋藏在某处的地下，并且声明如果要知道埋藏的地点，其线索可以在《珍闻》杂志所载的一篇故事中找出，如果根据这个线索去掘得时，就把金镑赠送给他，不过限于该杂志的读者。等到这个新闻一发表，贪婪的人们谁都变成该杂志的购读者了。并且，据说第一次的这个“宝”，是给住在伯明罕的一个人发见的。这个“宝”是埋藏在爱塞克斯·赫脱福特州的赫脱菲尔特镇上的。

由《评论之评论》脱离后的纽纳斯，这样努力开拓着自己所理想的新闻杂志事业。后来他觉得创刊一个新的通俗月刊杂志的时机已到的时候，就又出版《海滨》(*Strand*)，这是一八九〇年出版的。这是因为他发见了当时美国来的几种杂志的长处，才促成他的这个计划的。《海滨》对于英国的读者，完全是一种新鲜的东西，所以这新杂志又告成功了。并且不久，拉得了当时风靡英国读书界的二大作家，古南·杜依尔和奥本海姆作为特约撰述，该志的声价益发增高，而销数也更增多了。其后不久，又发行《大世界》(*Wide World*)杂志，于一八九三年则又创办《威斯敏司脱报》(*Westminster Gazette*)。纽纳斯在新闻杂志事业上的活跃，还有很多可以记述的，这里不过记述其一部分罢了。我觉得纽纳斯向史迭特所说的那句话：

“也有以对于渴望着娱乐与趣味的勤劳大众，可不断地供给有益而无害的快乐为目的的新闻杂志事业。”实在是很值得注意的。事实上，纽纳斯的新闻杂志事业便属于这一种。可是返观我国，可以称得代表此种新闻杂志的刊物，究竟有没有？可说没有。固然中国的新闻杂志事业，近年来也有很显著的发达，特别是最近的娱乐杂志的发展情形，是不容否认的事，表面上看来，好像有追踵西洋杂志之感，但究其实际，中国娱乐杂志的发展路径，完全是变态的，不是正常的。因为中国的娱乐杂志，差不多全部是供有闲阶级看的。所以不但不是纽纳斯所说的“不求闻达”，却是大大地求闻达，不但不是“质朴”，却是富丽堂皇的。第一，装饰卷头的就是极豪华的封面画、扉页画，纸质也相当奢侈，页数也相当庞大。正因这种杂志的大部分内容，是供给有闲阶级消遣之故，定价也就定得非常高，决非一般勤劳阶级所能购读。现在中国也有人数很多的勤劳阶级，他们也正渴望着他们的娱乐杂志，所以现在如果能出版纽纳斯所谓“不求闻达的质朴的”娱乐杂志，决不是无意义的事。不但有意义，而且现在正是绝好的时机。

纽纳斯在英国创办《海滨》杂志时，究竟受了美国那几种杂志的暗示，固然不能详知，不过我想《妇女与家庭杂志》，一定是给暗示的杂志之一吧？这杂志于一八八三年创刊，在三年后的一八八六年即销行至四十万份之多。这个通俗杂志的经营者赛拉司·哈曼·卡迭斯，除了《妇女与家庭杂志》以外，更发行《国家绅士》、《星六晚报》、《纽约晚报》等，实在可说是美国新闻杂志界的大人物。卡迭斯实行他自己所说的话：“我选择比我才能高的人担任编辑”，而请爱德华·威廉·海尔特·卜克氏担任《妇女与家庭杂志》的主编，又请乔治·华莱士·罗利马氏担任《星六晚报》的编辑者，而罗利马是由其所著《一个独力起家的商人给儿子的信》一书，才被卡迭斯认识其才能的。罗利马曾说：“不是没有思想，不是没有材料，只是没有记者。”这话，实在是值得出版家注意的。

最懂得这话，而且把这话的意义发挥得最详尽的，要算《世事》的创刊者，以后曾任美国驻英大使的伏尔脱·贝奇氏（一八五五年——一九一八年）。他于一九一三年写过一篇《编辑论》，其后收集在他的著书《一个出版者的自白》中。这篇文字，虽在三十年前所写，但在现在看来，还决不能谓为陈旧。因为真理永远是新鲜的，所以这《编辑论》，对于编辑者至今还是名言。现在把其内容的要点，略加介绍。

从事于《世事》杂志之编辑的一些人，具有极其坚定的一种信愿，并且我们对于这一信愿所抱的态度，永远是热心的。

我们的信愿是：把代表现代的各种活动，作报告、解说，以使读者知道世界的动静——特别是美国国内的动静。这种动静，不管是政治上的一个运动也好，一个妇人的行动也好，密士塞必河的大水坝的建设也好，关于科学上的发见或新学说的介绍也好，以及各地方工业界的进步发达，小麦和棉花的改良种的育成，学校的增设，金钱的浪费，享有不当的恩给的人们的堕落等等——只要是代表民众的活动，足以促使有识者注意的事，无论什么都好。这样，综观一年内所出的这个杂志，关于万般重要活动的记事全都已收集在内，必须这样才行。

我们在不断的协议之后，进行工作。因为我们的工作即编辑工作，全部是集体工作之故。各人都知道各人在做着什么，并且这是非知道不可的，并且我们以协议，对于投稿加以选择而决定取舍，并以协议决定应向社外帮忙的作家要求什么。

所谓编辑这事，是一种愉快的职业。因为这种工作，必须注意所有一切的人类活动，和所有一切方面的援助者接触，而学习很多的事之故。编辑生活者所得的真正的报酬，在这种职业必然会产生的许多知己和友人。不问男女贵贱，只要是有才能的人，对于我们的目的或计划，都不是漠然无关的外人。不用说，就是以较我们这一些编辑者更多的人，也不能对许多问题完全知道。但是我们各人有独特的方面的工作，例如某人关于社会问题，某人关于政治问题，某人关于经济及商业的问题，某人关于田园生活或教育方面。各人都为了增进自己所担任的方面的知识交友和读书。我们还得旅行国内各地，考察人们在做些什么。我们觉得一个杂志，必须使每一个编辑者至少一年有一次旅行国内各地，并且也得常常使他们能游历外国。理由是，因为要造成一个真正“活的”杂志，则仅仅闭居在编辑部内是不行的。

做编辑工作，没有别的秘诀。秘诀就是不断的努力，不断的勤劳。并且决不可忘记这是有兴味的工作。假使有一篇文字并不能引起我们的兴味，那末，这篇文字大概也不会引起读者的兴味的。

人是必须诚实的。一个杂志也如此，也必须诚实。人诚实而后具备人格，杂志也是诚实才有志格。对于高尚的人格者，万人都抱敬慕之念，和这同样，一个杂志有了好的志格，读者方才能对它感觉真正的亲切，表示敬意，而发生不能和它离开的爱着。

在造成这样的杂志，完全是编辑者的手段。这里所说的手段，当然不是指技巧，而是指编辑者的诚实的不断努力。那末，这种诚实的不断努力，他们怎样才能发生？一句话，必须是除了杂志编辑这个工作之外，不再有其他值得他们专心、值得他们从事的工作。一个事实上有益而有趣味的杂志，决不能作为其他某种事务或兴味之类的副产品而造成的。而且事实告诉我们，有很多杂志就是因为不作纯粹专一的努力而归于失败的。

“杂志编辑的要谛，只有一点，就是所有的文章都要有趣。”

不过所谓有趣，不能仅是一种余兴。真正能使读者愉快的，总得对于读者有某种益处的。不论是精神方面的，或是物质方面的，总之是对广大读者有利益的有趣的读物，这才是我所谓有价值的“有趣的”文章。

不过无论怎样有趣，谎话总还是谎话，假使是对于读者不能留得什么印象的空虚的读物，则只能引起读者在读的时候的一时的兴味罢了。总之是读过就丢掉的杂志。这样，就没有对这杂志发生真正的爱着与真的亲切之理。假使是小说和童话，那倒又作别论。此外，如果是真正的捏造与谎话，则结果只有使杂志的信用失坠，一点也不会发生什么益处者。关于这点，我们可举《世事》杂志所经验过的一二个实例，或则也可说，正因有这样的事实发生，才益发增加了编辑者的兴味。

《世事》杂志曾揭载过这样的文章，内容是说南部地方因发见了新的棉花耕作法，所以棉花的收获一跃而增至二倍。于是北部地方的一个资产家读到了这篇文章，立即每年投下八万元美金的巨资，使当地的农民实行这个新的耕作方法。

此外，又有一个访问日本某杂志编辑部的绅士，向该杂志社说：“因为想起了去年贵刊所载有利于农业的一段文字，所以我上个月曾依法炮制，投下了十万元美金的巨资。”

这种教人赚钱的文章，大概是可以使万人都觉得愉悦的。但是这种文章，无论如何必须求正确。如果把事实加以出入而揭载时，适足以招致读者的嘲笑与叱责，同时也适足以暴露编辑者的无智与无责任罢了。这样，杂志的信用马上会失坠的。总之，仅以引诱读者为目的的，或是毫无根据的信口开河的读物，对于杂志本身也完全是有害而无益的。

这种情形也不限于教人致富的文章。本刊曾揭载有关政治及社会改良的许多文字，都曾收得实际的效果。例如本刊所载论述恩给法之改正的文章之类，便是最显著的例子。此外，在教育方面，关于某学校的模范的教育方法的介绍，对于一般教育界发生了甚大的影响。又曾揭载某些人的德行，曾使许多人大大的感激，而且所揭载的人，一定就会被各地邀请演讲。这样的例子，真是不遑枚举。

总之，不管编辑者所担任的是那一方面，总得对于自己所担任的方面，诚实、亲切，为世界、为人类，作不断的努力。如果能这样，则这杂志一定会获得读者的尊敬与满足的。并且，也只有在这样的态度下产生的读物，才是真正的有趣味的文章，也只有揭载这类的文章，这杂志才能产生完善的志格。

亲切而诚实——这是担任编辑工作者所顷刻不能忘怀的事。假使失去一个读者，即将失去全部的读者。读者寄来的通信，例如询问、求要、鸣不平，以及其他种种的来信，绝对不要藉口事情忙而置之不顾。顺便说一句，本刊为了应付这种询问——读者中读了本刊所载关于新农业的介绍文字后，想投资的人，关于土壤、气候、市场等等常有来信询问的——设有专任的编辑一人，这人为了应付这类事，忙得不可开交。

重复说一句：一个读者就等于全部读者。

《世事》杂志的编辑方针，大体上已如上述。最后，我还想说一说，对于所有一切杂志的编辑者——不论是少年少女读物、娱乐读物或高级的文学读物、评论读物的编辑者——都属最紧要的一点。

那就是，要想做一个好的杂志编辑者，必须具备均衡的判断力。换言之，必须防止迷惑于一时的流行或单纯的珍奇的追求，或全杂志被一个人的个人趣味或特殊的狂热所支配。编辑者必须具备足以防止这种弊端的聪明。简单点说，即编辑者须具有防止其杂志化为煽动的一点聪明。再换句话说，所谓常识，对于编辑者是最有用的特质。

所以我们必须尽量多读，尽量多和有识者接触。一方面必须自己修养，一方面必须察知其他许多人在想什么，希望什么。就是说，必须由大公无私的立场，正确理解广义的读者即民众。

末了，还得附带说一句：编辑者不要在私交上和作家过分密切。因为过分密切，是产生不纯正的编辑的初步。编辑者和作家的关系，应保持不即不离的态度。

以上把贝奇的意见的要点介绍过了。但是在本文结束之际，笔者愿把本文开头的话再强调一次：杂志的编辑，总之是属于言易而行难的工作！

（载《读书通讯》1948 年第 148 期）

怎样阅读刊物杂志

陈培光

刊物杂志是近代人生活中不可少的东西。但每个人从刊物里得到益处，却彼此不同。有的青年朋友因为时常接触杂志刊物，常识丰富了，学问进步了，思想开通了，修养增高了。有的青年虽然也订购了一份刊物，却只是得到一些支离破碎的知识，或是读过刊物之后，仍然感到空虚和陌生，没有多大心得，纵使在主观上对刊物爱不释手，但不知什么原故，终觉刊物对他没有什么帮忙。

以我的经验，一个初接近刊物的青年，对于整个刊物，确是非常热爱，觉得每一个文题都是新颖可喜，但刊物里的文章，门类很多，性质不同，“看那一篇好？”于是就成为问题了。通常青年拿到一本刊物以后，只是从头到尾翻一翻，见到顶触目的题材，便有意无意地往下看，看得对劲，便可以一口气看到底，看得不对劲呢？便再前前后后的翻，有时因为功课或其他的业务很忙，翻一翻就算了，其实并未读，闲时再拿来翻，忙时便又搁下，大概喜爱刊物的朋友，一定要翻它好几遍，全本杂志的文章题目和作者姓名，已然烂熟了，但对于杂志的内容却懂得很有限，如果有一个朋友来问：“某篇文章内容如何？”得到的答案可能是：“大概很好。”那个朋友如果再往下问：“好在什么地方呢？”那就不容易作答了。

在一本刊物里，读者通常是先把其中的文艺作品看完，其次较轻松的文字也容易吸引读者，至于内容深入的科学文艺和关于学习问题的文字，很少有人把它细心读完。当然读刊物不比学校上课，不一定要一字一句地从每篇之首读到每篇之末，但青年期是人生学习能力最强的时期，这在心理学上已经得到证明，而且青年人在学业和事业方面，往往还没有一个确定方向，不论那一门的知识，对于青年都是有用的，不论那一类的文章，对于青年都是宝贵的，青年的阅读兴趣似乎不宜过早发生偏向，应该先来一个广泛的吸收，多读各种各色的文字，扩大自己的常识或各门基本知识，以便日后从这许多门类中间，挑选我们所最欢喜的一门，决定我们努力的方向。因此一本杂志刊物到手，很可以细心地把其中的文字都读一读，易读的固然不成问题，难读的便要提高耐性，打破难关，把它澈底地了解一下。

这里，有三个问题要注意：

第一要有计划。一本心爱的刊物，如何才能读完它？在实践方面要作一个合理的分配。一天里读书报杂志的时间，虽然不求多，却也不能完全没有，应有计划地天天找出一部份时间，经常阅读，才不至于感觉时间的紧迫。

第二要用批评的精神阅读，各种杂志刊物，内容不同，就是在同一本刊物内，文章的好坏也并不一律，我们需要读它，却又需要有批判的精神。杂志里的文章是庞杂的，但到了我们的脑里以后，却不能再成为杂乱无章、毫无条理的东西，我们要用批判的眼光，把它重新整理一下，融会贯通以后，再吸收到脑里去，成为有系统、有用场的知识，如果能利用集体阅读的方法，大家在一起报告讨论那就更好了。

第三要和杂志刊物打成一片，把自己当做支持刊物的一员，我们不仅要读刊物，而且要向刊物提意见，表明读者的愿望；可能范围内，还该帮助杂志刊物求发展，使我们所喜爱的刊物，能够不断地进步，逐渐健壮起来，永远成为青年的良伴。

（载《云南论坛》1948年第1卷第2期）

编辑难

逸

一人难趁百人意，尤其是当编辑，每天在夜间工作，夏日蚊虫进攻，冬日寒气逼人，排字房催命一般的要稿，这是日报。至于杂志或周刊方面，对于选稿技术，稍有不慎，就能出是非，为东家惹事，登了甲的，不登乙的，就许接信受抱怨，大家都称心合意，实在是难。譬如“受酬稿”多刊了，稿费是一笔大开支，东家不大乐意。“义务稿”登少了，拉不住读者的捧场。顾此即能失彼，而况且稍一疏神，就能闹着稿荒，势必自己去写。一人精力有限，终年日以继夜的工作，哪有许多许多的东西去发表呢？读者的投稿，往往只顾出风头、显身手，所谈非驴非马，要不然，就大抄特抄。编辑哪能读尽天下书？刊出来就有人指摘，不免负有失查之责。果替他删改删改，用的工夫，还不如自己写一篇来得痛快。以《游艺报》来说：制铜版、刻木图、研究排版格式，种种手续，一概均由当编辑的琢磨读者的心理。酸甜苦辣咸，喜欢哪种味道，五味得会调和。不然，枯涩无味，对于销路，必然大减，东家又要说话了。现在纸价涨，工资涨，一切开销涨，又增添上随时调整，更伤脑筋！虽然报社里是分工合作，各司其职，但是负编辑之责的，要时时与各方面有联系。还是那句话，稍一懈怠，就得“垮台”。对东家得格外尽职，对同人得工夫勤，不可失联络，对工友得婉言和蔼，对读者得应付周到。您说哪样不难？

编者案：逸君此作，痛快，真挚，兼而有之，非过来人不能道也。当编辑者，当真有此苦况！咱上台那天就说过了：“读者是婆婆、大小姑子，咱是媳妇兼嫂子、弟媳。”一两个人编出来的东西，要求所有读者不挑眼，岂非难事？可是话又说回来了，逸君所说的几项困难，是一般的共感。惟不足以概之本报。并不是说本报有什么高过人的地方，而是我们有三种特征：

第一，不热中——因为本报同人不“热中”。所以对于毁誉，就不太偏畸，唯以“真理”为主旨。不热中，并不是“不进步”，而是希望不大！并不希望把握全国舆论的权威！希望不大，所以失望也就不大。

第二，不怕抄袭——虽然编者们才疏学浅，可是都有一种癖好，就是专好替一篇文章寻找“娘家”。夫“千古文章一大抄”，抄也得会抄，不怕您摹仿意趣，就是不许您抄袭成文。本园中已发现了两篇改写的文章，但文中另夹有新鲜意思，所以照旧选登，但是如果您“整个往上糊”，我们就往字纸筐里扔了。

第三，民主精神——我们都有个苦干劲，而且最富于民主作风！从来不懂得“拿糖做醋”！就以“排版”、“函答”来说：并非一两个人独裁包办，而是取分工合作制，各展所长。此外文稿方面，由于稿友的捧场，老有“囤积”的嫌疑！相反地同人们反不敢“操纵”和“奇居”了！

（载《游艺报》1948 年第 5 卷第 12 期）

吃力不讨好的工作——编辑

周　冷

编辑工作是报馆中最实际的工作，因为任何意见与新闻，都需经过他的选择取舍然后始见于报章。打个比喻，他们好像报馆的口，代表了报馆而对一切表示立场。

然而，编辑的工作并不是权威的，他需受着以下三种限制而进行他的工作：一、报馆立场；二、新闻来源；三、本身修养。

任何一个报纸，不论他揭示的态度是如何大公无私，但它始终有它的立场。从客观来讲，报纸是生存在社会中的，社会虽然只有一个，但一个社会中却有无数的阶层。每一阶层对每一事件都有它不同的看法，因此报纸便不得不要在这无数的观点中找出它自己认为最合理的一种。也许报纸本身可以说是代表大众，而实际，严格地分析，它仅可以代表一部份人，也许这个代表属于多数，但不是代表全体却是真的。从主观上讲，报纸的目的不纯是商品，它除了注意销路而维持生存之外，还带有点政治社会的意识，它需要对任何事物都表示一点意见，合乎他预定标准的他会赞成，不合预定标准的他要反对，在赞成反对之间，无形就代表了任何一部份人的意识。编辑是服务于这个报馆的，离开工作的时候也许他是另外的一个人，但在工作时却就不得不要依从于这个标准。

一个报纸的新闻是由各方面供应的，除了自己的访员之外，还有很多很多通讯社，与上面的理由一样，每个通讯社也有他的背景，这些背景也许和报馆的立场大致相同，也许和报馆的立场完全相反。同一消息，经立场相同与立场相反的通讯社各作报导，编辑人是知道比较取舍，但如仅有一方面通讯社发出稿件，常常就会朦蔽了编辑。一个相反的消息，编辑可以不用，但全部都是这样的话，编辑有时就不得不予酌量发稿。

稿件送来的时候是不会分开什么是重要抑或次要的，权衡轻重全靠编辑的眼光。读者看报虽然知道有头条和短行，但短行和头条就要全赖编者的选择。不特此也，稿件来得多的时候，编者便更要淘沙拣金。什么是沙、什么是金就要讲修养。你不能把阿猫阿狗的打架看得比援华计划还要重要，也不能偷懒把一切的消息，不论它是矛盾、互相冲突的都放在一起。你不但要准确地报导出现在的时局，你还要暗示将来的动态，编辑不是万能，但工作却要他变成万能。编辑精于政治也许不精于经济，他懂得国内事情也许不明了国际状况。慢慢推详当然不会有毛病，但工作的完成却有一个极端严格的时间，于是你便不得不凭平日的修养甚至直觉地来推断一切了。

这三者的关系都是交织纠缠在编辑工作进行之中的，任何一篇稿件发出，都受到它们的影响。所谓新闻自由实际仅是出版自由，在任何一个报馆，编辑的工作是并不自由的。

编辑的不自由还不仅是这一些，除了工作进行时要受到上述三点的限制外，对外，编辑的顾虑也极多。我们常常看到英文报标题有“Found Guilty”，意思是某某“被认为有罪”，Found 这一个字似乎是多余的，但却不由你不加，因为加了你只是个客观记录，不加，原意变成了某某有罪，便是代表报纸本身说话，假若这人上诉覆审结果证明无罪，他的名誉被你妨害了，你便要负诽谤的责任。因为在任何民主国家虽然是保障新闻自由，但同样他们更要保障人自由的。诽谤的范围很广，依据法律，即使你所载的真是事实，但这事实纯属私人事件，与公众无关，控诉起来，你也得要赔偿损失。一千个小心中总有一个大意，而编辑的工作却要求到绝无疏忽。

除此以外，编辑工作还需要受很多字句含糊而又处分得颇严的法律限制。比方《出版法》二十一条的规定：

出版品不得有左列各款言论或宣传之记载：一、意图颠覆政府或危害中华民国者；二、妨害邦交者；三、意图损害公共利益或破坏社会秩序者。

两个“意图”，一个“邦交”，实在就很难分释得清清楚楚，你为了揭发贪污而采用一篇某人犯法的稿件，但依据“意图”，推断下去便可能引起风波；你为九龙事件英警横行而仗义执言，但这是否算作“妨害邦交”？条文里是没有硬性规定的，一切要留待法官解释，在法官一日未解释清楚以前，编辑就只好永远在“意图”、“邦交”之中冒险。

不过，这一些还算有条文引证，出了岔子多少还可申辩。可是，在中国这样一个特殊国情的环境下，往往编辑无心，读者留意，一下子无端的闹出乱事来的例子很多。比方胜利以后，各报馆被打的消息，是不时见到报章的，原因有些是因为一篇文章得罪了人，有些是一段消息不合他们的意见，不论引起事端的原因是什么，可以断言，编辑在发稿时候却绝不会心存恶意故生事端的，他之发出这一篇稿，也许爱上了它的内容，也许认为足以表达一些意见。甚至，有时为了稿荒，不得不拿来塞满篇幅。他们虽然估计到并未抵触国法，但却不会明白这会刺痛了一部分人的心。横祸飞来，有时是整个报馆给捣毁，有时是自己被打得头破血流。向谁控诉是以后的事，但吃了眼前亏是必然的了。

于是，编辑在顾虑到法律之外，还要留心到“人情”，“人情”一多，用稿范围既狭，工作就越来越难了。

我们且不用谈技巧方面的问题了吧，标题受内容限制，版面又受标题影响，要它能恰如其份的表达内容，使读者一目了然，又要它简洁大方，不流入俗相，这些工夫结果仅是使读者看起来时感到舒适，而在编者，却不知花去若干心血的。我们更不必说他们的生活反常、影响健康吧，黑夜里工作，白天里休息，带给别人以消息，自己却永远见不到光明。仅从前述各点来了解一个编辑是怎样进行他的工作，他们的困难、滋味大概就可以明白其大概。如其只是为了生活，我想这门工作是很少人会选上的。其所以在各种岗位中选上这一“行”，我想多少是带上一点“神经质”。

因为一个编辑差不多都是知识份子，知识份子除了如常人一般的过他物质生活外，他还比常人多希望过一点精神生活，或者说他们的空间范围比较宽广，想象得比较遥远，为了使两者的生活容易调和，于是才自寻烦恼地爱上这一门工作。

在某种意义来说，编辑是一个“先知者”，但在某种意义来说，他们都是最平凡的人。为了满足这前者的欲望，它当编辑；为了常受后者的刺激，它们的牢骚最多。

（载《浙江记者》1948 年第 1 卷第 56 期）

怨做编辑

黄潮如

我因为过去常在衡阳与长沙两地跑来跑去，驻地不一，因此《馆内通讯》寄到，而本人恰巧不在，有时就给遗失了。读《馆内通讯》不过是碰运气。所以自一卷一期到现在，《馆内通讯》里的文字，看到得很少。昨天接到第二卷第二期，里面有一个《第一卷文字索引》，把全部目录看了一通，算是过屠门而大嚼了一顿。

我对全部目录中最感觉亲切的，是家南先生在第三期中写的《怨做编辑》。当然，这篇大文的内容我并未寓目，所以尚不知是如何写法的。不过望题思文，一定是写编辑先生生活之苦。在下做过十年以上的内勤，其中有整整八年的夜生活，从未休息一天。这个极人间之苦的编辑生活，确已尝够了。至今回忆，犹有余悸。抗战胜利后，我摆脱了夜生活后，桂林《中央日报》一再邀我去负责编辑部工作，马星野先生也曾请我到南京去编稿，我为了不克再胜任此种老鼠生活，只好一概婉辞。今天看到家南先生《怨做编辑》一题，大有共鸣之感，因此引起我的同情，也来写一篇《怨做编辑》，家南先生得毋笑我“东施效颦”吧！

编辑本来不是和苦力般的做苦工，应该不列入“苦工”之内。相反的，还可以说是最愉快而轻松的工作。君不见：编辑先生坐在斗室中，能够耳听八方，目接万里，什么消息都经他先看，什么好文章要经他先读，你说这不是最愉快的工作吗？然而，他却是最苦的。苦在那里呢？苦在他的工作时间在夜间。应该休息的时候不能休息，不应该睡眠的时候要睡眠，夜以继日，阴阳倒置。编辑先生，必多贫血，任你铜筋铁骨，如果经过数年夜生活的磨折，必定脸色惨白，两眼无神。不用说，他的寿命也必定减短若干年。应该活到六十岁，也许五十岁就会归天。这种情形，谁又能说不是最苦的差使呢？

记得当年做编辑，负责国内电讯一版。那时电讯来源，以中央社消息为主，中央社要到午夜三时许才截稿，经过编印手续，到报馆编辑部已是四时许了，所以每天必到清晨五时才能休息。有时看看大样，则非到大放光明不可了。常常卧倒床上，从窗户里可以窥见东方发白。初起这样生活颇为不惯，尽管晨光曦微时才入睡，到了上午八九时还是要醒来，翻来覆去的睡不着，如此每天只有数小时睡眠，苦味真够你尝。等到日子久了，才渐渐习惯，一觉睡到下午二三时才起床。不过这里得特别声明：睡到下午起床，虽然八小时睡眠的要求已够了，可是精神终不及夜间睡眠那么好，引起长期的胃口不佳，食不甘味。

假使能给你白昼安静的睡眠，还算是幸福的。有时卧室的环境不佳，或者孩子们啼哭，都会妨害你的入梦。睡眠不足，对当晚的工作会有重大的影响，有时握笔编稿，不知不觉中打起瞌睡来，稿纸上常常被那支握在手里不由自主的笔点上一块一块红巴巴。记得有些同事，发明一种驱逐瞌睡的简便方法，用冷水洗脸，顿时就会清醒不少，不致再被瞌睡纠缠。不过我恐惧在夜半疲倦时受不了冷水的刺激，所以始终没有尝试过。

以上是说做编辑者本身所遭受的痛苦。此外，他的生活还会影响到家庭生活的不美满。本人夜夜不睡，娇妻自然只好孤衾独宿。有时妻子在学校里或机关里做事，那就夫妻之间来个“恕不见面”。妻子睡眠的时候，丈夫上办公了；丈夫睡眠的时候，妻子又上办公了。大凡做编辑的，都是年龄在三十左右光景的青年（因为太年青了经验不够，年龄大了体力又不济），这是如何违反人性的一种职业。中国谚语谓，三百六十行最苦的行当，是“弄船、打铁、磨豆腐”。细考此三种职业何以算是最苦，不外是因为：船伕为了工作关系，时常需要下河推船，虽在零下的气候，也得下水；铁匠伴了一个熔铁的火炉，虽在盛暑，也得站在旁边叮当叮当；磨豆腐必须在半夜起来工作，一大早才有货应付顾客。如此形成了这三种职业为三百六十行中最苦的行当。其实，编辑之苦，集此三苦之大成。他一样的不分寒暑要做工，他一样的晚上不得睡眠。假如三百六十行中要增加编辑这一行当进去的话，则三苦行应该是四苦行，而且这个后来的一行还要列居首位。

话虽如此说，编辑工作也有它的乐趣在。编辑部等于一个大厨房，外勤是负采买之责的，编辑先生是掌锅的厨司。菜肴的可口不可口，全靠厨司一把锅铲。假使一碗菜端到桌上，吃客们加以赞美，则其功必归之于掌锅大司务无疑，与采办人是毫无关系的。编辑先生坐在编辑室里，运用他的一支笔，把一切稿件截短补长，窜点修改，第二天印出一张报来，读者争阅，一定赞美：某报编辑不差。编辑们内心该是如何愉快！而且，编辑先生对于稿件的取舍，有其绝对的权威，当他一窜一点，甚至不满这篇稿子，兴手一捻，捽之字篓，在那一倏那间，颇有大官儿朱笔一勾，操生杀大权的威力之概。这点，就决非报馆里其他工作人员所能望其项背了。过去我在厌倦编辑工作时和同事闲话，曾遇到好些外勤同事非常羡慕做内勤，认为我的厌做内勤为不近人情。

编辑还有一点是更愉快的，就是干编辑是一种工作与学习连结在一起的工作，也和教书一样的“教学相长”。一个人如果做了编辑，肯在工作中用心学习、进修，那末，三年编辑之所得，必胜过读三年书。欧美许多名编辑，由工作中学习进修，到后来得享盛名，其例甚多，毋庸列举。不过话要说回来，在下曾做过十年以上的编辑工作，而到如今并无所得，还是寂寂无闻，充其极也不过被人目为一个编辑匠而已。思想起来，好不愧煞人也！

（载《申报馆内通讯》1948 年第 2 卷第 4 期）

作家的厄运——也就是读者的厄运

徐西东

最近重读了郭沫若的《苏联纪行》，这是胜利后中外出版社在北平的初版本。书里面的错字和模糊不清的，实在不在少处。对于原作文字之美不无减色。

谈到纸张粗劣、印刷模糊、校对马虎，差不多是中国出版界的通病。就拿出版界的老大哥商务印书馆来说：战时出版的书，几乎本本不成个样子，不知残害了多少青年人的目力。商务战前出版的《辞源》和《新字典》，听说校对四五十次，固是还不免有错字和不通的地方。至于其他昙花一现、投机性的书店，打游击式的半公开的小出版社所粗制滥造出来的东西，更是不在话下。

出版商（请恕失敬，没有尊之出版家）为了赚钱，要抢时间，编校的小伙计为了奉承老板，当然无可无不可的随便地交了差。可是，倒霉的是小读者，花费了几十万，乃至几百万元买来自己所爱好的书，一读之后，却一肚子不愉快。

最令人啼笑皆非的，连那本书的作家的名字，也一样逃不了厄运，而错得出奇。就拿这本《苏联纪行》来说，版权页的著作者和主编者郭沫若，都一变而为“郭洡若”了。虽然仅仅一字之差，但关系很大。“末”、“未”加上水旁，读音还是截然不同的。读者们总以为印刷出来的出版品总是“不会错的”吧，郭沫若也许本来就是“郭洡若”，夏丏尊也许本来就是“夏丐尊”，茅盾也许本来就是“矛盾”。天下本无事，庸人自扰之，清醒的读者经不起出版商们的鱼目混珠。不知这些出版商们也有愧于心否？

（载《大公晚报》1948 年 6 月 29 日）

培养书评风气

常　彬

在今天中国的“著作之林”内，充满了荒草与枯叶。到书店里去巡视一番，或翻开报纸看看书目广告。多半是一些迎合低级趣味的小册子。你会相信：这是具有辉煌历史的中国著作界么？今天中国著作界真是贫乏而又混杂极了！

这种混杂局面的形成，自然最重要的原因，是受了时局生计的影响，把一般文化工作者底生活，在衣食不足的条件下，除了极少数人外，或改行，或兼差，那有较多的时间来从事精心结构的著作？于是剩下来的就是一些“幺流作家”了，他们想急于“成名”与“求利”，便大量从事“机械生产”，作品底内容则尽量迎合读者群的低级趣味。

今天正是中国文化由破坏到建设的过渡时期，著作界的贫乏与混杂是必然的现象；不过，提早结束这个过渡时期，便是每个文化工作者的重大责任。

为此，我们要培养“书评”风气。

“书评”风气之浓厚与普遍，要算欧美各国。

R.L.DUFFUS 在美国曾作过这样的一个调查：他想知道什么是读者得与著作接近的媒介？后来他把这统计数字发表在一本书里：

媒介	人数
书评	3454
广告	2400
友人介绍	1219
作者声望	104
书店陈列	409
对问题有兴趣	383
书店推荐	270

馈赠	230
演讲中听到	139
书名眩人	191
书店中翻阅	180
杜威介绍	161
函邮目录	156
教授介绍	64
风行一时	56

美国“书评”之盛，从这数字得到充分的证明。

由于“书评”风气之影响，作家不敢随便粗制滥造，至低限度要在某种水准上，才敢拿去发表。出版家亦非常谨慎，须有价值的著作才敢出版，否则，宁缺无滥，一般智识不等的读者，会知道怎样选择读物，而不致受欺受害。西洋近代文化之突飞猛进，我们不能不承认“书评”是有很大的关系。

很显然的，只要中国的“书评”风气也培养起来，著作界的乌烟瘴气，是很容易澄清的。

梁任公先生劝人每读完一本书，就做一篇文章。我则劝人每读完一本书，最好作一篇“书评”。

一本书的好坏，只经过一两个权威书评家的评定，往往是靠不住的，因为极少数人的评定，很容易犯上偏见或武断的毛病；反之，综合大多数人底意见而评定的，则较为客观较为合理。

我们培养“书评”风气的目的，就在集合大多数人底意见，对于一本书的评定。

我们希望读者对于可能读到的新书，应以批评的态度去读它，读后，写一篇书评。这就读者本身而论，算真正读了一本书；在文化方面，也算尽了一份文化建设的责任。

（载《大公晚报》1948 年 5 月 18 日）

书评与批评

李广田

文学作品的阅读、文学批评、文学史、文学创作，都是文学方面的工作。其中文学批评一项，是一种比较困难的工作，但也是我们的文学界所最急需的工作。其中最容易的自然是阅读，因此大多数人都是文学阅读者。为阅读而阅读，或者说为欣赏而阅读，自然也可以得到文学的教养；进一步，如果能用批评的态度去阅读，也许更有益处，而文学批评家也就应当从这样的读者中产生出来。从阅读到批评，本来是一条道路，为了方便，如果在两者之间架一道桥梁，那就是书评。

书评与批评不同

书评是就书论书，或就文论文。书评的首要工作应当是向读者介绍作品的内容。书评的作者可以把原著以梗概的形式向读者陈述，在陈述的过程中也就自然表示了他对于作品的意见，然后他再说出自己读过以后的感想，或者加以褒贬。书评以所评的作品为主要对象，它当然可以涉及作品以外的问题，但它不能牵涉得太广。文学批评就不然了，它的范围比较广阔得多，它可以批评一本书，可以批评一个作家，可以批评某一文学派系、某一文学时代、某一文艺思潮，或探索某种文艺理论。而文学批评本身也有各种不同的性质。照最普通的说法或可分为三种：第一是裁判的批评，也是文学批评中最重要的一种，因为既云批评，当然要下裁判，而裁判是必须有客观标准的，作者用了一种公认的法则去衡量问题，在衡量中自然也作原理原则的讨论，所以有人说："批评之于文学，犹法律、政府之于国家。"（Prof. Churton Collins：Criticism is to literature what legislation and government are to states.）譬如中国历史上所谓"文以载道"的观点，以及现代的科学的艺术论等，都是属于这一方面的。第二种是解释的批评，它的主要任务是解释：解释作者的生平及其时代的历史事件，在这些解释中，它指明了作品中的意义和作品的重要性，它把最后的裁判留给了读者，然而就在这样的解释中，自然也就有着裁判的意味了。譬如前些年在中国读者中颇有影响的小泉八云（Lafcadio Hearn），他的文学论就题作：《Interpretations of Literature》，这实在很对，因为他所作的乃是一种解释工作，还有法国的大批评家 Sainte Beuve 也是这一派。第三种是印象的批评。这样的批评家往往不肯靠对象说话，原理原则的考察他们嫌太科学，也就太呆板，至于传记的、历史的考察，他们以为那是考证家的工作。他们用了一种最直接的办法，那就是凭自己的印象、自己的爱好，所谓“让自己的灵魂在杰作中游行”，说这话的法国大作家法朗士（Anatole France）就是这样的批评者。中国人向来缺乏科学精神，其形成印象的批评虽不若西洋的印象批评之深刻，但印象的批评确是很多，钟嵘《诗品》论谢灵运：“譬犹青松之拔灌木，白玉之映尘沙”，论颜延之引汤惠休曰：“谢诗如芙蓉出水，颜如错采镂金。”这甚至影响到阅卷的国文先生，动辄批以“水净沙明”、“珠圆玉润”，也只是一些不易捉摸的印象。中国诗论多用诗话形式，也大半是一种印象批评。其实这几种不同的批评也并非孑然独立、绝无关涉的，不过为了便于说明，不得不这样分别罢了。

从这样简略的说明中，大致可以看出书评与批评之异同和短长，或可用以下三点作为比较：

一、书评的好处是具体实在，其短处则为容易失之于点点滴滴，浮皮搔痒；批评的长处是原原本本、深中要害，其短处则为容易流于海阔天空，不着边际。

二、书评往往是即兴的写作，多主观成分，有时难免为偏见所蔽，但无拘无束，容易见出真实，也是一种好处。批评终以裁判价值为主，既有客观标准，当然不会去真理太远，但往往流于机械的运用原则，也是一种缺点。

三、书评既以介绍为首务，自然以新作品为主，这对于新作家、新作品，以及一般读者都是很急需的。十几年前一个美国人叫做 R. L. Duffus 的，曾作过数字的统计，在十六种情形中，惟“书评”一项使读者与著作接近的数目字为最大，可以见出书评的力量。至于文学批评则不见得能发生这样现实的效果，因为一个批评家既可以批评新书，也可以批评旧书，而且它是一种比较专门的东西，一般读者往往无力接受，也无心去接受。

当然，作任何工作，似乎都不必只以目前之有无实效为去取，如以价值而论，文学批评实比书评更严肃，更有学术性，也就更重要。但以一个人的工作道路而论，从书评到批评确也是一条很自然的路径。因为，第一，如前面所说，从作品的具体评介出发，积之既久，就可以建立起自己对于文学原理原则的看法，也就有了自发的或自主的标准与尺度，至于别人的理论，也可以作为自己的参考。第二，我们曾说书评以主观观点为主，批评是以客观标准为主的，其实绝对的主观或客观都不可能，但大致说起来，从主观到客观，从即兴的感想到本源的探讨，而终之以主观客观的合一，才是最好的文学批评。所以最初，作者不能不先让自己的灵魂在杰作中游行，进一步也不能不作历史的、传记的，或社会的考察，最后，就自然予之以裁判。不然，若只是借了人家的尺度来衡量，到底不是好办法。第三，书评既以评介新作为本事，那么，对于同时代的，尤其是与现实问题相关的作品之密切注意，不正是一个进步的批评家所必须的吗？

基于这些理由，我所希望于文学阅读者的是：从认真地阅读开始，进一步去作书评，再进一步去作文学批评，这是每一个读者应当尽自己的力量去试探的道路，也是每一个读者对于作者、作品以及其读者同伴所应尽的义务。

更基于以上这种希望，就不能不要求一种不同的阅读态度。一般的读者是读了就算的，因为读了就算，当其正在阅读的时候是一种态度，这种态度，是一种享受的态度，或美其名曰欣赏的态度。假如读者并不是读了就算，而是于读过后要产生一种对于作品的意见，而且还要把意见写出来给别人看，也就是写成书评，这自然就须是另一种不同的阅读态度了，这种态度就是一种“工作”的态度，我们应在“工作”中得到享受，不应当为享受而享受。这种态度是甚么呢？很简单，那就是认真，说具体些，那就是，不但眼到，而且心到，不但心到，而且手到——这，其实也是老生常谈了，虽然是老生常谈，然而一般青年读者却还是很少肯下这样的工夫。心到，这不必说。我这里要特别强调手到，那就是：你必须随手在书上作种种符号，或作些提要，或记些临时的感想（借阅的书自然不能这样作），而最好还是随手作札记，把认为可以记的都记下来，无论是书上的，无论是心里的（即便是自己有书也应当如此）。这样阅读完了，你已得到了很多东西，然后你再整理它、思索它，并参考其他材料，最后你再评价它，这样写下来就是一篇很好的书评了。

提到参考，我便想到有不少读者往往连最近便的参考都忽略了，那就是原作中的序文或跋文，读书而不读序跋，那真是一件最可惜的事。你应当先读序跋，于读完全书之后，还应当再回头把序跋读一遍，这样，你将了解更多的事物，因为序跋是作者自己对于自己的生活及作品的说明，自然，还有其他说明，还有别人的说明，还有作者的整个生活与时代，都应当注意。譬如鲁迅先生的《野草》，当二十年前读这些文字的时候，虽然读后也并不是毫无所知，但总是不能完全懂得，直到最近翻出了《二心集》里的《〈野草〉英文译本序》，才得到了进一步的了解。他说：

> ……因为讽刺当时盛行的失恋诗，作《我的失恋》。因为憎恶当时社会上旁观者之多，作《复仇》第一篇。又因为惊异于青年之消沉，作《希望》。《这样的战士》是有感于文人学士们帮助军阀而作。《腊叶》是为爱我者的想要保存我而作的。段祺瑞政府枪击徒手民众后，作《淡淡的血痕》，其时我已避居别处。奉天派和直隶派军阀战争的时候，作《一觉》，此后我就不能住在北京了。
>
> 所以，这也可以说，大半是废弛的地狱边缘的惨白色小花，当然不会美丽。但这地狱也必须失掉。这是由几个有雄辩和辣手，而那时还未得志的英雄们的脸色和语气所告诉我的。我于是作《失掉的好地狱》。

这虽然只是短短的说明，对于读者却有极大的帮助，尤其像《失掉的好地狱》那样的作品，不有这点参考，简直是胡猜乱猜都无结果。我很悔恨从前不曾注意到这篇英译本的序文，其实，也许是因为从前读书态度不对，根本不求真实的了解，虽然有这样现成的参考也不去看，或者是看过了也等于不看，由此也可以知道，一种最好的读书态度是非常重要的。

此外，为了进行集体学习，为了推进这一民主的学习风气，每一个读者也都应该取这样的阅读态度，因为你在你的学习团体中要作报告，要参加讨论，而这种报告与讨论，也就是一种未写出的书评，也是造成综合批评的一成分。

我们应当这样去学习。这样长久下去，你也许就可以成为一个批评家，说不定也可以自己动手去创作，成为一个作家。“文章千古事，得失寸心知”，既能得其寸心，我们就不但可以论，而且也可以学着作了。即便退一万步想，不把意义放在工作的结果上，就只是在这样的工作过程中，比较那种读了就算或为读而读的办法，也就自有一种意义了。

三十七年一月三日

（载《中学生》1948 年第 198 期）

谈索引

于鹤年

近日见到上海人文社刊行的《人文》，顿使我想到二十年来的索引工作。索引工作大约有三种：第一类是书籍内容的索引。索引的应用在于检查材料的方便。在书籍中差不多都有目录，西文书籍更多附印索引。新出中文书籍亦有附印索引的，不过不多。索引和目录的作用相似，而更为便利。目录的次序依书籍叙次的先后，索引的次序则依书中所论及资料标题笔画的先后。换一句话说，索引就是字典式的详细目录。努力于这种索引工作的是哈佛燕京学社所主持的引得编纂处。“引得”就是 Index 的译音兼译义。字的排列另有一种特别排法，印成的引得已有数十种，经史子集各种均有。太平洋战争起后，日本人接收燕京大学，引得编印工作遂行中止。代之而起的是中法汉学研究所编印通检，其体制和引得大致相同，已出版的共有八种，都是历代要籍。燕大复员之后，引得编印工作又行赓续了。这类索引对于翻检古书确有帮助，尤其是对于研究汉学的外国学者，这二种机构以外从事这种索引工作的似乎还没有。

第二类是关于某种资料的索引，例如人名索引、地名索引。这类索引印成者尚不如前者那样多。

第三类是期刊日报篇目索引。这类索引简直是期刊索引篇目的分类目录。从事这种索引工作的机构多属图书馆等学术机关。最先有北平图书馆的国学论文索引、文学论文索引、地学论文索引等。燕京大学图书馆编过二本日本汉学期刊篇目索引。其他各科索引亦继续不断的问世，不过都是偏于较狭的门类。其作普遍的编纂者，以《人文》月刊中的《最近杂志要目索引》为最早。《人文》月刊一半是现代史料和掌故，一半是出版消息。书评和期刊索引，内容朴实，极富学术价值。其后有中山文化教育馆刊行的《期刊索引》和《日报索引》。此二种索引每月一册，分量较《人文》月刊中所刊者丰富数倍。在七七抗战以前，刊物种类极多，一人势难普遍购阅，手边能有此数种索引，则不啻将一般刊物都购阅了，因为先将索引翻阅一遍，等于将最近各门资料都看见了，需要某种刊物作参考，则或借或购，就容易了。自抗战军兴，都行中止。光复以后，最先复刊的是人文社的《人文》，可惜已改为季刊，虽然范围扩大，将日报加入，可是只有《大公报》一种，未免取材太少了。

光复以后，有二种索引应该编纂。一是沦陷地域期刊篇目索引，一是抗战期刊篇目索引。关于前者，在中法汉学研究所图书馆馆刊中已有《杂志论文提要》，可以略见一斑。可惜所收期刊种类不多，且多为在平、沪、南京所出版者，东北诸省不在其内。我们所满意的是他不只是一种索引，而且还是“提要”，见不着原文者很可以就此知其概略。这种编法比只载题目、著者、时期和刊物名称的索引困难得多。如果该馆能够致力于此，继续编印，可算得一种盛业。关于后者，则尚不知有何人着手。十年以来，各门学术均有进步，尤其涉及边疆民族者，更非以前所能企及。唯以内地印刷困难、流通不广，期刊报纸保存惟艰，经时既久，更是无法寻觅。我们有时从某一作品中知道另一述作，然而这另一述作的大意很不易知道。就是从北平图书馆的《图书季刊》中看到一点消息，亦是挂一漏万，为促进将来学术之发展起见，最好是各门论文择要编印为论文集，再佐以杂志论文提要，否则至少亦得编一详细分类论文索引，不知亦有有志之士闻风兴起否？（卅七年三月八日天津）

（载《大公报（上海版）》1948年3月18日）

谈地图

王 奇

近见报纸上屡刊《申报》、《中国大挂图》广告，价仅八万元，即购一幅，先不必谈那编订之精密，完全和申报馆《中华民国新地图》及《中国分省新图》一致，即其纸张印刷，在今日全中国恐不易有同样精美的。自然，若不是在廿八年以前物力充盈的时代，怎能有这么好的成绩。且本图不但精密准确，并附有编订仔细、印制考究之地名索引，在今日看起来，几乎都如三代以上的东西一样，定价仅仅八万，实属市售地图之最便宜者。（大中国图书局出版之中国及世界两种挂图，乙种者价尚在十万左右，甲种恐须十五万以上。八万之数，折合廿八年的物价，亦不过五六角耳，以彼时定价之十元论，其□又如何耶？）该图之编辑，在索引中有详尽的说明，抄引一段，足为我国地图界的掌故：

当中华民国新地图完成两幅以后，即计画招商承印，当时在北平工作，北平又为我国文化中心，且有大规模的印刷局，就地印刷，似为最好方法，不料结果承印无人，只得向上海方面接洽，上海厂家有愿意承印的，但未谈工价，先讲期限，据说此项地图，除雕刻铜板以外，并无别法，但因雕刻人才有限，所以每年只可承印人文图及地文图各一幅，该图原来计画四十余幅，后来实出五十三幅，即以四十幅计，亦需二十年完成，所以只得另想办法，到东京去试探。

在东行以前，以为大阪是工业中心，至少应去试探，但到了东京，始知大阪方面工厂，长于风景片、美女画等类的商用印件，善于地图印刷的还是集中于东京，并且就是东京方面，善于印地图的也只有两家，后来就由规模很小的工厂小林又七承印，所以有一个日本制图者在《东方学报》发表一篇论文，说，中国地图向来由日人编纂，送到中国印刷，中华民国新地图却由中国人编纂送到日本来印刷（似系小川琢治所作，刊廿四年《东方学报》）。并在该图印刷期内，小林又七竟抄袭原稿，印了一张东三省新地图发售（取名《大满洲国地图》）。

等中国分省新图完稿，就有人主张仍送小林印刷，以求驾轻就熟，并且价格也较便宜，但编者感到工业的发展，固应由工业家去努力，亦应由社会去扶助，并且像印地图这类工作，最好印刷人与编纂人有密切的联络，有时编纂人并应亲到工厂去参加工作……故当时编者就极力主张在上海印刷，幸得丁文江、翁文灏两先生同意，史量才先生的赞助，终于在沪进行印刷，当时愿意承印者有两家，估价差别为三与八之比，结果委托估价较高的一家——中华书局——承印，因此初版《中国分省新图》的成绩，虽不能同欧美印刷的并驾齐驱，却亦不失为良好的工作，使该图增色不少，则不得不感佩史先生眼光的高远。此次挂图印刷，遍询各埠厂家，都不肯担任，终究回到中华书局印刷厂的后身永宁公司去付印，可说是史先生所播种子的收获。

若非作者自述，我绝不敢臆断一部中国最完善的地图竟出于敌国的印刷，中国的印刷商，难道只会印制那些分文不值的钞票吗？这倒是不能不使我丧失敬意的。《中华民国新地图》初版是民国廿二年，乃《申报》六十周年纪念出版物。如前所云，计共五十三幅，其分幅办法，与普通地图之以省为单位者不同，盖世界著名地图，其分区方法，或依自然区划，或割成若干方幅，中国的分省，多是依了历史制度的传统——主要是元代的行中书省，元于中央设中书省，等于今日之行政院，而于各地设行中书省，犹云行政院驻各地的特派员，所谓行者，乃暂时之意，但后来竟成了永久的行政制度，行省之名，遂沿用了五百年，直至今日不改。中国的省界不像美国各州那样，豆腐块一般整齐，也不像德、瑞、奥交界之有大山，其分界原不甚科学，故目下有重画省界及缩小省区之意见。《中华民国新地图》将中国全区割成约二十七八方，每方为一幅，每幅各列自然图及人文图，而于页前列一全国分幅索引，将所指示之幅，绘印斜线，一览便知。自然图采等高线设色法，为中国地图之创举。在此以前，除地质调查所印行的各省地质图外，都是采用连串松枝形的山脉，看起来固然系统分明，但与事实相距未免过远，世界著名地图，久已不采用是项记号。——事实上，地质调查所即是本图的主编者，故二者互相一致也。——至于前面所列的气候、物产、雨量、语文、交通、政治………等总图，尤为历来地图所不具——前此武昌亚新地学社有《大中华析类分省图》，亦于前面列各种总图，然其编制，极为粗疏，非本图之比。而本图特色犹不止此，最重要者，为全国各著名城市经纬度之慎重测量，不稍苟且，其后面所附地名索引，均经注明，对于航空人员，极为便利，故空军中用此图者最多。其缩尺比例，除蒙古、西藏、新疆等人口稀少之边区外，均是一致的，不像他图之视纸幅大小随意为之，比例根本不正确，该图则全部以二百万分一为主，边疆或缩至三百万分一。其参考图籍，计达四五千种，而参谋本部五万分一，廿万分一，及日本、英、苏等国，及地质调查所测绘的图为重要，在后来印制的《地形大挂图》地名索引中，曾经逐省详为纪录，殆非夸饰之谈。《中国分省新图》，乃本图之模板，专供中学讲授及一般应用者，因为依从了旧习惯，仍以省为单位，故曰分省新图。此图初版，似更早于新地图，乃中华书局所印，其缩尺一律为三百万分一，初印者，蒙新等省，亦未更缩，故纸幅较大，需加摺叠，后来就改变了办法，至廿八年改订本，以美商永宁公司名义出版者，已是无一幅摺叠了。此图一出，因售价较廉，立即风行远近，同等地图遂被打倒，而此后之制图者，也就奉此为蓝本，采用等高线设色法，不再用那松枝式的山脉了。此图在后面附有红蓝眼镜，用他在看前面所附的地形图，极为逼真。

《新地图》、《分省图》、《地形挂图》，可以说是《申报》地图的三颗明星。也是中国地图史中的三座里程碑。前乎此的，据我记忆所及，坊本地图，最早的当推武昌亚新地学社及商务印书馆等数家，当时皆以日本所印的地图为参考，亚新地学社专以印图为事，是否受其乡人杨守敬的影响不得而知，但就该社所出地图的序文中，可以知道如欧阳缨等均是对旧日史地有深湛研究的，其出版品亦时时在寻求进步。民国七八年顷，其《大中华民国分省图》最为流行，分道设色，县分之外，兼及乡镇，在当时都是少见的。另有《京省道县详图》一种，似较此尤详。附说用小字石印，刷于地图背面，文字做得很古雅条畅。至十五年以后，又有《中华民国析类分省图》出，前面附有山脉、河流、交通、邮政、商埠诸图、故名析类，所列地名，较前愈增，说明改为表解。甲种面积甚大，几同于申报馆的新地图。另有乙、丙两种，丙种的大小，则如袖珍本了。商务最初印的图有《瀛寰全图》，清末出版，民初则有嘉定童世亨的《中国形势一览图》、《世界形势一览图》、《历代疆域一览图》，并所编中国及世界袖珍图诸种。诸图虽开风气，在编制上实甚草率，谬误甚多，只能说是大略轮廓而已。中华书局出版地图不多，仅于《中外地理大全》，出版时，适值第一次战后；出版过一种《世界地图》，亦不甚风行；中国地图，则只有挂图，而未有成册的。商务也印了多种挂图，通行的有《中国全图》、《世界与地图》、《坤舆两半球图》等，皆民十以前之出版品，早成绝版了。

民国十五年以后，屠思聪所主持的世界舆地学社成立，附有表解说明的《中国新形势一览图》及《世界新形势一览》问世，因印刷甚明晰，表解又适于中学教师参考，一时甚为盛行，稍后又有丹阳洪□熙编的各种地图。及《申报》、《分省图》出版，言先起而效法的，也是屠氏及王振合编的《现代中国地图》，印制甚精，说明置于图幅之后，与先此每图附一□表解者不同（表解用石印、楷书、红兰、摺叠装订）。今日大中国图书局所刊各图，其规模都很似《现代中国地图》，唯后出转精耳（《现代中国地图》，去年湖北参议会提出抗议，认为其说明有侮辱湖北人处，也算地图界一件掌故）。

在诸图混出之中，商务亦抛弃了陈腐的《童氏地图》（童图列入万有文库第一集之参考书类未免不伦），而另编新图，大部分均出自陈绎之手，查二十八年的商务图书汇报，所列地图计有下列各种：《表解说明新制中国地图》、《袖珍中国地图》（附说明）、《袖珍中国新地图》（附编），以上均陈绎编，另一种刘季展、李长庆合编的，列为《中华文化基金委员会丛书》，名《中国分省图》，是单色印的，地名及人文符号，略同于申报馆的《新地图》，唯无等高线设色，故不甚清楚。还有谭康所编的《最新世界地图集》在说明中附入各地风景照片及都市的小幅地图，乃是采用美国式的地图编绘法，也算别具一格。同时，童氏的《世界形势一览图》，也经过陈氏的修订。中华书局的廿六年目录则载有《新中华中等本国地图》、《新中华中等世界地图集》均丁智庵、葛绥成编，似乎还没有商务本的地图流行呢。又开明书店亦曾编过一种中学生地图，本子小，而分编较多，用起来极为方便，今似已绝版。

普通地图外，还有历史地图，研究历史的人，是一刻离不了图的，古人所谓左图右史是也。可惜此一工作，至今尚无合乎理想的，童氏的图固不可靠，武昌亚新社有《历代战争区域合图》，用红色地图底本套印黑色，使人一望而知古今地望的关系，完全遵守其乡前辈杨守敬氏《中国历代疆域沿革图》的方法，杨氏于清末已能编著那么一套详细繁复历史地图（计三十余册，其分幅方法略如《申报》之《新地图》，木刻，朱黑套印，红色是现代地图底子，黑色为历史图，另有节本《历疆域沿革险要图》），今人宁不愧死！顾颉刚先生组织的禹贡学会，专以从事古地理研究为事，曾按照新分区方法印有地图底本，以便研史者绘制地图之用，学者称便，可惜经此战乱，学会工作久停，此项底本，亦早已绝迹了。近代出版历史图中，以中□的所谓西域各国变化为最多，经过伯希和、斯坦因、斯文哈丁以及李希霍芬、羽田亨、小川琢治、箭内亘诸人的研究考探测，古西域的真象已逐渐明白，古代相传的谬误，改正不少。箭内氏的《东洋□史地图》，最足代表。自然，英、法、德、俄等国的此种地图尤为夥颐。我以为，在地图方面，这历史图一项，还是一块荒漠，很有继续开辟之必要。

自从美国的哈拉宾 Horrabin 以地图来表示第一次欧战的战局及结

果，编著他的 *An Atlas of Current Affairs* 一书以后，图解地图之风大盛，该国有中华卢文迪译本，取名《国际政治情势图解》，又有文化建设月刊社陈少平译本，日本也有译本。而主编《世界知识》的金仲华先生就□据其意，编制了《国际政治经济参考地图》，使任何人看了都可以把世界大势了如指掌，战前曾编一次，不胫而走，战后重编之本，如今又印行了好几版，而且在《世界知识》上有补编问世了。

（载《大公报（上海版）》1948年3月11日）

年　画

王　奇

阳历年过了，又是阴历年，民国虽将届四十年，不知多少次强迫推行阳历，而民间始终遵奉着“腊月二十三，灶王老爷上天”的旧俗，细想起来，保持一点旧日遗风，亦未尝不是有趣的事，不过这乃是民俗学的立场，距离所谓政治的改革与前进未免远了。题外的话，且不必谈，腊尽年残，灶已祭过，街上卖春联及年画的渐多，远游人见此，难免乡关之念。尤其年画，在上海十里洋场，实在看不出若干前代的风光，银根与物价，把人闹昏了头，再加年赏工潮，社会的动荡，覆没了一切，那使我们多读一点书本子的人，愈加缅怀起昔日来了。

年画乃旧年应时出版物之最重要者，特别是其传布之广远，为任何刊物书籍所不及，即在永远看不到报纸、听不到新闻的穷乡僻壤，也有这红红绿绿的画幅点缀在草率的市集中，再分散到茅棚或泥屋的墙壁门板上。我永不能忘记孙福熙在《北京乎》一书中记北方年画的一段话，不但可以考见年画的内容，抑且是彼时社会生活一生动写照，今不避烦琐，抄之如下：

有一幅是比较写实的，画上十个大字“新年多吉庆，阖家乐安然”。一间大堂屋中，上面四盏外绿内白的磁罩洋灯放下光明，两个大花窗子下各有一坑，左边坑上是一群小孩在掷骰子，右边坑上是一桌菜，男女老幼五人在聚食，五人以外，旁边一个还不会多吃饭的小孩，爬着玩。两边坑上很整齐的叠着绸被，红绿相间，上面是枕头。室中方桌边三个女子忙着作饺子，北京人除夕且做且吃，几乎要吃一夜的饺子。怎么知道他们忙碌呢？他们神情是忙着的不必说了，他们不肯停手，饺子装满筐子了，不是自己搬开去，却让一个小孩顶在头上送过去，看看这一点很可以知道他们忙了。也因忙的缘故，他们各让自己的小孩自由，不加干涉。女孩子天生成不惹祸，永远是文雅□在母亲袖边，看桌上忙乱。一个男孩见那小孩用头顶饺子筐，他嫉妒了，伸起手赶过来说："让我顶！"你想，给他一撞，桌角上的一盏洋灯与一只烛台上的火光都抖抖的蹿起来了。成筐成筐的饺子由一个女子在整理，一只猫坐在桌子上管饺子，十分丰富的澄平景象。人家说："那个猫儿不偷腥？"然而这个猫儿，听话又聪明。……每张坑的旁边有一灶，饺子已送到左边灶上在煮了，一个妇女持勺子在搅动，右边的已满锅的馒头，也要开蒸了。灶君在神龛中闭了眼睛看着这些事，左角四只大筐，写着："金银满囤"，每个筐中满是金银钱币与珠玉元宝，火光腾腾的照在扶杖的白胡子老人与中年男子的旁边；一个怀中抱着的小孩，不知什么事，推开娘身，硬要去玩一回；我似乎听到铃声，一看是挂着红球的一只吧儿狗向门口走去，两个工人，一个提壶，一个双手捧火锅走进来。门口红地黑字的联语是：

"忠厚传家远，诗书继世长"。

门上是玉堂富贵图，一只猪一脚摆进来了，我也不知道他是来干什么的，大概是亥年刻板的，那么是辛亥革命的一年刻的？还是更早，己亥年？

以上所记，你可以看出一幅北方人盛世行乐的图画，即使画板是己亥年所刻，下距辛亥，也不过十二年，那么离今日仍在五十年以内，看看北方代表来京请愿所述说的情形，一百四五十万一袋白面的日子，离这顿热气腾腾的煮饺子真不知有多远！我自己生在北方，因之对于这个大有伤心人别有怀抱的意思，代表一般人民的意思来说，大约他们不大会辨别什么主义主张等等，而是基本生存的要求占去百分之百罢？

北平有位收藏木刻年画的人，木刻家王青芳，自号万板楼主，他收藏的木板年画相当丰富；约略说来，年画可以分为以下数类：（一）神佛类——如灶君、财神、观音象、天地纸，以及各种神像属之。（二）吉庆类——借画中寓意以取吉利者，如日进斗金、连年有余、招财进宝、金玉满堂、子孙满堂之类是。（三）风俗类——如前面所说的新年多吉庆，虽是博取吉利，但以描绘“行事”为主，仿佛日本之浮世绘，除上述的过年风俗外，还有庄稼图，写农民工作的勤苦；迎神赛会图，写社戏及赛会之热闹等。（四）故事类——多采取《三国演义》、《水浒传》、《封神榜》、《七侠五义》等通行小说的故事，或《四郎探母》、《长坂坡》、《过五关斩六将》、《（虮）蜡庙》、《拿花蝴蝶》等曲戏，多系绘成四扇、六扇、八扇屏条，加以裱工，以备悬挂。（五）滑稽类——如老汉少妻、瞎子逛灯、顽童闹书房（老师的帽子高高吊起，额上被画了乌龟）、夫妻相骂、乡下人进城、探亲相骂之类。（六）其他——包括春画长卷之类。

我所说的也许不甚完全，就记忆所及，大致如此。年画的制作，在民国以前，几乎完全是木刻，而刻板中心，并不在通都大邑的北平、天津、保定等等，南方恕不详知，北方则为河北省丰润县之丰台及天津附近之杨柳青，而且从事此业的多是女子。相传杨柳青女子以描绘年画的收入为奁资，不知确否。刻板其实是非常粗糙的，往往只具有一点轮廓而已，把这轮廓式的墨板印在白色有光连史纸上，再依人物的性格，施以粉绘。面孔上多半先傅一层铅粉，使之白润，然后用墨描五官、须髯，在颊上点以胭脂，男女的分别很微，面孔是千篇一律，只女的没有胡须就是。衣服颜色比较繁复，而且有时须分文武，譬如神像类中之门神，就有很多种，最普通的是尉迟敬德与秦琼两位武将，面孔一黑一白，或手仗宝剑，或高举钢鞭，铠甲上是金碧辉煌，鱼鳞闪闪。白面孔的飘着五绺长髯，黑面孔的一部络腮胡子。这是我最爱好的，因为在描绘技术上最复杂，其次便是福禄寿三星、招财进宝各种，与常见的三星图总差不多，寿星老爹是那么矮，可是头却那样大。这种门神有一特点，就是全幅纸面往往有绿色图案作背景，细致而匀整，采用百福图

（即蝙蝠）、流云图之类，看上去极其调和顺眼。灶君神像是男女两位，夫妻共同受祀，财神城隍之外，此又其一，殆可以说是把神仙“人化”之最显著者。唯装束均是红缨帽、马蹄袖，可知是清代改板，不知明代或更以前如何？若有人能得到明代的年画，其价值当较传奇小说中之插图为更有价值也。中国人原是萨满教的信徒，无处不有神，无处不有祭祀，尤其是北方，一直蔓延到西伯利亚的堪察加半岛，全是这样，原始宗教的力量不能说不伟大。所以当大除夕时，有诸神下界的传说，井上有“井神”，猪羊有“圈神”，碾子是“青龙”，石磨是“白虎”，推而至于日月星辰，厕溷庖厨，槽头牖下，在在均有神祇，也便都有一纸“神码”，马神“马明王”是个眼若铜铃、手持利斧的武将，圈神则又戴了进贤冠装作士大夫。幼年随祖父到集市上“请年纸”，一张一张打开玩赏，常常引起若干好奇的疑问。这些都是单色的印刷，只是木板印在白纸上便算，线条粗笨而简单，构图呆滞而模糊，要算年画中之最下乘。可是有一种把所有的神佛聚在一张大纸上的总神像，却是印得极精，其中有玉皇大帝和关圣帝君，皆是悬旒垂冕，手秉玉圭，骑了仙鹤的日月之神，画在顶上，还有如来佛，坐在中层，下面百官排列，我们连名字也叫不出。这张像供在香斗上，代表着全体统御人间的宗教势力，到除夕午夜，焚香膜拜而后焚毁，鞭炮齐鸣，大是热闹。小孩子的兴味多在故事类的画幅，因为平时多看了几种小说，自然希望在实物方面得到证明，戏剧之外，便算图画了。不过那画幅可真是非常简陋，因为常常要用有色的套板，兜鍪的红缨也许印到树叶子上，而张飞的丈八矛会正碰着曹孟德的鼻子，若不是在每一个人的头上注了角色名字，我们也很难想像其为谁何。所以老头子老太太就不大愿意花大价钱买它，而专门买那些单张的“胖小子”了。所谓胖小子者，乃指吉庆类中日进斗金之类，多半采用象征方法，一个胖大肥硕的娃娃，穿着红肚兜抱有一大锭金元宝者；“日进斗金”也，更有推一辆独轮车，上载聚宝盆者；“连年有余”则是一儿手扶一大鱼；“堆金积玉”，则是聚宝盆之下有珊瑚枝、元宝、珍珠（放光的）之类，也不免使我们想到南京沈万三及西晋的石崇矣。年青无赖汉专到画棚里面和老板讨春意手卷看，这是秘密交易，据说也有画得非常工细的。

作为板刻年画的硬敌是新兴的石印，及近来风行的橡皮板、三色板等等。北方石印中心是天津，南方则为上海。天津宫北、锅店街一带的石印局专做此项生意，除神佛一类，其余各种年画，近来均被石印品打倒。本来，颜色鲜艳，穿着摩登，纸质白韧（从前多是道林纸），怎么不受乡下人欢迎？即以时装美女而论，不但乡下青年男女表示爱护，妇女们也可以借此学习服装以及头发的式样，当然比“胖小子”要好顽得多。戏剧故事，画得更加生动，虽则城墙也许没有马高，人头更比山大，然而老百姓正是高兴这些不合理的夸大的。民国初年，已有上海风景、苏州风景等幅使乡下人开眼界的作品，最近更有海陆军将领图、国府要人图、海陆大战图、空军大战图、日寇投降图之类，揣想农民自然更加指手画脚，说过不停，买一张回家，可以大讲其山海经了。

曾到苏州，在玄妙观的三清殿中看见苏式年画甚多，其代表作为财神像、帝君像等，往往对客挥毫，不如其底细如何，但木刻的东西是一点也没有。中国的板画本是渊源甚古，木板年画在民间艺术上占极重要地位，其有趣不下于窗花、驴皮影偶人等，若是加以搜集研究，在中国艺术史上，正是一批不易得到的财产！日本正仓院藏有唐代的人日彩胜，其意殆与后代的吉庆类年画相近似。有历史癖的先生们，不知能不能作一篇详细的考据？

我草此小文，初不在调查与研订，乃是慨叹的成分居多，盖不仅此种艺术，近来已被海派的俗品压倒，零落无存，即其所代表的生活与社会，在此蒿目时艰的当儿，亦是三代以上了！（卅七年二月四日，即祭灶后两日。）

（载《大公报（上海版）》1948年2月19日）

书报插画

徐　角

欧美及日本文艺书刊或□章文艺上多有插画，使版面添增光辉，并能增加读者兴趣，原是我们的出版界所应仿做的事。只是，时至今日，我们的出版界已面临重重难关，衣食尚且难以维持，想注意插画已是不可能了，真是一大悲哀。

战后日本的出版事业仍极发达，报纸篇幅虽然缩减了，一般书刊的出版量依旧远远超越我国之上，印刷水平仍极高。各种书刊，特别是文艺作品，十九注重插画。各日报所载长篇小说每日虽仅刊出千余字，却从不遗漏插画。日报插画多具中国画风，多用钢笔绘制，印出时极清新醒目。上月廿三日东京《国际新闻》连载的《红楼梦》上有一幅插画，画的是袭人和晴雯，用笔极简单却别有风趣。东京《时事新报》上的长篇连载《冬苗》（广津和郎著）也有钢笔插画，画风也颇新颖。至于一般文艺刊物之有插画，更是司空见惯的事，且各有独特的风格。

美、苏、英、法各国的文艺出版物也无一不注意插画，尤其是儿童读物，插画更为精美，出版家都肯化费巨资请人作插图。比较起来，苏联出版物上的插画较为严肃，一丝不苟，似经过严格的选择，幅幅可看。美国的文艺刊物近年采用木刻插图的颇多，纸张好，刻制得好，看来别有风度。在今年四月号的文艺刊物《明天》（*Tomorrow*）上有两幅木刻插图。刻的是中国人，手法及风格上颇有值得我们学习之处，虽然在我们看来并不是今日中国人民的一般形象，却也不能不惊讶这位木刻插画作者竟有如此精深的观察。

相形之下，我们的书报插画要逊色多了，虽然很多年前就已有人提倡，成绩并不好，距普遍之期还很远。

过去我国新文艺刊物中大量刊用插画的以《新小说》为最多。这刊物于民国廿四五年左右出现于文坛，在插画上颇用功夫，成为当时一本颇为别致的新刊，很吸引读者的注意。那时《文学》杂志上经常刊有木刻或照片，因系独立的，并非与文章配合，看起来总觉单调。孟十还主编的《作家》出版后，创插画新风格，每篇小说前均置墨笔、钢笔或木刻插画，读者观感一新。胜利后魏金枝编的《文坛》也采用过《作家》的插画方式。目前则只有《人世间》、《幸福》等少数杂志还略备插画，文艺书籍中刊有插画的已只有翻译作品或儿童读物了。自然，这些是不够的。我们的出版家必须下更大的决心，才能突破困难。

（载《大公报（上海版）》1948 年 12 月 21 日）

谈指南书

王　奇

最近买到福利营业公司绘制的《上海市行号录图录》*Shanghai Street Directory*（一名商用地图）颇感喜悦，因为这种东西，也是属于“傻气”工作之一。该图录是将上海旧公共租界区域分割为一百一十二幅，详测其里弄门牌及商号名字，全书四六五页，所缺憾的是中间夹了大量广告，连每幅地图四周都免不了贴上许多膏药，看上去极不顺眼。前面所附的交通总图、保甲分区图、政治分区图，尚清楚，但交通图太小，似宜扩为大幅。又有里弄索引、广告索引，里弄分名字及号数两种，尚适用，但遗漏的颇不在少，这是调查工作未能周遍之故。而最大的憾事是法租界及南北两区（闸北、南市）还得等待下册，令使用的人颇感不便。商店索引，只限于登广告的，不能全面择要登录，也未免太偏颇，至于全书用报纸单色印刷，以制图言，太嫌草率，固不待言，可是当此白报纸已贵到五百万一令的今日，也就不能苛求了（该书定价五十万元，近已涨至一百万元）。

此项 Directory 原刊于民国二十八年，原序云：“本公司……鉴于上海为远东第一商埠，……店肆栉比，工厂林立，商贾辐辏，道路纵横，不独行旅客商不易记忆，即工商同业亦难统计。考上海原有行名簿、分区图等之出版，但行名簿有字无图，分区图有图不详，又何况一路之长，延及数里，一衡之广，住有千家，若欲寻觅一店一家，自此端达于彼端，奔波终日，问津无自！……当时不自量力，具有将行名簿与分区图合而为一之计划，聘请专家，分区实地测绘，在进行开始之时，阻障横生，艰苦备尝，群嗤如此伟大工作，恐难成功，乃下最大之决心，其间虽人力物力，屡难为继，而再接再厉，百折不挠，历时一年有半，动员数百余人，此计画终能实现……于二十八年出版第一编，即前公共租界区域，二十九年出版第二编，即前法租界区域，此书不但于道路里巷、门牌号码，详绘细载……且将工商行号、业务地址，分门别类，即本地工厂亦如指掌数纹，罗罗清疏，所以一编才出，万人争传……此时南市闸北区域，已经沦陷，第三编遂无法进行……而本公司亦停业矣，迨抗战胜利以后，来沪接收各机关，均向本公司索阅此书，作为蓝本，凡警务、地政、保甲区、社会团体等，各机关之进行，获助于本书尤多……”故此次印行，乃是重新修订的再版。初版本惜未之见，平心而论，对于一个五百万人的大都市，这种图是不可少的。该公司并拟将此种工作，推行至其他各大埠，如果实现，也是值得赞扬的。

前此类似的工作，如商务的《商人宝鉴》，民初颇为盛行，中华曾刊《上海指南》，这种书都应该随时修订、随时刊行的，一年之中，可能发行几版，以应需要。物力充盈之日，固不成问题，到今日可就难了。民国二十五年，银行业所组织的“中国征信所”（Banker's Cooperative Credit Service，Ltd.）曾编有《全国征信工商行名录》（*Creditmen's Business Directory of China*）为正式Directory之嚆矢，其目的在调查各大埠工商业详细内容，以为交易之参考，故名曰征信。征信工作，在外国各大埠均很发达，日本有“大阪征信所”（Intelligence Bureau of municipality of Osaka），美国有“征信协会”（National Association of Credit men）及“商务征信所”（Mercantile Service Bureau），战前均在沪设有分所，经常发刊商业情报及Directory，颇为国际所重视。中国征信所虽历史不长，但工作很努力，即如上述工商行名录，就是难得的一部好书，其中当然上海占大量篇幅，以次是香港、广州、厦门、福州、海口、蒙自、南宁、北海、汕头、梧州、云南，以上华南各港。汉口、镇江、重庆、宜昌、牯岭、南京、芜湖、岳州，以上为华中各港。青岛、烟台、济南、威海卫，以上为山东各埠。沈阳、安东、长春、大连、哈尔滨、牛庄、旅顺，以上为东北各埠。天津、秦皇岛、新河、唐山、大沽、塘沽，以上为天津区各埠。北平、张家口，为北平区各埠。每一单位，都按英文字母排列，各大工商业行号、地址、主持者，附带各公共事业的简单调查，如官署、学校、海关、邮电、铁路、教会等等。在商埠方面，其所搜罗诚不完全，但你若想明白国际资本主义在中国势力之蔓延，这倒不失为一本极好的参考书，譬如我们看看战前的重庆，这内地的商埠，有多少家外国的行栈，你就会憬然于金元及英镑势力之深入，而不免岌岌自危起来；现在让我抄给你看看：

美商：美亚保险公司、友邦人寿保险公司、亚细亚火油公司、美信洋行、Globe and Rutgers Fire Insurance Co.、美孚行、德士古火油公司。

英商：安利洋行、安吉洋行、白理洋行、太古公司、汇丰银行、卜内门洋碱有限公司、怡和洋行、隆茂洋行、信昌洋行、异新洋行、保泰保险公司、永明人寿保险公司、颐中烟草公司。

德商：德孚洋行、西门子电机厂、蜀德有限公司。

意商：Italo-Chinese River Navigation Co.

法商：聚福洋行。

这个调查，我敢保证其不完全，若是抗战以后的今日，就更加不得了了！尤其是国际资本主义大本营的上海，当我们打开这本书时几乎不敢置信自己还是中国人。——当然，像这种按英文字母排列的出版品，主要恐怕还是供洋行买办参考的，不过我们却从这里看出一点消息来，不能无所感罢了。我们希望最近的将来，有人肯下一番工夫，编一本更翔实的征信录，十年或二十年之后，假设我们国家上了轨道，看看这种崩溃中的工商业纪录，岂非亦“惩前毖后”的好材料呢？（按另有工商手册一种，因内容不详，故未及。）

（载《大公报（上海版）》1948 年 4 月 15 日）

论工具书

刘　晨

俗语云：“木匠要有好锯刨，裁缝要有好刀尺”，而正在读书的学生，对于自来水笔、墨水、硬软铅笔、橡皮、活页笔记、书夹、米突尺等工具都特别注意，都想在可能范围内选用上等的物品。而关于读书所必需的工具书，在同样道理下也应该细加选择，最好能像使用笔墨一样，时常去加以利用。关于工具书籍，大约可分为下列数种：

（一）字典：包括本国语文和外国语文的字典，其用途乃是为我们解释字义、字音、字源及变体字。在市上有各种版式的字典，但在应用上来说，用得最广的是袖珍字典，而内容最精慎的却是大字典，至于所谓寸半本小字典，因为过小的原故，很容易伤害目力，而又限于篇幅，不能列举众多的字义和例句，因此只能算是一种玩物和旅途翻检用品，例如站在街上看报，站在书店内看书，遇有疑问生字，可以掏出寸半本字典来查，至于在自己的住室内看书，或是在设有座位的舟车内看书，最好采用适当大小的字典，以便能比较字义，反证例句，至于在图书馆内看书或是研究专门问题，那么最好利用大字典，或者更参考专门字典，以求得到详实的字义。

（二）词典：各种专门名词，以往成语、习惯成语、典章故实、文物器具等，因为中外古今积累了很多，决不是一本字典所能包容，因而便就有了专门性的词典，这些词典有时是专注意由多字合成的词，而不注意单用的字，或竟而不列单字，因此我们要查单字，仍以查考大字典为宜，仅在需要查考辞类时方来翻检词典。

（三）手册：这种书在国外很多，而在国内还很贫乏。手册的内容多半富有专门性、技术性、扼要性、正确性。当我们研习某一学科时，便不妨先行翻看一下有关某科的手册，从这些手册中可以了解某科中最重要的东西，特别是关于名词和数字，往往只有在手册中方能一下子完全看到，有时也可以因此知道许多有价值的图表和应用必需的参考资料，因此我们可以晓得手册能够节省我们的时间和精力，它可以供给我们许多扼要的专门性东西。

（四）百科全书：手册是限于一门学科，而百科全书却是包罗万象，我们要了解各种学科的主要内容，或是要明了各学科间主要关系，便可以去查考一下百科全书，它能供应我们一些扼要的专门知识，也可以说是一本综合各科的手册和内容提要，当我们没有专门书可查时，百科全书是一种良好的代替品；就是我们有专门书可查，百科全书仍是一种入门的指导。

（五）丛书和类书：现在各书局出版的丛书很多，而古代中国的类书也很多，丛书和类书皆是一种不完备的百科全书，它们在形式上和内容上都不一致，而且有所偏重，同时也缺少可靠性和正确性，但是却可以供给我们很多的材料。例如文化史的范围很大，虽有专门的中国文化史，但因为范围太大，叙述不详，要想查考其中的详细内容，便可以参考商务出版的《文化史料丛书》，那丛书内包括很多的分册，每一册都有专门的标题，他如史地丛书、科学丛书等也都是如此。至于类书本是一种古老的编纂方式，虽然不科学，在使用上也很不便利，但要查考古代的资料，翻类书仍是一件必需的工作。因为类书内包括了很多的专门性的片段史料，再有新兴的各种文库，也是一种新的类书，也可以从中查考一些东西。

（六）图书目录：各书局内都有一本图书目录，在需要购买图书时可以查考一下，但是因为各书店的作风不同，其出版书籍的种类并不一致，书籍的内容也不一律，我们决不能相信它，至少也要把全国总书目来比较一比，究竟那一类的书有多少不同的著述，最好的图书目录是图书馆所编的，特别是大的图书馆，在编目之外，还有一些指导式的说明，对于读者的帮助不小。

（七）图书内容提要：以往的《四库全书》便有一本《四库全书总目提要》，还有一本书目答问，这在选读古籍上可得到不少的帮助，至于近代出版的书籍，还没有人统盘来整理，不过有些图书馆已进行这类的工作，在图书馆出版的图书刊物中，也常有内容提要的文字，这些提要文字对于读者也帮助不少。

（八）书评：对于图书的批评，在报纸上和杂志上可以常常见到，有些图书刊物和指导读者的读书刊物也常有书评的文字，他如专门性的刊物中也往往有些专门性的书评，这些书评虽不能完全相信，绝对可靠，但多少可供给我们一些参考。当我们读了书评以后再去进一步读原书，便可以容易了解该书的重点了。

（九）年鉴：各科的年鉴都包括了很多的断代史料，特别是最近的发展史实以及崭新的统计数字，都可以从年鉴内查出来。他如一种事业的沿革和趋向，内容的变更和形式的递嬗，在年鉴内都可以看出来一些轮廓，因此要了解某一学科的现时影响，要得到一些实际的当代资料，惟有去查考年鉴。

（十）索引：索引本是和目录相同的东西，但比较目录却更有用处些，也更合乎我们的实用。在每本书籍的后面差不多都有一份索引，每一卷杂志的末一期也常有一个索引，这可以帮助我们了解内容，查考资料。至于图书馆所编的专门论文索引和书刊期目索引，在研究上更有用处，可以帮助我们扩大知识的范围，搜罗许多同类的资料。

以上所论十项工具书，不过略述大概，如果能到图书馆内浏览翻阅，更可以了解它们的特性和用途了。

（载《大公报（上海版）》1948 年 7 月 1 日）

论字典

刘　晨

在国内虽然有很多的字典出版了，但归纳一句话来批评，依然是不够完备。

先以代表中文的汉字来说，在字体上的行书、隶书、大篆、小篆等本来就有变体，难用六书来说明，何况又加上种种形状的钟鼎文和甲骨文，更使人在文字学上不易考究。以语音而论，国音只是官定的一种方音，其他的地方是非常复杂，至今尚在研究阶段，而有关方音的整理和校订，以及注音拼音的改良，尚待于人们的研究和努力探求捷径。以字义而论，经史子集内的故实古典太多，而新兴的词语到目前也只是初熟，在一般书籍中尚非一二日能遵照颁定名词而统一起来，因此在现今编字典实在是一件吃力不讨好的工作。

况且中文除汉字外，仍有满、蒙、回、藏、苗、夷、维、□等派系的语言和文字，这些奇特的语文有的是虽能口述却不在经传，如果能使其形体和音义加以固定，也委实不容易，这便是现今中文字典上的空白，不知到何日才真正有一番补白的工作呢！

至于坊间出版外国文字典也是阙陋甚多，除了英文字典尚称完备外，他如法、德、日、俄只不过是聊具一格，距完备还很远。至于西、葡、丹、比诸列国的文字以及近邻的印度、南洋、澳洲诸语系，依然是空白太多，不胜列举。

在理论上，无论是国内或国外，我们都需要一部完备的大字典和许多分门别类的各科各派专门字典。

而在事实上，我们在目前只需要略加收辑和整理，先来编两部综合性的小字典来应付急需，希望国人能利用国内外出版的字典作蓝本，先编一本国内语文简明字典和一本国外主要语文简明字典。（三七、五、十七，草于病榻）

（载《大公报（上海版）》1948 年 5 月 27 日）

谈英汉辞典

陈东林

据笔者的记忆所及，第一部完整的《英汉辞典》该推商务印书馆出版颜惠庆主编的《英华大辞典》。从它的序文上看起来，在这以前，商务似乎还有一部《英语发音辞典》，这部字典笔者没有见过，所以不敢妄加批评。

《英华大辞典》初版出版于一九〇八年，离开现在足足有四十年了。在当时，它当然是唯一完整的英汉字典，就是在今日，它仍旧还有参考的价值。正确的译语，认真的编制，它绝不是时下粗制滥造的英文辞典所能比拟的。

《英华大辞典》是英汉双解的。当时出版的英汉辞典可说大都如此。这有两种好处：第一，它使英文的译语无从取巧，因为一有误解之处，马上可以被人捉出错处。第二，英语和中文并列，中文的解释如不明了，查者即可参阅英文的解释。但是近年来，出版家因为要节省排工和纸张，这种英汉对照的辞典已经不多见了。

自从出版了《英华大辞典》之后，商务又出版了好几部英汉字典，例如，《英汉双解韦氏大学字典》、《双解标准英汉字典》、《英华合解辞汇》、《英汉新字汇》（这是根据一部韦氏英文字典编译而成）等。此外，中华书局也出版了《新式英华双解词典》、《英华双解字典》等英汉字典。这里面有一个共通点，即这些英汉字典都是根据原本的英文字典翻译而成。因此我们可以称它为原本英文字典的翻译时代。

《综合英汉大辞典》的出版（民国十七年，商务），可以说替英汉字典划了一个新纪元，因为这字典完全不用英文的解释，而且大部分是根据日人斋藤的《英和中辞典》编译而成。收词的丰富、成语用法的详尽，在当时的英汉辞典中可以说没有一部可以和它匹敌。但是它却有一个很大的缺点：动词和介系词的习惯用法，它完全根据斋藤特有的系统排列，所以检查时非常不便。

另外一家出版英汉字典的尚有世界书局。《世界标准英汉辞典》是根据《牛津袖珍英文字典》编译而成。当时林语堂曾从它的一张样张中举出许多的错误。英汉双解字典的容易被人指摘，于此可见一斑。无论如何，它把这部有价值的字典译成中文，这精神至少是可佩的。接着世界又出版了一部《综合英汉新辞典》。这是根据日本三省堂的《简明英和新辞典》编译而成。也许是为了匆促编辑而成的缘故，里面颇多不正确的译语，有的甚至把日文的汉字一字不改地搬了过来。它唯一的优点是：每一单字下把所有的成语都用黑体按照字母的次序排列，既醒目，又易于检查，可以说兼有成语辞典之用。

过去所出版的英汉字典，大都没有例句，即使有也只能说略资点缀罢了。第一部以丰富的例句作为号召的，当推商务的《模范英汉辞典》。它的英文例句大部是取自日人入江祝卫所编的《英文作文辞典》。为了它是别开生面的原故，当时这部辞典销行之佳，曾打破历来的纪录。

于是世界书局出版了《英汉四用辞典》。和《模范英汉辞典》一般，它的特色也在于丰富的例句。此外它又添加了文法和辨义二门。据笔者所知，它的例句也同样是根据入江的《英文作文辞典》，和《模范》所不同之点是，它的例句是按照其中所含的主要字的字面次序依次排列。但是这所谓主要字并不是根据任何固定的原则，所以有时所需的例句也颇不易查到。它的文法是根据英人福梭特和日人牧一合编的《英文作文文法辞典》编译而成。辨义是将日人井上义昌的《英语类语辞典》译成中文。至于单字和成语则是根据日本三省堂的《简明英和新辞典》。由上可知，这一部辞典是彻头彻尾翻译日本出版的英文辞典而成的。

综观英汉字典出版的历史，可见已经从原本英文字典翻译的时代渐渐转变到日本出版英文辞典之翻译的时代。原本英文字典的翻译，其最大的优点是在于解释的能够力求正确，但是它也有其缺点：第一，因为英国出版的英文字典对于美国英语似乎不大顾及，而美国出版的英文字典对于纯粹的英语又不免忽略。第二，英美出版的英文字典究竟是为以英语为本国语的国民而编，对于他们司空见惯而对外国学生却有困难之点往往不加注意，所以这种字典如果一字不改地译成中文，决不能说是理想的英汉字典。从这一点上说起来，《韦氏大学英文字典》及《袖珍牛津英文字典》在中国的翻译出版，虽然其精神是可佩的，但是它对于英文学生的效用却不免有疑问的余地。

日本出版的英文字典因为国情大致和我国相仿，所以把它译成中文以供国人应用，这原则是可取的。但是英日字典的内容未必全部正确可靠，如果完全根据它的原文翻译，难免将错就错。因此笔者主张，最好以完备的英日字典为基础，再参照权威的原版字典，如此一定可以编成一部较令人满意的英汉字典了。

上面所提的各种字典中，当推《综合英汉大辞典》规模最大。其他只能说是中型字典罢了。但是可憾的是，这中国唯一的一部大型英汉字典是于民国十七年初版，到现在已足足有二十年了。假定一部大辞典从开始编辑到出版为止至少须要五年，在这二十五年间英语的文字已发生多莫大的变化，这是任何人都不能不承认的事实。所以从时代的眼光看起来，《综合英汉大辞典》实在已经落伍了将近四分之一世纪。以一部新的大型英汉字典来代替它，正是目前英语研究者所感到的最迫切的需要。

所谓新的英汉字典之编辑并不是仅仅加入新字及俚语的问题，而是整个字汇加以革新的处理的问题。某一字过去常用的解释现在已废而不复用，他方面过去不常用的字义却开始风行，这种例子是举不胜举的。例如去年十一月出版的美国最新的英文字典《美国大学字典》(*American College Dictionary*）每一字的各种意义都是根据目前常用的程度而依次排列。这是很值得取法的一点。

经过这一次世界大战之后，美国英语在英语中已占据压倒的优势。昨日的美国俚语已成为今日的正式英语。在编辑最新的英汉大辞典时，这是必须计及的绝大因素。

其次，必须考虑到的是专门名词的问题。一般人认为英汉字典的编辑完全是英文专家的工作，这实在是一个绝大的错误。随着科学的进展，新的科学名词不断地出现，这已经超过常识的范围，决不是研究英文的学者所能应付的。因此我们希望，在编辑新的英汉大辞典时，必须请各种科学的专家担任解释专门名词的工作。一种植物、一种矿物、一种动物……这一类毫无意义的字句，切不要像过去的英汉字典让它糟蹋宝贵的篇幅。

（载《大公报（上海版）》1948 年 7 月 8 日）

论选集

刘　晨

中国的选集以《文选》的历史最早，而以清代的选集最盛，除了有名的《古文辞类纂》和《经史百家杂钞》系派系造成外，其他坊间的选集也不在少数，而到了民国以后，选集的作风仍在滋长，记得新文学的健将也用过“选学余孽”来攻击那些圈点古文的反对者。以事实而论，选集在清代应该加上恶劣的评语。

回顾那些古文诗词的选集，大致有下列缺点：

（一）选文的人主观错误：凡是他认为离经叛道不合正统的人，其文章一概不录，因而选集内漏失真才。

（二）选文的人各持门户：由于他的师宗不同，因而便偏持一方，同派系的文章被选较多，异派系的文章被选较少。

（三）选文的人嗜好偏重：他所选的文章乃是根据主观的好恶取录或不取，以至于讲论气派、性灵、诗品等，而所选仍只限于通行于世的几家及通行于世的几篇，如《古文观止》之类的冬烘书，便是在这种情形下编定的。

（四）选文的人缺少系统：于是所选的文既非各家齐备，也非时代递嬗，在艺术观点上不能兼收并蓄，在历史观点上不能表明演变，同时对于各代的代表人物和各人的代表作，也不能恰当挑选，因而在选集内看不到作者的思想和作者的时代特征。

（五）选文的人侧重庙堂：于是山林文学多被抹杀，在野的文人和富有刺激性的文章便不在其例，而所选的檄告、祭文、送序、墓志铭之类，多是些堆砌、呻吟、牢骚的产物，只能供后人来抄袭和模拟而别无用处，根本已离开了艺术。

今后我们是不是需要选集呢？在答案上依然上是肯定的，不过在选文的原则上要扩大，并加以切实的改革。

依照民国以来新文学的成果来看，也出过不少的选集，除了小说选、散文选、小品文选、诗选之类外，记得天马书店出版过作者自选集，良友公司也出过类似选集的《新文学大系》。同时对于旧文学的整理也另外有了曙光，最显著的进步是表现在《国学基本丛书》的《中国文化史料丛书》及各家的文学史上，在这时已加上了辨真、溯流及印证时代的成分，这对于将来的评选甚有价值，今后选文的人如能利用文化史、文学史、散文史、韵文史中的成果，那么他的选集便更加有价值些。

我以为今后的选集，要具下列几种特点：

（一）版本要小，内容要专。由于读者的购买力薄弱，一般人都买不起各家的全集而趋于选集，同时又因为爱好不同，或喜散文，或喜韵文，大而厚的选集也不易为读者所接受，因此在选集的版式上需要小，而选集的内容上也要单纯。

（二）系统编选，依时划分。今后的选集，应根据社会史的眼光来编选，将中国文学的演进，划分为若干时代；每一时代再罗列有关的各派各家，再进一步选出各家的代表作品，分别编成断代的各类文学作品选集，如唐代文选、唐代诗选、唐代小说选之类。

（三）名作单列，不使重述。例如唐代诗人甚多，而杜甫、李白的佳作尤多，如归纳成一本唐诗选，必定仍步《唐诗三百首》后尘，不能兼收各家的佳作，那么便可以分别选定，作成分册若干，每一分册包括诗人一人至数人，如此有偏爱者仍有选购的便利，在出版上也比较容易。

（四）评论注释，宜求正确。无论新旧文学，都有人批评过，也都有人注释过，选集虽不能将各家的批评和注释全行列入，但对于有价值的评判和题义的注释均不能省略，否则对读者便要不便。此外旧文学的词句、新文学的时代背景也均待新的注释来说明。

（五）标明意识，重新估价。选文的标准如何固然重要，但选后加评尤为重要，所选文究系代表何种时代？何种人物？何种思想？何种意识？均宜加以标明，而所选之文，何篇是代表作家或代表风格，何篇是思想高超或技术熟练，何篇是表示文体演递或时代演递，也都该加以估价。

由于艺术不为少数人所有，选文的人便要顾及大多数人的时间和能力，在介绍的份量上和质量上都值得考虑，如果所选确是不差，相信一定能为多数读者所接受，因为每一个读者都有胃口，所欠缺的只是时间和财力。

（载《大公报（上海版）》1948 年 5 月 13 日）

民国以来的美术读物

温肇桐

一、出版了多少种读物?

“画家六法，一曰气韵生动。气韵不可学，自然天授；然亦有学得处，读万卷书，行万里路，胸中脱去尘浊，自然邱壑内营，立成郛郭，随手写出，皆为山水传神。”——董其昌：《画禅室随笔》。

从事美术研究的人，除了重视技术修习之外，读书自然是一件必要的工作。民国以来，新美术运动兴起，于是国外美术理论，杂沓而来，在吾国出版界中，虽然不能与社会科学、自然科学、文学等类占极大的地位的出版物并比，可是每年平均也出版了近十本书哩。

笔者于民国十六年间，正式从事美术研究，对于国内的美术读物，曾广为搜求，连近十多年来出版的拙作一起在内，一共也收着三百三十多种，曾经试编过一个《民国以来美术论述著译编撰书目》。这个书目里头，包括民国以来出版之今人论述著译编撰书籍，前人作品虽在民国时出版者不予列入，画册图籍、美术教科书及杂志刊物等亦不予列入。美术为艺术之重要部门，故泛论艺术之读物，则一并收取。兹先将分类作一统计如下：

部门	类别	种数	共计	
艺术泛论	总论	二七	一〇二	
	方法论	一		
	各论	三七		
	论文集	三七		
美学	概论	一八	三一	三三八
	思潮・历史	四		
	人体美	七		
	应用	二		
美术史	起源	六	九〇	
	中国	二四		
	东西洋・各国	四〇		
	现代	七		
	作家评传	九		
	年表・人名辞典	四		
美术技法	理论知识	一五	六〇	
	实习研究	四五		
美术鉴赏	方法	三	一二	
	作品・作家	五		
	杂评	四		
工艺美术	概况	一	一七	
	理论技法	一六		
美术教育	学理研究	一三	二六	
	实施方法	一三		

二、多少人耕耘了这块荒漠的土地?

中国的美术界可算是寂寥的，而美术读物的这块土地，可算是最荒漠的了。根据笔者的统计，不论著译编撰，一共动员了一一四人，其中以社团名义为著译人的有八种书，现作一人计，合作的书，只依其第一人为代表，兹以著译人作一统计：

著译编撰数	人数
十七种者	一
十五种者	一
十二种者	一
十种者	一
八种者	二
六种者	一
五种者	二
四种者	四
三种者	一〇
二种者	二二
一种者	六九
共计	一一四

如果依出版者来统计，便是：

出版者		种数
现存书局	商务	一一五
	中华	二九
	世界	二五
	大东	八
	正中	六

续表

出版者		种数
现存书局	开明	二一
	神州	六
	生活	四
	群益	三
	良友	一一
	木合	三
已停闭书局	水沫	五
	大江	七
	现代	七
	光华	一一
	泰东	二
	明智	三
	女子	五
其他	五七	

注：其他系指仅出版一种或虽出一种，以上而现已停闭不甚著名之书局。

三、美术读物出版的盛衰是怎样？

美术读物的出版鼎盛与衰落，固然可以反映出版文化的兴替情状，同时也足证明了中国美术界的盛衰概况，照笔者统计，在“八·一三”以前出版的为二七二种，“八·一三”以后出版的为六六种，依百分比估计，后者为全数之百分之二十弱，与前者相较：在数量上看，已可显示近十年来的贫乏，然若细察这十年来的出版物，物质水平是如何的降低，比如许多读物中应该要图版的，像拙著□《中国名画家丛刊》四种（世界版）完全省略，至于读物的质的水准，当然已经降低得多多了。还顾战前史岩《东洋美术史》（商务），S.Reluach 著；李朴园译《亚波罗艺术史》（商务），T.W.Erap 著；刘海粟译《现代绘画论》（商务)；倪贻德《水彩画之新研究》(商务)；俞剑华《中国绘画史》(商务)；郑昶《中国画学全史》(中华)，板桓鹰穗著；鲁迅译《近代美术思潮论》(北新)，A.Rodin 著；曾觉之译《罗丹艺术论》(开明)等书，特别在外形上觉得精湛非凡，差不多在近十年中，已经绝对不能看到这种东西了。

四、美术读物著译编撰的趋向是怎样?

在整个美术读物中间，虽然已经把它分为六大部门，可是它的内容，可以不妨归纳为三大类，即：一、理论的基础；二、技法的研究介绍；三、史料的发掘与整理。而第一类的演进，确实最可以表现了美术的时尚，或者可说是反映了特定社会基础之上的美术发展的。所以，我们不妨把这过去的三十六年间，分成下列几个阶段来看中国美术读物著译编撰的一般趋向：

(一)“五四”前后，一种是模仿外来美术，所出版的书，只是简单的介绍，或技法的迻译，譬如刘海粟《日本新美术的新印象》(商务)；吴梦非《西画概要》(商务)，A. Cassagn 著；沈良能译《透视学》(商务)等书便可代表的。其次是表现文学革命中的“为人生而艺术”的趋向，于是托尔斯泰著，耿济之译《艺术论》(商务)他便在这时候出版了。

(二)以鲁迅为中心的“左联”结成时代，于是一九三〇年间，卢那卡尔斯基、波烈汗诺甫等的《艺术论》(鲁迅译，北新，水沫)，《艺术与社会生活》(雪峰译，水沫)，《艺术之社会的基础》(雪峰译，大江)，清野季吉《艺术简论》(陈望道译，大江)等书便是这时期出版的。

(三)“一·二八”以后，国内美术界是非常发达的，它的发展，可以看出有三个方面，而美术读物，也有同样的趋向，即：

(甲)表现高度资本主义美术的接受，有外山卯三郎著，倪贻德译《现代绘画概论》；T.W.Erap 著，刘海粟译《现代绘画论》(商务)；

H.Reed 著，施蛰存译《今日之艺术》(商务)；朱光潜《文艺心理学》(开明) 诸书。

(乙) 表现国粹主义美术的，有刘海粟《中国绘画上的六法论》(中华)、傅抱石《中国绘画理论》(商务)、俞剑华《中国绘画史》(商务) 诸书。

(丙) 继续唯物史观艺术理论的介绍与研究的有 V.M.Friche 著，刘呐鸥译、胡秋原译《艺术社会学》(水沫，神州)；I.Matsa 著，武思茂译《西方艺术史》(开明)；前人著，雪峰译《现代欧洲的艺术》(大江)；李朴园著《中国艺术史概论》(良友)；王钧初著《中国美术的演变》(文心) 等书。

(四)"八·一三"以后，美术归于抗战，因之有关战时美术宣传的读物出版得很多，如朱应鹏《抗战与美术》(商务)、陈烟桥《战时美术宣传》(生活)、鄷中铁《木刻版画概论》(商务)、韩尚义《木艺十讲》(商务)、肇野《木刻画刻制过程》(生活)、野夫《怎样研究木刻》(会文)、刘枕青《漫画概论》(商务)、黄茅《漫画艺术讲话》(商务) 等。

(五) 胜利以来，美术上民主思潮汹涌澎湃，所可惜的，有关这方面的读物尚付阙如，二三年来我们所看到的一些出版物似乎依然回返了一九三三至一九三六年间的现象，属于（甲）项者有：B.Croce 著，朱光潜译《美学原理》(正中)。属于（乙）项者有：拙著《中国名画家丛刊》四种（世界)、伍蠡甫《谈艺录》(商务)。属于（丙）项者有：蔡仪《新艺术论》(商务) 及《新美学》(群益)，胡蛮《中国美术史》(群益)，V.M.Friche 著，天行译《艺术社会学》(作家) 等书。

至于译本与国人著述（编纂）的统计是如此：

类别	迻译西人著作	迻译日人著作	国人著述编撰
种数	五〇	二四	二六三

一个原著，译本有二个以上者计为：

原著者	译者	中译书名	出版者
V.M.Friche	刘呐鸥	艺术社学会①	水沫
	胡秋原		神州
	天行		作家
B.Croce	傅东华	美学原论	商务
	朱光潜	美学原理	正中
E.Grosse	陈易	艺术之起源	大东
	蔡慕晖	艺术的起源	商务
Plekhanov	鲁迅	艺术论	水沫
	林柏		南强

近代日本是美术比较勃发的一个国家，所以吾国美术读物中间，除迻译日人著作者外，而迻译西人著作的，也有很多是由日文转译的，如《艺术社会学》。国人作品中，参用日人著作者也很多，如以著译种数最多的丰子恺论，他的作品，差不多是完全由日本书中节译、编译过来，除了论文集中的多数文章，还有很早著译美术读物的吕澂，也是这样。

五、美术读物向哪儿去?

这可以说是笔者个人的一些私见，希望于国内美术读物的著译编撰者与出版家有：

（一）介绍迻译民主美术理论；

（二）以科学方法整理美术文化遗产；

（三）发扬人民美术并研究改进其制作技法；

（四）加强美术教育之研究，并提供良好之资料与方法；

（五）编辑有关美术的丛书，整批出版。

（六）注意美术读物插图之改善与增加。

中国美术读物往哪儿去？笔者已经很具体地提示了这六点意见出

① 应为“艺术社会学”之误。

来，这一个需要，实在是整个中国美术界的需要，在这里，我们只有拭目以待了。

（载《大公报（上海版）》1948年2月26日）

评战后出版的七种教科地图

刘　高

争夺领土常为战争重要原因之一，即并非因争夺领土而发生之战争，亦常以领土之割让而结束，故几乎每次战争皆使地图变色，此次世界大战中国及其他重要参战国家国界之变动殊大，遂使战前出版之地理书籍及地图，皆需加以大事修改，战后我国各书局所出之地理教科书，多未加修改或仅略事修改，而其内容不合于战后情形尚多于战前原本。唯新出地图颇多全部重行绘制者。细阅内容，殊令人不能满意。评者所见十六开本之中外地图有下列七种：

一、杨景雄等《中华民国最新分省图》（寰澄出版社）

二、金肇宇《中国地理教科图》（大中国图书局）

三、陈铎等《中国地理教科图》（商务）

四、王成组等《新中国分省图》（新中国出版社）

五、金肇宇《世界地理教科图》（大中国图书局）

六、邱祖谋等《新世界地图集》（新中国出版社）

七、陈铎等《世界地理教科图》（商务）

此外，大中国图书局尚有《中国分省新图》及《世界分国新图》，其内容与上列第2、第5两图无异。又有其他书局出版之袖珍本多种，皆一概从略。评者无意将各图之细小错误如位置之不正确、地名之误书等加以校对，仅指出编著体例之不妥处及较严重之错误而已。以下所言凡未特别指明何图者，皆为各图共有之缺点。

分层设色

（一）自民国廿二年丁文江等之《中国地图》（申报馆）出版以来，以等高线分层设色法绘制地图，一时成为风尚，十余年来我国出版之地图多以此法绘制。唯所绘之等高线多为颇粗之棱色线，颜色颇深。凡地势多山省份或国家，等高线必多，于是等高线遂成为山地省份或国家地图中最触人眼目者，此等省份或国家之图皆显得模糊不清，阅读费力，可谓一大缺点。而最早以此法绘制之丁文江等之地图中等高线乃是极细之黑色虚线，无此缺点。评者意以为既已分层设色，则并此细虚线亦可省去，因两种不同颜色间自然已形成一线故也。

村镇地名

（二）上列中国图之各省分图，至少有一部份除绘出县城及较县为大之城市外，又绘有村镇甚多。中学教科用地图之加入县以下小地名之风气，似乎开始于抗战初期。那时因战争新闻中常有小地名出现，一般人除查阅中学教科用图外，无法获得详细地图，于是中学用地图之出版者，互以其图有小地名竞争。殊不知战争时因地位形势关系，三家村亦可发生剧烈战斗，其地名亦可见于报纸上之头号字大标题。看战事新闻有时除军事机关所密藏之最详细地图外皆不够用。地图贵乎合用，其标明中学教科用者，但绘有县城及有特殊重要性之少数小地名已甚够用。如欲求详细亦必须版本加大，不宜小版本，而无限制加入小地名，增加阅读之困难。上列诸中国图就绘制精粗言，自以金肇宇《中国地理教科图》为较佳，但小地名亦最多，尤以四川省图为甚，阅读亦特别费力，不可谓非一大缺点。

新的国界

（三）我国战后所出世界地图唯一较战前所出者为优之处，仅是有此次战后之新国界，除国界外，其他变动皆未列入，殊觉增订之处太少。苏联于大战以前由十一个苏维埃社会主义共和国合成，战后已增至十六共和国，所增加之五共和国皆在西部。上列三种世界地图除绘有苏联之新国界外，仍保存一部份旧国界及旧时各共和国间之界线，金、陈二世界图皆取消立陶宛与东普鲁士间之界线。二图关于此点虽不约而同，实无根据，遂致错误。东普鲁士北部□苏联，后划归俄罗斯共和国，并不划入立陶宛。评者以为错误不如遗漏，三图作者不知苏联之新得领土如何划分，应知旧时各共和国间之界线必已不正确，绘图时将其省去可也。又俄罗斯共和国内省区之界线亦有大变动，苏联城市名字新改者甚多，上列三图皆未修改（关于苏联各共和国间及省区界线现状，非三言两语可以说明，去年春国外新出版绘有最近国界及各国政治区划界线之世界地图，去年夏初上海已有出售）。

自治领□

（四）英国于第一次世界大战以前有五个自治殖民地（Self-governing dominions），其中之一是纽芬兰（Newfoundland）。第一次世界大战后不久（一九二二）爱尔兰自由邦成立，自治殖民地增至六个。次年（一九二三）南非洲之南罗得西亚（Southern Rhodesia）由直辖殖民地改为自治殖民地，遂有七个自治殖民地。一九三三年纽芬兰因财政困难请求改为直辖殖民地，经英国国会通过而实现，英国又只有六个自治殖民地。至第二次世界大战后更有增加。据评者所知，二十年来所有中国出版地理书籍及地图说明皆不知加以改正，皆云英国有五个自治殖民地，而其中之一是纽芬兰，殊属可怪，上列三种世界地图亦未曾改正。以第一次大战以前之情形，当做第二次大战以后之现状，能不令人失望？

详略问题

（五）我国所出版之世界图，南美洲、非洲、大洋洲常较简单，仅有全洲图一幅。欧亚、北美则除全洲图外必有分图。评者以为欧亚、北美有一部份小国，并不比南美、非洲、大洋洲各国更大更重要，其图已于全洲图中可见，亦可不必再有分图。金肇宇中国图中之《全国国防图》，除省界、国界、公路、铁路外，更无其他与国防有关之物。省界、国界已见于政区图，公路、铁路已见于交通图。此所谓“国防图”遂全无意义，亟应删去以经济篇幅，否则必须充实内容，使名符其实。

附有说明

（六）上列七种地图皆有五六十页以上之说明。唯杨景雄等《中华民国最新分省图》有地名索引。各学校教学时皆另有地理教科书，师生似甚少对地图图说加以阅读者。而地理教科书中之地名又无法加注详细之位置，较小之地名如无地名索引，寻觅为难。评者以为地图可以没有说明，不可以没有地名索引。

上列七种地图各有优劣之处。其中以邱祖谋等《新世界地图集》、陈铎等《世界地理教科图》与王成组《新中国分省图》为较差。王成组图出版于三十五年九月底，如评者猜测不错，则此图原欲于三十五年九月初各学校开学以前出版，而开始绘制过迟，遂于短促之时间内匆忙赶成，故疏漏之处特多。其《全国土壤图》错误得无法应用。其绘图者未读说明，撰说明者亦未阅其所说明之图，故地图与所附说明有互不一致之处。邱祖谋等《新世界地图集》所绘之战后新国界有错误而不完全，陈铎等《世界地理教科图》其实并非新行绘制，仅旧地图加上红线之新国界而已，亦不完全。上文已云我国战后出版之世界地图之唯一优点是有新国界，邱、陈二图并此仅有之优点亦无之。

上列四种中国图，就整个言，皆不及战前出版之丁文江等《中国分省新图》（申报馆）。上列三种世界图亦皆不如战前之谭廉《最新世界地图集》（商务）。八年抗战使我国多方面显然退步，胜利后两年余仍未能恢复原有水准。地图可说是其一端。

（载《申报·出版界》1948 年 1 月 29 日）

农学界还需要编书!

刘 晨

我国虽然是以农立国，农民占全人口百分之九十五以上，可是国家的岁出花在农民上的有限，社会中的各种福利事业也都和农民脱节。以文化界、出版界而论，出版的农业专著也太少，有关农民的通俗读物更是有限。当我看到有关农业刊物分析的论文时，真正是感到有些儿寂寥的味道，我希望农林当局、农林团体和致力农林工作的人，应配合出版界人士，多编印一些有关农林的书籍，以促进农业建设，帮助农民取得新知识，推行农村文化运动。我现在不揣浅陋，草拟一篇现中国所需要的农林书籍目录，希望能引起专家的注意和修正：

（一）在词书方面：我国需要一本农林词典，网罗所有最重要的农林名词；需要一本农林图志，将所有关于林木、水产、畜收、农作物、园艺的品种和作业法都用照片和解剖图表示出来；需要一本历代农林建设资料，将所有关于农林的美政良法都加以解说。

（二）在分类方面：需要一本经济植物学和一本经济动物学，最好能分别有一本中国森林植物学、中国水产分类学、中国园艺植物学、中国农作品种学、中国畜牧品种学，列述国内主要品种，阐明其特征、习性、分布与效用。

（三）在栽培饲养方面：需要一本经济林木栽培法、食用植物栽培法、特用植物栽培法、家畜家禽养殖学、水产养殖学、经济昆虫养殖学、下等生物利用繁殖法，将有用的林木、果木、蔬菜、农作物、花卉、药材、家畜、家禽、鱼介、蜂蚕、蕈类、藻类、酵母菌等均网罗在内，以便推广繁殖。

（四）在辅助学科方面：需要一本农林气象学、农业土壤学、农林史、农林地理、农林数学、农林簿记、农林调查统计术、农林推广学、垦荒学、害虫学、有害草藤学、农林保土、农林工程、农林经济学、农林经营学、农林化学等来帮助栽培技术之不足。

（五）在加工利用方面：需要一本农产制造学，最好能分别有一本林产制造学、畜产制造学、水产制造学，同时还要一本食用植物加工学、农产酿造学、食物保存法、食品运销术、农产市场以阐述各项制造加工原理。

（六）在通俗读物方面：需要一本常见动植物分类手册、农林栽培养殖手册、农产加工利用运销手册、常见动植物原色图志、农场管理手册、农家日志、农民应用文、农民福利等，运用深入浅出笔法，将新技术、新方法、新知识介绍给农民。

我深知上面所开的目录并不完善，我希望农林界能一致运用新方法将国内现有的研究结果先行编印，同时我也希望出版界能为大多数的农民服务，约请专家来编印有关农林学术的书籍。（三七、三、九，写于淞滨）

（载《大公报（上海版）》1948年3月11日）

民众读物与启蒙运动

方　白

一　革命传统与历史使命

封建社会的统治，迫使人民大众陷于愚昧与无能。这在中国有二千年的历史作证，用不着我们再来饶舌。不过封建统治有其本身的许多弱点，当它走入末路，日渐没落的时候，它的无能与腐败就会暴露无遗。而它用以掩饰和镇压的方法，也便无所不用其极。但这多半是没有用处，一则是欲盖弥彰，再则是压力愈大，反抗力也愈大。所以，那结果必然会导出革命。

这革命表现在思想方面，有两种情形：一种是“求知”，即“反愚昧”；一种是“求真”，即“反欺骗”。人们要自由地听，自由地看，自由地想。要“自救”并以“救人”。这就是所谓“启蒙运动”。

中国的“启蒙运动”，随着鸦片战争发生而萌芽，直到现在已经过了三个重要时期：第一个时期是从戊戌维新到辛亥革命，这个时期以民权思想为中心，进而完成了政体以至国体的改革。我们看看梁启超的说法：

“国者积民而成，国之有民，犹身之有四肢五脏筋脉血轮也。未有四肢已断，五脏已瘵，筋脉已伤，血轮已涸，而身犹能存者；则亦未有其民愚陋怯弱，涣散混浊，而国能立者。”（《新民说》）

这是“民为邦本”的一种阐说。那么，对那些高居民上的“圣君贤”，他们又作何看法呢？这可以举一段谭嗣同的话：

“天下为君主私产，不始今日……然而有知辽金元清之罪，浮于前此君主者乎？……逞其凶残淫杀，攫取中原子女、玉帛，……总以为未餍，锢其耳目，桎其手足，压其心思，挫其气节……方命曰：此食毛践土之分然也？天果谁食谁之毛，谁践谁之土？”

如果让我加注的话，这里的“锢其耳目”便是教民“无知”，“桎其手足”便是教民“无能”，“压其心思”便是教民“迷信”（汉奸周佛海说，信仰要到迷信程度，即此）。“挫其气命”便是教民“盲从”（汉奸周佛海说，服从要具盲从精神，即此）。

看来梁、谭真不愧为维新运动的领袖人物。而各此主张，也无怪维新运动要受迫害。但六君子虽然被杀，康、梁虽然出走，终于还是挡不住辛亥革命。

辛亥革命只完成了一桩任务，即驱除清王室，在形式上挂起了“民”国的招牌。统治者换成了北洋军阀，而人民之痛苦如故，这就到了第二个时期，从五四运动，经五卅运动到完成北伐。这时期启蒙运动的内容最丰富，而口号也最鲜明。五四运动何以又叫做“新文化运动”？那是因为它特别着重于思想革命的一面。

新文化运动的两大任务，一是拥护“德谟克拉西”（民主），二是拥护“赛因斯”（科学）。我们举陈仲甫的话来看：

“要拥护德先生，便不得不反对孔教、礼法、贞节、旧伦理、旧政治；要拥护赛先生，便不得不反对旧艺术、旧宗教；要拥护德先生又要拥护赛先生，便不得不反对国粹和旧文学。”（《新青年》六卷一期——

《本志罪案之答辩》）

正当民国四年到民国七年这个期间，什么袁世凯压迫国民党、解散国会、修改宪法、称帝复辟，什么段祺瑞解散国会，什么张勋复辟等等，这些军阀们把中国搞得乌烟瘴气、一塌糊涂，新文化运动的先觉者，一开始就鼓吹民主政治，提倡人权。陈仲甫说："吾国欲图在世界生存，必弃数千年相传之官僚的专制的个人政治，而易以自由的自治的国民政治也。"什么是国民政治呢？他说："自居于主人的主动的地位"，"自然而建设政府，自主法度而自服从之，自定权利而自专重之"。（以上均见《新青年》一卷六号——《吾人最后之觉悟》）后来，同一作者又在民国七年出版的《新青年》五卷一号中，写了一篇《今日中国之政治问题》，提出他的主张：（一）要排斥武力政治；（二）要抛弃以一党治国的思想；（三）要决定革新的国是。你要注意时间，这已是距今三十年前的文献了！

新文化运动的另一面，就是文学革命，在形式上提倡"白话文学"，在内容上提倡"人的文学"。有了白话文学，就等于给启蒙运动添了百万大军，成为空前未有之利器；有了人的文学，就使启蒙运动捉到了许多的形象，人们听到了弱小民族的解放的呼声，也看见了被压迫者的鲜血与热泪。再经过"五卅"的试炼，于是，随着国民革命军的足迹，全中国响起了如下的歌声：

"打倒列强，打倒列强；

除军阀，除军阀；

努力国民革命，努力国民革命，

齐奋斗，齐奋斗！"

这就是"反帝国主义"、"反封建"的呼声，这就是中国革命无论在实践上或思想上所要完成的两大任务。至此为止，它已很显明的提了出来。

但是接踵而来的，都是更严重的国难。

第三个时期自民国十六年起，经过"九一八"事变，经过七七抗战，八年血战以至胜利。这时期旧的军阀虽然倒了，但封建势力并没有垮台；帝国主义不但没有被打倒，而且独占的侵略行动，甚而爆发了侵华战争。启蒙运动在这时期前一段便以“抗敌第一”为前提而加了一个“新”字，这个新启蒙运动要求自由的思想，要求尊重理性，用张申甫的话来说：

“凡是启蒙运动都必有三个特性：一是理性的主宰；二是思想的解放；三是新知识、新思想的普及。”

“因为这样子，所以凡是启蒙运动必然反迷信、反武断、反盲从、反权威、反传统。而历史上的启蒙运动尤其在于反封建。也可以说，武断、独断、垄断，都是启蒙运动所必反。”

这些话骤然看去，好像和“抗敌”没有关系；但其实句句都是从抗敌出发，因为如果不是这样，便无法团结自己，也无法取得真正的胜利。抗战开始的全国大团结是这样来的，而如果不是全国民众之自觉的力量，也无法支持那样八年艰苦的岁月。

启蒙运动在这时期的后一段确是有了新的姿态，原因是敌人打进来了，抗战既是全面的、全民的，在“战时总动员”之下，“人无分男女老少，也无分南北东西”，都必须“救亡图存”。“有钱出钱，大家出力”是两句口号，而这两句口号就真的喊到穷乡僻壤的每一角落，喊到从来无人光顾的国境线和傜山里去。固然，全国各地的动员工作，做得很不平衡，不过，即使不很澈底的地区，也多少做了一点。我们以历史的眼光来看，那确是空前广大深入的启蒙运动。人们在反侵略战争中，不但没有忘掉了民主的要求，反而更其认识了民主的需要；而且由于战争的现代化的规模，更加强了对于科学的认识。

当胜利初临的时候，人们所憧憬的是建设一个民主的新中国，建设一个工业化的新中国，但两年来的事实已经告诉我们，这不是一种容易的事，这比抗战还要艰苦。可是如果说到方向，那就决无错误。因为如前所述，从反清到抗日，中国革命一直没有离开反帝反封建两个目的，而启蒙运动的任务也一直是拥护科学、拥护民主，这正是中国的革命传统，如何在第四期（建国时期）来完成这两大任务，便是启蒙运动的历史使命了。

二　由民众生活到民众读物

前文已经说过，五四运动一开始便提出了科学与民主，可是直到今天，我们还在渴望这两位先生光临。这是什么缘故呢？最好是先看看事实，看看中国民众的生活。单说经济生活，大多数人都吃不饱。我们地大，但是有世界上最广泛的灾区；人口众，但是有最多数的饥民；物博，但是有最高的物价；钞票多，但是最不值钱；我们有很好的产米区，可是就在产米区里不断有抢米的风潮发生。不光是一般穷苦的百姓吃不饱，我们的学生们吃不饱，我们的公务员吃不饱，我们的大学教授吃不饱，我们的法官们也吃不饱。吃饭是人类生存最起码的一件事，这最起码的生活成了问题，别的就不必说了。

可以这样说，因为物质生活如此贫乏，所以精神生活便无法充实了；但启蒙运动的答案恰恰倒了过来，即是说，因为精神生活太贫乏，所以对于一切困难，没有办法。那么，除了使人理解现实外，便没法改变这种现实。你必须认识它，然后才能变革它。

今天的工作是必须建国。看一看国际形势，既然帝国主义仍旧猖狂，法西斯残余并未肃清，可以随时威胁我们，可能侵略我们。不建国便无以自立，便无以自救。今天的问题是如何建国。这很明显，要靠民众，没有全国民众的参加，这空前伟大的工作，不会完成；正如抗战非民众参加不能胜利一样。但封建势力一天存在，民众便一天不能抬头，建国便无从着手。

所以第四期的启蒙运动，必须以全国民众为对象，它不能像戊戌政变，只限于少数开明的官吏自我觉醒；也不能像辛亥革命，只影响了一部分华侨与学生，与大多数国民不相干；又不能像五四运动，只解放了一部分市民和中间层的知识分子；也不能像革命军北伐，只唤醒了南方各省和长江一带的民众，动员了城市中的产业分子和一部分文化人。它必须像抗战前夕，全国上下利害纵然不尽相同，但除了甘心卖国、为虎作伥的汉奸之外，人人心里有一个要求，抗日；全国上下奔走相告，只有一个愿望——抗日。不过，要比这还更普遍。它必须像抗战时期，文化下乡，文化入伍，在偏僻的边疆，在所谓蛮荒绝域，也都响起了抗战的歌声，奋起了抗战的画笔，读起了抗战的小册子。要比这更澈底，更持久。

这样，我们就必须创作大量的民众读物，作为启蒙运动的利器。

这问题，当抗战前夕，就有人谈论过，像下面一段话：

“过去在思想阵线中，的确只有不两立的内派的斗争，的确只有最少数与最少数的抗争，而大多数老百姓都在封建思想的残累中过着他们的愚昧、盲从、迷信的生活。我们谈科学与人生观，老百姓却信天信命；我们研究动的逻辑，老百姓都迷信《太上感应篇》；我们写《子夜》，老百姓却读《封神榜》。思想既有这样的悬殊，而启蒙运动者又放弃了最大多数人的精神生活不顾，于是敌人就乘虚而入，利用中国固有的传统思想，作奴役老百姓的有力工具。”

话说得很对，如果一个文化工作者写了文章只给学生看，则那些与学校无缘的人，便无从得到。如果这文章只有大学生才看得懂，则中学生便无从领会。这是再明显不过的事，启蒙运动既然拿广大民众作对象，就是要解决“最大多数人的精神生活”。要是不顾，固然不可，顾而不得其法也是无用。

首先，中国民众不是没有读物的，民间的读物，原已很多，而且流传甚广。假如要拿新的读物给他们，这就意味着一种竞争的形态将要发生——新读物和旧读物争读者，必须战胜了旧读物，新的读物才能畅行无阻，否则，只好摆在书架上供人凭吊。但是，战胜旧读物不是一件容易的事，它们数量多，所以声势浩大；它们历史久，所以根深蒂固。和声势浩大、根深蒂固的敌人竞争，你不能不研究这敌人的一切，明白它的优点和弱点，以便于打倒它取而代之。

其次，也不要把民众看作一张白纸，以为随便可以在上边写字。启蒙并不是“发蒙”，像教一个刚识字的小孩子，你教百家姓，他读“赵钱孙李”；你教千字文，他读“天地玄黄”；你教什么初小国语，他读“弟弟来，妹妹来，来来来”。民众不是这样，他们自己先有一套人生哲学，他们对人对事，也早已形成各种式样的看法。这新的读物里必然有一套新观念，且常常和民众心里的旧观念相抵触。这又是一种竞争——两种观念的竞争，如何才能使新的观念占优势，也不是一件容易事。因为蕴藏在民众心里的旧观念，既不是一天两天形成的，又都是生活经验凝成的结晶，它们具有一种相当顽固的力量，并不是一拳便可击倒的那样脆弱。你必须研究这一类顽固观念的成因、发展和它的生活基础，然后才能击败它。

再次，民众读物不是民众生活外部的来宾，它是构成生活的一种成分。民众读物和民众生活有着有机的联系，而且是多方面的联系。《太上感应篇》在民众手里不是孤独的东西，另外还有神的统治、因果报应、善恶制裁以及民间流传的许多故事和它作伴。鲁迅笔下的祥林嫂并不读《太上感应篇》，但她念念不忘于阴间的丈夫，与有《太上感应篇》的并无二致。《封神榜》在民众手里也不是孤独的东西，另外还有痘神、土地、龙王、灶君等等和它作伴，它们有的是木偶，坐在庙里，有的是牌位，供在堂屋里，一律享受人间香火，而且有时还特地给它们演戏，向它们祈祷。所以即使不读《封神榜》的老太婆们，也会对你讲某处的龙王灵验，或某处的大王是什么人肉身成圣等等。

既然这样，新的民众读物就不能孤军深入，因为事实上这所谓孤军也者，根本无法深入。而倘不明了民众生活，纵然写成民众读物，也无法改变其孤军的命运。

最后，民众读物有其独特的发行路线，它们并不放在新书店里，任人选购；而是放在小书摊上，陈列在街头；或者挂在架子上，沿街叫卖；或者装在小书贩的箱子里，走遍了四乡。它们并不在报上发广告，因为看这种书的人不看广告。它也不需要人批评介绍，因为它的读者不看书评也不用人介绍。至于这些小书贩，书架子上边的书又是怎样来的呢？他们都是向出版者批购来的，每一个出版家可能有若干固定的主顾，这些主顾之中，自然也有书店，但大多数是个人，是一个一个摆书摊和扛书架的人，构成他的发行网。

你不要忽略这个事实，这是“民众路线”，“民众路线”是从民众生活中产生的，是与民众生活合拍的。新的民众读物如果忽视这条路线，就会弄得无路可走。

抗战前，通俗读物编刊社编印抗日小册约三百种，最初以三户书社名义印行的一批，都是六十四开本，封面一律印着一幅旧剧中的剧照，如《空城计》、《连环套》之类，后来改为三十二开本，封面形式如旧；最后改成三色封面，才有了和内容一致的封面画。这些小册都是走“民众路线”发出去，每次发出数量很多，在唤醒民族意识、提高抗日情绪方面，尽了很大的力量。抗战时期，该社在西安、武汉、重庆等地编印抗战小册约五百种，旧的路线没有了，不得不拿一部分放在新书店里，于是它的读者群便由一般民众变为小学生了。再看连环图画，它自战前即已显露头角，如今仍风行各地，街头街尾随处有出租的书摊，这书摊上的读物，只有连环图画，没有别的东西。如果你把别种形式的读物放在这儿，它永远无人问津。但你如把连环图画放在新书店里，和《子夜》列在一起，它会像离水的鱼儿一样，涸死在那里。这一切都说明了路线的重要。

三　认识民众也认识自己

拿民众读物作为启蒙运动的工具，是不应犹豫的一件事。倘不如此，这运动不会扩大，也不会深入，但我们对民众读物加以检讨之后，却意外地发现了另一个收获，它使我们对“启蒙运动”有了更进一步的认识。

一向以为启蒙运动是“以先知觉后知”的一种行动，这在今天看来，显然是错误了。因为这是一种机械的、片面的看法，是一种“望文生义”的错觉。

中国有句老话，是“教学相长”，这把“教”者和“学”者的关系，表现得相当正确，不过如何“长”法，却并未说明白，一个“相”字，总嫌笼统，因此，一般知识份子，固然人人熟习这四个字；而一立于“教”者地位，便在意识上把自己封为“先知先觉”，自己的行为是一种“授与”，对方的行为是一种“接受”，“授”、“受”分明，界限清楚得很，至于如何“相长”，就不大被人注意了。

我们的启蒙运动，自来便以知识份子为中坚，而在第一期和第二期，连这一运动的主要对象也是知识份子，这样一来，“先知先觉”的意识，就以类似“优越感”的形式生长起来。为什么我们要写文章呢？因为自己有意见，有主张；而自信这一意见、这一主张，有值得一说的价值，那价值便是让别人“接受”自己的意见，响应自己的主张，以改变事物的状态。为什么我们要对人发议论或者讲故事呢？因为我们相信对方不知道这种议论，不知道这个故事，自己发表出来，对方才能晓得，可以从这儿得到些什么，假如一个讲故事的说了半天，而对方说我早已知道的话，那他必然失望。如果对一个比自己还高明的人大发议论，那就不免为“孔圣人门前卖书”、“班门弄斧”了。

既然那时的主要对象是知识份子，这就表示“教”、“学”双方的社会是接近的，生活是接近的，意识是接近的，所谓“接近”，便是说没有大不了的不同。其所以不同者，只是认识程度的深浅，幼稚或成熟、落后或前进，这给了启蒙运动者以很大的方便，尤其是传达思想的工具，自从五四运动以来，产生了白话文与所谓“国语的文学”，它打倒了艰深晦涩的文言，而成为通行全国的文体，它丰富了知识份子的语象而成为文化流通的利器，只要能够掌握这种工具，就等于取得一半“先知先觉”的资格，另一半呢，那需要叩“学术”之门，而不需要叩“学生”之门，直到启蒙运动的对象逐渐扩大，这情况才有了变化。

首先有人觉得，我们的工具不够，需要改进。接着就有人指出，我们的生活不够，需要充实。抗战八年，事实证明了这种发现是正确的，我们发现了新的老师，这老师不是别的，正是民众。

启蒙运动碰到了更广大的对象，大得像一片海洋——人的海。这些人的生活、习惯、语言、情感，都不同于知识份子，知识份子的满腹经纶、随身法宝，一走到这片海洋的面前，竟会束手无策，一筹莫展！

怎么办呢？知识份子站在这片海岸上，用自己最擅长的白话文，发表了一篇振聋发聩的演说，讲得声嘶力竭、满头大汗，然而海洋照旧的涌呀涌的，毫无反应。

怎么办呢？知识份子换了一个姿势，用“文学的国语”，讲了一篇“国语的文学”，讲得津津有味，连自己都感动得流下泪来，然而海洋仍旧涌呀涌的，毫无反应。

怎么办呢？办法是人想出来的，有的人并不呆在海岸上，却踊力一跳，投入这海洋的中间，游泳起来，这就是说，深入民间，把自己作为民众之一，去过民众的生活，而在生活中，开始自己的学习。

在这里，“先知先觉”者的那种姿态没有了，一面做学生，一面做先生，先生便是学生，学生便是先生，这才真正做到了“教学相长”，也真正扩大并深入地推行了启蒙运动，所以，当我们觉得民众愚蒙的时候，我们认为这些人不认识时代，也不认识自己，因此变成无力，而当我们不认识民众，也不认识时代的时候，却反而以为自己颇为有力，而且还可自命为先知先觉，去知别人，觉别人，那就太不认识自己了。

（载《新人》1948 年第 2 卷第 1 期）

谈通俗读物

王　奇

通俗读物即是民众读物，自来中国的知识分子，是书愈读得多，离俗愈远，通人学者，是绝对不肯措意于通俗二字的，好像他们读书的目的，在未达之时，是通古今之邮，代圣贤立言，到了学优则仕，便要志在廊庙，非高文大册典谟训诰不屑一顾了。中国文盲占全国人口百分之八十，却是没人管，帝王时代，巴不得农民不识字，所以人人都举行着秦始皇的一贯政策，黔首以愚为得体；民国以来，在内战的炮火与官绅军阀的敲剥下，自然也谈不到这些。然而民众究竟不能不要求精神粮食，因为到底他们也是有头脑的，于是小说、弹词、鼓书、影词、小调、民歌等等数不清的东西，以陋劣的木刻、蹩脚的石印、讹错的铅印流行起来，有的内容是属于民众自己，有的则是含有毒素的公子落难、花园订终身的团圆故事，或是报应循环的劝善金科，使人民一步不敢多走。全国专以出版此种读物为业的书店，其历史之长与数量之多、分布之广恐怕是任何出版商所不及的，可惜还没人作一个纵的与横的研究，不免把这些人民精神粮食的供应者淹没了！至于作者，更是不易考查，或则根本无名，起于民间传说编制，或则士大夫阶级化名为之，唯恐怕被人耻笑，有失身份，他们作了这些东西，十之八九是为发泄牢骚，而不是真的想为人民阅览。《水浒传》的作者，至今还有笔墨官司，《三国演义》、《童痴二弄》、“三言二拍”的作者，也是几经考订，才能确定。这倒有趣，通俗读物虽然在当时被看不起，几百年后却成了高级学者们研究的对象，明刻本的坊肆小说，也用金镶玉的装束，陈列在雅士的书斋里，甚至禁闭在国立图书馆的善本室了。

小说有多少种？孙楷第先生已有《中国小说书目提要》，及大连、日本所见《中国小说提要》。俗曲有多少种？刘半农、李家瑞二先生也有《北平俗曲总目》了。看了那洋洋厚册，不禁感觉先民创作力的伟大。目下小说、诗歌等作品，自五四运动以来，真可汗牛充栋，但有几本是能够普及民间的？一般说来，新文艺只是供新雅士的欣赏批评，虽然他们描写的对象也标榜农民大众，而与农民们正是风马牛，在上海玻璃橱窗中陈列的“佳作”，绝对不会和《孟姜女》、《四季相思》、《阎瑞生》、《叹五更》那么流行到泥土气息的农村中去。近来出版的《李家庄的变迁》及《李有才板话》等不知在另一区域其流行情形如何，若也只限于知识分子中间的传诵，那还是不中用的。北平的老二西堂、文成堂，上海的锦章、广益等书局，才是散布这种真正通俗读物的老资格，老二西堂在事变前还可以买到大批木刻的《刘二姐逛庙》、《小大姐偷杏》之类的唱本，而在华北农村所流行的石印影词（指滦州影戏）大鼓词，差不多全是锦章出品，我们对于他们营业之深入，不无惊异，但他们却永远不登广告吹牛皮的。

民国十三四年间，晏阳初博士开始在定县办理平民教育促进会，提出平民教育的口号，石破天惊，中国知识分子为之一动。他虽是留美留欧的两重镀金大师，但却能一肩行李，直入农村，和穿着老布棉袄裤的乡下老儿周旋，实践了到民间去的口号。随着平教会的成立，有《平民千字课》的出版，这里所选定的一千字，是根据许多通俗读物统计而得的，算是以科学方法、学者身分编纂通俗读物的第一声；然而这是平民识字的课本，还谈不上读物呀。

平教会的后期，标榜生产、文艺、公民、卫生四大教育，以救治穷、愚、私、弱四大病症，在文艺教育的项目下，也曾出版过不少的剧本、故事、鼓词、唱本之类，主持者是熊佛西、孙伏园，及王向辰（即老向）诸公，并有刊物《民间》周刊出版，经常有些人作着平民读物的研究工作，例如由该会石印出版的定县大鼓书，即其中之一，那完全是由说书人的口语直接记录下来的，说书人或者竟连一个字都不认识。

可惜是定县的民众读物流通的并不广，很有些人批评后期民教事业之趋于官僚化，事实如何，姑不深论，总之，其工作未能如理想的展开则是真的。到民国二十五年才有异军突起的通俗读物编刊社，专以出刊通俗读物为职志。该会的主持人是史学专家顾颉刚先生，他为什么要作这件事？原来是受了华北时局沉闷的刺激，因为那时日本正展开“华北特殊化”的攻势，冀东成立伪组织，“首府”即在通县，与北平相隔不过四十华里。北平郊外，早也演习，晚也演习。北平城里，日本浪人、“高丽棒子”，一天多似一天，土药店（后改国药店）满街都是，白面儿房子比邻而居，一个有血气的知识分子，怎么能够忍受？而且城外的清华、燕京，因为环境比较自由，敌忾心的表现更厉害，顾氏毅然决然以教授身分发起组织，要把专门学术的工作，弄到平民化，在中国像这样坐言起行的人还不多。听说很有些高踞“学坛”坐拥皋比的人物，对顾氏加以鄙视，认为这是学术圈子以外的事，但顾氏不以为意，一直干了下去。

这机构的成立还不能不感谢宋哲元，当时华北政委会的主持者。编刊社的第一本大鼓词《廿九军大战喜峰口》，不但得到北方民众的欢迎，而且也颇蒙宋将军赞许，他居然肯每月出一部分钱作为社费，于是在北平的府右街观音堂就正式觅定社址，并开始征求各种稿件。

读物社的征稿，完全采取“旧瓶装新酒”办法，以民间最流行的文学形式，作为写作的体裁。例如：长篇章回小说、大鼓词、弹词、小曲、京剧脚本、滩簧等，当时最引人注目的就是征求长篇章回小说，方式是先后约定，投稿的虽则不少，合用的似乎不多，后来还是约定谷斯范（？）写《新水浒传》吧？我已记不甚清。弹词、鼓书、唱本脚本等，成绩很好，顾先生自己也写了一篇《武训》和《大刀王五》的鼓词，登在《民众周刊》。

《民众周刊》是该社所办的定期刊物之一，起初自己发行，后改归开明书店，内容新旧兼收，是一种真能深入民间的杂志，当时发行数量几达十万，在杂志界堪称首屈一指，其中心思想置重于抗日，附带也补充民众常识，对于破除迷信之类，尤再三致意。史学名家徐炳昶也加入工作，《民众周刊》好像就是他主编的。另外还有一种比较程度深些的半月刊，名曰《大众知识》，编者是今日在中大任教的吴世昌，青年朋友们看的很多，该刊在那时，也是属于“前进的”。其最特别的一栏，就是历史名人故事，大半由郑侃嬨女士执笔，取古人之可资楷模者，以平实的白话写成传记，并附插图，这是别种刊物里所不见的。郑氏还写了许多单行本的传记小册子，如《曹沫劫齐》、《田单救齐》、《弦高犒师》、《费宫人刺虎》等，与前面所说的曲本鼓词等装订式样差不多，销行亦广，可悲的是郑女士竟于抗日战争爆发后，病死香港，这种损失，向谁去索偿呢？

除定期刊外，《申报》还特辟一版，名曰《通俗讲座》，每周发刊一回，专刊中西历史故事，写作者以在校学生为多。通俗社的出版物最大特色，如前所云即完全用民众所习知的体制形式，连印刷装帧全是袭取流行于民间诸作品的，定价尤其便宜，一本鼓词或脚本，价不过二分（批发尤廉），亦即是北方的四大枚、南方的六只铜板，凡是在街头卖曲本、小书的摊贩，无不有之，唯其与旧东西分不清，而能深深打入其阵营，所以才发生极大的作用。通俗社并曾训练北平的说书人，义务教给他们唱《廿九军大战喜峰口》等脚本，果然在教书界也就流行一时。那时物力丰裕，民生平易，歌台舞榭中，平民身份的观众很多；就是印刷出版，也是几百元就可以办一大堆事，岂似现在之又愁报纸又愁经费，所以及今思之，亦大有三代以上之感矣！

为了批发上述的通俗读物，曾对北平的小书报摊子作详细调查，那也是一桩繁难的工作，惜乎该项报告，未能公开印行，不然，倒也是中国出版业一项很有趣的资料。顾氏的计划，除书刊外，还要逐渐推行至画幅，民国廿五年，曾印行抗日年画多幅，也可以在大街上的临时画棚中发现，小朋友们买的很多。此外就是另外一种最流行的通俗画册——连环画，北方曰小人儿书，南方曰小书。其对于儿童及一般略识文字者的影响，实在比报纸刊物大到不知若干倍，若好好加以利用，效果定有可观，不料卢沟桥的炮火一响，这些事完全化为泡影。日本人是恨通俗社若蛇蝎的，平时，社中连牌子都不敢挂，唯恐浪人们捣乱，这时自然只有流亡。

流亡中的通俗社，始而是甘肃兰州，继而是四川北碚。他们没有充足的经费，内地更没有那么方便的印刷，只好与其他学术机关如中央编译馆等尽量合作，但作品仍是日出不穷，连环图画也产生了，不能印，就采壁报方式公开展览，在大后方苦撑了许久，终于不得已而出于解散。

这之后，正式以编刊通俗读物的机构就没有了。中央编译馆虽有这一项计画，而且也征求过通俗读物稿件，但向来国家机关办事是蜗牛化的，也难怪，没钱，没人，如何能成？我每看到那畸畸零零几小本的唱本故事谜语就不禁叹一口长气，这就是我们政府颁给人民的精神食粮吗？联合国文教会议虽在中国开过了会，也到各地参观过，然而关于真可以给老百姓谋一点福利的教育事业好像还没什么下文，像通俗读物社这样的机构，夭折而不能复起，我觉得是可惜的！

顾先生现在主持着大中国图书局，该局虽然以出版地图为主，但也附带着办一办通俗刊物，即如《民众周刊》，就是完全承袭战前《民众周报》作风的，上面明明标着："给市民、农民、工商等人看的"，可是竟不能像《民周》那么畅销，其原因无非为了成本高、售价贵，而一般人救死求生之不遑，也就没什么心情用到求知上去，还是注意一下行情市面要紧。可是一个国家的"百年大计"，果然应该这么下去吗？我真有点不懂。除《民众周刊》外，还有一套《中国历代名人故事小丛书》也在刊行，这丛书全套共约一百八十种，由两周至清末，把历史上政治、军事、社会、学术各方面的名人多写成通俗故事，每种以一万字为单位，也可以说是一个野心的尝试。顾氏主张历史的应该分别对象写作，他所设计的通史有六种：（1）专供大学生或专家参考的；（2）中学生读的；（3）小学生课本；（4）章回体演义；（5）历代名人故事；（6）连环画。现在（4）（5）两种可以说都在进行中，（2）（3）也有专家在动手，（6）或者就要着手。把学术从象牙之塔中提出，而使之彻底大众化、平民化，好像不该再是学者们观望冷淡的事，许多文化先进国家都有专门编印通俗书刊的书店与学人，希望我国的教授专家，不止为自己的肚皮叫喊，也为人民的精神饥馑努力一二。

（载《大公报（上海版）》1948 年 1 月 8 日）

怎样编辑民众报

陈日贵

一、民众报的优点

报章是传播文化的先锋，启发民智的重要工具。现在出版的各种报章虽然名目繁多，但是适合民众阅读兴趣和程度的，却绝无仅有，所以笔者强调编辑发行民众报是防止"新文盲"再生的最好方法。因为一种好的民众报对于稍受过教育的民众吸引力之强、感化力之大是超越一切继续教育设施之上的。

（一）从民众报本身讲。民众报给予民众的作用与影响是广泛而普遍的，它的用字、它的内容自然顾到民众的阅读能力与兴趣，因为它能用通俗的文字表达各种事实，打破空间的隔阂，如传播消息、世界的变化、人群的活动、科学的发明以及一切文化的报导，都能作简单扼要的叙述；文字简洁、篇幅经济、分栏详明、标题醒目，一经浏览后，即能了然于胸，使民众在某种知识上获得满足与启示。

（二）从民众报对于民众的影响言。一个人最感痛苦的，是生活枯燥、兴趣索然，得不到适当的精神粮食，以求自我的安慰。大多数民众在劳苦工作之余，精神粮食的吸收实有和物质的粮食享受同样的重要。如果有民众报供应他们阅读，不但可以调剂劳苦的生活，且能养成其良好的习惯，激发其思想与观念。

二、编辑民众报的原则

我们即知民众报的重要与教育效力，现在进一步且探讨民众报编辑的几个原则：

（一）修辞要得当。我国文字构造纷繁复杂，若仅凭着个人主观的成见而忽视客观的民众知识水准，洋洋大块文章对于一般民众无异于缘木求鱼，所以民众报的措辞，必须要慎重选择，我们一方面可采用民众课本里的基本字；另一方面可搜集日常应用的普通字。搜集的方法，可从民间的各种文件去挑选，如日用账簿、账单、广告、信札等。

（二）思想要纯正。民众的知识水准低落，思想能力自然薄弱。各种新闻的记载，往往易受主观思想的影响而具偏见。在动乱时代中的民众，因生活困迫、心志不坚，往往容易受错误思想的感染而走入歧途。所以一种好的报纸能启发民智，矫正思想错误，促使社会安定，解决群众生活，建树乡村文化，影响之大，确非慎重将事不可。

（三）记载要真实。所谓真实，即要有客观的根据，不根据客观的事实，便是造谣；造谣便是为社会造乱、为国家造祸的渊源，那自然谈不到启发民众、建树文化、推动社会了。

（四）内容要适合民众的心理与要求。内容要简明，使民众读了毫不发生疑义，这是编辑民众报的主要原则。如果文字深奥、内容繁复，反而会使民众减少求知的兴趣。所以要运用隽永生动的文字来叙述或描写，能将内容枯燥的作品变成趣味横生、大众喜读的好文章。譬如授以地理知识，用游记体裁要比平铺直叙来得生动。内容亦须力求与民众实际生活相接近，毫不相关的文章，民众是不要读的。

（五）其他。标题要醒目，排列要整齐，取材要适合时代，使民众看了有非一口气读完不可的感觉，而且用字要经济，务使民众能以短少的时间与精力获得报上最有价值的知识。

三、民众报的分栏

（一）社论。是代表人民说话的园地，也是争取读者的信任和拥护的所在。社论的题材应与民众的切身问题有关。议论的态度务须公正客观，才能博得全体民众的信任。

（二）新闻。所谓新闻，第一要新，最好能自备收音机，随时收得各新闻社的报导。第二，每条新闻忌深奥迤沓，而以浅近简括有条例为贵，因为民众的知识程度很低，认识的字自然也不多，深奥迤沓是民众所看不懂的，同时也是他们所讨厌的。如果能与当地人民的切身利害联系起来，作主动的叙述，那是最好没有了。

（三）副刊。副刊可分文艺、常识、插图三方面：

1. 文艺。包括名人列传、民间歌谣、生动故事等。

2. 常识。包括经济、政治、科学、家庭及个人生活等各方面。教育的目的，无非要把一般人民都造成有现代知识技能的国民。民众报的目的，当然也不能例外。在现代的社会中有头脑顽固的民众，是无可非议的。在他们的脑筋中，还存着真命天子出来治天下的观念，碰着水灾旱灾，只会迎神求佛；遇到疫疾，只知测字问卜。所以对于民众常识的传播是不可忽视的。因为常识使他们获得目前实际需要的一切知识技能，所以一切常识的授予，都应该着重近代性。不过有一点须要注意的：人民因受教育很少，他们的头脑大都比较简单，对于科学常识或带理论性的常识，他们就会感到乏味而不容易了解的，如果把这些知识寄托在具体的事实中，不但容易了解，而且亲切有味。

3. 插图。图画是一种事物形象的写实，最具体，亦最能感动人，更能给予人以最深刻的印象。所以在副刊中尽可插入一二幅图画，最好是采用连环图画。

（四）读者园地。这是和读者联络感情、解答问题的场所，读者若有问题，编者可在本栏内作简明的答复。

（五）专载。如各种训词、政府法令的转载或浅释等。

民众报的编辑刊行是与民众教育事业的兴衰、国家文化的升降有着密切关系的。惟当此社会经济极度困窘的今天，个人生活尚不能求得饱暖，这项繁重工作，颇难付诸实现。最好由民教馆或教育会发起组织民众报馆，刊行民众报，俾作根绝文盲的先导，激发民族意识，培养民众力量，增进民众知能，改善乡村生活，以促进地方之政治、经济、文化，以完成社会建设之基础。

（载《奉化教育年刊》1948 年民国三十七年度）

我们需要乡土教材

真

教育制度和政策走向公式化、抄袭的歧路，使教育运动与民众生活脱节，可悲者一也。教学方法钻进注入式的牛角尖，无创造，无活力，此可悲者二也。欲谋改善之策，不宜骛远好高，应当从根基做起。前者牵动太大，不敢奢谈，后者则不妨从乡土教材的运用入手。

一个乡间的孩子，他所生长的环境，对他是千百个谜，一个在学校读书的学生，只看到书本上死呆的概念，忘记了生活现实，其结果要非如久居暗室，一旦到光明境地，不知何去何从，便横遭现实的阻击，痛感教育的空洞，原因就是书本和教师，连他们最接近的现实相也不加牵及，能怪被教育者无知乎？

准此，教师搜集乡土教材，教育领导者，如何编制乡土教材，亦不失为使地方教育内容“活”起来的方法之一，确是值得我们对之用力的呢。

（载《邕宁教育》1948 年第 3 期）

论连环图画书

刘　晨

在上海的街头和巷尾，常看见临时出租连环图画书的摊子，也常常看见老老幼幼的男女坐在那里翻看。

仿佛是二十年前的事了，好像是茅盾先生曾评论过连环图画故事书，以后评论它的也大有人在，就是现今也依然有人对它抨击或为它辩护。抨击它的人认为它是粗制滥造、含有毒素的读物，而为它辩护的人却以为它是大众爱读的书，其内容并不比害人的广告文字为坏。

无论对它好评也好，坏评也好，而它在事实上已滋生蔓延，根深蒂固，成为大众喜欢看的东西，传遍了每一个角落。它的潜在力影响很大，颇值得重加考虑和认识。

以我个人的见地而论，对它已发生了下列的观感：

（一）它是一种易被大众接受的出版形式，在销路上超过了没有图画的故事书和仅有少数绣像插图的旧小说。它的读者群极为广大，超过了一般的书籍、杂志，简直可以和报纸争衡。

（二）它是二种流通最广的文化传播器，每一本连环图画书都经过了许多读者的眼睛，而且在读者意识中留下深刻的印象，发生了极大的宣传作用和暗示作用。

（三）它是一种旧小说、旧传统的辅助剂，由于它的滋长，使若干的武侠小说、社会小说、才子佳人小说都流传到大众中间，而旧有的思想和意识也借它得了传播的机会。

（四）它是一种画匠的传统艺术，因而在图画上继承了年画和绣像画，在风格上表现了粗劣和庸俗。

（五）它是一种市侩的制造品，因为有不少人借它来赚钱，而在纸张上和印刷上都表现了最劣的情形，而在文字编排上也往往东拉西凑，卖弄玄虚。

以上各点已指出了它的特质，在它的内容上尽管抨击，但在形式上却有可取，为了传播文化，我希望出版界好好的利用它的形式，而改变它的内容。

我以为今后的连环图画书可以依然流传下去，不过在内容上应加改正和注意的共有七点：

（一）希望大的出版家能注意利用这种形式，在选稿、印刷、纸张上都加以考究，使它脱离庸俗。

（二）希望画家能注意连环图画的构图，使它在画面上作到优美的地步，到达雅俗共赏的境地。

（三）希望小说家能注意到其中的文字，使它不要太生涩，也不要太高深，文字的优美和思想的优美都很重要，当心旧小说中的毒素，并要避免那些不合理的说教。

（四）希望著名的古本图书能借重它流传，并希望画家承继古书中优美的图画，重加增订，假使那些一章一回仅有一图的小说，能增加到一章一回有十图和二十图，岂不更好？

（五）希望民间的艺术、西洋的艺术、新兴的漫画和木刻，都能借此有一番整理、编辑、修正、利用的机会。假使能有人来编民俗小说和抗日小说，他便可借用年画和木刻等成果而减少一部份的构图，并可借此请画家和木刻家多作一些作品。

（六）希望新文学、新艺术借它传达到民间去，记得丰子恺先生曾画过一套《阿 Q 正传》（编者按：丁聪和赵宏平也曾画过），如果其他的新小说，能加上一套连环图画，我相信必能吸引更多的读者。

（七）希望通俗科学能利用连环图画来说明，使科学的解释更加明显，也更易为人所接受，达到深入民间、流传大众的目的，在普及科学上一定更有效果些。

要知道一般人看连环图画的书，并不是一字不识，必要看图识字，而是识字不多，专看文字引不起兴趣，需要图画来帮助说明，由图画去了解书中的内容。由于大众的爱好图画、欣赏图画，因而使这一类的书累出不穷、百看不厌。

我希望作者、画家、出版家能联合起来，编印一些有益于大众的连环图画书，使它文字浅近而优美，图画洁净而生动，印刷坚韧而精良，结果必能广布各地，成为文化传播的良好形式。

（载《大公报（上海版）》1948 年 5 月 27 日）

关于连环图画

茂　公

见报上有“一市民大声疾呼，挽救国家未来的主人翁”，原来是说“有毒素的连环图画应取缔”。吾老矣，已非国家未来的主人翁，虽看有毒素的连环图画，也应不在挽救之列，但儿辈连最大的亦年未弱冠，当为未来主人公无疑，而他们就不十分不爱看连环图画。我平常不曾注意及此，故未知有毒与否，今闻有人疾呼，乃把他们所看的检查一下，其“图画恶劣”、“文字粗俗”、“内容荒唐无稽”，诚如大声疾呼者所说，但是否有“毒素”，值得“挽救”，则我一时还不能加可否，须待看遍了所有连环图画再说。

以上云云，也许你误以为我有为连环图画辩护之意，其实不然。我只觉得一般连环图画的“图画恶劣”，不过不及名画家的优美罢了，“文字粗俗”，不过不及古文名家的典雅罢了，“内容荒唐无稽”，不过神怪武侠罢了，孩子们如以之为学□作文的模板、经世济民的宝典，当然殊不适宜，若不过随便看看，则似乎未必有毒素在，会得看出毛病来。有些小学课本上的图画文字，就未必不恶劣粗俗。至于内容之荒唐无稽，教课书固不应有，因其原要使读者修身齐家治国平天下的，但在闲书之中，神怪武侠不足为病，如说小孩看了就此神魂颠倒，甚至入山求道，那么即使不是病牙之人吃了牛肉要牙痛之类，事情亦非取缔连环图画所能了，盖小孩们日常接触的图画文字之不亚于连环图画者多矣。

随便试举一例，报纸上无不有电影戏剧广告，其文字之粗俗，有些比连环图画要“有毒素”的多，连环图画文字之粗俗，是不通或不修饰，而有些电影戏剧广告文字之粗俗，却是香艳肉感的粗俗。大家天天看报，不必在此引证。

（载《申报·自由谈》1948 年 2 月 3 日）

关于《关于连环图画》

常佥凤

日前，贵页有“挽救国家未来主人翁”一函，提及有毒素的连环图画应取缔一节，本人甚表赞同；讵今日（三日），本人在报上发现所谓《关于连环图画》一文（署名茂公），大意称：“连环图画文字之粗俗，是不通或不修饰，而有些电影戏剧广告文字之粗俗，却是香艳肉感的粗俗”，“连环图画的内容荒唐无稽，不过神怪武侠罢了，孩子们若以之以为经世宝典，当然殊不相宜，若不过随便看看，则似乎未必有毒素在”，“有些小学课本上的图画文字，就未必不粗劣粗俗”等等，等等，作者且声称“以上云云，也许你误以为有为连环图画辩护之意，其实不然”云。

“以上云云”，我们也并未替那个要挽救儿童的读者“辩护”，我们且讨论一下。这位茂公先生的那些“却是”、“不过”、“当然”、“似乎”、“未必有”等法宝，暂置勿论，我们只分析该文的原意。它的原意在于毒素，即连环图画是否有“毒素”，值得“挽救”问题。看他那篇大作，在“似乎”、“当然”、“未必有”的状态下，好像不值得“挽救”。我们虽明白了该文的原意，我们却不懂该文的用意。我们不明的为什么提到取缔有毒素的连环图画，惹起茂公先生很多的“不过”，“却是”。在这里，我想告诉茂公先生的是：不管“连环图画”有多少种值得“辩护”之处，但在那种“似乎”的语气下，却是必须取缔的。儿童是无知的，我们不能损害他们。我们绝不能因电影戏剧的广告文字“粗俗”，也遗留“粗俗”的东西。这道理很明显：为恶劣事物作“辩护”，不应拿“世上还有比它更恶劣的事物作饰辞”，出版界今日已走到山穷水尽的地步了，我们不思为出版界效力，反“鼓励”那种恶劣读物的存在，我再说一遍，我实在不懂该文的用意。

最后，我“似乎”应请茂公先生注意到连环图画“未必”每部都是没有毒素的现象。

（载《申报·自由谈》1948 年 2 月 4 日）

走一步退两步的连环图画

何公超

去年五月跟九月里，我先后发表了两篇文章，一篇是《连环图画在蜕变中》（第三十二期的本报《出版界》），一篇是《新连环图画的研究与介绍》（复刊第一卷第八期《中华教育界》），把胜利以来的连环图画的出版情形，叙述了一个大概。那时使我非常乐观，曾经在第一篇文章中，说过“连环图画正在向好的方面跨步”的话。

从那时到现在，又快要一年了。这近乎一年间的情形是怎样了呢？根据我最近的调查，那末，不能不说一句使关心这件事的人们扫兴的话：它曾经向前走了一步，但是马上就退后了两步。

它现在又钻到荒唐的武侠跟无聊的滑稽的牛角尖里去了！

刚胜利的时候，大家竞出有关抗战的东西，我在一百一十种连环图画中，便看到了以抗战为题材者三十七种（虽然大部份是空中楼阁）。到去年夏天，对于“胜利”的热情消退了，有关抗战的东西便很少出版了。此外，也是在去年夏天之前，曾有一二志在革新者，出版了好几部以新文艺小说、剧本、电影来改编的东西，如《阿Q正传》、《表》、《雷雨》、《万世师表》、《塞上风云》等，但此后就不复有后继者，连已经出版的，初版卖光之后，也不再版了。从去年下半年起，武侠与滑稽，便占了出版品之大部份，尤其是前者。于是《泰山得宝》、《泰山大捷》之类，这是洋武侠。本国的呢？旧武侠小说还嫌少么？材料俯拾即是。一律古装，从形式到内容，都复古了。

一个从事于此业的老板感慨地说：“有意义的东西不好销，瞎三话四的好销。”这样，读者是嗜痂成癖，出版者也就投其所好，不愿改弦更张，冒着“不好销”的危险了。

…………

但是，在通货膨胀、物价高涨的今天，连环图画出版业，也跟别种行业一样，面临着一个危机。我们知道：一种新连环画出来，大部份是要靠本市小书摊来批售的。抗战刚胜利的时候，二十万元法币，可以摆一个小书摊。现在呢，非二千万元摆不成了。（每一个摊子至少须买三百部连环图画预备小孩租看，每部批价七万元，三百部不是二千多万元吗?）那时的二十万元还容易筹，现在的二千万元可真不容易啊。因此，小书摊只有少下去，不会多起来。同时，小书摊不大向出版者批新出的书了，因为一本新书，假定批价七万元，那末必需有七十个小学生来租阅（目前租一本书一千元），才把本钱捞回来，这就不大容易。来批的既然少，造货当然要减少了，因此，目前上海虽有四十家出版连环图画的书局，合起来平均每天只出一本新书而已。一本新书初版普通印一千到二千五百本，大概要四五个月才销完，成本天天涨，销路越来越狭，这就是危机所在。

当站住还很吃力的时候，谈得到向前跨步么?

目前的连环图画，就以上述的内容跟形式天天教育着千万儿童。

（载《大公报（上海版）》1948 年 4 月 1 日）

净化小人书运动

昌　志

在国内，时常听说小学生看连环图画入了迷，逃出家门，想到峨嵋山学道。此事在美国也有，所不同者，美国的孩子不消极地去深山学道，而是积极地真刀真枪，照连环图画中所述，如法炮制，结果形成少年犯。这虽然是中美民族性不同，而其表现亦异，但是其为问题也则一。

连环图画在美国是一个大企业。绝大多数的报纸每天都有连环图画，有的报每天二十几页中，有一页是连环图画，到了星期日，则可能有三大张（十几页）以上的彩色连环图画。报纸一拿回家，大大小小都要抢着看连环图画。而且星期日广播的儿童节目中，也有《唐叔叔开讲连环图画》这一类的节目。

此外还有专书出版，大概是每周一期，纸装本，彩色印刷，每册约有二十多页，售美金一角。专门从事这种小人画出版书业者，有三十四家之多，每月出二百七十种，共销约六千万册。平均每一个学龄儿童每月要看四五册之多。

这些小人书的范围很广：有的是描写盗匪和警探争雄；有的描写夫妇家庭生活；有的以儿童为主角；有的以少年男女为中心；有的是想入非非的“科学”连环图画；有的是禽兽而人化；有的是西方牧童；有的是怪力乱神。此外还有一种所谓“历史连环图画”，以历史为其题材；一种叫作“文艺连环图画”，则以有名的文艺著作改编。其结果总不免有些轻重倒置，或者与历史或原文不符的场面。

因为孩子们看小人书多，自不免受影响。学校里考历史或考文学，学生们不读课本，而看历史或文艺连环图画来准备答案。正经文字没有学好，学得了小人书中粗俗而不通的字句。有的则干脆学小人书中的办法而一试杀人放火之技。

最近支加哥有一个十三岁的男孩子，因为杀死了他的一个七岁的小朋友，被判处徒刑二十二年，就是看多了小人书，装了一脑筋如何杀人、如何“上刑”、如何“逼供”的故事，因而对他的小朋友照样炮制起来。所以法官在判决的时候，不但斥责这个孩子的母亲之“养而不教”之过，而且也指责小人书，说恶劣的连环图画为使这个孩子犯罪的真凶。

此外，少年男女从连环图画中得到启示而犯罪者，指不胜数。所以教育学家、社会学家、心理学家，以及负治安之责者，都纷纷指责小人书之流毒，而一致主张取缔。

在舆论压迫之下，小人书的出版商们有一部分就□行检讨，拟定了一个《公约》，实行净化小人书。现在参加这个净化小人书公约者，有十四家出版商，他们每月约发行二千万册小人书。所以，可以说有三分之一的小人书出版商，已经自动地在改善工作，其他的三分之二也有参加的可能。

这个公约有六点：（一）对于罪恶之描写不得使读者同情犯罪者，不得描写少年犯罪之详情，不得嘲笑警察、法庭，及政府机关；（二）不得描写残酷之罪行；（三）不得发行淫荡之图画，不作有伤风化之描写；（四）不得使用粗鲁或不洁之文字，俗语亦应尽量少用；（五）不得颂扬离婚；（六）不得攻击或侮辱任何种族或宗教。

连环图画的发行人还组织了一个同业公会，一方面保证同业的利益，一方面也负责其本业的净化运动。他们希望此后的小人书可以达到其消闲的目的，而不引起造成少年犯之副作用。（七月三十日寄）

（载《大公晚报》1948年9月21日）

“小野心家”入狱

克　明

偶然翻开报章来看，《小野心家锒铛入狱》的标题，首先跃入我的眼帘。内容是：十六岁少年金宝山，曾在格致中学读书，忽于去年自称行动总队大队长，私刻关防，私发派令等等。

金宝山虽然只是一个十六岁的少年，但他的行为触犯法纪，当然应该受法律制裁。锒铛入狱，正好给他自省，使他觉悟。但是，他所以犯罪的原因，有分析与研究的必要。他自己说：“因为素有领袖欲，再加平日受电影和连环图画的影响”，所以就做出了这些事情。从这寥寥数语中，我们可以充分地看出社会教育的病态。为后一代的国民着想，这是不容忽视的。

目前儿童们最欢迎的，除了游戏之外，就要算连环图画了。十多岁的儿童，理解力薄弱，幻想力正当旺盛的时期，传奇式的故事、希奇古怪的东西，最合他们的要求。而连环图画中正多着腾云驾雾、法术无边的神仙，飞檐走壁、来去无踪的英雄，身长丈二、眼若铜铃的妖魔，撒豆成兵、呼风唤雨的鬼怪！因此，孩子们把它们当作了课余消遣的唯一宝具。尽管学校里严厉禁止，他们偷偷摸摸地只有更加爱看。连环图画小书目前销售之广、种类之多，绝非任何别的书籍所可比拟。它们的足迹遍布于每个角落，无论怎样冷僻的街巷，只要有旧书摊的场合，马上可以看到红红绿绿的连环图画，陈列得满目琳琅、美不胜收，吸引着大群的少年顾客。孩子们看到了便乐得废寝忘餐、手不释卷，而不识字的父母竟还有夸奖子女用功的呢！

结果，儿童们脆弱的心灵里，渗入了毒素，逐渐被麻醉了，久而久之，便演出了到四川峨嵋山去访师和金宝山一类的“新闻”。在校里，常可看到小学生们手舞足蹈地大谈神怪故事，有时高兴起来便装模作样的喊着“哇啦啦啦”！或者组织军队，自称大将军。究其原因，都不外乎想模仿连环图画中的怪杰而已！

连环图画的影响如此，我们不能再眼睁睁的袖手旁观了罢？

（载《申报》1948 年 1 月 16 日）

挽救国家未来的主人翁

——一市民大声疾呼有毒素的连环图画书应取缔

彭　业

编辑先生：

如今，在上海，无论那一个弄堂门口，差不多都有一个连环图画的书摊。他们的生意非常好。即以我家而论，我的弟弟和妹妹每次向妈要了钱，总是向书摊租那些连环图画书看，甚至我家的店员，也租这种书看。问他们：为何对这种书有兴趣。他们说：“因为这种书有意思。”可是，我把这种书抢过来一瞧，我的天呀！它非仅图画恶劣，而且上边的文字也很粗俗，自然，其内容之荒唐无稽，更不用提了；假使常看的话，一定会把人的头脑弄得乱七八糟。这种书，实在是害人！我觉得有关当局若能做到下列的几项工作，定可改革这种恶劣的风气：（一）市教育局应从速编印大众教育的刊物，该项刊物不妨仍采用连环图画的方法，不过内容要力求善美。（二）市教局和市社局应当把所有的书摊上的连环图画，分期审查一下，若是其中尚有可看的，暂时不加禁止；如果内容太糟，对人太有害，应把它收买下来；收买后，书摊就不准再有此书发现；因为这笔损失，不能由书摊的主人负担，自然由政府拿出这笔钱来。如当局财政支绌，可请社会上的热心人士，捐一点钱，作为收买费用。(三) 每一家的子弟们应由其家长管教：不可拿有用的时间去看这种有害的书。譬如，我的弟妹看这种书，被我严厉的责罚了他们一次，他们就不敢再看了；就连我家的店员，也不看这种书了。

上边所谈的事，关系非小，希望教育局及社会局，切勿等闲视之。前几天，一家晚报上还刊载着两个学生入山学道的事，我不愿大部份国家未来的主人翁及一般智识较浅薄的人因看这种书而走入歧途，所以特地写这封信来，请贵报刊登，以便使有关当局注意。

(载《大公报（上海版)》1948年1月28日)

孩子们要求读物

徐 徽

杂志、新书，尤其是报纸上，更找不到一点关于儿童有利的、能看懂的东西。学生时常这样问：“老师，报上咋不提咱们儿童的事情呢?”在普遍提高儿童教育运动下，尽可能出版些“儿童读物”。最好在报纸上添一栏，如“小朋友”、“小主人”……都好。

有利方面，是启发、补遗、增强教育的好办法。

一、读的方面——能引起儿童对报纸或出版物有“快感”的好习惯，和“爱看”的好观念。也就是知道民主政府在重视着儿童。新民主教育的雨水在滋润着嫩芽似的儿童。

二、写的方面——除了广泛的征求各种短小、易解的作品，如——“童话、故事、谜语及各方面科学知识”之外，也要组成儿童通讯网，征求儿童作品。

这样能养成儿童“爱写”的心理。不至使儿童天才性的嫩芽枯干和萎屈。他们的作品一旦上了报，一定闭不上嘴的乐，不消停的蹦呀，跳的吧？是一个很好的推动和启发。

一九四八·六·一　绥滨一区教联会

（载《文学战线》1948年第1卷第2期）

谈儿童补充读物

贺　宜

先要申明，我在这篇短文中所说的儿童补充读物，是把定期性的儿童刊物撇开的，因为关于后者，另有人论述。这里我谈单行本。

为叙述的方便，我把个人对于现阶段儿童补充读物的意见分三方面来谈。

第一，我要谈丛书。自从胜利到现在，儿童补充读物的出版，比较有规模有系统的，当然要算商务的《新小学文库》和中华的《中华文库·小学集》，其次，轮到大东书局的《新儿童基本文库》。出版家们都想在这兵荒马乱、出版业空前不景气的局面下，做一点儿比较有把握的生意。这些《文库》，就是配合这种主观的企图而出版的。事实上，在对日抗战期中，许多学校的图书设备都毁失殆尽，确然需要有所补充。可是又受到经济条件的限制，学校图书馆购置图书，不能再买像以前《儿童文库》那样卷帙繁多的读物了。商务、中华看准了这一点，所以尽量在成本上打算盘。这两套东西虽然有点新材料，如什么第二次世界大战、原子能、雷达、盘尼西林等，但多半还是旧货。这样可以省下许多排工和稿费（天晓得稿费有多少）。出版家的因陋就简、投机取巧，这种态度是很要不得的。但在这内战炮火连天的局面下，他们不这样做，又有什么别的办法呢？

第二，我要谈个别出版的单行本。本来出版儿童补充读物的机构，除了商务、中华之外，第一就要推儿童书局，可是自胜利以还，儿童书局的出版方针，似乎偏重在印旧版书。新书虽有出版，但以它这一出版机构的规模来说，实在显得太少了，而且其中创作的成份又比翻译或编辑的为少。尤其值得商榷的是该局大做广告的一部《从盘古氏到蒋主席》，把“盘古氏”的“开天辟地”，居然拿来做小孩子的“历史故事”，那未免太开玩笑了！

在新出版业中，对儿童补充读物之出版最为努力者，第一当推华华书店。它在出版儿童文学及戏剧创作上的贡献，对现阶段中国儿童文化的促进，其功实不可泯。除了华华之外，我们还可以提到立达图书服务社、孩子书店等。

第三，我要谈儿童读物的作者。中国的儿童读物作者人数是很少的。在这少数的作者中间，又多半是写儿童的文学的，儿童科学读物数量极少，因为作者本身对科学造诣深的不甚多见，只能翻译或改编一点来适应需要。在这一方面，我们以后该多予注意。同时希望科学家们基于爱护儿童的信念，为儿童写一些实惠的、儿童化的科学读物出来。

中国儿童文学虽还没有引起世界的注意，但不能否认，中国儿童文学作者自有其成就。在空前的内战灾祸下，中国儿童文学作者们为了祖国的下一代，不计自己的生活如何艰苦，不计自己的工作是否被人尊重，始终坚定地追逐着一个光明的理想的目标，为孩子们创造出一些滋养的精神食粮。这一种精神是值得赞扬的。

关于现阶段的儿童补充读物，因为限于篇幅，我只能这样简单而且随便地谈谈。

（载《大公报（上海版）》1948年4月5日）

儿童读物和儿童教育

贺　宜

儿童读物和儿童教育的关系，以前有许多学者曾经加以阐述。他们的立论，大都纯从教育的立场上着眼的。他们把儿童读物看做推行儿童教育的一种辅佐工具。这种见解支配了一部份儿童读物作者的思想，影响了儿童读物的创作路线。

这种观点，使儿童读物很多年来，始终跟着儿童教育家们所圈定的路跑，始终作为儿童教育范畴里面教材问题的一个附带问题而被研究着。

由于目前整个教育被某些野心家们所把持，儿童教育在某种社会里，客观上成了把儿童塑雕为驴子、为应声虫、为奴才、为炮灰的残酷魔术。儿童读物既依附在儿童教育的圈子里面，其被作为安眠剂、哑巴药水、镇静剂而使用，自然不值得骇怪。所以儿童读物被硬按上了一个尺度（即所谓课程标准）；不仅如此，而且还出现了御制的读物（如国定本之类）。这样等于对整个儿童精神食粮实行配给制，所配给的不是美国救济米，便是堆储了多少年来的陈谷霉米。某些接近于所制定尺度的读物，被称为“补充教材”（包括副课本），某些跟他们的标准较远，但亦没有排斥必要的，被称为“课外读物”，据说这是精神的“杂粮”，以辅教科书之不足的，至于和官定的尺度格格不入的，被称为“闲书”，那是常被取缔虐杀的。

其实，从儿童文化的立场上看来，儿童读物不能仅看作是儿童教育里面的一个问题。整个儿童文化的各部门，诸如文学、艺术（电影、戏剧、劳作、音乐）、社会、自然、（科学）、体育（包括舞蹈）等等，是以促进儿童的高度文化生活、发展人类幼苗，使其臻于物质与精神生活的最高境界为目的，而儿童读物则是这种种的艺术化的综合体。它对于儿童，不但可以增进他们的智识、陶冶他们的性格、培养他们健全的人生观、启迪他们的智慧（对于真理的认识），而且还可以蕴育发展他们的人类爱。这种崇高的使命正也是儿童教育所欲完成的使命。在这一点上说，儿童读物是和儿童教育分不开来的。但正因为儿童读物的制作，是一种艺术，而不是单纯的教育，所以在纯教育的立场上来论儿童读物，往往会把儿童读物约束在一个狭仄枯燥的圈子里，以致限制了儿童读物的正常发展，扼杀了儿童读物的活泼健康的生命。

目前，一般的作者只知道把儿童读物以生硬古板的说教、枯燥乏味的知识作为内容，不知道把儿童读物加以更艺术化的精炼，这就是主观上接受了那一部份学者的观点，把儿童读物问题认为单纯是一种教材问题，抹煞了儿童读物在全盘儿童文化上的意义。

所以为儿童读物的前途着想，儿童读物是应当被当作儿童文化的一环而研究的，不该仅当作儿童教育里的一个枝节问题而研究的；只有这样，儿童读物才能从教科书化的小圈子里解放出来，才能够获得更大的收获，发挥更高的效能。

（载《今日的教师》1948 年两周年纪念特刊）

儿童读物的检讨与展望

陈伯吹

检讨过去的儿童读物，最近也要上溯到民国八年。为什么？因为五四运动就在那年发生的。

五四运动是一个政治前进运动，也是一个文艺复兴运动。而酿成及推动这个运动的是青年大学生，所以在教育上也掀起了波澜，要求政治前进，要求文艺复兴，也要求教育革新。

谈到教育革新，不仅是教育制度与行政的革新，也得是教法与教材的革新。在小学，除了二三十年来沿用着的教科书以外，至此一方面要求教科书的进步，一方面出现了教科书以外的“辅助读物”。不久，儿童的“期刊”也诞生了。

本文为述说的便利起见，分列成四个时期检讨，指出某时期当时的某一个重要趋势，并不是真能画清界线，有一贯性的时代那里能割裂的呢？

一、文学风味的时期（约在民国八年至十四年）

民国十一年新学制颁布，语体文教科书印行，这在小学教科书上有了划时代的改革；文体也兼采童话、小说、诗歌等，内容注重欣赏吟味，注重想像，注重阅读趣味，是这时期教科书的特色。

至于辅助读物，恰好在这个时候，欧美的文学名著大批被欢迎输入、翻译出版，盛极一时。而一位著名的文学作家，在他那不朽的杰作之中，有意无意地写着几篇无论在内容上和在形式上都适宜于儿童阅读的作品，例如托尔斯泰的一些短篇故事、王尔德的几篇童话体小说、罗斯金的《金河王》、笛福的《鲁滨逊漂流记》、斯威夫特的《格列佛游记》等等，不论儿童或成人都喜欢阅读，实际上也的确是良好的辅助读物；至于《格林童话》和《安徒生童话》更不必说了。而这些读物，无疑具有浓重的文学风味，大大地增进了小读者的读书欲望，和养成了阅读习惯。

期刊有《儿童世界》（民国十一年一月七日创刊）及《小朋友》（民国十一年四月六日创刊）的发行，它们都是周刊，而且也一样的注重阅读兴趣，刊载童话较多。

二、教育价值的时期（约在民国十五年至二十年）

这时间从注重趣味转变到注重教训，不论教科书、辅助读物、期刊，它们的反映是一致的。

具体而明显的：辅助读物在这时期出版的有《爱的教育》，接着有《孩子的心》，再后有《苦儿努力记》，因了具有教育的价值，销售很不坏，并且隐隐地成为儿童读物出版界的一种趋势。

平心而论，读物注重阅读趣味，是合于教育原理和儿童心理的，只因为太热心于趣味，把趣味纯娱乐化了，甚至于低级化了，这当然是不好而且不妥当的，一时虽然风行，日久必被觉察，等到悟出过去的破绽，这转向也是自然而然的。所可惜的，未能熔铸趣味与教育在一炉，烹煮成一种上等的精神食粮，去哺育儿童，不使他们尝到一种枯燥的焦味。这一点直到现在还没有能够做到。好的“寓言”也太不容易写作，就是伊索、拉芳登、莱森、克里鲁夫等寓言家的名作，也少有积极意义的教育价值。

这时期，正当国民革命北伐前后，“党义”侵入了教科书的领域，而一些革命的人物的故事和传记竟载在期刊上，这是否有真正的教育价值，确也具有疑问。

三、科学常识的时期（约在民国二十一年到二十六年）

这一时期的儿童读物是从“想像的”踏进“现实”的境界。

教科书首先尝试不采用“鸟言兽语”的材料；虽然这问题激起了正、反两方面热烈的讨论，终于未有结果。而且这种问题决不能单凭主观的见解去武断，如果在国内永远没有统计的材料，没有实验的报告，问题也就永远不会得到解决。另外应该指出的，就是在“读”的材料中，插入“做”的材料，逐渐地消灭“读”与“做”的距离，这可以说是遵循陶行知先生的《教学做》的教育学说，谁读过他的诗“人生两个宝，双手与大脑……”的都还能记忆起来。

虽然如此，这是儿童读物的一条康庄大道，并且是一个正确的指标。问题在于文学的写作技巧是否能够消化硬性的科学常识，使灌输知识如传达印象一般地为读者所喜爱而容易接受。换一句话说，与其直接把知识诉诸于儿童理智，不如间接披上艺术的外衣诉诸于儿童的感情、想像、思想各方面，使其在兴趣横生中领受科学知识与技能。

辅助读物方面出版的有陶行知先生主编的《儿童科学丛书》百册，以及《两条腿》、《昆虫故事》、《十二姊妹》、《绿的世界》、《人体旅行记》，以及伊林的几本科学故事等。

期刊方面有异军特起的《常识画报》高、中、低三种的发行，都是半月刊，可说是杂志界别开生面的儿童刊物。三日刊的《儿童晨报》也努力灌输时事知识，也兼及历史、地理方面的材料。

从注重教育又转变到注重科学常识，算不算进步呢？若说是进步，进步又在那里呢？

前一时期的儿童读物，虽然有若干的效果可以收获，但是心理建设究不免偏于唯心的观念论，既肤浅又空泛，姑不论那些作为公民训练的美德，如忍耐、谦让、勤劳、节俭之类，其本质的价值若何，可否作为操行的绝对训练标准，就是小读者是否乐于接受也还颇成疑问。空虚的观念，决不能如真实的常识，能够带入生活中去实验与体味。

得补充说明的，自民国二十年沈阳事变，接着二十一年淞沪抗日血战以后，全国朝野都有一致的呼声："科学救国!""迎头赶上!"文学是时代的反映，而儿童读物的转变到注重科学常识，一半也由时代使然的罢。

四、社会意义的时期（约自民国二十七年起）

卢沟桥的炮声响了，神圣抗战的旗帜飞扬在祖国的大地上。帝国主义的侵略，法西斯的狂暴，使得全世界爱和平爱自由的人民烧起正义的怒火，敲着它们的丧钟。

抗战与抗暴的文学成为这一时代人民的武器艺术，儿童读物也得清算旧账，王子公主的童话固然无聊，马牛羊鸡犬豕的廉价寓言也一样地要不得；就是那科学常识的"儿子问，父亲答"、"学生问，老师答"样地单调叙述，也成为千篇一律的公式化，唤不起科学兴趣来。

今日的世界，已不再容许儿童做梦，狂风暴雨，阵阵地吹打，而且一阵加紧一阵，将来的幸福快乐的光明世界，要在今日面对现实，奋发有为，创造出来；社会不让人们在观念世界里躲避，怎能让儿童在幻想世界中求满足呢？怎能不使今日的儿童认识并了解今日的社会呢？要叫儿童的小眼睛观察着，小头脑思考着这世界上的一切真相！

这时期的教科书有《战时读本》和《抗战建国读本》。在辅助读物方面，虽然抗战日益展开，而反映现实的题材的创作，仍和前三个时期一样凤毛麟角般地少。翻译方面可以举出来的《帖木儿及其伙伴》、《小夏伯阳》、《一文奇怪的钱》等等。至于期刊方面，更加凋零，多数被环境逼迫得停刊了。

时值非常，题材丰富，收获反成凶年，这不能不归咎于政治了。

胜利复员以后，因了写作者和出版者的乐观希望，儿童读物除教科书仍为"国定本"外，其他的辅助读物和期刊，都有欣欣向荣的现象。不料好景不常，犹如昙花一现，两年多来，币值惨跌，相反的纸价剧升，而排工、印工、油墨、颜料、制版、装订等等，都跟着比抗战前涨上几十万倍；最令人叹息的，稿酬多数不及排工的一半，书籍的成本这么贵，一般的购买力又那么低，销售的地区愈来愈狭小，加上邮费既昂，寄递又迟又不便，在这情形之下的儿童读物，那能有广宽的发展和长足的进步呢？所以展望前途，一片漆黑，□又不能不归咎于政治了。

复员两年多来，教科书方面因了“国定本”的内容与供应问题，出版了不少的副课本与练习本，这并不是儿童读物出版的好现象，说得过火些仅是生意眼，利润较有把握而已。辅助读物方面，单行本并不多，炒冷饭的大型文库已出版了三种，这理由也和出版副课本一般无二。期刊方面倒显得蓬勃，但也只怕“夕阳无限好”呢！

本来写作是苦工，儿童读物的写作，更是吃得苦中苦，不为人所知。虽然每当一年一度的儿童节时，大家一齐来凑热闹：“救救孩子！”“要选好书！”但是儿童读物写作者何尝受人重视，谁都以为“猫啊、狗啊、鸡啊、鹅啊”，略识之无的人，个个会写，值此“戡乱”第一，既无津贴，又无配给，比清苦的教师还要清苦万分。所以这些儿童读物写作者仿佛是呆子，为什么不去买卖股票呢？然而他们并不气馁，只要不缺乏呆子的精神，垦殖、拓荒，这块园地终于会有光明灿烂的一天！雪莱说过的：“冬天已经来了，春天还会远吗？”请以此诗句作本文结束。

（载《大公报（上海版）》1948年4月1日）

关于副课本

沈百英

本文想用短短的一千多字，说明这个很重要的问题，事实上非常困难。无法，只能提纲式的说几句简要的话。

战前，教育界对于教科书的研究很热烈，批评的文章到处可见。当时有几个前进的学校，很想废除教科书，采用副课本的办法（这里所说的副课本，是指一般的儿童补充读物）。胜利以后，料想可以作更进一步的研究了，那里知道为了种种原因，非但不能达到战前的情况，反而倒退了几十年；非但不能把教科书废除，反而全部依赖教科书了。

教科书的编辑大意上，往往说明“采用本书，当视环境不同而加以活用”。可是事实上非但没有人活用，连死用也用得不好，这也是抗战中的一大损失。

照教育的理论上讲：一切学习，当以儿童为本位；一切教材，当视环境的需要而临时酌定。我们想达到这个目的，决不是呆板的教科书所能负责的，比较适合的办法，就是多多供给各科各部门的副课本。

复员以来，新的副课本，各书局多少出版一些。归纳下来，后面几个问题，似乎还需加以研究：

（一）降低程度和增进能力。教学上顶大的收获，在使儿童能够自动学习。要使儿童自动学习，非注意自动学习的要素不可。降低程度和改浅文字，就是引导儿童自动学习的基本要素。有人以为现在的课本比从前浅得多了，颇想舍去白话，采用文言，那实在是大错而特错的观念。要知道食物的可贵，在于能够消化而足以营养全身；那些不能消化的东西，不如不吃；有时反比不吃更坏——把消化器弄伤了，使以后对于容易消化的东西，也无力消化，不是比不吃更坏吗？——如果降低了程度，配合儿童的消化能力，可使他们越学越有兴趣；有了兴趣，更加可以促进学习的需要，相因相生，能力就增强了。

（二）书被人用和人被书用。教科书照例应该活用的，大家不会用书，反受它的束缚而被书所用。副课本不比教科书，更可以自由活用的，可是有人竟把它代替教科书，仍旧做一番死读死背的工作，真是糟透了。顶好的副课本，应以问题为本位，或以事物为中心，编成许许多多的书本，等儿童需要某种参考时，才拿来给儿童阅读，才是正当的用书，否则不能称为“用书”，只能称为“佣于书”。

（三）课本为副和副于课本。照儿童读物的演进史上看，旧时反对用副课本，后来承认用副课本，再后来提倡用副课本，更进一步当然要达到以儿童读物为主、以教科书为副的一个时期。现在把儿童读物称为课外读物，称为补充读物，称为副课本，显然的还是以教科书为主的时代。我们为教育本身着想，希望这个时期赶快过去，同时希望副课本代替教科书时期早早来临。

（四）图画为主和文字为主。儿童用书中有插图由来已久了。但所以要加插图，目的至今未变，大家都认为是辅助文字的不足，增进儿童的兴趣。其实这种观念也错的，因为儿童的用书不比成人，尤其是对于低年级的孩童，他们简直把插图看作生命。凡是某书中有插图的，大家都喜欢看；没有插图的，简直翻也不想翻。对书的欢喜不欢喜，在图而不在文字。最近欧美各国所出的儿童读物，插图都是大幅而且丰富，对于儿童心理的认识，可说很深刻了。我们为了提倡儿童多看书，唤起儿童阅读的兴趣，增强儿童的阅读能力，非把以往的观念改革一下不可。改革的中心是什么？就是一切儿童用书，应该以图为主，以文为副。

（载《大公报（上海版）》1948年4月1日）

假期教育谁管？

——中小学生租阅荒诞小说，家长学校当局均不过问

中小学都放寒假了，假期里一部分孩子的教育工作不幸已为出租剑侠小说和“小人书”的书摊所包办。天祥市场和老西开的许多租书铺就成天为大群中小学生所包围，每一家书铺都有两三千本出租小说，全部是《铁公鸡》、《宝剑金钗》、《青衣女》、《大宋八义》，以及《陈曼丽血案》、《九尾龟》、《花月痕》之类的怪诞小说。按性质分包括剑侠小说、侦探小说、色情小说和神怪小说等等。普通一本书的租金是两千元，押金在一万五到三万之间。特别新或特别厚的书押金会到五万，租金要四五千，但是手续简便。在书贵如金的今天，学校、家长和公立图书馆都没有为孩子们解决阅读困难，于是给这些书商造了好机会。记者问过许多租书的学生，其中有不少是高中的。对于为什么要看这些怪诞小说的答案非常简单：“好玩”，要不就是“买不起新小说”。而这些小说本身是否有价值，对于学龄儿童是否有益的问题，孩子们自己是不加过问的。

（载《大公报（天津版）》1948年2月1日）

谈教科书

王　奇

暑假将届，作教员的总算又到了休息时期，但想到暑中学生投考，不禁又是一身冷汗。中国的入学考试，好似完全继承了从前科举的精神，以难、险、怪为其主要方针，怎样可以使普通的学生考不上，便是他们的目的。高中毕业学生，所要准备的，真乃上至宇宙下至苍蝇，无所不备，初中的也要古今中外，博览详窥，入学指导，投考指南，五光十色，汗牛充栋，不由得使我想起幼年曾看到祖父一辈人所用的小本《四书讲章》、《四书典腋》等等，字细如蝇，册大如掌，无非为了入场夹带，剽窃得宜，而今的指南、入门，岂不也是一样？

既是有了这些东西，学校的教科书简直想不出派什么用场！可是，如今的教科书，分明是"国定"的，——也就和从前所谓"钦定"差不多。难道钦定的东西还会错吗？我的回答是"对的，唯其钦定，所以才更错"，不信，你回过头去看看什么《御纂七经》、《御纂周易折中》，不但如今没有人理他，即在当时，恐怕也是学术界不大看得起的罢？

教科书钦定，据我所知，只有从前全体主义的国家干过，例如日本，他们是要把全国人民的脑子都放在一个模型里翻砂的，如果有了两种样子，那就是反动。所以左一篇《敕语》，右一篇演辞，桃太郎是他们的故事，"膺惩暴支"是他们的训条，"天皇神圣"、"帝胄唯一"，每一个小孩都是小军阀，连书包都是仿效了军队的背包，背在背后的，走起路来，挺胸凸肚，更是十足的东洋兵派头。然而我们到底不能不佩服日本，他们的钦定课本，印刷得那样精美，编排得那样合乎儿童心理，即使是毒药，总算蒙了一层漂亮而有滋味的糖衣，比之我们的长期战时体制，又是不可同日而语的了。

科举时代的功令，以四书为初学读本，并以宋人注解为程式，钦颁《性理大全》，自明初沿用达四百年，多少有为青年葬送于高头讲章之下！十八世纪西洋物质文明突飞猛进之际，正是我们咿唔占毕、困死场屋之时，科学落后，思想混沌，这是要负大部责任的。所以清末的废科举、开学校，才算中国近代思想解放的正式开始。初期的学校课本，虽亦曾由学部或各地方的官书局编译（如光绪年间学部编译图书局编的中小学课本，张之洞督两江时，江楚编译图书局的官制课本），但仅是示范性质，并不禁止各书坊自己编制，特别是那些课本后面，全有“欢迎翻印”字样，足见其亦无“专利”、“专卖”之动机。可惜彼时大书店极少，除了商务印书馆曾编一套最新教科书之外，只有少数教会学校自编课本，流行并不甚广。最新教科书国算均六十课，备一学期之用，按时代说，文字相当有趣味，印刷也算不差，所以到宣统年间，已竟达数十版。若按程度说，较之民国以后盛行的共和国教科书则深多了，尤其是中学课本里的历史，乃夏曾佑先生的手笔，眼光锐利，观点前进，如今已升格为大学丛书，可见其身价。最新课本，随清祚以俱斩，民元中华书局成立，商务课本，不能再独占市场，中华的“新编教科书”与商务的“共和国教科书”，虽不能平分春色，至少也可以占全国市场的四分之一罢！共和国课本自民元至民十二改用语体止，风行达十年以上，始终不衰，这也不是一件简单的事，那时商务的教科书，不苟且，知改进，定价低，印刷好，实在很符合一般的希望和要求。如今年在三十岁以上的知识分子，多半是此种课本教导出来的，我们对于孙毓修、张元济诸先生要致其感谢，我以为其功绩不在影印《四部丛刊》和《百衲本廿四史》之下。中华的新编课本后又改为“新式”，较前改进甚多。而最可取的，乃在两种课本均有指示周详的“教案”，对于小学教师的帮助，真是太大了，乡村僻陋地方尤其得力，后此的教科书，好像均没有这样详细编过教案，事实上也不允许他编，课程朝令夕改，一种书用不了一个单元，就不再通行，还谈得到教案吗？

以上算是把改用白话以后的课本略略画一轮廓，改用国语后，教科书完全改了面目。本来，小学方面，商务除“共和国”外，还有实用教科书，复式编制专用教科书等（有一时期，“共和国”三字改为“普通”，但不久又改还），中学种类更多，有“民国新教科书”、“师范新教科书”等。“民国”一种，年代较后，内容较丰，后来屡在财政部作次长的秦汾先生，即该书数学科的编者，而竺可桢、周鲠生诸专家，此后也加入编著教科书。商务的“新法教科书”是第一部用白话编的课本，即后来何键先生痛骂“大狗跳，小狗叫”不宜教诲儿童的那种课本是也。中华也有新教材问世，更加了一个世界书局来竞争，于是教科书成为三分天下，不过商务仍旧保持优势，大有三分天下有其二之势，“新法课本”流行未久，即有学制改革，于是小学、中学的旧课本，一律废而不用，商务另编新学制教科书，中华、世界随之（也许世界是这时才开始加入竞争的，惜不甚记忆），竞争几达白热化，但以人才论，总以商务为首屈一指。唯中华的“新中华课本”，用的也颇不少。至民二十“一·二八”以后，商务毁于日寇炮火，王云五老板实行科学管理，编了一套“复兴课本”，以为纪念，就一直沿用至抗战，至今尚有许多教科书流行着。复兴之前，商务曾编一套“基本教科书”，在内容上有极大的改正，惜未能通行，纸板即毁，此次复兴课本，殊有多半沿袭者。而各书店的课本，自二十二年新课程标准公布后均有新制，商务复兴亦即应此而生，中华之新学制课本亦然，此际又有开明、北新两家生力军，开明书店向以中学生为营业对象，远在十六七年，他的林氏开明英语读本，就打倒了全国风行的周越然编英语模范读本，大约此即开明决心出全部教科书之最大原动力。也就因为这个，开明的读本在市场上颇足为诸大书坊之劲敌。特别是他的国文自修书如《国文百八课》，及《国文读本详注》（王伯祥）等，对于普通中学学生，裨益堪称不小。还有活叶国文教材，也是此一时期特别流行的，北新、开明和北平的文化学社都大量印行。文化学社是北平师大毕业生组织的，也出了不少种中学课本，唯内容精湛的不多，与天津的百城书局，师大附中的理科丛刊社、大学出版社、立达书局（音乐教材特多）等出版物均只流行于华北区，南方几无销路。

教科书中最足表示特色的，是国文、历史等科。“复兴国文”出于傅东华氏之手，其高中二年级文学史系统之两册，由近代及于古代，较中华宋文翰“新中华本”自远古及于近代者殊胜，（一年级讲《诗》、《书》、《易》、《左传》，三年级反讲《水浒》、《红楼》、《人境庐》，岂非本末倒置？）但在伪府时期，华北伪教署编教科书，却不取傅本为蓝本而取宋氏，亦可见其不懂学习心理也。于国文教材中插入作文讲话、文法、修词、辩论术等，亦新标准所规定者，分量实在太重，故世界书局的杜韩二氏高中国文，竟致每册达八百余页，不用说讲，看也看不完！（其中一部为参考资料）历史课本的写作进步甚大，尤以古史及社会经济等方面，多能采纳新说，以合乎科学精神，诸如北京人发现以来的考古报告，古史辨中有结论之事实，乃至近人研究中国社会史之成果，全已提要钩玄的容纳进去，世界余逊本，中华金兆梓本、陈高佣本皆然，商务吕思勉本虽称保守，但也不致过于固执，开明的周予同本更能广纳众流，切中肯綮。此一时期，殆可称为中国教科书的黄金时代。

卢沟桥的炮火使一切归于幻灭，文化的损失尤其重大。大书店内迁，学校流亡，以西南西北物资的缺乏、文化的落后，来应此非常变局，当然感到拮据，所以教科书之改为国定，统一发行，不特是这时思想和意识应该同趣，即经济上也是十分需要。在彼时，这是无可非议的。抗战胜利，该当是中国新生的契机，虽则战火尚未全熄，而战争的本质已与前此大不相同，至少在思想上不该再来“吾党所宗”那一套，至于经济上，物价纵贵，来源不缺，涨价代表的是货币贬值，并非物资真个告绝呀。

然而还有一最重要问题，即国定本本身的缺点是，这在过去言论界的批评文字已是不一而足，除了思想上限制自由而外，不能适合儿童心理或青年学习程度，乃至歪曲史实的地方未免太多，小学的公民课本会一字不易的抄录《中国之命运》——并且是讲民族道德的，满纸宋儒汉儒，试问儿童怎么领会？——中学公民（课）大讲政府组织法及财政经济，都是干燥到万分的。初中国文第一册开篇便是曾文正家书，一派训辞，面孔严肃，我的经验是学生一无了解，而初中历史之荒谬，更是匪夷所思，近人疑古辨古的说法，完全不谈，黄帝制文字，服衣裳，造舟车，垂法宪的弄了一大套，好像有真凭实据的一般，即使我们铺张先德，养成青年民族观念，也不能给他们这许多不正确的印象，致造成终身不腻的偏见。何况全书的文字、系统，都欠分明晓畅，选材繁简失宜，可以说是“有口皆碑”，凡用过此书的，无不有同感，我们实在想不通为什么非强迫大家都用这种本子不可！

据说课程标准又要修订了，而且久已进行，为了适应行宪民主，此为必然之事，但暑假瞬届，开学后即需大量教科用书，为什么还不公布？这是我们迫切要求当局赶快着手的一件事！

（载《大公报（上海版）》1948年6月17日）

教科书的篇幅问题

吕伯攸

没有新式教科书的时代，作为儿童的教科书的，大都是《三字经》、《百家姓》、《千字文》、《神童诗》……乃至四书、五经之类。

这种旧时作为教科书用的儿童读物，除了意识方面以外，最大的缺点是：一、太死板；二、太深奥；三、太简括。

在新式教科书印行之始，对于这些缺点，便有了一个极大的改革：编制活泼了；意义浅显了；文字也做到了明白流畅的地步。因为，那时候似乎并没有篇幅的限制，所以不论说明一件事物，记叙一个故事，都能由编著者随意写去，毫无晦涩乏味之感。直到后来改了国语文，多少还能保持着这个特点。不过，儿童阅读能力的进步，大有一日千里之势，到后来，渐渐地觉得这种教科书又不够他们的需要了。

到了抗战初期，非但不能设法适应儿童的这种需要，把教科书的篇幅加多，反而为了纸张的缺乏，教科书的本子被缩小了，篇幅也减少了；编著者被这种难题所逼迫，不得不削足就履地在文字上加以节约。由于这个条件所产生的后果，大部分的课文都变成了只有骨头没有肉的东西。试问：拿这种粮食去供给儿童，能喂得饱他们吗？而且，以前的《三字经》、《百家姓》……又相去多少？现在的儿童们，表面上徒然有了一个享受教科的美名，实际上所得到的，实在太可怜了。要是没有种种课外的活动，他们的对象仅仅是这几本教科书的话，我相信：私塾时代逃学的风气，一定又会大盛了。

“学习必须顾到兴趣”，这是老生常谈，可是，照现在所有的教科书看来，早已顾不到这个原则了。我虽然也滥竽于教科书的编者群中，为了被种种条件束缚着，也只能照着别人定出来的尺寸，依样去裁剪一番，自己能有甚么好的贡献？

我以为真正要编一部好的教科书，第一，应该把篇幅的限制打消。原来，一课课文，各有其内容，怎么可以用几乎一样长短的文字去写出来？

我曾经做过几次实验：大多数的中级儿童，他们对于阅读材料(包括精读与略读)，只要内容不十分深奥，生字不十分多，文字如果长一点，不但不会妨碍他们的学习，有时反而能助长他们的了解力，引起他们更多的兴趣。

有人说："教科书的篇幅如果不加限制，不是要影响到一般家长的购买力吗？"是的，尤其在这纸荒的时期，教科书只要增加若干页数，定价就会跟着增高了。我对于这问题的处置办法是：根本主张不供给儿童教科书（自然是指中级以上的儿童)，不论部编或商编的，只由教师购置一册，预先可在习字课中，叫儿童们各人自抄一份。

这样，不但上课时有了教材，而且，儿童们为了满足阅读欲，往往一本新书到手，就彻底地把它全部翻阅一遍，以致新教材变了旧教材，教学时感到索然无味的弊病，也可以消灭了。

（载《大公报（上海版)》1948 年 4 月 1 日）

揭发“国定错误”，废除“国定课本”

邓恭三

看报纸，知道教育部对于中小学的课程标准又有所修正了，这使我立刻联想到：在课程标准更改之后，现时中小学所用的课本，特别是那一些包含了无数“国定错误”的国定课本，是否即将从此废掉不用了呢？如果是的，我在此先要向今后的中小学生们祝福了。

在一年半之前，那时整个华北所用的这套国定本教科书，和抗战时期在后方所用的，不论外形或内容，还都一模一样。其中的一些荒谬绝伦的错误，早经我们在三十四年改正过的，竟一点没有采用。我感到大惑不解，遂为文加以指责，并要求教育部来一个贤明的措施，把这套教科书明令废止不用。可惜人微言轻，至今并未生效。

目前，北平市各中小学所用的国定课本，虽然是“已修订本”和“未修订本”参差并用（例如高小地理第三册，便是未经修订的，里边还大讲其“南满铁路”），然而总是“修订本”占多数，其中且已有“第二次修订本”和“修订标准本”了。而在各册历史的底封面所列“校订者”名单中，我的名字也都列□在内。这样便发生了以下的三个问题：一、我既是校订人之一，还有资格挑剔这套课本的毛病吗？二、这套课本既经一再修订，难道其中还会有严重的错误吗？三、只要这套课本勉强可用，又何必一定以打倒为快呢？

我对这三个问题的答案是：一、我虽是校订人之一，却并不因此而失掉批评这套课本的资格。二、这套课本虽经一再修正，其中最严重的错误却并没有能够根治。三、因此我还要继续努力，希望教育部能尽速把这套课本废掉。

以下，我要对这三项答案提供一些论据，而首先必须一述我参与修订这套课本的经过。

在三十四年春夏之交，那时这一套初中和小学的国定课本，大致都已印行，而国立编译馆馆长陈可忠先生对之却甚为不满，遂邀集了金兆梓、罗根泽、程璟诸先生和我，希望将这套课本加以审查，渐谋改善。当时各人所表示的意见大致可分为三种：在陈可忠先生看来，这套课本尽管编得不好，但如不惜一而再、再而三地修改，则终会成为一部合于理想的教科用书的。在陆殿扬先生，因为这套课本实际乃是在他的主持和指导之下编定的，敝帚自珍，便屡次强调各地方中小学校需求课本之急迫，尽速赶印尚怕□应不及，似可不必咬文嚼字，多事挑剔。而我们被邀集的几个人，对于这套课本，则视同患了不治之症的病人一般，单凭我们的能力，实在难以从事根本的治疗，至少，如期其健壮康强如常人，还不是短期内可以奏功的事。然而，为了陈先生的一番热诚，也为了这套课本既是教育部唯一准许采用的，实在有误尽天下苍生的危险，自亦不应坐视不救。于是金兆梓先生便提出了一项折衷的意见，把修改的工作暂先限于一个极小的范围，只治“硬伤”，不管他病，庶几课本中最荒谬可笑的错误可得去除，而这次修改的时限也可以不致拖得太久。各方面都同意了这种办法，我们便依此原则进行校订的工作。

我们所说的“硬伤”是：例如初小国常第六册第一课的插图，竟尔把大麦和小麦全都种在水田里；高小国语第三册第二十课，说张骞“因家境贫寒，跟着吴长庆东征朝鲜，在疆场上转战多年，很有功绩，平定了朝鲜”；初中历史第三册讲两汉学术的一课，又竟说刘向、刘歆父子校中秘书时，“将芜杂的书籍整理而为《七略》，于是先秦的遗书始渐复旧观”，诸如此类，皆属之。

除掉“硬伤”之外，各种课本还都有一些极严重的问题。就编制方面说，例如初小的国语、常识既合为一书，其中却又极严格地画分了二者的界限，凡属“常识”的课文，一律采用表解的形式，文义不连贯，说明不充分，极不便于理解，因而也极不便于记诵。又如初中的国文，只是大量选取一些党国要人和军政首长的宣言、文告和讲演稿之类，不但不合于部颁课程标准中所定记叙文、议论文、抒情文等等的比例□，就文论文，其中也很有一些作得非常庸俗，遣词立意两无可取的。此外，公民课本则充满了专门的术语，史地课本则充满了人名、地名、帝王年号和西历纪年的数码等等，展卷只见遍处都是直杠子，使一般中小学生读之，像咒语，像拗口令，而课文又作得那样的呆板、拙劣、拖沓，这都十足表现编辑人对于各该科目实无半点素养，未曾“深入”，所以也就不能“浅出”。另如编辑宗旨之不妥当，历史见解之不妥当（如高小历史第三册第四课，竟说在五口通商以前，我国的社会组织和道德风尚等等全已尽美尽善，五口通商后乃一天天趋于败坏了），这些病症全不是短期内所能改正得了的。而且凡经我们提出的，陆殿扬先生无不坚持己见，斤斤相争，我们遂也只好置诸“硬伤”之外，存而不论了。

因此，尽管是经我们校订过、改正过的课本，而对于各课本的内容，其取材、其编制、其宗旨、其文字，却依旧不是我们所能完全同意、敢于具名负责的。所以当时我们就曾提议，在校订后的各本上不要把我们的名字列入。却不料，在这些“修订本”、“第二次修订本”和“修订标准本”内，我们的名字被列入了，而我们所作的改正文字却并未全部采用。姑举在我记忆中最清楚的两事来说：

1. 高小历史第二册第十一课，《罗盘针的发明》一节说：“罗盘针是利用磁针决定方位的一种器具，黄帝作指南车，大约就是利用罗盘针。战国时候确已发现磁的作用。”试问：磁的作用既然确是战国时候才发现的，何在黄帝时候就有罗盘针可利用呢？真所谓“语无伦次”。校订时我便把黄帝用罗盘针事删去。而在今日的订正本中并未照删。

2. 在初中历史第三册，有讲宋代学术和文艺的一课，其“理学的内容”一节中有几句说，两宋的理学家们以为，“人的气质是由气和理两种东西所造成，气表现于人的方面就是物欲，理表现于人的方面就是道。人必须克制物欲以合于道，使理得主宰气，达到至善的境界”。这全是胡说八道。宋儒只说过“性即气，气即性”、“性出于天，才出于气”、“气有善有不善”、“理在气中”、“有是理则有是气”一类的话，何曾说过“气是物欲”的话来？我在校订时，曾依据《宋元学案》所述濂洛关闽诸家性理之学的要旨，将此段全行改过，而在现今的订正本中，那几句胡说八道的话却并未易一字。

如前所述，我们对这套国定课本的校订工作，为了时间、参考书和一些别的限制与顾虑，只有应行改正而未曾予以改正的，却绝没有不应改正而被我们妄为改正了的。而我们这一点点贡献，却还得不到陆殿扬先生的谅解，而至于废弃不用，这真使我们百思不得其解。然而，就因为受到陆先生这种深拒固闭的态度，这套国定课本更永世不会有改善到差强人意的希望了。单就我们所说的“硬伤”而论，在这号称“修订本”、“标准本”当中就还多得难以计数。今姑举十事为证：

1. 北平西郊的万寿山和昆明湖，均为颐和园当中的景物之一，而在国定本中却说“颐和园面对着昆明湖，背靠着万寿山”，是把这一湖一山全“定”在颐和园的外面了（国常七，页三二）。

2. 民国二十年的九月十八，倭寇攻占沈阳，第二年一月廿八又在上海发动战争，嗣后以几年的工夫陆续侵占东北四省，组成伪满洲国。在国定本中，却把日人占领东四省、组织伪国等事，不但“定”在一·二八事件之前，而且简直列作“九一八”事件中的一个项目了（国常七，第七课）。

3. 民国十四年发生于上海的五卅惨案，虽是肇因于日商纱厂的劳资纠纷，然就五月三十那一天的惨案而言，则开枪杀人的乃是英租界的巡捕，而在国定本中所定的却是：“日人在上海杀戮工人，造成五卅惨案”，列为“日本侵略我国的暴行”之一了（国常七，第七课）。

4. 满清自入关至逊国（一六四四——一九一一），共为二百六十七年，而国定本却定为“清朝二百九十年”（高小历史一，第一课）。

5. 赵匡胤没能削平十国中的北汉，也没能从契丹手中收复燕云，而国定本却说“赵匡胤削平十国，统一海内，中国又告统一”了（初中历史二，第五十九课）。

6. 契丹在唐代势已渐盛，五代时更曾立晋灭晋，横行中国，而国定本却说“至宋，北边又有新兴的分子契丹，建国曰辽”（初中历史一，第六课）。

7. 司马炎于公元二六五年篡魏，改国号为晋，到二八〇年灭孙吴，而国定本却类之倒之，说“司马炎篡魏灭吴”，才“改国号曰晋”的（高小历史一，第十八课）。

8. 三国时代的凉州，约在今武威一带，其辖区为今甘肃省内的一部分；益州为今成都，其辖区为今四川省内的一部分。而国定本却说“凉州略当今甘肃省”、“益州为今四川省”（初中历史二，四十二课）。

9. 匈奴冒顿单于围汉高祖于平城之白登，《汉书》注说“白登在平城东南，去平城十余里”，而国定本却说“平城一名白登”（高小历史一，第十六课）。

10. 战国末年，韩国派水工郑国为间于秦，劝其开凿沟渠，藉此疲劳秦人，使其无力东伐。开渠的工程作到中途，秦国发觉了韩人的用意，要杀掉郑国，郑国说：“臣为韩延数年之命，然渠成亦秦万世之利也。”这几句话，出现在国定本中的却变为“当初我在韩国，修筑水渠，仅使韩国命运延续数年而已，现在我在秦国工作，将使秦国永远可以富强”（高小国语二，第十五课）。敢问：这段翻译和原意有一点符合之处吗？这样程度的人配编教科书吗？

这样的错误，在号称“修正本”和“标准本”中俯拾即是。人皆有是非羞恶之心，以这样千疮百孔、遍体鳞伤的课本而竟称为“国定”，不将丢尽中国读书人的颜面吗？人皆有怵惕恻隐之心，以这样误谬妄诞的知识向学童脑海中灌注，不感觉伤天害理吗？

当国家开始行宪之日，我们应当努力造成一个咸与维新的局面，免再遭受“国犹斯也，民犹斯也；总而言之，统而言之”的讥诮。替教育部设计一个一新世人耳目的工作，最好尽速解除对于教科书的禁令，莫再专让一批人垄断把持，贻误后生，而授权给各地的文化界和出版界，让他们奋勇竞先，替中小学生们分别编辑几套新颖完善的课本出来。

（载《大公报》（天津版）1948 年 10 月 17 日）

“国定课本”问题之检讨

陆殿扬

“国定本”中小学教科书自发行以来，各方面讨论者甚多，所提宝贵意见亦不少，尤以邓恭三先生先后在上海《大公报·星期论文》发表两篇最为尖锐，指摘内容错误，大声疾呼废除“国定课本”。国立编译馆编审中小学教科书之工作，最近已由教育部派曹刍先生主持其事，我原可本“不在其位，不谋其政”之旨，不加论断。惟因十月三日邓先生文中提及余名者三四次，公私不分，不得不将事实申述，以告世之关心中小学教材者。邓先生于三十六年一月二十六日在《大公报》发表之文，我已于同年四月二日至七日在《申报》详为答复；最近邓先生又于十月三日《大公报》上发表《揭发“国定错误”，废除“国定课本”》一文，其中可分（一）“国定课本”内容问题（其实大半为历史教材内容问题）；（二）“国定课本”存废问题。兹分述之如左：

一、“国定课本”内容问题

讨论“国定课本”内容问题，必须先有几点认识：第一，“国定课本”开始编辑于民国三十一年春，时已抗战四年，逼处内地，海疆封锁，外援不至，此正我中华民族历史上最艰险之时期。在此时期，各科教材之必须阐扬我国民族之优点，加强各支族之团结，唤起民族意识，发挥民族精神，以抵抗强敌，自毋待言。三十年教育部公布之中小学课程标准均有此种指示，如：

小学国语科课程标准目标第五条：培养儿童修己善群、爱护国家民族的意识和情绪。

小学初级常识科课程标准目标第五条：培养儿童改造生活环境和爱护国家、复兴民族的志趣。

小学高级社会科课程标准目标第二条：指导儿童明了我国历史演进、地理状况的大概，并培养其爱护国家、复兴民族的信念。

初中国文课程标准目标第四条：使学生从本国语言文字上了解固有文化，并从代表民族人物之传记及其作品中唤起民族意识与发扬民族精神。

初中历史课程标准目标更有详尽之指示，如第一条：叙述中华民族之演进，特别注意各支族间之融合与其相互依存之关系，以阐发全民族团结之历史的根据，而于历史上之光荣，以及近代所受列强之侵略与其原因，尤宜充分说明，以激发学生复兴民族之意志与决心。

第二条：叙述中国历代大事，并略论文化之演进及其对于世界之贡献，使学生明了我先民之伟大，以养成继往开来之志操与自强不息之精神。

第三条：叙述世界各主要民族之演化及其在文化上之特点与其相互间之关系，以养成学生对于世界之认识，并特别注意国际现势之由来与我国所处之地位，以启示学生对于抗战建国责任之自觉。

由此可知，“国定课本”教材之有异于战前一般课本者，有其时间因素与国际关系。各科必须以本科目之教材配合抗战，故其取材当与战前课本不同，例如消极方面，国文科不录衰颓文字，历史科不叙黑暗事实。积极方面，国语、国文多选慷慨激昂、科学建设之文字，历史科多述民族融合、疆土开拓之史实。余科类推。取舍之间，自有轻重，选择标准，另有苦心。抗战期内，后方青年一心一德，敌忾同仇，虽值艰危，坚持不屈，“国定课本”统一性之教材，未尝无功。此其一。

第二，“国定课本”非私人著作，应就国家民族立论，不可以个人立场立言。个人著作尽可为一家言，自由发挥，历史作品根据传说可，完全疑古亦可，甚至如邓先生之批判汉武帝之征伐匈奴为“黩武主义和侵略主义”（见三十六年一月二十六日《大公报》载邓先生文）。“国定课本”既为国立编译馆所编，宗旨必须纯正，取材必须配合国策，除绝对遵照课程标准编辑外，凡政府所倡导之政治设施、建设事业、人民组织等如屯垦、航空（包括滑翔）、水利、合作、保甲、兵役、纳税等公民常识，经教育部令饬编入教材者，无不多方搜集资料，编制课文，以供儿童与青年之阅读，此种教材多为坊间所无，而为“国定课本”所独有者。其编辑手续亦较复杂，初稿完成之后，须送经各科专家学审查，一再窜改，已非编者原稿本来面目，如欲逃避责任，则原编者亦可表示异议，拒绝列名。然而同人顾念后方教育之重要、课本供应之迫切，不计毁誉，毅然自任。并以个人之识见有限，教材之改进无穷，从不敢一得自封，“固闭深拒”，继续不断送请海内专家审阅校订。审校以后，各稿均须呈送教育部为最后之审核，核定之稿方能发排。编印“国定课本”手续之繁重，固不若编辑坊间课本之简易，而其困难之点亦即在此：审校之人既多，见仁见智，各有不同。审查意见有绝对相反者，有互相冲突者，俱存卷中，同人不得不选取其一而舍去其他。且专家所见，每有所偏，或过涉专门，非中小学生所能了解，为顾及学生程度，亦不得不予割爱，或略予增删。结果甲、乙、丙、丁各以为其意见“废弃不用”，而认为不满。西谚有云：“欲求人人满意则无人满意。”（To please everybody means to please nobody）“国定课本”之难尽如人意，固在意中；然而若邓先生之当时极少发表意见，而事后一再为文，公开攻讦，似亦出乎情理之外。（三十四年夏，国立编译馆邀请重庆附近学者到馆，优其待遇，希能尽量改进公民、国文、历史三科中小学课本，邓先生为其中之一，修订历史课本。邓先生讷讷寡言，无论在集会或谈话中绝少发表意见，我记忆中邓先生从未有一次与我单独讨论教材订正问题，罗雨亭、程仰之两先生与我谈话，交换意见较多。邓先生文中所云“坚持己见，斤斤相争”，及“深拒固闭”，不知何所指而云然。“国定课本”非我私人著作，更无“敝帚自珍”之可言。如真“坚持己见”，则何必将稿寄发各校审阅，登报征求意见，邀请专家订正？惟其同人捐弃成见，虚衷采纳众意，故不惮烦难，再三修订。原稿果有错误，改正绝不犹豫。但若修订人尚未见修订本之改正，或少数意见因故未被采纳，即指为“深拒固闭”，肆意谩骂，此似非学者态度。设若易地以处，邓先生主编课本，尚容他人置喙耶？）“国定课本”原期集合全国优秀人才之意见而改进之，内容之优越，初无止境，仍将随时修改，使教材常新，适应时代。此其二。

由于第一点之认识，可知初中国文课本编辑于抗战时期，以青年十二守则为经，选录课文，并采取若干当代军政首长言论之适合此标准者，以资惕励，自无不当。又如高小历史第三册第四课（现已改列第十课），叙述“五口通商以前的社会状况”，系节录蒋中正先生所著《中国之命运》第三章第三节，强调不平等条约之为害，以促成平等新约之订立。邓先生研究历史，身居后方，必曾读过《中国之命运》一书，明知此课课文之作用，而斥之谓编辑要旨不妥当，历史见解不妥当，用意何在！再如初小国常第七册第七课常识“日本的侵略暴行”，表列“九一八”事件及五卅惨案，在抗战时期实为最重要之课文，正宜强调日本之暴行，以激发儿童复兴民族之决心。若照邓先生之见解，所谓“九一八”事件，仅指二十年九月十八日晚日军炮轰北大营一举而言，则日军之罪行大为减轻矣。五卅惨案明明由于日人枪杀工人顾正红而起，本课既专述日本暴行，自应列入，并无错误，而邓先生却将日人罪行轻轻以“劳资纠纷”四字开脱。此种历史见解是否妥当？日本战犯闻之，不将深引为幸耶？

由于第二点之认识，“国定课本”无论在排印以前，出书以后，均在征求改进之意见，以期尽善。果有可以改进之处，无不乐于接受。邓先生意见，已十九采纳，邓校本及修订本可以对照，事实胜于雄辩。惟关于学术思想部分，因先贤学说每不易为初中学生所了解，如邓先生此次所提出之理学的内容即为一例。宋儒所云“性即气，气即性”、“性出于天，才出于气”、“理在气中”、“有是理则有是气”等语，岂十三四岁初中学生所能理解？故原文用现代语诠释，使接近少年意识，此教育上应有之常识而为编制教材必需之手段。历史一科，在高小、初中、高中、大学四个阶段均须教学（大学科目中列中国通史为各学院共同必修科），其教材之详略难易自应分别。在高小与初中历史科，岂可直钞先儒学说以为教材，在稍具教育修养者当自知之，而邓先生竟斥之为“胡说八道”，岂仅过火而已，直自暴其短也。

邓先生在十月三日文中所举“错误”各点，大多为此次新提出而为礼聘在馆数月所未签改者。其实其中大部分在修订本中早经改正，而邓先生未见（？），如高小地理第三册中之南满铁路（此非错误，抗战期内所编印之课本当然为“南满铁路”，胜利后之高小、初中地理课本均已改为“中国长春铁路”或“中长铁路”，学校误用旧本，或评者故指旧本，均非编者之过）；初小国常第六册第一课之大麦、小麦插图（重庆暂行本原插图分上下两图，上图为大麦穗、小麦穗之放大图，下图为麦田图，中间为两图划分之两线，后方儿童从未误会。不知邓先生如何眼花，竟以为大麦、小麦植在水田里，诚为可笑。此册修订本已全部改编，本课已删）；高小国语第三册第二十课“张謇从征朝鲜”一语，修订本已删；初中历史第二册两汉学术关于刘向、刘歆父子校理经籍原句，修订本已删；高小历史第二册第十二课《罗盘针的发明》课文中“黄帝作指南车”句，不但本册修订本已删，并已将邓先生先后均未指出之初小国常第五册第二十八课《指南针》、初中历史第三册《中西文化之沟通》两课分别改编；高小历史第一册第一课清朝年分，修订本已改正为二百六十八年（可请邓先生就近取阅北平福祥本。查本课原文“同治是从清朝二百九十年中再画一段出来”一语，原系在高小儿童初习历史第一课时泛指我国历史纪时之法一个概念而已，并非确叙满清年代，更非指明自入关时算起。自清太祖称帝（公元一六一六年）算起，为二百九十六年，至自入关时（公元一六四四年）算起，则应为二百六十八年，并非如邓先生所云二百六十七年。尚有一部分属于书中小疵，无关宏旨；如初小国常第七册第十五课颐和园之界址，原是国语写景之文，根据“面湖背山”一语而来，如欠正确，可以改正

（譬如高小国语首都一课关于玄武湖一节，初无他人指摘，同人等复员归来，见与战前情形稍有不同，即已自动就现状改正。此种地方性之教材，希望各方多多供给最新正确数据）。又如初中历史第二册第五十九课“赵匡胤削平十国，统一海内，中国又告统一”，及高小历史第一册第十八课“司马炎篡魏灭吴，改国号曰晋”，（原文“改国号曰晋”上并无“才”字），均为行文便利起见，为概括的叙述而已。阅读上下文，即可知此处仅须示以概念，不必琐述（高小历史示以“晋灭三国，统一中国”之一概念已足，至初中历史则对于司马氏之灭蜀、篡魏、灭吴，以及改国号为晋之先后年代，于第二册第四十三课《三国的鼎立》一课末段中详为说明，此正所以示中、小学教材之不同，非编者之错误也）。又如初中历史第一册第六课契丹问题，查本课属于首册之概说（课程标准规定概说在前），在未详述历代事迹以前，对于中华民族之形成，作一极简括之叙述。至契丹之活动，则在第二册第五十五课《唐太宗之武功》、第五十九课《五代的政局》两课内均有提及，在第三册第六十六课《辽的兴起及辽宋的和战》一课内更详加叙述，说明“契丹是东胡族的一支……后魏时始自号为契丹。唐时曾受册封，后来虽叛服不常，但不甚为害……五代时……契丹所占据的地方渐广，而兵力也就渐强……”历史课本固应有先略后详之步骤。又如初中历史第二册第四十二课凉州、益州区域问题，查后汉时凉州、益州面积均甚广大，凉州并非指甘肃武威，益州并非仅指成都，《后汉书·郡国志》、陈芳绩之《历代地理沿革表》及洪亮吉之《补三国疆域志》等书均可参证。原课文称“凉州（约当今甘肃省）”、“益州（今四川省）”等语，似不错误。至高小历史第一册第十六课原课文括弧内之注“一名白登”微误，应将原课文改正为“汉高帝还曾被他们围困于白登山（今山西大同县东）”。又高小国语第二册第十五课《郑国开渠》原课文应改正为“我为秦国修筑水渠，仅使韩国命运延续数年而已，但可使秦国永远富强”。以上各条，除末两条必须改正外，其余均属吹毛求疵。

综上所述，《国定教科书》容有小疵，然而大体无误。世事多变，只有继续修订，以适应时代。时贤非难之处，如初小国语常识之混合编制，初中历史之先综合而后分述等类，多属课程标准之规定。现在课程标准修正，以后课本或可减少若干不必要之抨击矣。

或云，编辑教科书难而批评容易，一部教科书出版，各阶层、各职业、各地方、各时代人士均可就其观点，由各种角度加以批评，但欲征求积极之改进，以资改编，则又甚少具体之意见，或甲所修改之处乙又反对，终无一是。所谓“眼高手低”，文人通病。我以为教科书编辑难，批评亦不易。若非对于本科学术、教育研究、教学经验、编辑技术、文字修养俱臻上乘，殊难批评教科书之得失。纵有所言，未必得当。“国定课本”数十种，一种数十万言，短期内编印供应，错误自属难免。其存心批评“国定课本”之文字，当无懈可击矣，乃细按邓先生《揭发国定课本错误》之文，其中“硬伤”之处亦不一而足。例如邓先生主张常识课文之须“便于记诵”，即为其一。常识教学注重观察、实验、调查、研究以及讨论等活动，使儿童从直接经验中获得知能，并不斤斤于文字之熟习。“国定课本”即本此旨编辑，书上所列表解，仅为研讨以后之结论，非令儿童诵读。三十一年小学常识课程标准教学要点（六）规定“常识教材的编制与国语科联络编配，以图画表解为主，必要时得用简明的文字说明”。如将初小国常教学法一阅，即可知常识之应如何教学。教常识课而令儿童记诵课文，此为三十年以前之教学方法。现代小学教师无不知常识之注重“做”而不注重“读”。邓先生若再费数年之力研究小学教材教法，则将自觉其今日所言之幼稚矣。又如邓先生挑剔高小历史满清二百九十余年之误，而谓“满清自入关至逊国共为二百六十七年”，则其对于历史纪年计算方法，似亦不甚清楚。又如邓先生指摘“国定课本”凉州、益州之误，而谓“益州为今成都”。查初中历史第二册第四十二课《三国的鼎立》第一段述后汉群雄割据的局面，刘璋在益州，其时尚为后汉时代，照《后汉书·郡国志》开列“益州刺史部郡国十二”，辖地更广。至三国时蜀汉之益州，拓地更大。《补三国疆域志》卷下云：“汉建安十九年，先主定益州，二十四年进定汉中……凡得汉旧郡十一，汉末及蜀汉增置郡十一，共领郡二十二。”成都仅为益州部蜀郡属县十五之一，何能代表益州全部？

已发行之“国定课本”内尚有若干小疵，或因事实情势改变（如地理、公民等科教材），而必须改正增删之处，今后在曹刍先生领导之下，当能为正确之修订，使臻完善，仍望海内贤达，随时指正为幸。

二、“国定课本”存废问题

“国定课本”一词并非法定名词，现在全国通用之中小学教科书封面上从无“国定课本”或“国定教科书”字样。至于承印书商之称为“国定教科书”，以资号召，则另有商业上之作用，不能作为馆编教科书之正式名称也（详见拙著《中小学国定教科书编纂之经过及其现状》一文，载三十六年一月十五日出版之《中华教育界》复刊第一卷第一期）。“国定课本”一词既不成立，则邓先生讽刺之“国定错误”亦无所据矣。

“国定课本”之政策，自有当局主持，原非我所欲公开讨论。惟最高主管教育机关编印中小学教材，以为示范，似亦未可厚非。教科书之供应，犹教育上之公用事业，岂可任令商人垄断？而此需要在战时尤为显明。抗战三四年，后方教育勃兴，而书荒日见严重。川、黔等省偏僻县分不但民元课本普遍采用，甚至以《太上感应篇》为儿童教材！二十九年教育部且通令各省转饬所属各县小学高、中年级学生钞写小学各科课本，分发缺乏教科书之学级或学校应用。此种情形，岂胜利以后坐于安乐椅中狂呼“废止国定课本”者想像所及！复员之初，北方及东南一带收复区遍地敌伪教科书，若无“国定课本”取而代之，想至今日邓先生在北平所见尚为敌伪教科书，亦未可知。故“国定课本”之产生及其盛行，并非偶然，除在抗战时期发扬民族意识，复员时期铲除奴化教育外，自有其存在之因果也。

现在胜利业已三年，内外情势显有不同，课程标准亦已修正。国内学者作家对于儿童与青年课本，多愿有所贡献；出版家亦已恢复平时工作，努力供应，则中小学教科书之编印，似可采取更宽大之政策，利用更广泛之人力物力，以期尽善。我早感觉教育部若无大规模之印刷厂，又不能控制国内出版界，而欲维持“国定课本”之制，使其适应时代，不免事倍功半。故远在三十五年冬，我即与教育部国民司前司长顾荫亭先生会同签呈部长，建议中小学课本除编译馆编辑全套供应外，得由各学术团体、出版家及私人编辑，严格审查，合格者准予发行。双方并进，可免战前只有审定本与战时只有“国定本”之弊，又可收内容竞进与供应普遍之利。上年我亦曾与教育部诸公讨论开放编印之步骤。最近公布之修正小学课程标准，其实施办法中有部编共通性教材，而由地方编印地方性教材之议。可知经时日演变，编辑中小学课本之改为多方并进，有其可能。当然其实行之时期仍在当局统观全局，审察时机，为贤明适当之决定也。

（连载《大公报（上海版）》1948年11月5日、6日）

论中学国文教材

周克任

教材改编的大前提需整个教育制度的改革，要是仅顾及教材的本身，那还是头痛医头脚痛医脚的治标方法。教育原是训练人的生活行为能够满足政治上所要求的，是以教育必须根据政治原则为其宗旨。现代我国的政治并未能迈步走向三民主义的大路，所以教育宗旨也显得模糊动摇，无由自立。教育必需要个人和社会有剩余劳动、剩余时间和剩余资本才能立身，我国有句古话叫“富而后教”，这实在是经济与教育的关系最好的说明。今天我国要实行三民主义教育，就不能脱离民生主义的建设。是以中国目下最急需的事是促进落后的经济发展，以配合当前的国际局势。促进经济发展自有一番经济发展的事实和原理与方法，决不能追随于欧美先进国之后，也讲二十世纪的科学享受。教育制度与实际民生有关，不是一份理想而堂皇的文字的创作。

教育政策、制度、方法和宗旨都明确了，然后可以谈到课程标准的改订。现行的国文科课程标准在政策、制度等未明确前自然是模糊笼统的，如“了解固有文化”是面对“固有文化”本身的实质或材料呢？抑是可以运用文学形式的“固有文化”的纪录？编订教材的人根据这些不明确的本旨就生吞活剥地容纳了很多的枯燥的古文，使学生觉得艰涩难读，这样舍本逐末的工作固然由于课程标准的提示，但编教材者的不能运用灵活的手段来处置配合“标准”的教材，也不能辞其咎。高明的编教材者尽可以出入于“标准”的左右，给予教材适当的剪裁的，无需那样呆板，视“标准”如“圣旨”，视中学生如自身，或当他们是超时代的人，“削足适履”的结果究不免要露出破绽来的。自然，课程标准的改订是必需的，但教材的善自处理更是急不容缓的事儿，我们不能因噎而废食。

教材的编者先应洞察学习国文的真正目标。杜威说：“教育之于社会生活，犹似营养和繁殖之对于生理的生命。”所以教材的选择须顾及社会环境，以适应现实社会为原则，并以改造现实为主导。国文教材基于此一标准，于是思想、语言、文字三项的一贯训练务须切近现代青年的现实生活。

学习国文的目标照课程标准说：是养成阅读书籍的能力、培植欣赏文学的能力、训练写作文字的技能等。正确地说：是养成从文字上无错误地理解他人的思想感情，用文字无错误地发表自己的思想感情（夏丏尊语）。更浅显地说：是养成阅读能力和写作能力。要达到这些能力，首先该有好的工具，那工具就是教材。什么内容该实之于教材？这个问题是今天国文教学者在热烈地讨论着的：要不要读古文是其中最严重的一节，其次是分量的配置事项。

读古文在高中课程标准目标项目下是在培养范围之列的。为什么要培养读古文（书）的能力？说是“了解固有文化”，在这三民主义的民主时代，不了解古代文化可不可以？所谓“固有文化”，即使有它本身的价值，也有其他各科如历史地理公民等在负仔肩，何必要由国文主要的负担？古文对于国文科根本无关现实生活，终不能用它来作一般的普泛教材，只可充作专门研究的资料。古文内容大抵意义晦涩难解，譬如《论语》中“民可使由之，不可使知之”，也可解作“民可，使由之；不可，使知之”（梁启超语）；又“可”解作“可以”，孔子就是专制政府的代言人，是独裁的帮凶，若“可”解作“能”，即“百姓能用不能知”之意，则孔子并非不民主（郭沫若语）。区区一个字意义的出入就要影响作者整体的思想和立场，反映成两个极端，可知古文真是难读。古文各有各的解释倒还说得通，有的且闹笑话，如“二桃杀三士”句要是不明白那典故的本义，连鲁迅先生的对头、鼎鼎大名的主张读经专家章士钊也会解成“两个桃子杀死三个读书人”那样的错误，这还比较是浅易的文字，倘使艰深一点儿的就更费解，即使如近代学问最博大而方法最缜密的大师王国维也曾在写给他朋友的信里说：“以弟之愚暗，于书所不能解者殆十之五，于诗亦十之一二。此非独弟所不能解也，汉魏以来诸大师未尝不强为之说，然其说终不可通。以是知先儒亦不能解也。”宿儒都不解古文，教青年学生如何能解？再由于它的意义每不正确，及文字本身组织的松弛，更无一读的必要。至于唐宋以下的文言文，本身的组织上虽然比较完整，字义也容易了解，但选入《古文观止》里的所谓好文章及其他的大著作，有的意□浅薄得可笑，如韩愈《原道》篇中没有一句能够深中肯綮，剖析入微，章炳麟斥为“自为错误”。又他的《送孟东野序》里的“物不得其平则鸣”，前后（“伊尹鸣殷，周公鸣周”，伊尹、周公并未不平）矛盾，不成理论。柳宗元的《捕蛇者说》只是极幼稚的人道主义论。苏洵、苏辙父子的《六国论》一点儿也没有抓着痒处，他们不懂经济社会发展的情形，不明民族血统混合的自然趋势，只是瞎说一阵。近一些如明清诸家，往往也有可左可右、辞意含混、言不由衷的内容，如一般选入初中教材里的明宋濂的《送东阳马生序》和清宋起凤的《核工记》都有几处可疑的文字。前者宋濂说他的老师“未尝稍降辞色”（“辞”或作“推辞”解）而接着又说“或遇其叱咄”，这是一个漏洞；东阳马生“流辈甚称其贤”，又“辞其畅达”，又“言和而色怡”，又“可谓善学者矣”，而宋濂偏喜大说特说自己的苦学经过去勉励他，真是牛头不对马嘴，这又是一个漏洞。后者“松外东来一衲”，“东来”是“自东来”，还是“往东去”？“山顶月晦半规，杂疏星数点”，星月如何雕刻并未交待：“景凡七”中有“灯火”，上文何尝有“灯火”？“人事”有“报晓”，上文何尝有“报晓”？且夜半何来“报晓”？这样人人认为顶浅显为可读的文字尚且错误矛盾得如此厉害，则秦汉以前文更何消说得？要是没有一个好教师代为点破，青年学生读了它究竟有多少大用处？尤其是思想封建的顽固文章，读了反而有害。

“古典的训练”在中学生未始不需要，可是不必一定要面对着它的本身，但文言文的训练毕竟还是需要的。既然现代中国一般仍在习用文言的写作（如公文、电报、新闻、书信、布告等），则就非适应这环境不可。适应是一时的，时代终将变的，到那时，带着经验从其中杀将出来的人，比较占便宜，容易跟生活合拍。我想，所以文言文的教材在中学国文教本里也就不能完全抹煞。不过初中仍以不读文言为是，代之以文言单句入手（浦江清意见）。至高中去开始文言，但文言切不可如一般所选的太深，“取来作为大学教本也可以，或者还太深”（浦江清语）的古文尽量减少，唐宋以后文总以意识正确、组织完密、文字浅易的为主，如王安石论政治经济的文章、苏轼的小品、柳宗元的游记等；求其次则虽思想荒谬、理论歪曲而文章技巧好的也不妨以学习技巧为目的地酌量采用，如蔡元培跟林纾论孔教的信，立论见地，林大不如蔡，就文章讲，蔡的覆信太质直，不能感动人，林的原信，委婉曲折，手法高明得多，则此二信均有一读的需要，若是把二信联读，互相比较，各取其长，舍其短，则此二信尤具价值。以应用为宗旨，文言总以浅易为第一标准；朱自清主张多选近代文言文，如清末民初的梁启超、蔡元培等的“新文体”，跟语体已相差不远。读文言虽不能帮助语体文的写作，不过词藻的套取，虚字的应用及求文字的精炼，多少也可从中效法到一点儿的。但高中文言文的分量仍不能太多，更不能如一部中国文化史读本或中国文学史读本或竟至什么都有一点儿的什锦大菜，务须以语体文为主，其中占一席位置的文言文也仅以纯文学作品一类为限。

依照课程标准所编的中学国文教材大都不免专制、偏枯，不切现实生活，不合社会需要，尤其是高中国文教本期望学生的造就太高，教师则徒劳口舌，学生则一无所获，所以要把它废止。一部新鲜、充实、适用的课本应该早日出现，但归根结蒂，应先改订课程标准做起；一份新颖、完善的课程标准应该立即问世。其中的假说（如高中国文教学目标之第一项“除继续使学生自由运用语体文外，并赞成其用文言文叙事、说理、表情、达意之技能”中前半句，我们看不出有提高学生运用语体文能力的意思，至少没有把着重点放在这上面，一边事实又证明了一般初中学生未能“自由运用语体文”，然则高中生于功课紧压的喘息之间仍非加强语体文教学不可，所以这假说是错误的）空虚（如“读解古书，欣赏中国文学名著之能力”，中国文学名著该已包括了“文学”的“古书”，“古书”不必视作金科玉律、（浮泛）如“陶冶学生文学上创作之能力”，“创作”似不应局限于“文学上”，我们不希望每个学生将来都成为一个“文学家”或“创作家”）、笼统（如了解固有文化，国文科所承担的仔肩只要固有文化中的文学名著；初中的“目标”第三目下似乎也得特别提出“文学名著”来才对等□好高骛远的成分得排弃，文白的分量配调必须改变，为国文而学习国文的观念应该消灭，以整个生活的改进为学习国文终极目的的态度应该养成。

总之，一部合用的现代中学国文教本须依照下面所归纳的大意来取材，来编辑：

一、须给予国文科以科学性，一扫从来玄妙笼统的观念。

二、初中纯粹用语体文。

三、高中以语体文为主，文言文为辅。

四、文言文须避免秦汉以前的古文，“古典训练”中学生不需要。

五、文言文须以近代文言（新文体）为主导。

六、唐宋以来文言文须选取意识正确、组织完密、文字浅显的文章。

七、选材须合若干篇性质类似的文章为一单元，包含精读略读各部分，不应全是单篇短章。每一单元须有一定的教学目标。

八、高中教材须随时挑选新社会科学、新哲学问题等学术性的文字。

九、文学方面的文字须选取新文艺短篇创作（尤其是新形式的大众化风格的，如赵树理的《李有才板话》那类作品）、诗歌（如马凡陀山歌，田间擂鼓诗）和批评作品，讲述写作方法，讨论文学基本问题等文字。

十、使全部的文言教材主要的目的都为了应用，则应用文跟普通文须同样处置，不必另立纲目。

十一、教材选择须与青年学生身心相适应。

十二、教材排列及文言文与语体文的分配分量须适合各年级学生语文程度。

十三、教材分量须与讲授实际相适应。

十四、编选教材须同时将文章体制、文句格调、写作技术、鉴赏方法等的讨究结果制成各种形式如“题解”、“作者”、“注释”、“文法”、“习问”等项，附录于文章后面。

十五、教材排列兼得参顾时令，以引起学生兴味，而利学习。

十六、另编教学辅导书，专供教师参考之需。

十七、教材须每一年或二年修订一次，以迎合潮流，用期完善。

（本文系《中学国文教学通论》里的一章，全书已付印）。

（载《春风》1948年第3卷第2期）

略谈中学国文教材问题

曹余章

这是近年来的事，在大学学程中，规定“基本国文”为各院系共同必修的科目，于是便有许多教育家讨论到大一国文的教材问题。记得前年在南平《东南日报》上，曾展开一场论争。探求教育部要规定这学程的原意，据说是为了目前高中学生国文程度之低落；那末穷本追源，还是先要注意中学国文程度的提高才是。

丢开旁的问题不谈，我们先来讨论中学国文的教材。无论是中学里的教师与学生，都会感到对于教科书的不满，做教师的常埋怨教科书编得欠完备，常常不依次序的任意挑选；做学生的又觉得教师所选的不合胃口，正如夏丏尊先生所说的：“今天是一篇冰心小说，明天是一篇柳宗元的散文游记，后天又是一篇《史记·列传》，教师像走马灯式的讲授，学生却弄得茫无头绪。”这是个普通的现象，最大的症结在于国文不比科学有一定的步骤与范围，而且卷帙浩繁、材料庸杂，要在这里面找出最适当的教材来，确是件不易的事。

照理，教育部既有课程标准的颁布，教材的编纂已有所根据，但标准究不过是一个笼统的原则，根据同一课程标准所编出来的各书局的教科书，详简浅深，截然不同。有一部分教师索性不要教科书，随自己的兴趣选择，于是开明、北新的活叶文选就成了风行的教本。在抗战期间，后方的学校无从购得书籍，大多采用油印讲义，更可以随意选授。我们姑且承认各位教师所选的都是善本，但总不免各有偏好，自成系统，要是一个学生换了几个教师，那末他所读的必是颠倒零乱，没有一个学习的程序。

教材紊杂最大的关键还是在文白之分。关于文言文之存废问题，我们已无须加以讨论。中学国文之要阅读文言，宗旨原不在学习文言文写作，而是要养成阅读能力，了解古人的思想，这一点，现代的教育家似乎没有反对过。据修正中学课程标准，大概说是：初中由语体而渐进于文言，即语体教材递减而文言递增，高中则以文言为主，根据这原则应该是没有问题，可是教材的紊乱却因此大增。以教科书而论，有许多失之过深，记得有一部中华书局的高中国文，按时代排列，经史百家，网罗无缺，这实在是一部大学国文系的历代文选，断不配给中学生读；商务的高中国文，也嫌选得艰深奥衍，不合需要。在编者苦心孤诣，原认为最低限度所应阅读；在读者仰高弥坚，已有不能消化之苦。除了一班对于国学有特殊爱好的学生外，是很少获得实益的，就教师方面说，中学的国文教师，一部分还是耆年宿学的老先生，拥护旧学，不遗余力，对于语体文之了解不多，他们的作风是专授文言，教本里的语体文，只是匆匆读过，不加指示，有的直截了当说："这种东西，你们自己去看看好了。"另一部分教师是不曾念过旧书，专学新文艺，他们是摒绝文言，譬如照课程标准是高中以文言为主，他们却连一篇文言都不教，这种作风，是很能博得一班醉心文艺的年青学生的欢迎。对于上述两派先生们的学识，也许各有其独到之处，我们无可置议，但是对于中学国文教材的标准，却都是失之偏废了。

因为教本的庞杂与教师的偏好，造成今日中学教材的紊乱现象，这对于学生的国文程度实有莫大的影响。所以我认为中教界对此，颇有整理的必要。在文白之争的场合上，我无条件的赞成语体；而于中学国文教材，我却主张折衷的办法，前面说过，读文言并不牵涉到文言的存废问题，所以对于教材的选择，仍不妨以课程标准为准的。在同一学校中，所用的教本应有一贯的系统，如用某书局版本，则各级皆须一律；如用讲义，则由各级教师共同商讨选择，取得连系。在另一方面，书局里的编教科书的学者们，应该顾及中学生的理解能力，不要硬生生的放进许多古奥的文章。

有人认为教本中文言文占的成分多，而学生的写作却是语体。写作与阅读不能配合一致，对于学生国文程度之进步无疑的多一层障碍。这种见解是相当合理的。但我们必需注意学生的学习国文，决不仅靠教本，大部分的获益还是在乎课外读物，教本不过是学习的中心。良好的国文教师是常指导学生去阅读课外读物的，这一部工作，在补救教本之不足，是不可或缺的。我以为每一学期由教师指定若干书籍为课外阅读书，按时考查其阅读的成绩；至于课外读物之选择，一般的通病，是偏重于文艺作品，其实国文这门功课，并非欲造就文艺人材，所以读物需要一般性的，实用文和文艺文都须兼习，尤其是报章、杂志上的时论、社评，也需择精介绍给学生看。

上面所述，原属卑之，无甚高论，也许一部分的学校早能做到这一点了。但我希望这种办法能够普遍实行，那末中学生的国文程度，一定能逐渐提高的。

（连载《学报周刊》1948年第6期、第7期）

中学国文教材的改进和社会本位文化

张存拙

教材是教育陶冶的食粮，要求适材和适量；但现在中学国文教材因科目底特性，有着传统思想的固蔽部份，也有应变的凌乱现象，因之选材迄今还没有完善，而教学效率也不见增进。

什么是传统思想的固蔽部份呢？一个国文教师负起中学教学使命，不是不知道所担任的语文科学是属于教学本国语言和文字底使用，要使学生能听话、能说话、能读文、能作文。但去不掉几种成见的束缚，如在形式方面，有鄙薄语体，重视文言的蔽；有以为熟习了文言，便可作语体文的蔽；有上自政令，下至应酬书牍，依然以文言为雅驯的蔽；有附庸风雅，不惜矫揉造作的蔽；有以为传习之处只可意会不能言传的蔽；或狃于文体演进，依照时代先后排列教材的蔽。……

什么是应变的凌乱现象呢？国文教材在中学教育似乎有个副目标，便是传达思想和吸收思想底能力底培养，但思想是跟时代走的，国文教材至少要参酌那些思想内容，甚至要担负起思想善导的责任，以尽国文教科的能事。时代是这么纷乱，所选教材就不免跟着纷乱，然而纷乱打破了整个教材的性质和体系——一个教科目自有其完整的性质和体系。譬如党化的材料、欧化的材料、国学的材料、抗战的材料、纯文艺的材料，甚至科学思想的材料、人生哲学的材料、古代学术思想源流的材料等，在某个时期内，显然有侧重的趋势，或致被纷乱搅杂着，实在割裂了国文教材的性质和体系。学生受着这种种纷乱思想底诱掖，很容易陷于误循偏信，或甚至于无所适从。要藉国文善导思想，去达到传达思想工作底功能，反被搅乱而减低了效率。

因为以上两种事实，坊间所编的国文教材便成为这两种事实所构成的产品。我们不是不可以说坊间教本的编辑是根据了教育部中学国文科课程标准的，但试一披览课程标准，可以知道教育部从前所订的课程标准亦脱不了以上两种现象——成了面面顾到的一件东西，但面面顾到了，便是将多种纷杂的条件填充在一个框格里，窒塞了国文科固有的机能。原来希望要达成并不单纯的诸种功能，其结果使它主要的功能，即国文教科第一目标所列——养成用语体文及语言叙事、说理、表情、达意之技能（初中）；又自由运用语体文外，并养成其用文言文叙事、说理、表情、达意之技能（高中）——就达不到，遑论其他。一般人笼统地非难中学生国文程度的低落，和一般国文教师坦白地自认陷于矛盾，实都由于此。

就中学国文选材编制底演变观察，五十年来国文教学思想表现在教材上，虽说有其应付时变底诸种凌乱的现象，但我们于其左支右应、随潮起伏之中仍然可以看出不能逾越的演进公例。其演进的迹象，我曾经整理为如下的纪录：

一、新学初兴期（兴学初年至清末）：甲、经史文杂选（学校特设读经课）；乙、古文辞（根据《古文辞类纂》、《皇朝经世文编》等）；丙、实务论。

二、学制革新期（民元以后六七年间）：甲、古文杂选；乙、经子文选；丙、时论；丁、古文时代选；戊、古文文学史法选；己、古文家派选；庚、今古文杂选。

三、文化运动期（五四运动前后）：甲、白话文入选；乙、小说戏曲入选；丙、世界文学名著入选（设“欧美文学趋势”学程）；丁、社会问题文入选；戊、政治经济文；己、近代文学（有时特设学程）；庚、今古文时代选；辛、今古文模范作品。

四、国故整理期（新文化运动以后产生）：甲、新思潮批评文；乙、国故研究材料入选；丙、国学概论（有时专设学程）；丁、学术文；戊、美术文；己、国语文学；庚、社会思想文选。

五、国运更新期（国民革命前后）：甲、文学的国语；乙、革命文学；丙、党化史料入选；丁、平民文学；戊、经子哲理文；己、经子史集分期选。

六、复兴运动期（“九一八”以来）：甲、党国体制政策文；乙、振起民族精神文学；丙、民族斗争史论；丁、改进社会现代思想文学；戊、现实生活文选。

七、抗建运动期（抗战前中后）：甲、精神训练文选；乙、民族诗歌；丙、民族正气选集；丁、抗战意识材料；戊、现代文选；己、建设性的文选。

以上国文教材的演变，迹象显然，其取材方法的倾向：一、由混而析；二、由精而博；三、由驳趋纯。至于材质的递变，则一、由经义策论而时文；二、由文言文而语体；三、由杂文学而参入纯文学；四、由古文学而趋重近代文学；五、由本国文学而兼及异国文学；六、由少数人享受的文学而渐变为社会文学；七、由文学常识、观念而顾及文学语言的应用；八、由了解古代文化而转重现实生活底启迪。这八项趋势说明了国文教材的改进的轨辙。

就是教育部规定的中学国文标准，亦是顺应这个趋势，迭加改订。现在所行的标准是民国二十九年修订的，但坊间选本大都仍民国二十六年以前之旧，亟应重行改编。上海市中等学校协进会最近有编选高中国文教本的提议，连类论及初中国文教材和高初中阅读书目的拟订，可知时代生活和思想所指引力量之伟大，有不可阻遏，甚至不许拖延之势。今后如决定这项编选工作，无疑地需要把握住这演进的要点，而下一番精选的功夫。

在协进会讨论席上，大家曾发表许多意见，总括起见，是（一）一致攻击旧教本思想内容不适合时代，并且与学生的模范写作程度距离太远。（二）揭出旧教材组织在教学上发生困难，并受文言、语体规定比例的束缚。（三）学术文类和所规定的阅读书籍不合于实际应用。从这些方面看，我们可以推知有三个因素足使国文教学不能顺利进展。第一是“材”，教材，面面俱到的理想实际窒塞了这一教科的主要功能。第二是“人”，编者，不论编制标准者或编选人，都和使用的教者底体验有多少隔膜。第三是“时”，时代，人类生活和思想的演进造成日新的时代，因之教材的停留，便有强使时代停滞的错误和罪戾。所以集合国文教学体验丰富的人，齐站在时代的前列，审辨这“时代生活”、“时代思想”和“时代青年”——在时代环境中产生的——配合着适当的教材，实是一种急需的重大的贡献。

我在今春曾为某书局编选一部乡村师范国文，曾经选采罗常培教授《中国人与中国文》的一节，讲国人对于国文固有的长处底认识和学习要点：“首述中国人与中国文化的关系。次述国文的修养，第一事在识字及其效用程度，第二事要能习发表即是明白构思的程序、布局的先后、文法的认识、修词的技巧。再次对于一般国民的希望，人人能够把自己的情感意思清清楚楚有条理的、不跑野马不说废话、老老实实说出来就是。”这是一篇何等平正通达的国文教学的指引文，足为编选中学国文教材的适时底参考。又选采了汪通祺先生底《民主政治与说话教育》一篇，是提倡说话教育和有声政治的，怎样使缺少“敢说”、“会说”、“必说”的习惯底人改变到敢说、会说、当说、必说，也是国文教育上的任务。这实可作为今日国文教材补充意义的一项。（从前语言不及文学的优势，是因为语言不可能传远传久，现在灌音电播的发展之下，不会受这限制，用语言发表的思想传达，也应在国文教学上负起了训练的责任。)

罗、汪两氏的主张，不仅可供编选国文教材的参考，也可说足以澄清国文教育上的思想。我主张国文教材应不绝更新，它的编选原则大端可以略定。至选采与给予，受教的人应充分留予自由地步，不受所谓课程标准的控制。并且祈求不受生产印刷的限制——如纸张、印工成本等能得到国家有力的帮助。这些虽属小问题，但也是产生良好教材、给予学生良好的精神食粮的前提。

以下是我对中学国文教材改编底具体主张。中学国文教师担任国文教学，便是担任中学教育的一部份。教育具有指导社会的作用，中等教育的目标是在训练青年从他家庭的生长进入社会的生长，培养成为团体社会生活的人——在理想上，要培养成社会的中坚分子，作为社会的中坚。从这认识，我们要推知：（一）社会是青年教育的对象。青年所受的教育应是社会的文化，亦即当是团体生活的社会经验。（二）团体生活的陶炼，从学校的社会中起步。学校所予青年的社会生活经验，应是属于大社会——国家民族——组织的，社会基本化的，其意义可直贯到民族文化。（三）社会便是现实，把握现实便是把握过去的经验和方来的理想，所以给予青年的，不当是远古的、反动的材料，或是浪漫的、玄想的材料，而是属于时代社会的。所谓时代社会便是摒弃个人主义的或封建主义的，而迎合着大时代。所谓大时代是世界幸福心理底总汇，在我国便是“天下为公”、“世界大同”的一派。就上述三点加以推勘，把握住，控制住，教育才会发生效力而达到目标。我友孙本文教授说过：“社会改进与教育控制关系最为密切。任何改进计划，如从教育方面着手，则事半功倍。从事于社会改进而与教育不生关系者，其成功殊难有望。”国文科教材固然有它的演进的路线，但所以觉到施应困难，就因为控制不住社会，或者并没有想到要控制社会，只是随潮起伏、左支右应的在过日子，自然会感到事倍功半的遗憾。现在把中学教育的社会目标予以认明，直接陶炼青年，使他从家庭的生长进入社会的生长，成为一社会人，成为一社会中坚分子。间接便是从教育着手，去作事半功倍的社会改进，乃至完成社会本位的民族文化。这样大胆地建立一个中学国文教育的目标，便是中国社会本位的中学国文目标。

这并不是故炫新奇，故作主张，事实上，中学国文教育里早蕴藏着这些社会的涵义，早就负起了这些使命，向着这目标做去。无如理念没有集中，目标又被分散，到现在才到了淘沙见金的日子。

所以，重编中学国文的新教材，要根据社会本位化的目标。这可先分两方面讲：

甲、建立起社会的传达思想情感底语文作法底体系；

乙、用语文来团结人们底社会的思想情感。

就甲说，是语文学科的本则和功能问题。中学国文科是把语言和文字的使用方法去培养青年们会说会写、“敢说敢写”的技能。这项目可包括会叙事、会达意、会说理、会表情。诚如某君所说，对于国文学科的作法一事，主张要像英语科似的从认词、组句、摹仿、听写、会话、记叙、描写、论说等逐步指导订正。更要像算学科似的每一法则，必有例题，并且安排着许多习题，非按题练习不可。如果采用这项建议，则初高中应届毕业阶段时必能得到一致的标准成绩。至于旧教材，实在缺乏这种体系，而且：（一）所选的范文往往今文体和古文体杂糅着，又不忍割舍《古文辞类纂》或《经史百家杂钞》的体例，体裁作法大部分不切实用。（二）语法、文法、文字源流、演说术、辩论术、修词学、论理学等，都是国文科的辅导教材，也可说是发表工具的准备，但旧教材很少能将这些掺入所选教材之内，发挥指导的功能，所以不成组织，缺乏体系。如将中学生应有的发表思想项目和阶段程度分配在初、高中六个年级中间，将认词、组句、仿造、讲解、演说、记叙、描写、说理、辩论等练习列为各细目，按程揭明法则、例题和习题，使每个学生通过这项练习，发表能力，一定由此能打好基础。这样，初中毕业要达到初中发表能力的程度，高中毕业也得有高中程度，不是一件较有把握的事吗？

就乙说，是语文学科的媒介和功能问题。事实上，应该配着那种思想情感的语文内容去给中等学生，亦即是选那种内容去作学生和社会的媒介物。社会是一个抽象的名词，它的外形超越了各种有形的条件，它的周延又是极大的。因为社会原来是“一种文化”，亦可称它是一种文化体。试想，除了文化一物足够代表社会生活以外，更有什么叫社会生活？所以中学国文教材底实质方面，应当属于社会文化、社会生活，是无疑的。中学国文教育，除了陶炼学生语文作法和它的社会生活以外，务必使学生了解社会文化，以备参加社会文化、尽力社会文化，又是无可疑的。所以中学国文就是“启导学生思想感情之钥”，使活动于社会生活的情感中，收“潜移默化之功”而不自觉，这和其他社会学科、哲理学科仅属于知识传递者不同。进一步说，社会学科、哲理学科以至其他学科的专精兴趣，也需国文学科在思想情感的生活中间培养它。更进一步说，人类所需的文化是团体生活；团体生活的思想情感底陶冶基础，必于国文学科筑成，因为它有媒介的功能，既能团结各个人的思想和情感成为社会的思想情感，能团结个人和社会的思想情感成就文化的社会，成就文化不绝演进的社会。所以国文教材实质的选取标准必须准对着社会目标。我们在今日改编教材声中，应把陈陈相因的旧教材重新估价。大体说来，凡是足以团结社会分子力量、持续社会生存、发扬社会生活、改进社会文化的内容的，要保存、要增选；凡足以阻碍团体生活的、分散团体精神的、保存封建思想的、停滞社会文化的，要汰除，要屏绝。做了中国人，必须懂得本国文，必须明白本国社会文化。从中学生阶段看，能够在实际生活中明白本国社会文化、吸收社会文化，而加以历史的批判，增添未来的展望；人人把自己陶冶一番过的思想情感，清清楚楚有条理的、不跑野马、不说废话、老老实实说出来，便是对于所选教材的期待。又根据本国社会文化的历史批判方面说，选材也并不必拒绝古文和学术文，只要合于社会目标，对现社会文化有帮助解释，或溯究演进迹象，不论其为正比的、反比的、同项的，便无妨选采。如果看到学生的现程度和精力不够接受古文和学术文，便尽量剔除，其有关于哲理部份的材料应让给大学去选择。

总之，思想与作法，不是两件事。有了精熟完美的传达方法，情感思想自能做到“辞达”的境界，在己能“无有不达”，在人能“无感不应”，到了情感思想有了好的陶冶，传达手腕也自能随之而更形精进。前者是“文以法成”，后者是“文成法立”，都臻妙用，也便是团结了社会的情感思想。不过这非组织语文作法底体系和重估实质底社会价值不可。朱经农先生说："教育不能离开生活，知识不能离开行为。"又认民治主义的教育是一条大路，以教育的力量促进个人对于社会福利的行为，国文教材要切合生活，要能直接施于行为，以促进社会，兼能发展"自由"与"天才"。精选教材的时候，占思想或作法的某一项的模范文是上选，兼备思想和作法的模范文更是上上的。关于范文的格式，应当废除从前因袭的笼统的项目，依照社会现实需要，可分析为：人物传记、游记、参观记、工作报告、速写、日记、书信、访问记、报告文学、读书录、座谈会录、纪念文、随感录、札记、讲演录、播音稿、宣言、诗歌、剧本、小说以及各种应用文等等，选取流行文字、报章等活的材料。关于范文的内容，应当依照青年心理与社会底发展，分析为：社会环境、社会知识、社会情绪、社会现状、社会产物、社会问题、社会理想等等项目，除社会现状一项外，都可打通本国的和世界的、现代的和古代的，各选取适当的材料。至于发展自由和天才方面，在选文中，应当参加些自然陶冶和艺术陶冶的材料。

这里所述是一件社会本位的中学国文新教材底设计，或者比较接近现实的需要，可以增加国文教育的效率。不过本文为篇幅所限，亦只能略提纲领而已。

附带一提中学生国文自由阅读材料问题。回忆民国九年时，我担任师范国文教科，为谋学生增进自学能力计，曾试行阅读指导，先指定所读的书籍，订有阅读笔记格式，按时指导学生核阅笔记，颇见成效。我曾把这项方法刊载于《中等教育》（中国中等教育改进社出版）；后来教育部编订课程标准，采为各级略读指导，每周定时举行；又后来请专家订定高初中各级阅读书目，这未始不是国文教学上一件颇大的进展。这次协进会议中亦提及此，这项阅读书目，实有重行拟订的必要，当另篇讨论。现在为这问题的参考起见，把我最近在高中二年级、一年级的学生阅读书籍调查所得揭录如次：

高一爱读的书，多数的为：《三国演义》、《古文观止》、《科学画报》、《饮冰室全集》、《爱的教育》、《苦儿流浪记》、《足球战术》、《中国空军》、《三民主义》、《中山全书》、《春》、《秋》、《家》、《雪》、《阿Q正传》、《飘》、《蓝皮书》、《西风》。

拟读的书，多数的为：《阿Q正传》，巴金作品、鲁迅作品、梁任公作品、《西风》、《西点》、《红楼梦》、唐诗、《英烈传》、《荡寇志》、《论语》、《孟子》。

高二爱读的书，多数的为：《水浒》、《西游记》、《三国演义》、《老残游记》、《聊斋志异》、《红楼梦》、《且介亭文集》、《秋夜》、《风萧萧》、《子夜》、《苦儿流浪记》、《战地钟声》、《虎贲万岁》、《小坡的生日》、《飘》、《顽童自传》、《亚森罗宾》、《侠盗鲁平》、《人的希望》、《塔里的女人》、《母亲的伟大》、《巴黎的陷落》、《钦差大臣》、《灭亡》、《家》、《春》、《秋》、《我的童年》、《无名氏》、《阿Q正传》、《新生》、《腐蚀》、《老张的哲学》、《死去的太阳》、《御香缥缈录》、《飘零记》、《黄黎洲生平》、《奉使俄罗斯日记》。

拟读的书，多数的为：《飘》、《风萧萧》、《给下一代》、《番石榴集》、《小妇人》、《好男儿》、《鬼恋》、《群》、《火》、《吉布赛的诱惑》、《骆驼祥子》、《雷雨》、《日出》、《雷》、《雨》、《虎魄》、《安那卡洛李娜》、《春天里的秋天》、《浮士德》、《基度山恩仇记》、《国策》、《庄子》、《史记》、《归震川文集》。

此外，尚有提出总类者如下：旧小说三人、新旧小说四人、科学画报二人、新小说五人、名剧本一人、文学欣赏二人、现代作家名著七人、文学论集三人、社会科学八人。

就以上阅读调查的结果，可见现在中学青年阅读书籍的趋向是怎样的凌乱，怎样的受着社会的暗示。虽然这只是上海环境中的现象，但至少可供拟订中学生阅读教材者的参考。

（载《国文月刊》1948年第74期）

从大一国文教材想到中学国文教材

余冠英

傅校长给的题目本是“从大学立场看中学国文教学”，现在将范围缩小，只谈教材，校刊篇幅有限，也只能就粗枝大叶略贡鄙见，请大家指教。

笔者上月在《周论》第三期谈过一点对于大学一年级普通国文教材的意见，指出大一国文的教学目标第一是写作训练（以语体为主），第二是经典（广义的）训练。配合这两个目标需要两套教材：一套是文言文，从经典中选录要篇；一套是语体文，选录现代各体文章，也可以参用翻译。清华大学大一国文现行的制度就是这样的两个目标，两套教材制。

中学国文和大一国文自然不全相同。就教学目的说，除了指导学生就近经典，认识经典，训练学生表达思想的能力之外，至少还有“陶冶性情”、“培养欣赏文艺之习惯与技能”的责任。单就写作训练的目的也和大学不同，如将运用本国语文的能力看做生活上或事业上的工具，而大一国文是为了帮助人磨砺应付学术工作的较精的工具。所以中学国文的目标比较大，注意的方面比较多。

为了上述原因，中学国文教材包罗的范围应该更广。笔者论大一国文教材的编选就主张无论文言文、语体文，都应具“多样性”，不必以“五花八门”为病。因为要学生见识得多，教材就必需包罗得广。中学国文教本所收的范文更当包括多种内容、多种体式。不过，有一个条件是必须遵守的，就是“适合学生的程度”。无论多么好、多么重要的文章，假如超过学生的了解能力，勉强他们读下去，结果必至使他们胃口倒败，永远望而生畏。编选教材的人不必为了“完备”，为了“系统”，或为了“匀称”，甚至为了“点缀”，而收进学生难以接受的文字。

现在的中学国文教本里不免有些可以删除的教材，尤其是那些太艰深的古文。现在青年阅读古文的能力，只有国文教师们知道得清楚，一般教育家和编教科书的人都将它估计得太高。就笔者所知，对于一般大学一年级生，庄子《秋水》、楚辞《九辨》都还嫌“难”，而高中国文课本里难于此的文字竟有的是。大学里有许多厌恶古文的青年，怕都是在中学读败了胃口的。

现在的高中国文，文言教材不但嫌太深，也嫌太多，从另一面说，也就是语体教材太少。中学国文课本文言文和语体文混合编列，文言文逐渐增加，最后达百分之九十，语体文逐渐减少，最后减到十分之一。这种编制，诚如傅庚先生所说，使学生发生一种错觉，以为语体文是初步的东西，很容易，不值得细研究，只有文言才是深奥的。其实现代语体文的内容往往比古文高深而且丰富，浦江清先生说：“学术和文艺，从古代到现代都是从单纯到复杂的。现代人的感情和思想，实在比古人复杂，所以中国现代语体文所表达的内容，有许多是超出于初中学生的智力和体会的。学生如不读那些东西，语体文教育就不会完成。而且他们的习作也只停留在幼稚的阶段里。”（见《国文月刊》第三期《论中学国文》）所以高中国文不应该忽视语体教材；所以汰除高中国文课本里不适合学生程度的文言文，将地位让给语体文，是切合目前需要的一种改革。

近年来无论大中学学生的写作都以语体为主，这是自然合理的趋势。有些大学鼓励学生专力于语体文的写作练习，为了要求读与写配合一致，便重视语体教材。清华大学一向如此。最近清华大学大一国文的语体教材是几本专书，每学期用八本，包括小说、剧本、散文、评论及几种外国名著的译本。目前高中国文既须增加语体教材而又无适当的选本，自不妨仿效清华大学的办法，采用专书。用专书至少有两种好处：一则可以常常更换，遇有新出适用的好书，可以随时向学生介绍；二则采取各书中一部份由教师领导精读，其余便可让学生自习，无形中指导了读书方法，也足以增长兴趣。

选择语体教材的标准当然亦需考虑。笔者以为内容方面要“健康”、“严肃”，最好能“切近现实”。不取那些轻佻儇薄、虚无缥缈、风流闲适之文。文字方面固然要美，更要明白、自然，避免那些雕镂涂饰的“白话四六”，文白夹杂的“语录体”，欧化过度的直译文，晦涩难晓的象征诗，等等。

总之，无论文言或语体教材的选辑，总以对学生有用处，能接受为标准，不必顾虑到教本本身是否“中看”。现在的中学国文教本不免有缺陷，教者除斟酌去取之外，少不了还有所补充。上文只论到范文方面，除此之外如文法修词的训练，也是中学国文教学的重要部份，但不曾被编选中学国文教材者所重视，教者也只好自己去计划了。

（载《重庆清华》1948 年第 18 期）

幼稚园课本的研究

阮纪鹤

坊间幼稚园课本的检讨

近年出版界编印刊行的幼稚园课本很多，就语文科来说，有彩色方块字、看图识字本、幼稚园读本，五花八门，琳琅满目。各校幼稚园选择语文科课本，大率以幼稚园读本为正宗，看图识字本次之，学童家长更有选择方块字作为幼童启蒙用的。我们曾把坊间编印好的幼稚园课本，搜备齐全，逐一研究检讨过。

此次搜集的语文科读本，计有商务、中华、儿童、大东、大众、广益、百乐、华成、中心、世界等大小十个书局出版的语文读本，计十二种（内世界二种、广益两种）。这十二种本子，有的以图画胜，有的以用字得当胜，有的以取材胜，有的以装璜胜，各有其特长，有的也略有小疵。

兹就观感所及，提供一些小意见，作为幼稚园教师选用课本及出版界编印幼稚园课本时的参考。

（一）选择幼稚园课本的标准。我们为了要选择一种比较合于理想的幼稚园课本起见，所以在事前拟定了一个选择优良课本的标准，当然，这个标准只能说是比较客观的，并非绝对准确可靠，我们不过藉此作为品评高下的依据罢了。

我们拟定的标准，计分内容与形式两方面，其下又分项目若干类。各标以分数，为各种本子评定优劣的准绳，兹为便于说明计，条列于后：

（甲）内容方面

子、字和辞的选择

1. 是否顾到教育目标…………七分

2. 是否适合幼稚生的经验…………七分

3. 是否适合现社会的需要…………六分

丑、字和辞的数量，是否顾到幼稚生的容纳量…………六分

寅、字和辞的排列

1. 是否从实物到事实…………七分

2. 是否从已知的到想象的…………六分

3. 是否从身边的到较远的…………六分

4. 是否从现在的到从前的…………六分

5. 是否从精要的到次要的…………五分

6. 是否注意与季节配合…………六分

（乙）形式方面

子、插图

1. 是否顾到和字、辞的相关度…………六分

2. 是否生动醒目…………六分

丑、纸张与装订

1. 纸张是否厚实…………五分

2. 装订是否坚固…………五分

寅、封面是否悦目动人…………五分

卯、字形大小笔划粗细是否合宜…………六分

辰、字画印刷的颜色是否适宜…………五分

（二）坊间幼稚园课本的特点。我们根据上列的标准，将各书局刊行的幼稚园课本，分别鉴赏研究，并假定以六十分为及格点，百分为满点，这样，经过了三个人的品评，各自记录了分数，最后汇合起来相加除以三，所得的平均数就为各本子的优劣度。整理的结果，我们觉得尚称满意。多数的本子，均在水准以上，其不及格者，可说没有。我们在鉴赏研究的时候，并将各本子的特点摘录了些。有几本，并有一些小意见想贡献。又所谓特点，大多数是各该书的长处。“意见”有的是说明和发挥其长处，有的则为质疑的意思。当然，这些意见，也许不是最正确的。

现在且把各书局刊行的幼稚园课本的特点和我们的一些意见，略述于后。

（子）商务印书馆幼稚园课本。全四册：（1）本书是民国十九年四

月初版的，至本年五月已刊二一〇版，距今已有十七年的历史，可说是一本老牌的幼稚园读本了。本书的图画，贴切而生动，富有活泼亲切之感。此为本书特点之一。（2）本书取材，最能顾到时令，为他书所不及，这是最大的长处，也是第二个大特点。

（丑）中华书局幼稚园识字课本。全三册：本书截至著者执笔时止，第一册已售完，无从窥其全豹。这本书：（1）文字与图画色彩的美丽。（2）纸张的光洁与厚实，现在刊行的幼稚园读本中，没有一种比得上它的。（3）本书从编制方面说，最富有看图识字的长处。

（寅）世界书局幼稚读本。全二册：（1）本书民国十五年初版，其问世的日期，较商务版的幼稚园读本还早四年，三十五年十二月新五版，从初版到现在已风行二十年，这是新学制时代的产物，本书如以现在的目光来评价，除稍嫌陈旧，稍嫌高深（二十年前新学制时代的国语程度，与现在的程度，相差甚巨，又下述注音符号一点，也可包括在高深之内）。而外，可谓毫无瑕疵。（2）本书用字多反复，但是因为变化得宜，所以没有牵强呆板的弊病，而且因为运用的技巧巧妙，反而觉得生动有趣，这是本书的一大成功！且请看个实例。本书第一册第一课课文为“哥哥”二字，第二课为“弟弟”二字，第三课改学为“哥哥来，弟弟来”。第四课变化为“哥哥走来，弟弟走来”。第五课归纳为“走来，走来，走来看”。五课之中，三见“哥哥”，三见“弟弟”，但是因为运用得当，虽反复而无呆滞之弊，虽反复而不着痕迹，读起来，反觉非常顺口。（3）本书每五课成一单元，每个单元后面，有一练习课，但这练习课，虽曰练习，实际上即使教师看起来也不会觉得有练习的痕迹。如第二册三十六页的练习课，是归纳以前五课的材料重新反复一次，但因为说得巧妙，不特容易收到反复的效果，而且矫正了唯恐发生的错误观念，尤妙者，练习课文竟是一篇短短的生动的故事。原文是“小鸭子，戴帽子，着鞋子，弟弟说，好像一个人，哥哥说，这是画的！”像这种练习课文，虽最新出版的幼稚园读本中也很少看见，真是儿童文学中的传神之笔。（4）关于本书，作者最后还想加上几句赘言，第一，本书每课的生字，眉头上方都另行录出，并加附注音符号，关于注音符号应否教授的问题，作者将于另节讨论，不过在此提一提，下面逢到其他读本有此问题的时候，也暂时搁置；第二，像鸭子戴帽子，着鞋子及以下其他各本子谈到类此的问题的时候，统并后面禽言兽语问题的一节内讨论；第三，本书是二十年前新学制时代的产物，材料稍嫌艰深，这是上面讲过的，但这本读本，二十年后的今天，还不至于绝版，这倒不是宣传广告的功用，而确确实实是编著的技术有独到之处，这本书的本身也许因时代的变迁，而将随之淘汰（世界书局已有修正新版幼稚园读本问世），而本书编辑者，留传给我们的关于编著幼稚园读本的技巧，编辑时的态度、构思及章法等等却是消磨不掉的！而且值得后起的编辑者摹仿的。

（卯）大东书局幼稚读本。全二册：（1）本书形式方面，附图丰富，为一大特点，如第一册起首，就是四页图画，颇能引人入胜，可惜所印的只是黑色，如改用彩色，当然更好。（2）内容方面，用字用句，颇能迎合幼稚生的口吻，大多生动活泼。如第二册第五课课文“马来马来，让开让开，车来车来，走开走开”。又如第二册第二十四课课文，“你一拍，我一拍，劈劈拍劈劈拍，一同拍大麦”等是。（3）本书美中不足的是用纸太差（是次白报纸印的）缺少美感，且不坚韧。又第一册图画的空白处，墨污很多，大约是板子旧了，希望改制。

（辰）广益书局幼稚识字课本。全四册：（1）本书第一册每五课以后，有一张生字表，供学童温习，或教师查询之用。五课以内的生字，网罗无遗，非常清晰，这是很可取的，但第二册内却没有了，而第三、第四册，又改变了方法，把生字列在课文前面，似乎没有第一册的方法好，一种本子关于生字的排列方法，前后换了三种方式，缺乏统一性，这是个弊病。（2）本书第二册课文，是每课四个字一句的短句，不但很新颖，而且后面二个字，且多数为重叠的动词，但因为每课变换一种事物，所以幼稚生读起来倒很觉得顺口，如第一册第一课课文为“新书看看”。第二课为“大笔写写”等是。惟其中有几点可以商讨者，如第六课的“日头遮遮”，“日头”一词，在应用上颇少见。第十六课的“毛帚挥挥”，“挥挥”两字幼稚生也不必认识，再版时似乎可以更易。此外还有几点小疵，如：1. 第一册第二页的“弓”字和图，这不是现代的武器，幼稚生暂时不识也无妨，似不必列入。2. 第一册十四课课文，“果”字下面画着一只生梨、二只小果子，粗看时很不易达意，我们以为索性把二个小果子去了，把“果”字改为“梨”字，倒比较明朗些。3. 第三册三十六课有两个“碗”字，但“宀”字头即成了“穴”字头，大约缮写的人写错了，希望再版时更正。

（巳）华成书局幼稚读本。全二册：（1）本书以幼稚园生活为中心，取材以幼稚园课程标准第二项课程范围第二目故事和儿歌为标的。（2）本书编排，由单词而短语、短句，再演进而儿歌故事及谜语，在进度上说，很有层次。（3）本书所采的谜语，回而不晦，制作很见佳妙。如下册第二十课课文为“身体轻，肚子饱，拍一拍，跳一跳，拍得重，跳得高”。这是橡皮球的谜面，而上方便画了一幅拍球图，把这个谜语点穿了，这样虽资质愚鲁的幼童，也能领略悟会，这是很好的笔法（作者注：大东书局幼稚读本内有一课内容与此相同，但因两书初版的日期考查不出，所以不知谁参考谁的了）。（4）本书上册十五课“咪咪叫”的“咪”字，十七课“小鸭叫叽叽叽”的“叽”字，十九课“小鸟叫吱吱吱”的“吱”字，下册第十课“咩咩叫”的“咩”字，通常应用较少，似应缓为采用。

（午）大众书局幼稚园国语。全二册：（1）本书第二册自第九课至十七课，取材最感亲切活泼，如第十课课文云“皮球丢得高，小猫跳得高，皮球丢得低，小猫就捉牢”。另附猫儿玩球的图画一幅。这种材料，虽以动物为主题，却没有兽言禽语之弊，实系很好的幼稚园教材。（2）本书里其余用动物作主题的材料，都没有前述各课的亲切有味了，如第二册起首三课，讲过新年的事情，用动物为主题，画着熊头人身等图画很多，扑朔迷离，反使幼童印象模糊，不足取法。（3）本书句子长短，有几课有头重脚轻之弊。如第一册第十五课“好哥哥，好弟弟，园中去”较同册第十二课“黄狗捉鸡，鸡告诉猫，黄狗捉猫，猫告诉羊”为浅是。又前一句的鸡字写“雞”，后一句的鸡字为“鷄”。一个生字的两种写法，用于同一处，使幼稚生记忆的份量加重，似不甚宜。（4）本书适宜于幼稚大班用，小班应用嫌深。

（未）中心书局幼稚读本。全四册：（1）本书用字，有许多课把意义相反、性质各别的字混编在同一课中，如“上下”、“高低”、“长短”、“轻重”等，但很少生硬，此为特点之一。（2）本书课文用字用图，可供学生摩写描绘，此为特点之二。（3）本书第三册第十课以后的几课，语句平稳而活泼，描图也很醒目，如第十课课文“十个人，五个大人，五个小人”，用字虽重复而并不呆板累赘，此为特点之三。（4）此外，如第二册第四课以后课文用“黑白，白纸黑字”，“大小，猫大鼠小”等的形式缀字为句，颇嫌累赘。作者之意，以为不若改为“白纸黑字”、“大猫小鼠”等语句较为简洁也。（5）本书第四册二十九课课文云“吃素菜，穿布衣，省下钱来买飞机”。第三十课课文“少吃饼，少吃糕，省下钱来造枪炮”等材料，似为抗战时期的作品，作者之意，再版时应酌量削改。

（申）百乐书屋幼稚园读本。全二册：（1）本书最大的成就，是练习的幻变得宜。按本书每隔四课成一单元，每一单元之后，附有练习一次。这是便于复习用的，但各个练习的方式，差不多各不相同，有的在图上涂颜色，有的叫学生圈出对的图。如写一个狗字，下面绘着狗、猫、鸭等图画，叫学生圈出等是。此外又有填补不完全的图画的练习，图画上涂颜色的练习等等，变化极多，想见作者设计时的周详。（2）本书插图很生动，五彩封面设计尤为完善。

（酉）世界书局修正新版幼稚园读本：（1）本书各册，均附有“游戏工作”若干课，所谓“游戏工作”者，就是将已经授毕的若干课，另绘许多图，供学生温习认识，有的则列以简单的游戏，含有复习启发之意，很可采取。（2）本书四册的封面，所绘的图画各异，很能迎合幼童的心理，只可惜是单色的。（3）本书有两点，似应改编：一为第四册第二十六课，所采的材料为国庆日的种种，按时令计，此文教学的时期，正值国历四月的时候，颇与实际节令不符；二为第四册第二十六课后面的“工作游戏”里面画着一个印度巡捕，上面写“这是什么人?”按这种印度巡捕，只有从前上海等有英租界的地方才能见到，内地儿童根本难得看见，且自租界收回以后，上海等地，也少见这等巡捕了，所以应该删换为是。

（戌）广益书局幼稚园读本常识合编。全四册：（1）本书是最新出版的本子，截止作者撰文时为止，第四册尚未出版，本书最大的特点，是图画的清晰醒目。（2）本书编制仿照国立编译馆编辑的初小国语常识编制方法，混合常识读本于同一书内，互相配合，尚少牵强呆滞之弊。常识部份，列在每课前面，单有一幅画，次一课为有图有字的读本，在教学上尚觉便利。幼稚园的读本，依照作者之意，确以此种编配较为方便。（3）关于本书的取材编排，就已出版的三册讲，可说相当满意，也可说很少瑕疵，惟关于图画部份，有几处略有商讨余地。如第一册第三十八课读本课文为“伞”字，常识课内画着飞机一只，降落伞四具，国语课内画大型降落伞一具，而实际上应用的雨伞、阳伞，竟付阙如，颇觉未妥。又第一册第七课课文“虫”字，常识课方面只画二对蟋蟀，一对蚱蜢，作者之意，不妨再添画几条毛虫之类，那么自较醒目了。（4）本书图画与文字，有很多处不能联系，这等处所，我们很同情原书的编著者，因为一本书的编辑者，不一定是擅长绘画的，所以文辞撰妥以后，当然要请画家绘图，而画家往往从美的立场上着想，且为竭力表达文字的内容起见，有时不免有矫枉过正之弊。统观本书的图画，其于“人”的方面，往往失之过于漂亮，乡郊及偏远之区应用起来，尤有此感。如第二册第一课“爸爸”，常识课内画的漂亮男士，长衫内穿着西装裤。读本课内的“爸爸”一图，除西装裤露出在长衫下摆外面外，左手的袖子，并卷了起来，此种装束，惟“海派”人物有之，再版时似有修正的必要。又如第一册第二课“妈妈”一图，也嫌漂亮——这位妈妈卷发细腰，是都市里质朴的少奶奶型，但在广大的农村间的儿童目光中，她是漂亮崇高的贵夫人呢！她与乡村或内地的儿童日常所见的妈妈，相差太远了！

（亥）儿童书局幼稚园新读本。全四册：（1）本书包括的范围，为现行坊间读本中最广的一本，所有幼稚园的常识、游戏、计数、工作、故事、儿歌、谜语等科，统包括在里面。（2）本书每课除课文及上述科别之外，并列举“问题”、“练习”、“图说”等各项，这是供给教师参考用的。（3）本书全四册，稍有伸缩性，如幼稚园小班不用课本的，第一册及第二册便供幼稚园大班应用，第三、第四暂时不必采用，这个办法很好。（4）本书设计，很为新颖。如第三册第二十课课文为“红眼睛，长耳朵，白毛，短尾巴”——这是兔子的谜面，在课文下面，画着一幅图，这副图是由兔、猪、羊三图用虚线叠绘在一处的，虽然幼童一时不易辨认，但加了颜色，就很显然了。这是很好的设计——虽然在教学时教师的说明及指导要比较费时些。（5）本书关于计数的材料，也很新颖活泼，无呆滞枯燥之弊。如第三册第二十九课课文“八个瓶，七个盖，盖来盖去不够盖”。课文旁边，写着计数一栏，并有问题“七和八那个数目多?”下面又附着一幅八个瓶的图，“练习”的小标题下说“把没有盖的瓶子涂黄色”。一书而供数用，这是本书的特色。（6）本书初版日期为三十四年七月，是一本新刊行的幼稚园读本，大体上很使人满意，但小毛小病当然也在所难免，如（a）第一册第二课课题，“洗面”的面字写成“靣”字，与课文内洗面的“面”字不同，应该改正，俾幼童先记住一个正确的字形；（b）第三册二十三课课文内，“我一扳，你一扳，一段树，锯成板”的“扳”字，通常比较少用，作者之意，不若改“拉”字较为通俗，或把原句改为“你一推，我一拉”似较顺口，质之本书编辑先生，以为然否?（c）第三册二十七及二十八课的乌鸦喝水图，图内三个瓶内的水都太少，如真把第四图内的石子放进去，势必把水盖没了，看上去很觉异样，这是图意障碍了文意，再版时似应更正；又（d）第四册十七课问题的末了，缺了半个括号，再版时也应该加上去的。

（三）我们改选那一种课本呢?关于坊间出版的各项幼稚园课本的特点，我们已在上面讨论过了，至此，我们要讨论选用那一个本子的问题了。说到选择本子，第一，自然要考查书本子的本身。书本的优劣，在积极方面讲，如果能符合前列各项标准，大约够得上称为好书。在消极方面讲，自然要拣选错误少的，取材不太陈旧的。再则我们若以幼稚课本的功用，不仅在识字，而为启发幼稚生一般的常识，陶冶幼稚生的品性，力谋幼稚生的快乐和幸福及培养幼稚生的优良习惯的工具的，所以该选材料最丰富的。第二，课本的选择，必须适合当地的情形，尤其是所画的人物和器具的图——如上段所述太“摩登”的少妇图画，在大都市里的幼稚园当然适用，但不适于偏远省县的、乡间的。第三，课本的选择要顾到幼稚生的年龄和各校幼稚园的编制，学生年龄较大，已受相当家庭教育的，可以选择较深课本，否则应该选择比较浅近的。复次关于幼稚园和幼稚班的编制，除独立幼稚园而外，事实上也很有出入（关于这点，将于后面再加讨论）。大班用读本的后半部，小班用读本的前半部，固无问题。如果小班不用书本的，那大班可以选用较深的幼稚课本的上册，或第一、二册，如果仅有一年制的幼稚班而不分大小班的，那么选书时就得根据幼稚生的年龄和一般常识了。最后，作者还得提一提，幼稚课本不过是教学的工具，而不等于学习的本身，选择优良的课本固然重要，而如何运用课本——即运用工具——以达到教学的效能，更是教学上重要的工作。否则徒有好书何益？或且强使幼稚生“狗、羊、牛、马”地记了一脑袋，复有何益？严格地说，简直是在戕贼幼童的身心了。

幼稚园课本有待研究的诸问题

我们综览坊间刊行的幼稚园课本之后，觉得有几个问题，有综合研讨的必要，兹分别讨论于下：

（一）用字多少问题。幼稚园课本，应该用那几个字和那几个词语呢？到现在为止，大家还无法具体解答，过去编辑幼稚园课本的人，虽尽心竭虑、千斟万酌地考究，审慎地下笔，但所选定的字和词语，是否是幼稚园课本上不可或缺的呢？颇为疑问。又四足岁至六足岁的幼稚生，受了二年的幼稚园教育，应该识多少字呢？也就是说，幼稚园课本应该用多少字和词呢？这是个实际上急需解决而一时尚无具体答覆的问题，需要我们再行研究。

这个问题的解决，照作者之意，以为幼稚园的选字选词，我们要在两方面下功夫：（1）是常用字汇的研究，这方面过去研究的人固然很多（例如俞子夷的《姓名用字研究》，张耀翔的《姓名招牌用字研究》，陈鹤琴的《字汇研究》等等），但都没有指出幼稚园课本要用多少字，甚至小学生要认识多少字也没有具体的表明，所以常用字汇方面，还要继续精密的研究哩！（2）幼稚生兴趣字汇的研究。假定我们现在已把常用字汇研究出了，认为若干字汇是应用最广的，在编辑小学课本或幼稚园课本时，应最先选用的。但在编辑幼稚园课本时，我以为还要顾到幼童对于字和辞语的兴味方面，因书是大人编的，在大人的想像中，以为这是有趣味的字和词语，而幼童对之恐无多大兴趣，反之，大人们以为兴味索然的字语，但孩子们对之也许正是兴趣盎然的呢？这只要注意孩子们游乐和发问就可发现这种现象了，不过关于这工作，现在研究的人还不多，提供在此，希望大家注意这件工作。

（二）禽言兽语的问题。坊间刊行的幼稚园课本中间，有几种是采用些神话和禽言兽语的材料的，关于此种材料，应否为语文科采用的问题，过去颇多辩论，赞成者所持的理由为：（1）可以增加学童的兴趣；（2）可增加学童的想像力。反对者所持的理由为：（1）迷信，不合科学；（2）从心理学上讲，怪诞的结合完成以后，难期完全破除。作者的看法，认为在儿童文学还未成熟的时期，选用一部神话和禽言兽语，原亦未可厚非，不过所选的材料，要格外审慎。如前所述世界版幼稚读本所采用的“小鸭子，戴帽子，着鞋子，弟弟说，好像一个人，哥哥说，这是画的”等等改良材料，很可以采用。要之，采用神话及禽言兽语的材料，是儿童文学未成熟时期的一种过渡现象，预料将来的幼稚读本中，这种教材，是会逐渐淘汰的。

（三）注音符号问题。坊间所刊行的幼稚园课本中间，有几本除文字和图画以外，还有注音符号，谈起注音符号，便有三个问题可以讨论。

第一，我们的社会里实际上是否在应用注音符号呢？考我国自民初推行注音符号以来，已有近三十年光景的历史。学者的提倡，教育行政当局的推行，不谓不力，但三十年来，实际上所收到的效果，并不如理想之巨。就我们平常所看到的应用注音符号的图书而论，除小学国语课本及学生字典辞典而外，他处很少看见。即以学术界握权威的商务版《辞源》及中华版《辞海》而论也未见采用，其余就可想而知。过去有人主张以注音符号代替汉字之说，一时固然谈不上，即以作为认识汉字的一助而言，也仅及于一部份，近三十年的时光不谓不长，而注音符号在社会上的功能却只有如此，这不能归咎于推行的不力，或是注音符号的本质上有何缺陷，倒是为了语言文字的推行，必须有历史的自然的习惯性，违背这原则，不免行之不顺，至少是事倍而功半。以往近三十年的努力，仅及于数册学生字典，以及国语教科书之类，对于一般社会，这还是很隔膜的产物，如果我们决心要推行的话，至少技术上还需讲究，学理上还需阐扬。

第二，一般学生，应否教授注音符号呢？这个问题，二十年前，曾热烈辩论过，虽无具体结果，但教育行政当局为便于推行义务教育起见，在小学国语科课程标准内是规定要教授的。关于成绩如何，我们不妨以近三十年来的成绩作为比照，关于如何推行，仍需归到上面谈到的学理上及技术上的问题的研讨，关于小学生应否教授注音符号的问题，我想赵欲仁先生的折衷论断最为妥当，兹引述如后，作为本问题的结论。赵先生说："从理论上讲，世界人民能用同一符号，代表思想，彼此通情达意，了无阻碍，这是何等可喜的事。但事实的表现，却因地理上、历史上、嗜好上等等关系，所用符号，自然而然的不同。自然而然不同的符号，要勉强用人工去统一，似乎难能做到的。譬如测量东西的工具，各国不同。研究时，应用时，非常的不便。现在有人主张改用公尺，以画一测量长短所用工具的单位。但事实上各国旧行的尺，依然不能废掉。简单的工具的改革，尚且如此困难，复杂些的，可想而知了。注音字母在中国，其效用和公尺在世界是一样的。所以如果极端主张，想用注音字母来代替汉字，把几千年历史上传下来的东西，一旦送到垃圾桶里去，这实在是一件挟泰山以超北海的事啊！这种保守性质的表现，无论古今中外，时常可以见到的。好的地方，是爱乡爱国的起源。坏的地方，是顽梗固执，不足与言进去，但这真没可奈何的。我们要是不顾事实，努力前进，终于荆棘满途，废然而返的。所以注音字母在现在的境况言，是不必急急设法普及的。我们当前最紧要的工作，就是使学习注音字母的人，一天一天的增多，到了适当时期，然后揆情度势，再想法改革过来。社会上乐用注音字母的一件事，是要在学校教育方面着力的。能先把乐用注音字母的倾向，先在学校里种下很有力的根苗，传之几代，自然的改过来，当可免去一切无谓的纷扰了。因此，现在的小学校里，可注重注音字母原来的工作，就是利用字典检查方法，使学生知道学习注音字母，有多少的利益。能另订时间，用游戏生动的方法，练习拼音，那末，学生对于注音字母的兴趣，更可提高了。"

第三，幼稚课本的课文上要否加注音符号呢？这在作者看来，以为只是加重幼稚生的负担而已，亟应取消。盖作者之意认为注音符号发展至现阶段，至多是帮助认识汉字的一种工具，汉字是不会废止的，所以认识汉字是第一义，但各人在学的时期有限，势不能把所有汉字逐一认识，故到相当时期之后，学习一种符号来帮助识字，是事理之常。也可以说注音符号是以备不时之需的辅助品，而这种辅助品又是毫无意义的死符号，幼稚生在学习上多数障碍，实际应用上位居次要，惟其如此，故在幼稚课本上无存在必要。

（四）关于课本审定问题。各国政府对于一般中小学教科书的编辑，向抱两种态度：一种是放任政策，一种是统制政策。这两种政策，自各有其利弊，界乎这二者之间的，便是采用审定的制度。这制度的优点：一方面给编辑者以相当活动的余地，一方面却仍要受政府的审查，不致与政府所定的政策相违背。我国在抗战以前，是采用审定制度的，抗战军兴以后，为适应战时的需要，便改为统制政策，但照一般趋势看来，将来仍有回复审定制的可能。惟就现在坊间业已出版的幼稚园各科读物而论，却是各自为政，并未受教育部的审查，且亦无部定本刊行。这现象，我们看了部颁的幼稚园课程标准，就可悬揣教育部的意思：因为幼稚教育的总目标是在“增进幼稚儿童身心的健康及力谋幼稚儿童应有的快乐和幸福”等等，唯其如此，自不宜斤斤于文字符号的记忆，所以课本自是多余的了。不过，幼稚园之应用幼稚园读本等书籍，确是事实，而幼稚园读本等出版物，并非尽善尽美，也是事实，而禁止使用课本，在事实上也不很可能，所以作者之意，认为不妨采用审定制度，一方面予编辑者以相当活动及伸缩的余地，同时也可以防止粗制滥造的弊病。这似乎还不失为执中得宜之计。

（五）其他诸问题。关于幼稚园课本有待研究改进的几个问题，略如上述。此外如幼稚园语文科读本的正确命名，似亦应统一规定，免得像现在一样的凌乱。第二，幼稚园二年，应该用几册书呢？——是二册，还是四册？现在出版的读本也有三册的呢——也应有所规定。第三，书型的大小以及所应采用的纸张，也应有所规定，这与幼稚生学习的兴趣及目力翻阅等很有关系，所以也附带在此提及。当然这些问题的解决，是有待于最高教育行政当局的。

理想中的幼稚园课本

幼稚园课本，怎样才最合理想，一时很不容易解答，兹就观感所及，略述拙见于后。

（一）最好是活页的，厌旧喜新是儿童心理上的自然现象，所以儿童们得到新书，就从头至尾的翻阅，但在习惯上一册书是应用那么一学期的，幼童拿到书一下子都翻遍了，等到实际教学时，便不能唤起最高的情绪，活页的书就可避免这个现象。又儿童的兴趣往往不能与书本上课文原有的排列相符合，选读课文不但为教师们不便利，且学童家长也多误会，采用活页的形式可避此弊。再可保持完整洁净，避免涂鸦。当然这种活页的书本，是应该用厚型纸张彩印的。

（二）应与音乐、图画、游戏等各科切实配合——幼稚园实际教学时，应将各科打成一片，无所谓科目，因此编辑幼稚园读本的时候，应该把幼稚园课程标准中科目，尽量设法渗入。教学的时候，也不必照固定的科目表——这种科目表至多作为参考——尽可顺应幼稚生的兴趣，时而讲讲故事，时而唱唱歌，时而做做工作，不是很活泼，很有生气吗？

（三）先重内容，次重文字。这里“内容”的涵义是幼稚生生活的全部，所以幼稚读本的取材，应以日常生活为出发点，切忌以认识文字符号为重心（就是文字的论理的排列），否则儿童就要索然寡味了。

（四）多用短语，少用单字——根据学习心理，短语的学习比单字的学习比较有兴趣，可以一开头就应以短语入手，就是单独的一个新字，我们不妨也化成一句短语，如单独教“弟”字，不若改为“弟弟”好。

（五）比较次要的字和辞，在日常生活中很少应用的，也应尽量避免，而采用的材料，又应力避与小学低年级课本过份的重复，这也是要注意的。

幼稚园课本的价值

幼稚园的教育，保育重于教育，这是大家知道的，我国幼稚园教育推行虽不久（按：我国自民十一年十一月《学校系统改革令》颁布以后，始有幼稚园的名称），而教部所定的法令，也很注意这一点，如《幼稚园设置办法》第十三条规定："幼稚园对于儿童，应顺应其个性，依照其身心发展之程序，施以适当之保育，不得授以读书、写字等类于小学功课之事项，或施以过度之工作。"这是很具体而切实的规定，但一般书局为什么偏又有什么幼稚园国语和幼稚园算术等书的编印呢？一般幼稚园为什么又乐于采用呢？这大概有两种原因：第一，是迎合一般家长的心理，因为一般家长把幼童送到学校里，习惯上就称做读书，称做读书，就得有书，否则似乎与读书之义不合，有些家长，甚至以我们的孩子只有几岁，已经识了几多字为荣耀的，无形中暗示读书的"书"之重要了——当然，这在我们看来，不免有戕贼幼童身心之感，无奈一般家长受古人"七岁能文"的印像太深，一时颇不易改革。而学校方面又为顺应这种要求，也不得不采用教科书了。这现象的改革，自然有待于家庭教育的改进了。第二，我国的教育工作同志，受数千年来"教书"两字的传统观念颇深，认为教书少不了书，教学须以书本为准绳，才不致漫无标准，这也是一大原因。

作者之意，以为幼稚园的教师们如果事前有良好的计划，每周订好进度，就是不用书本，也不致茫无头绪。如不得已而采用教本，也应把教本活用，参酌实际情形随机应变，而不受书的拘束，也不失为好的教学。采用教本，又不宜分科繁细，理想的教本，就得以语文科的读本为中心，而兼有各科的材料，前节所说的理想中的幼稚园读本，也许可作为参考，惟采取这种编制的读本，坊间就不多见，自有待幼稚园教育专家暨出版家的努力哩！

最后，就我国幼稚园教育的实际方面说，关于幼稚园读本的编印，似亦不宜偏废。按我国学制规定，"国民教育为六岁至十二岁之学龄儿童应受之基本教育"（《国民学校法》第二条），"幼稚园收受四足岁以上六足岁以下之儿童"（《幼稚园设置办法》第二条），但实际上国民学校的入学儿童，不足六足岁的很多。特别在都市的郊区以及内地诸省份，一般家长往往在渡过废历新年之后，便把刚满六岁（实际上还不满六足岁）的儿童遣送入学，甚至不足五足岁的也有，学校方面编入春一自不适当（多数学校且无春始的学级），设置幼稚园也未尽可能，权宜之计，所以有所谓“幼稚班”的创设，这种幼稚班论其程度，约等于幼稚园的大班，论其功效，又如幼稚园的知识速成班，或为秋始一年级的预备班（因为一般的办法，读上那么半年，就可以升入秋始一年级的）。在这种情形之下，我们平心而论，用一本优良的幼稚园的语文读本来施教，而加以生动的活用也不失为上策的。

又所谓“幼稚班”者，是近年来的变通办法，即是上海市的国民学校里，也颇有这种班级——虽然在正式学制中，我们尚未见到这个名称，但在国家连年战乱之后，国民经济及国家经济都在左支右绌的当儿，这种班级的产生，似乎也不失为正常！因为政府既无法普设幼稚园，一般人民也无力负担自己的子弟循幼稚园而达小学的正常阶段呀，所以作者的意见，以为这种班级如无多大的弊窦，不妨加以提倡确定，以节省国家与人民双方的担负！谨附带及此，希望当代教育家及教育行政当局加以研讨。

（载《中华教育界》1948 年复刊第 2 卷第 4 期）

论历史教科书及其运用

李絜非

中国中小学校历史教学，大抵与美国同，重视教科书的讲授。实则教科书虽关重要，终不过是传授的一半工具，或至少不能视为掩有教授的全部。而教师决不可依样葫芦，无事补苴，所以教科书不过限于在教室中的解说，恃为扩充的资料，但教科书的应用，有时却逾于教师的讲演，因为口头讲演，讲述时固可以产生一种深刻之印象，但记忆推陈出新，往往一周或一月之后，变为模糊不清，是可恃而不可恃。历史教科书虽亦不免有曲解和失败的结果，然终可以视为经久与存在之记述及参考的资料。抑讲演时学生有时不免懒散，或以故缺席，教科书又足为事后补修之用。故综其为用，乃有下列之两端：

（一）在消极上，为补充稽考，整理记忆，确定名辞之用——备忘与参考。

（二）在积极上，作为学习中心，由以引起学生推广学习的兴趣与研习的基点——广深学习的据点。

教科书以其所含事实的丰赡程度，可以别为下列三种有用的分类：

（一）但表示一种事实的骨干，与大纲或纲要相似。

（二）由大纲或纲要所扩充而成之比较可读的叙述，然仍存有扩充的余地。

（三）以自足为目的，各事本末兼具，详尽靡遗。

以上三种，就中小学生程度，与国内中学图书设备言，第一种每感不足，而第三种在事实上不可有，自以第二种——便览式——为宜，以其尽有发展之余地，从之，教师讲授可以作适要之补充，视情形作伸缩。

历史教师对于课本，使有选择之可能，则于事前必多方查究、比较，而后决定之。选用之后，必依以为主体，勿置弗显，俾不得善尽其用，教科书之编者，应为专门史家，惟此种专门史家，每精于某一方面或某一时期，然不妨集多数之长，作众擎之举，而已担任编辑。按一般历史教科书易犯之通病，为：（一）内容繁琐无别裁；（二）文字结构生硬；（三）缺乏地图与图画的配合；（四）印刷恶劣。反之，其合于条件者，乃避免上列各点，而为“明显”于“切实”，分别言之，其条件为：

（一）须有目标——目标与方法打成一片，适合时代，适合潮流，适合我国在整个人类文化上的地位，即有其中心及“合时”——合于时代的需求。

（二）内容简要而能作连续的史事的叙述，□其所用形容辞以表示其抑扬重轻之处，或篇幅多少比较之，亦可以见其重心之所在——盖若求包罗万象，应有尽有，在历史事实上为不可或能之事。抑在中学学生时力言之，为不可或受。

（三）叙述明显与切实，而不忘其继续性与趣味化。文字上亦必求所以配合之者，不必要的人名、地名，应尽量减少，然叙述亦不可流于夸张及舛误。

（四）除课文外，应有地图——勿太详亦勿太简，须与课文有明显适当之关系，然后可收左图右史之用。图画——明白且精美，可与课文成相得益彰之效。其他目录——应有次序与概括课文内容，并有所提示。应有注释、问题、参考书目、索引等。而教师亦必诏示学生，知所以利用之。

梁任公对中学国史教本，亦有所论列，以为“现行之教科书及教授法，实不能与教育目的相应”。今举其缺点之最著者如下：

（一）现行教科书全属政治史性质，其实政治史不能赅历史之全部。

（二）旧式的政治史，专注重朝代兴亡及战事，并政治趋势之变迁，亦不能说明。

（三）关于社会及文化事项，虽于每朝代之后，间有叙述，然太简略，且不联贯。

因此缺点，其所生恶影响如下：

（一）学生受国史教育完了之后，于先民之作业，全不能得明确的印象，则对于祖国，不能发生深厚的情爱。

（二）所教授之史迹，与现代生活隔离太远，致学生将学问与生活，打成两极。

（三）以数千年绝少变化之政治现象，其中且充满以机诈、黑暗，学生学之，徒增长保守性或其他恶德，与民治主义之教育，适相背驰。

（四）坐此诸因，令学生对于国史一科，不惟不能发生兴趣，而且有厌恶之倾向。

今为矫正固有缺点，顺应时代新要求起见，提出本案，其主要之点有二：第一，以文化史代政治史；第二，以纵断史代横断史。全史纵断为六部：1. 年代；2. 地理；3. 民族；4. 政治；5. 社会及经济；6. 文化。

教科书既经选定，自以一种为是，如有多种，亦未为不可，然费讲析时间则多，或为不便。教师自必慎重为用，讲授时时照顾及之，勿复离书太远。作者之姓名、书目、目录、引得，皆须一一示诸学生，以永矢弗谖。分析言之：

（一）讲、读、问三方并进，高诵较默读为宜。讲则有属发展的与属纯粹消息者两法，皆使学生明白教科书之为用，足以资助记忆。问题则应明白、一定与切实，提出其能表示主题或指明思想的线索者，而忌含混模糊，致学生莫知所对。

（二）多次学习，或视为枯干无味，然学习之良好结果，往往出于优良坚实之一种水磨工夫。抑可由于独立研究的习惯，而为训练独立研究的精神。

（三）复习与复讲——前者有口讲或笔写两者，皆属有用。

（四）时时补充材料，及与其他学科如国文、地理等联络为教，以求相助为理，观其汇通。

（载《教育通讯》1948年复刊第5卷第5期）

1949 年

过“拖”的出版事业

蓝鸿文

“今天出版事业招致危机的因素有两个：第一，购买力普遍减低。书店主要的顾主是公教人员，现阶段中的公教人员吃不饱，穿不暖，那有剩余的钱来买书！第二，因为战争的关系，交通受到阻碍，与上海总局失掉联络，总局的书运不来，在重庆印书缺乏工具，经济上也有困难，同时销路的范围又缩小了。”

以上这段话，是我归纳此间中华书局经理黄俊卿、世界书局经理洪忠华和文化生活出版社经理李济生诸先生所谈今天出版事业遭遇的共同答案。

“出版事业在抗战以前、抗战期中和抗战以后，那一个时期要好些？”

黄俊卿先生对这个问题的回答是：

“就中华书局说，抗战以前是顺利期，因为那时物价波动少，销路范围宽，譬如说，明年春季的教科书，今年秋季就印好了，存着的纸张可用几个月。到抗战开始情形就差些了，总局迁到重庆后，工厂在李子坝，存的纸张经常只够两个月用。抗战以后，却进入拖的日子了，纸没有现成的放着，书要左手卖一本，右手才有一本书价的收入。现在所可能希望的就是秋季的教科书，如果局势好便罢，否则这点希望也会破灭的。”

谈到职员的生活情形，他说他现在每月的薪水仅十六元，照正薪，应该得二百多元。一般职员，月中除伙食外，洗衣、理发这类用度是够的，重庆分局有职员二十多人。

目前的书，是遵照限价，没有涨。说起书价，书店老板非常伤脑筋，涨高了，读者买不起，不涨，又无法维持，而纸张、油墨、米和人工都涨了，这真是莫可奈何的事。

“现在的书价并不比抗战前便宜，像《悬崖》那样的书卖三元五，打七折卖二元五，比战前差不多贵了一倍。”

李济生先生谈着，大有不堪回首之感，文化生活出版社在重庆只做批发，连职员和李先生仅二人，这是“为了经济的关系，以致人手不得不紧□”。

印一部书，成本很大，销路也成问题。常常有这种现象：一版印两三千本，实销还不到一百本。中华、世界除了印教科书外，是不打算印别的书的，至于文化生活出版社，连打算都不敢作，把存底货卖了再说。

就业务言，世界每天只能卖到几元钱，中华可卖到一二十元。比起战前真有天壤之别。充斥市面，销路还好的书，当推黄色小说和鸳鸯蝴蝶派之类的。出版家反不如贩卖书商，因为后者不去成本，而赢到折扣的利润。

出版事业面临着严重的危机，如何克服目前的难关？洪忠华先生说：“政治经济纳入正轨，教育发达，读书识字的人增多，买的人也就自然的多起来，那时候的出版事业才有发展的希望！”

（载《大公晚报》1949 年 7 月 26 日）

上海出版界展望

潘际坰

过去上海是全国出版业的中心。以近年而论，拥有四百六十一家以上的书店和出版社（其中有一部分是不出书刊的），一百三十多种杂志以及二三十家报纸，书报杂志的发行网也以上海为中枢，辐射全国。但是在国民党反动的控制下，它是混乱、麻痹甚至罪恶的。今天我们看到解放区，受了种种物质设备的限制，出版业依然蓬蓬勃勃，才知道人民如何渴望文化，而且知道唯有人民自己掌握了它，出版文化事业才有飞跃进展的可能。伴随着解放区的扩大以至新中国的出现，各地出版业将加紧为人民进行精神武装的工作，而且相当均衡的发展是可以逆料的，但这是不是说上海将失去在出版业的重要性呢？不是的。在相当长的时间以内，上海仍将是全国的出版中心。主观上它具备充份的出版印刷条件，客观上也需要有一个中心领导。基于这种了解，在上海解放的前夕，我们似有检讨的必要。

以抗战胜利后而论，粗糙地可分为两个时期：（一）由复员到政协；（二）由国民党撕毁政协到最近。前一个时期实际上只有三个月，三十四年十一、十二两个月，出版家由内地返沪，喘息方定，大多是无计画地印了一些再版书，但是被奴化八年的读者对精神粮食（特别是社会科学方面）的需要极为殷切。就出版界而言，政局暂时安定，发行地区扩大，也敢于放手做去，进步的书报杂志无不应运而生，就杂志而论，《民主》、《周报》、《文萃》皆曾风行一时，不过内容时有重复的地方。政协破裂后，国民党便加紧反动的统治，进步的报纸杂志先后便封闭停刊，进步的书籍被恃强没收，进步的出版家被恫吓逮捕，而对色情毒素的书刊则极尽纵容的能事，书摊上满堆着各种下流的方型杂志以及《亭子间嫂嫂》、《红裤子》等等，出版界除了遭遇政治上的暗流外，在货币急速贬值、发行区缩小、购买力薄弱的困难之下，弄得焦头烂额，有人说："杂乱、零落是今天出版物的一个显著现象。茫茫来日，我不知道出版家中那一位先生已经有了一个今后的计画！"这有点近于绝望的呼号，但至少可以代表当时一部分民营出版家的苦闷。今年初，内幕杂志的充斥，除传播毒素外，更表现了极度的混乱。

上海在解放以后，这一切困难不但是消除了，而且提供了空前有利的出版条件，但要保证上海负起出版中心的任务，有三件工作我们认为是迫切而且必要的：

第一，立刻结束过去出版界的无政府状态。无政府状态表现在出版物的零乱、重复和没有计画上。譬如说，为了抢销路，一本译著可能同时有两三个出版机构，在作翻译比快的竞赛，结果当然要影响到译文的水准；今天要出版《函数论》的，明天也许在筹画印行《邱吉尔回忆录》了；《跳舞一日通》的好销路，鼓励了《怎样打罗宋》的产生；浪费人力、浪费物力、敷衍读者、麻醉读者的现象实在再不该存在了。结束出版界的无政府状态，要靠公营和民营出版机构在新民主主义文化政策下尽其最大的努力。

第二，加强出版界的职工组织。过去有的多半是横的组织，如报业商业公会、书业公会、杂志业联谊会，但商讨的不是配纸便是加价，在意义上是狭窄的、消极的；纵的组织，印刷排字工人有公会组织，但是职员却落了空。及至前几个月有些报馆由“应变”而产生的同人联谊会，但也以争取加薪和物质生活安定为主，对报纸的言论政策是不过问的，而且和印刷排字工人之间也没有有机的联系。以上海的书业而论，约略可分为三类：(1) 有官僚资本，在本质上反动的；(2) 进步份子民营的；(3) 落后份子民营的。而且表现得颇为显著。报纸杂志也多少有这种倾向。但我们认为这分类不应该机械的去了解它。事实上，落后甚至反动的团体里有进步份子，而在进步的阵营也可能有反动派混杂其中，唯有通过建立健全的职工会组织，才可使每一个书店、出版社、杂志社、通讯社、报馆坚定它的正确立场。在职工会的集体教育下，落后的会员是会进步的，而这些会员又可以反转将它所属的出版机构带向进步，整个出版事业就这样配合新民主主义的中国的局势发展，通盘拟定了它的出版计画，分工合作，适合各阶段需要地供给有关斗争和生产的出版物。

过去种种的不合理现象：如报业的广告商的剥削制度、报贩制度、书业杂志业的总经售制度，皆应该作适当的废除和修正。

第三，强调通俗和生产。在这里我特别要提出连环图画。据可靠的统计，上海陈列连环画的书摊有三千左右，每天租阅的人数很保守地以八十人计算，总数即有二十四万人了。目前出版连环画的书局约有四十家，技术工作者不过三四十人。一般人总认为连环画是荒诞、神怪、诲淫、诲盗、妨害善良风俗的。但是前年何公超兄曾就一百一十种加以分析，发现（一）由旧小说、戏曲、民间故事改编的有十七种，封建思想浓厚。（二）以历史人物的史迹为题材的二十种（民族英雄及爱国者占十六种）。缺点在虚构情节和颠倒史实。（三）以现代人物的事迹为题材的十一种，缺点与（二）同，但很有优秀作品，如介绍爱迪生和罗斯福的。（四）以儿童为书中主角的九种，其中古装人物占六种，往往不伦不类。（五）由电影改编的八种，由美国电影及由落后的国产电影改编的各占半数（可注意的趋势！）具有资本主义与封建的两重毒害。（六）以抗战事迹为题材的共三十七种，作品不能令人满意。（七）根据新文艺作品改编的八种，包括《阿Q正传》、《雷雨》、《表》、《万世师表》和瓦西莱夫斯卡的《虹》。《阿Q》一书特别值得推荐。由此看来连环图画是多少与人民的呼吸相通的，并不如正人君子所说的那般可厌。最值得注意的是美国人对这种通俗读物的重视，下列两事可以证明：一位连环画作者亲口告诉我，曾有一个美国人（大概是美国新闻处的）要他将菲岛美军抗敌的故事画成连环画，他拒绝了，他想要画就画民族英雄如苗可秀一类的人物。另一件是《原子炸弹秘密》出版不久，原书的作者曾被警备司令部传讯过。因为美国人很奇怪，原子弹秘密连他还不知道，你怎么会知道的？

目前上海连环图画界还停滞在落后的行会组织，有待改进的地方很多，例如出版程序的合理化。师傅画人物、徒弟做布景，画好以后再另外找人做说明的现象应该改良，版税制的建立，每页稿费不要再由师傅、徒弟、说明人分摊。作家、画家、科学工作者对于这一形式有重视的必要。

就生产技术而论，即使是在上海沦陷时期，也曾有些学人注意到西洋技术理论（大学教本）的介绍，由三十三年冬开始，三十五年二月译毕，共有古朗著《微积分》等十册，但一直未见出版。今后不是不需要这类书籍，而是说通俗的著作更为迫切，把握着正确思维方法通俗科学书更为迫切。

（载《大公报（香港版）》1949年5月7日）

书　店

无　名

祈望着天空清朗起来，然则清晨，从那潮湿的空气中人们就闻出了，这又是个讨厌的阴天。灰暗的天空显得比往日更低沉，带着水份像被戳破了似的，雨水尽向着地面倾泻，联成一丝丝的掉下来，将地上泥土搅成粥浆，然后又好像从泥泞中吸了些甚么似的拉回去。海绵一般吸收了那股潮湿，潮气一直冲到房内、地上、壁上，都出汗了。

为了舒畅一下一星期来因考试而紧张得疲乏的精神，房子里又闷得令人头昏，我茫无目的的走出来，跟着拥挤的行人，是汉民路了，转入道旁一间比较安静的书店，书架上排着一列列整齐的世界名著、文学修养……桌上堆着一叠叠被顾客们翻乱了的杂志。我站下来随手翻阅着，是一本上期的《文春艺秋》，一页还未看完，这里已经到了第九个阅书的顾客了。小房子里挤得满满的，围在摊着杂志的桌子四周，静悄悄的只有书具的磨擦声，脚站得累了的移动声，房子里渐渐闷起来了，闷得比家里更利害，但我却并不感到头昏。外面雨停了，书一页一页的翻过去，店里的人越来越多了，那边，店主人无可奈何的站在台边，好像已经习惯于此！

我想我是应该感谢他的宽大的，不来干涉这些不问价钱的顾客，太挤了我只有退出来，去换一家人少点的，然而一条路走完了，每个店里都是满满的。

忽然一种意识使得我去注意一下：都是什么书籍呢？那么令人着迷。《新闻天地》、《展望》之类的，再有《电影》、《电影杂志》在人们手上不停的传递着。而另几堆，甚么“××画报”的书，我几没有看到谁向它们注视一眼，哦！这原不是人们所需要的呀！

在今天，青年们，甚至所有的人们所注意的，不再是那些了，他们需要的是刺激，一种激动的奋怒的控诉，所有受苦的人民的话。一种对当前令人迷惘的局势的推测，不管这种推测是多么不可靠。他们所要的是麻醉，让自己沉沦于一切不实际中，在麻醉中离开一切现实的悲剧，找寻那些迷醉于影剧中的乐趣。

雨，又下起来了，我看到书店中，仍旧是那么挤，许多的头在那里蠕动着，但似乎没有注意到天色渐渐黑暗下来，没有勇气再回到那些人丛中，我匆匆的踏上泥泞的路途，雨丝浇清了我的头脑，但是那书店中的人群，他们是那么沉醉于自己的刺激和麻醉中，永远清晰的留在我脑中，我开始有些恐惧这书店，这令人满足了刺激和麻醉的书店了。

（载《执信学生》1949 年第 7 期）

书报摊上形形色色

——内幕杂志走红说明了人心的苦闷，黄色刊物充斥反映出都市的堕落

张乃刚

街头的书报摊上，红红绿绿，陈列着许许多多的杂志，真使我们眼花撩乱。这里，记者愿为读者作一简明的报道与分析。

在各种杂志中，理论水准比较高的，首推《中建半月刊》、《中建月刊》，以及革新后出版的《启示》月刊。这三种杂志，态度可观，说理深入浅出，对各种现实问题加以系统的、理论的分析，但并不流于学究式的那样枯燥，读后使人有清醒的感觉。《展望》周刊是抓紧现实问题讨论的刊物，文句通俗，广大的读者颇容易接受，论事的态度十分谨严，这像一支短小精悍的队伍，紧握着时代跳动的脉搏，随着时代前进。现在，新出的《老百姓》，其前途将不下于《展望》，风格新颖，对于新的制度与新的人物的介绍，可以说是别创一格。另有《时论周刊》，内容亦相当结实，是非常有希望的一本刊物。

专门性的杂志

至于较专门性的杂志，以研讨国际问题来说，《世界知识》无疑地是一本权威性的杂志。《每周瞭望》不仅文笔活泼、清丽，而且对一周重要国际事件，无不加以讨论，用简短的字句，道出国际事件的奥妙与国际形势的发展。其专论，也都很有内容。其次，是苏商办的《时代》，对国际问题提供的资料，可以说是最丰富。《时与潮》，则全为翻译文章。

经济方面的，首推《经济周报》，它已有三年以上的出版历史了。它的优点，是迅速地反映各种现实经济问题，并予以系统地解释。在所

有的经济杂志里，它的观点最为正确，也最为慎重。但对新的经济问题的介绍，似乎还不够。另一经济性的杂志《经济评论》，其内容在过去与大众的经济生活脱节，现在似乎有所努力与改进了。它所讨论的问题偏重于专门性，但亦为一般工商界人士所赏识。另有《工商天地》，革新后，理论水平较前提高，态度也比较严肃。

内幕杂志走红

现在，风行一时的内幕性杂志走上红运了。列举出来，真是洋洋可观。有《新闻杂志》、《海涛》、《中国人物》、《纵横》、《钮司》、《中国新闻》、《新闻天地》、《群言》、《透视》、《内幕新闻》、《新闻观察》等等。

内幕性杂志之所以风行，是可以反映出一般读者对时局的关心。更进一步说，时局幕后的真正活动，由于新闻的封锁、言论出版的不自由，于是无法透露出真相；而今天动荡的时局，已面临着每个人的安全与利害得失的关头，就使你不得不关心时局的演变了。号称内幕性的杂志，遂风行一时，而为广大读者所欢迎了。

所谓内幕性杂志，应当是提供时局背后真实的资料而加以科学的、客观的分析，使读者不仅明了时局的真相，并且还能洞晓时局发展的规律。可是，目前的所谓内幕性杂志，在内容上，是捕风捉影，甚且闭门捏造，有些还渗杂些主观的政治作用，以达成欺骗读者的目的。

自然，在这许多内幕性杂志里，也有些比较严肃，对读者负责的。他们报道的材料有相当根据，剖析事理合乎科学的方法，而态度也比较客观。

黄色刊物充斥

除以上所说的以外，所有报摊简直淹没在黄色的浪涛里。我们随便举出些例子：有《大胆女郎》、《小楼春暖》、《琴岛佳人》；还有《玻璃裤子》、《两性秘密》、《贞与淫》等等，这些书名，就足够说出它的内容了。这是说出了都市堕落的一面。

至于侦探与武侠小说，在书摊上也占着重要的位置，一眼望去，琳琅满目，有《大侦探》、《蓝皮书》等，更其荒唐的有《十二金钱镖》、《蜀山剑侠传》，一些不伦不类的东西。

另外，书报摊上还有一些专门性的杂志，这和那些比较严肃的刊物，同样地少得可怜。在科学方面的有《科学大众》、《工程界》、《电世界》、《科学时代》等，其次，有《医学世界》、《纺织周刊》、《农业》等等。画报方面有：《世界》、《寰球》、《联合画报》、《中国摄影》等。

巡礼后的感喟

在作如上简单的巡礼以后，我们不能不有许多人事沧桑的感喟，随着民主运动的消长，反映在出版方面的，也是贫乏与衰落，当抗战胜利后的上海，民主运动兴起，出版界方面，都以兴奋的、严肃的步伐，来迎接这个时代。但曾几何时，若干刊物杂志，被封的被封，停刊的停刊，真话不能说，于是，人们像被关在密不通风的暗室里似的，感到窒息。在这样的环境下，一些严肃的杂志，或因被迫，或因经济困难，而宣告停刊，代之而起的是曾经一度潜伏着的黄色书报杂志，泛滥在于今的书报市场。

但今天的读者，毕竟不同于以往的读者了，他们不肯自甘堕落，他们想发掘时局发展的真相。而另一方面，客观的形势，也着实起了大变，这一切，就催生了内幕性杂志的满天飞，将有取黄色刊物而代之的趋势，但今天的内幕性杂志，是并不能给读者解答任何问题的。我们上面已说过，这些内幕性杂志的风行，仅足表示人们对大局的焦虑与苦闷。何况，这些杂志，很多是歪曲事实、道听途说的。

政治民主才有办法

政治民主是言论自由的前提，言论自由是思想界健康的条件，没有政治的民主，就没有言论的自由，没有言论的自由，就不能促进人类思想健康的发展，这是清清楚楚的。所以，政治民主与思想的健康，是有着密切的关系。因此，要使人类精神的不趋堕落而力求上进，那么，只有在绝大多数人民获得自由的情形下，才有可能。

今天上海出版界的缩影，正是此时此地的最好说明：比较好的杂志，太少了，而内幕性与黄色杂志则满天飞，这就是当前文化衰落的写照，也是一个特定的政治环境下的必然产物。

（载《大公报（上海版）》1949年2月22日）

香港出版界现况

叶其秀

关于香港出版界的现况，今天虽然是有目共见，但向来就很少人注意到收集一些真实的材料和加以系统的研究，整理出一些问题来大家讨论一下。这里只不过想提供一些流水账式的素材，就是这些素材也是很贫乏和挂一漏万的，如能引起大家的注意和讨论，那真是香港出版界的幸福了。

精神粮食，对于人的需要，实在是不下于物质粮食的。可是，香港百万读者长期仰给于香港这城市所特有的那些黄色书报，特别是那些传播鬼神和命运的迷信的读物，变成茶余酒后的唯一的精神粮食，和街头的连环图画教养着下一代的少年儿童，这些看不见的损失，又有谁曾经仔细地调查研究过呢？但今天，新书业的出版家们，毕竟在这黄色文化统治的小岛上，建立起初步的基础了，这不能不说是一件好事，只是这基础未稳固的出版事业，却还有待于今后的出版家的努力，才能使百万读者在精神文化的享受上获得温饱和吸取营养呢。

要是谈到香港出版界的历史，就我个人记忆，只能从一九四一年算起。在这之前，不是没有出版事业，而是不能变成力量，只是少数热心文化工作的人，偶以出版一些零星的书报，起不了什么影响。到一九四一年，出版了很多拥有广大读者的新杂志，著名的如邹韬奋主编的《大众生活》、茅盾主编的《笔谈》、张铁生主编的《青年知识》、黄庆云主编的《新儿童》、周鲸文主编的《时代批评》、端木蕻良主编的《时代文学》，才开始建立了新书报的出版事业。可惜还没有得到顺利的开展，就由于日寇的侵略，连开埠百年的香港一起被打垮了。

胜利复员后，在一九四六年才有《自由世界》（已停刊）和《文艺生活》两丛刊的出版，跟着《新儿童》和《青年知识》复刊了，才开始了新生的气象。这两三年来，新书业不断的刊行了不少有益的书报，造成了目前的繁荣现象。现在粗算一下：杂志方面，有《文艺生活》、《小说》、《大众文艺丛刊》（已停刊）、《野草丛刊》（很久已没有出版）等文艺杂志；有《经济导报》、《经济通讯》等经济杂志；有《青年知识》、《新儿童》、《学生文丛》、《儿童文学连丛》等青年儿童杂志；有《群众》、《光明报》等政治性杂志，都是拥有广大读者和为读者所喜爱的。至于新书方面，这里应该介绍一下这里的出版新书的新书业，有历史悠久的生活、新知、读书三大书店联合发行所，有从内地迁来的文化供应社和中国出版社，有复员后新创办起来的新民主出版社、人间书屋、智源书局、前进书店、学生书店、南国书店和初步书店；有同时刊行新书的杂志社，如正报社、文艺生活社、新儿童社、香港学生社和青年知识社；此外，还有一些较小规模的出版社，都在刊行大批的新书报。这在香港的出版界历史来看，现在是最繁荣的一个时期了。

三联发行所可算是一个精神粮食的总输运站，它大量的供给国内版的书籍，使得香港百万读者不至于缺乏精神粮食，同时它还发行了《大众文艺丛刊》和《小说月刊》这两种定期刊物，和计划编印《新中国百科小丛书》，介绍了新世界的和古今中外的新知识。至于正报社和新民主出版社，最近两三年来刊行的大批有关新民主主义政策方针的书籍，使读者对新社会的认识打下了很好的基础。而以刊行《北方文艺》著名的中国出版社，一九四八年间成为了百万读者最好的良友，可惜如今已没有继续出版新书了。人间书屋是坚持着出版最好的文艺书报的新书店，有名的《人间文丛》已出了七种，差不多都是传诵一时的作品，最为青年学生的喜爱。智源书局、学生书店、初步书店和新儿童社，都各出版了一套儿童文学的丛书，拥有最多的少年儿童读者。前进书店出版的音乐书籍和《儿童音乐》在音乐书报的出版上，尽了最大的责任。

文艺生活社的《文艺生活丛书》和南国书店的《南国文艺丛书》在创造上贡献了他们的力量。香港学生社出版的《香港学生手册》和青年知识社出版的《青年生活丛书》都帮助了知识青年打好社会科学的基础。……一般的说来，这一时期的新书报出版界，都尽了为读者服务的一分微力，使新的文化知识能够广泛的传播，并供给了香港百万读者的需要。

但是不是说香港出版界已经做得很好呢？当然不能自满，而且也实在有缺点。特别是在一九四六——四七年间，若干游击式的出版商，剪辑了若干解放区的资料，或过去《新华日报》的文章，编印成一些单薄的小册子，刊行出来大量发卖，使出版界很受影响。这种对读者不负责任的倾向，到最近一年来已肃清了。还有在一九四七——四八年间，各家书店突然热心于儿童文学书籍的编印，一时也造成了热潮，这也是出版界没有组织、没有计画、没有分工的一种混乱的表现。这些过去了的事情，到今天，香港的出版界已认识了并确立了“为读者服务，对读者负责”这一严肃的思想，新书业的联合组织也初步成立了，团结就是力量，将来大家能分工负责，一定可以较以前做得更好，这是可以预言的。

其次，香港出版界目前有些什么困难呢？第一是印刷条件的限制和印刷成本的昂贵。香港印刷业远不及上海，技术也差得远，而成本却并不便宜。一九四五——四六年，排工千字要六元，印工每令要三十元，使得成本增加，书价定得过高，实际上是增加了读者的负担。目前印刷工价已较下跌，排工千字约四元，印工每令约二十元，但计算起来，书的成本还是太贵，定价很难减低，读者也就不够广泛了。第二是发行的问题，同行的折扣，有时低到五折或六折，各书店多设门市优待长期读者办法，本版七折，外版八折。这样低的折扣是不合理的，实际上也只是增加读者负担，而出版家则反为亏折。最近各家书店已修正同行批发折扣的办法，提高为现批六折，记账七折，这样一来，书的定价就可以稍为减低了。第三是市场问题，以前香港出版新书，一版最多印二千，曾经有个时候，因为南洋市场缩小，国内市场受了金圆券暴跌的影响，一版只印一千。市场小，印数少，成本增加，定价提高，读者更减少，这样互为因果，使得出版界感到很大的窒息。最近由于国内形势飞跃发展，销路稍为打开，新书每版的印数也增加了，最近有些新书初版已印一二万，定价也就减低得多，读者也受惠不浅了。

这只是一个粗枝大叶的报导，以后如能收集更具体的材料，并作更系统的研究，希望能再向大家提供一些实际的问题来展开讨论。

（载《大公报（香港版）》1949年5月21日）

今日台湾的杂志界

张白帆

半个月来，忙得连街也没有上，报纸也没有看，弄得外面是个什么世界一点也不知道，虽然在这个年头还是不去知道外面的情形来得干净，但一个人又不能离群索居地把身外的事情都不管的。可是，就因为这样才糟糕，在今日，对社会现状越知道得清楚就越觉得苦恼！比如前天老邓告诉我最近又新出了许多杂志，摆得满街都是，带着玩笑的口吻希望我能去欣赏欣赏这些新杂志的杰出内容。为了好奇心与一向对书报的爱好所驱使，我就抽个空到衡阳街头去看看，才恍然如悟的突然发现老邓为什么以玩笑的口吻对我报导这一消息的理由来。原来这些所谓新出的杂志，多半是比黄色刊物更低级下流与无耻的“杂志”！

连前些时候就已出版了的一共有十几本吧！《台湾风光》、《台湾内幕》、《台湾新闻》、《台湾农工商报》、《台湾春秋》、《台湾秘闻》、《秘密台湾》、《妙不可言》、《自由论坛》、《太平洋新闻杂志》等等，至于我没有看到的当然还有许多。——我在这里列出的这些刊名，当然不全是低级下流的，只是说一大部是这样的而已。例如除了《今日台湾》这一本而外，其余的都有着一个共通点：不是低级下流，就是内容空泛无物，人云亦云的瞎扯一阵，毫无价值可言！略略的抽阅了一遍以后，不禁使我打了个冷噤！想不到两月来的杂志界，竟会变成这么一个畸形而可怕的现象！

虽然在我们这个国度里，所谓文化教育的一般情形，原就是这么落后与畸形的。但不幸的是我们这“宝岛”，光复刚三年，受到内战的影响以及战时特种法令的限制比较少，情形竟也这样的一团糟！如果想在这里找得一份精神食粮，那就简直非得饿死不可！我们实在是找不出一个办法来掩饰这一可怕的事实。今日台湾的文化界不但已经陷入了真空的境地，同时是更面临着一种可怕的危机。一般真正的还有点人性的文化人，由于种种的客观环境所限制，他们不得不暂时沉默；而另一方面起而代之的，却是这些文化败类所串演的□跳梁的伎俩——这并不是一句过火的危言，单就衡阳街头的小书摊上所摆的这些败类们的产品，就差不多有半数以上是有毒的。别的不谈，我们就单拿《台湾秘闻》和《妙不可言》这两本来说说吧——因为这两本的拙劣程度足以作为这些毒性刊物的代表的；不但文字上没有一篇写得通顺，就是内容也是一些欺骗读者甚至是侮辱读者的胡诌（我们无法承认它是文章，只好说它是胡诌），现在就让我们从这些败类们的产品中找出它们卑劣的事实来：

首先说《台湾秘闻》，这一本的封面就肉麻得令人看了连心脏也要呕出来的，它说“要偷偷的看，看完了送给你最亲密的朋友看”，又说“篇篇有刺激，字字是幽默”。但我们实在不能从里头找得出有什么秘密和刺激与幽默的！或许，它们所谓“刺激”与“幽默”者，就指的是低级与下流吧！单就里面一篇叫《台湾女人风流无度》的来说，有几个力标题就足以代表它们的低级与下流：“对对都是风流客，好像比赛淫荡大会”，“浪声四溢，精虫满身爬”等等，再如“酒醉少女心不醉，风流台上更风流”等等，简直把能忍苦耐劳有德性的女台胞看作是一群妖怪！他说台湾女人是怎样的淫荡疯狂，怎样的要钱不要命。这不但是故意歪曲现实，把三百万女台胞骂得一文不值，同时对于整个的台湾，更是一个绝大的侮辱！难道台湾女人就真的个是这样的荒淫无耻吗？从这一点。我们不难看出这类刊物是怎样地比黄色杂志更下流、低级和无聊的了。

在《台湾秘闻》的封底还有一篇在骂魏道明夫妇的，他说魏道明是惧内的能手，魏夫人是搞钱的圣手，甚至说魏夫人的雌威还遗留在台湾兴波作浪的毒害台胞。——这一点，也就是这批文作败类们的一种原形毕露的丑态！虽说魏氏主台的时期，尽有许多令人不满的地方，但在当时，这些败类们不但一声不敢响，甚至进而捧场拍马，歌功颂德。直到现在魏氏下台了，才如此污地来这么一套泼妇骂街式的造谣诽谤。这，不但是暴露了他们自己的一副丑恶卑贱的嘴脸，同时更充分的说明了他们自身的投机取巧与脆弱无能的劣根性的！

再如《秘密台湾》所载的一篇《台湾女人害了我》的和《台湾暴徒幻梦中的叛乱》的，前者的卑劣跟前面所述的一篇差不了多少，后者就更可恶了，他说台湾人希望“独立”，希望托管，甚至说台湾人承认自己是混血儿！……这简直更胡认了！我们知道，台胞们尽有许多对现实不满足的地方，可是他们绝不会想到什么“独立”或托管的。记得去年曾有一次，美国新闻记者发了一则台胞希望托管的消息，就立刻引起了台胞们极力地否认和反对；而且台胞们的一举一动，到处都充分的表现他们是中华民族的血统，谁说他们曾经承认自己是混血儿的！

又如《台湾内幕》这一本，他说现在的米价会这么贵，都是给外省人吃贵的，希望所有的外省人都滚出去！这，更是一种极肤浅、极可笑，也极侮辱台胞们的一种说法。米价以及各项物价的飞涨是事实，但这是由于各种错综复杂的社会因素所促成的，可是他们一口咬定是外省人吃贵的，而且是故意在挑拨离间本省人与外省人的同胞情感的，真太可恶了。

其次，就该来谈谈《妙不可言》这一本了——但其实，这也并没有什么值得提起的。简单地说，反正是几张裸体照片再加上一些滥俗淫荡的说明，就算是“妙少可言”了！总而言之，这一类刊物不外是集低级、下流、无聊、卑污与无耻之大成而已！也可以说是这批文化败类为了达成捞钱的目的而故意歪曲事实，造谣生事而已！

讲起来实在是我们不能不痛心疾首的！这些败类们既不能把宝贵的精力去应用阐扬文化与领导社会的工作上，就该安分的躲到墙角边去过着社会寄生虫的生活，这样，虽然仍是不利于社会，但总也不会有怎样大的毒害的，然而不幸的是：他们又不能这么安分，却偏偏要如此的出卖良心与灵魂来挑动整个社会的恶劣倾向的！但究其原因，却也简单得很，因为这些败类们本来就是一些投机份子，他们根本就不会有什么良心和灵魂的，他们识得几个方块字，就自以为自己的地位在社会上是高人一等的，他们的生活应该比常人过得舒适，过得高贵。于是，他们的心目中所想到看到的只是“钱”。可是，他们虽然一开始就想发财，但始终总找不到发财的机会；因为，他们的卑污与无耻是甚至连“达官显贵”者流也瞧不起的，不敢信任的，认为是没出息的。然而这样地他们又舍不开发财的妄想，他们还是整天的梦想着汽车、洋房和金条。结果，基于这一恶劣念头的产生，就什么丑恶卑污的事情就都干得出来了！

然而，怪的是：世间尽有许多发财的路径可走，而且这些败类们既然肯自愿的出卖良心与灵魂，当然是不怕没有门路的，又何必以文化人的身份来出版这种毒化刊物，落得一个比出卖肉体的妓女还来得可悲与无耻的行为来达到赚钱的目的呢？然而，话又得说回来，上面刚说过，富豪们对这些败类们既然是瞧不起的，当然也不敢利用了。他们骨子里原就有投机取巧的劣根性，谁敢担保他们今天捧了这个，明天又不回头来咬一口的大肆攻击呢？一方面是因为社会环境的限制使得目前真正有价值的、能替民众征达意见的刊物不能出现，所以读者们对阅读上的要求不得不另找满足的出路；另一方面，又因大多数的台胞对现实的不满，需要刺激的东西来调剂他们的反常胃口的，于是，基于这一现实条件的存在，败类们就凭藉着这个机会来大捞其亏心钱了；而台湾的比黄色刊物更黄色的“刊物”，也就在这文化的极端的低潮里，必然地产生出来了。

但是，一个所谓文化人真的走到了这种地步，也无疑是已经临到了末路了！如果单单是为了要找刺激的题材，这社会上尽有许多血淋淋的现实可供报导的，只要能够做到切实报导与不容情地解剖的地步，就足够打动读者的心魂而拥得最多的读者了。然而，倒因为这些败类们本身是丑恶的，所以他们对现实不敢正视，也愧于正视，于是他们只好走向这条末路了！

然而，读者们是最不能欺骗的，他们是每一作品最忠实的批判者，而且他们的胃口，也不真正是反常的。等到有一天现实透露出一线光明与正当刊物被扶植起来的时候，也就是读者心理以及一切事象纳入正轨的时候。这些出卖良心、出卖灵魂的可怜虫们，总归有被读者们所唾弃的一天的！

但最令人伤心而不解的是：说近一点，一首描绘现实的“收酒矸”的台湾民谣，要遭受到被禁止的厄运；说开一点，一些严正有内容与剖解现实的报刊，也要受到查封，为什么这种毒化人心与挑动整个社会的恶劣倾向的刊物，倒让他们公开印刷、公开出卖，难道当局就真的“睡着”了吗？

为要彻底挽回这一危恶的倾向，为要矫正读者们反常的阅读心理，我们——一切具有良知良能的文化工作者以及一切为正义而生存的人们，是必须马上群起呼吁，一面尽力扶植正当刊物的成长，一面对这些败类们做最澈底的围剿！同时，身负文化教育之责的政府当局，也必须立刻澈底负起查禁的责任，使这些败类们即时销声匿迹，躲回墙角边去过其寄生虫的生活，不然，纵任这种恶劣倾向蔓延下去，整个宝岛的文化新园的命运，实将不堪设想！

不过，在这里也得顺便带上一句，因为在衡阳街头所看到的几本杂志之中，的确也有几本值得一看的，例如《台湾文化》就是一本不能说坏的杂志，再如出了四期（？）就突然看不见了的《创作》月刊，也是值得我们一看的，就是最近才刊行的《今日台湾》，更是一本足以代表台湾出版界（在这里指的当然是正当前进的出版界）的杰出刊物。这是由谢汉儒发行的，民权通讯社的甲种稿综合本，可以说是台湾报道界的权威。它正确地指出今日台湾的社会病态，把现实剖解到最深层，让人们看出这整个社会的症结所在，进而去选择改革的道路。这是一本值得一看再看的刊物，仅在这里一提，并以深切热烈的愿望期待着今后能有更多的，类似此类的刊物出现。（本文原以对话体裁写出，于三月五日在“台湾介绍”的节目中播出，现删节刊载在此）

（载《台湾之声》1949 年第 4 期）

台中书业与报业

庄　申

在台湾，虽然台中算得上是一个文化都市，但实际上的文化活动是很少的，还需要人们开拓培植。

台中一共有三家报纸，都是民营的：《民声日报》、《天南日报》、《力行报》，以《民声日报》的规模较大，有一个综合性的副刊。《天南日报》的副刊《三棱镜》稍见可爱，但销路不广。《力行报》最近停刊，原是年青的一群人在支持着的，所以比较活泼。副刊《新文艺》每周约二次，由台湾名作家杨逵主编，经常写稿的有萧金堆、余恨我、杨云萍等台省作家。

台北的《公论报》、《新生报》、《和平日报》、《平言日报》和上海航空运来的《大公报》，都在台中拥有一批读者。

台中曾有过一个文艺刊物《台湾文艺》，是由杨逵主编的，只出版了三期便夭折了。内容不够充实。

台中书局极少，最大的中央书局里只能零星的看到些战前的中华、商务、开明的老书。刊物也只有陈年的《新中华》、《国文月刊》。最新的也只是些《明开少年》、《中学生》之类。

相反的，贩卖日本书籍的书局却很多，日本文翻译的世界名著如屠格涅夫、莎士比亚、嚣俄、佐拉等人的全集都有，但价钱都极高。

日本人统治台湾时代编制的巨著，如《原始台湾工艺图谱》、《台湾风物画谱》等，现在常常被人抄袭出来，发表在有关的刊物。

台北音乐访问团最近到台中表演过，演出的情形不怎么好。由台中市人民组成的歌咏团上月中也在中山堂公演过。（五月十日寄）

（载《大公报（上海版）》1949 年 5 月 24 日）

书刊在无锡

冬 发

要想了解无锡的文化变动，单从表面上看是会使人失望的。你要从书刊的销路，一次好的音乐演奏会或者一次好的话剧演出上，甚至于一本好书的畅销上来看，将发现潜伏在无锡人们心中的要求进步的巨流在汹涌的奔荡着。

音乐活动在无锡，胜利后两年多一直是很蓬勃的，这首先是演剧九队在无锡播下了新音乐的种子，各学校的音乐团体以及业余性音乐团体才都成长起来。最近并有了音乐联谊会的组织。

省立教育学院剧团最近为了筹粮应变，将演出《原野》和一些民间舞，这是打破今年沉寂的剧运的第一声。

书店里经常拥塞着人，但是，读者对于要看的书报已有了选择了，《中建》、《展望》、《经济周报》销路最畅，《世界知识》、《科学画报》也有着他们的读者。但曾经红极一时的内幕性杂志，除了一些无经验的读者还抱着随便买两本的态度照顾照顾外，大部分的人都对它们感觉厌恶了："这些鬼东西真多！"常有人这么说。在这上二十万人的无锡城里，随便买两本"内幕"的人当然还是很多，投机性的内幕杂志在无锡未绝迹，这是个原因。文艺杂志《文艺春秋》、《文艺复兴》每期虽还能看，但销路不很好，《苏联文艺》因为全是翻译文字，也常搁在架子上。香港的《小说》则常于运到后就被抢购一空。

（载《大公报（上海版）》1949年3月16日）

无锡文讯

白　丁

号称“小上海”的无锡，它的经济固然繁荣，文化也是相当发达的。专科以上的学校就有三所，即江南大学、国学专修科与省立无锡教育学院。

无锡的书店大部份出售文具和教科书，只有“日新”和“建国”两书店有一点新书和新杂志，因而每天都挤满了看书的人，以青年和学生为多。两书店也欢迎人们入内浏览，因此被人称为“大家的书店”。

城内外新设的书报摊不下十余起，有的摊子把惊人的标题书写在墙壁上或朗声高诵：“要知共产党何时过江……”“和谈为啥延期……”吸引很多人，购买者甚多。

无锡城内多的是“何日君再来”、“我是你的灵魂”等靡靡之音，甚至标榜电化教育的某学院的电台也天天播送《我这心》、《大块》等黄色歌曲。教育学院不久以前为了解除粮荒，学生们曾在大街上扭秧歌，跳边疆舞，引起无锡人广泛的兴趣与注意。现该院学生组织了“大众歌舞团”，专门唱民歌和跳民间舞蹈，为无锡城内新而有力的声音。(四月九日寄)

(载《大公报（上海版)》1949 年 4 月 12 日)

由书摊谈到废纸

贾　以

五四以后，“冷摊”一度走过好运。许多从事于文化工作者，觉得从前的“正史”之类，是不“正”的；几千年的“正统”文献原是有问题的。而那个时代仍有些人以“正统”文人自居，所谓“选学妖孽”、“桐城谬种”之流，仍然在大讲“义法”，大讲“声调”，同时“孔家老店”香火依然鼎盛，恨不得“以儒教为国教”。为了打倒这些人，有些文化工作者，便不得不以毒攻毒，从冷僻的书籍里，得到足以批评旧的所谓“正统”的文献的资料，因此冷摊也就被人光顾。偶尔有一两本珍贵的书，商人也会趁机居奇，发一个利市的。

冷摊的运气一直走到抗战以前，在那个时候，林语堂提倡小品，出版《宇宙风》、《谈风》一类的小品刊物，北平的周作人、刘半农之流更好引些偏僻的书籍来作小品，这风气麻醉一些小资产阶级的文化人。居然忘掉他的一日三餐的问题而“闲适”起来，把稿费照顾了冷摊，希图在冷摊上发现一些写作的“原料”（不是材料或资料），搬回家里，生吞活剥的抄几行，再自己随便感慨几句，于是“小品”成功，登在《宇宙风》或《谈风》之上，骗人骗自己。

天津的书摊的集中地是在天祥市场四楼和劝业场三楼，这些书摊仿佛是书摊中的贵族阶级，和西南城角一带或北马路一带的书摊比起来是华贵的，当然，半殖民地的气息也很浓厚（因为它是在租界里）。好的线装书并不甚多，而洋书却不少。在沦陷的时候，学生们读书常是发生困难，教科书买不到，有些私立学校要念原版外国课本更不易买，便到这些冷摊去寻觅。还有些书摊藏着一些抗战前出版的文艺书籍，鲁迅、高尔基的小说，也还摆在摊上，甚至于有关新哲学的书也还敢摆着，这倒是对于一些人的帮助不少，但“功”终是不能掩“过”的，最畅销的书不是这些，而是一些充满麻醉性的黄色作品！

总之，天津的书摊在沦陷期间虽然走运，却是变质了，很少有人去寻觅冷僻的书，书摊的老板也不肯预备这些书，即使是成套的木版线装书都减小了。只有北马路、西马路一带卖废报纸的地方，却会发现成套的书，有时他们会囫囵上秤称卖出去包花生米。

等到日本投降以后，书摊生意一度不太坏，以后便冷淡了，那个时代是这样，国民党政府不想要文化，人民不敢要文化，小资产阶级文化人“闲适”不起来——再“闲适”便饿死了——所以无论新书旧书，都不走运，只有色情文字、武侠神怪的东西，卖到小商人的手里作消遣。

遭逢厄运最严重的要算“正统”的线装书了。许多木板书被拆开包花生米，抛到地上被拾字纸的检了去，送到纸厂里去“再生”。宋版也罢，明版也罢，清版也罢，在卖废纸的商人眼中都称之曰“货”，是一视同仁的。用大秤一称，不论“胡刻”、“毛刻”，一律是多少钱一斤。从前在“书香门第”的书房里“珍藏”的东西，这回却“潦倒风尘”、“玉颜失色”，甚而至于“粉身碎骨”了。

解放以后，新的书籍广泛的被阅读，同时旧的线装书也被老板们大量的卖给废纸商人作大批的“货物”了。这些货物换得了废纸商人的利益。

假若这些书，果真是要不得的废物，“推陈出新”的去再生变为纸，也还是说得通的，无奈这些东西，我们还不能一概而论的当作废物，无论如何，也还得算是文化遗产。这些遗产，还要我们去批判的接受。我们不该自满的说，从五四以后有些文化工作者从事批判这些遗产的工作业已圆满，而应该虚心的认为有许许多多的遗产还需要料理，重新估价；为了批判的接受历史遗产的工作。

当然我们不是憧憬过去那些小资产阶级文化人，以悠闲的态度去溜书摊，而要求冷摊上还要摆些线装书，更不是要像过去有些封建传统的保卫者以卫道之心来保存国粹（几乎连三寸金莲都不免怀恋），同时也不是像保存古董似的要把许许多多线装书摆在房里作装饰品，而是要留下这些遗产好去整理，翻检翻检，有没有可以接受的东西；假如我们从这些遗产得到有价值的东西时，这是我们中国人民的利益，不是商人卖几个钱一斤获得的代价所能比拟的！

所以我们正告废纸的商人，看得远一点，看得大一些，遇到成套的看的过的线装书，不要拆开来论斤卖，不妨报告给政府——当然，政府不会像国民党的政府，看出便宜来给没收了饱入私囊，而公公正正的顾到商人利益。

假若由于废纸商人的细心，在废纸堆里发现了有价值的东西，保全了一部文化遗产，他的荣誉，卖几千斤废纸是换不来的。

（载《生活文艺》1949 年第 2 期）

前进中的北平新书业

陈 迹

北平解放后，由于职工学生热烈要求学习革命知识，新开张的几家书店里天天挤满了顾客。新华书店从二月十日开始营业，先后在王府井大街、西单、前门成立了三个门市部，在刚开始的几天里，每天近九千册的书被读者购去；现在每天也要销出四千多册。其中以毛主席的著作卖得最多；《新民主主义论》最受读者的欢迎，在北平销出的总数现已超过十万册，这还不完全包括一些商人私自翻印的在内。新中国书店虽然只有一个门市部，每天顾客平均至少有一千人以上，每人购书只限于一册，平均一天也要卖出一千多册。如果放手去卖，估计每天可卖到一万册。除了各校学生买书之外，各工厂职工团体订购的也比较多了。

现在北平的几个新文化书店，所遇到的最大困难，就是供不应求。他们的书，除了二十多种书是平津出版的以外，绝大部分是靠东北书店供给，还有些是华北新华书店出版的。现在他们正筹划在平津大量出版新书。另外，他们卖出的书，一般都要亏本，因为纸张油墨贵，卖出的价钱往往买不回原来的东西。不过他们都强调地说，今天干新文化出版事业，是为人民服务，纯营业观点是要坚决反对的。只要全中国解放了，目前的困难是很容易解决的。现在各书店正准备联合出版一个《学习生活》，用以和广大读者联系，并经常开展批评与讨论，以改进革命的出版事业。

在北平除了新华书店等以外，在东安市场和西单商场也出现了许多出售革命书籍的新书摊。它们已在自然地逐步地代替着腐臭不堪的旧书摊。鸳鸯蝴蝶、看相说命的东西，逐渐减少了它们的读者。记者曾访问过这些书摊，他们现在的问题，也是书籍来源不多。他们为要多赚几个钱，所以主要是在买卖那些来路不明的人私自翻印的小册子，这是一个很严重的问题。因为那些小册子除了根据原文印的而外，不少是摘录的。在这些小册子里，现已发现有几本是捏造的，如《城市乡村土地房屋改革法》就是一例。这对于读者有莫大的恶劣影响。另外，在有些书摊上，还出卖着淫秽的画报和小说。这些东西，应当加以取缔。

（载《人民日报》1949 年 4 月 7 日）

北平的报纸与学生

肖　华

北平现在只有两张报纸：一张是华北人民政府的《人民日报》，一张便是《新民报》，这两张报纸都不在早上出版，通通改在中午出版了，这样一来，那些办报的人便可以不必再过那有害健康的夜生活。这一点，养成了一清早就要看报的习惯的人，起初有些感到不惯，但渐渐也就无所谓了。

现在虽然只有两张报纸，但并不觉得太少，其实认真起来，要好好地读它们，也够一个人读的咧。在全城各机关、各学校、各文化团体都积极展开“学习”的时候，这些报纸便担负了教科书、教师和学生的三种作用。

提到这里的“学习”，可令人有些紧张之感。当共产党的政策、社论、文告在报端上刊出以后，接连着的那一个时期，便可以在报纸的副刊上、专栏里或通讯中读到讨论那些文件的作品。以前那些漫谈“戏子”、“女人”的报屁股，现在则天天都披露着一些共产党政策在实际事件中运用的情形。这些文章大多是共产党员、青年学生和工人市民们自己的作品。文章的辞藻并不美丽，但都是一些老老实实的事情、问题或者经验。现在拿起了报纸，就是为了“学习”，过去那种轻飘飘的消闲之感似乎再也不会回来了。北平的报纸在尽着社会教育的作用。

报纸上的头条新闻已经是小民们都关心的事，政府要员的来往倒成了并不重要的新闻。

外国的电讯也有，且多为各国共产党及各国人民民主运动的新闻。偶尔也可以看到中央社的电讯，但在北平的人们读起来，不免心中觉得好笑。

报纸在学生群中成了热爱的读物，一点也不夸大的说，它已经成为了同学们的教本，而这种教本，并不是那种一提起来就觉得枯燥的玩意。

同学们从报纸上读到了自己的文章，感到格外的亲切，从那些文章里所提出来的经验与学习，比空空洞洞的读文告要容易进步得多。

有一个平常吊儿郎当，向来懒惰异常而且又很顽皮的中学生，在学校的壁报上述说他改变自己的经验时说，他以往一直都以为可以依靠家财生活，所以满不在乎，但自从他在实际生活上感觉到今后情形势将不同于往昔，在为人民服务中发现到自己底空虚的时候，基于他青年人向上的求知的热情，他才觉悟到学习的重要性。因而，他便在壁报上披露了他自己的心情，并要求同学们帮助他改正缺点，同时，还保证他今后要拿出成绩来给大家看。

由于整个情形变了，学校中学生团体的活动，普遍展开，各班各级的生活学习小组，在课外都大大的帮助了同学们的进步。有的同学，就索性去投考“华北大学”或“华北人民革命大学”。因为，这些同学认为只有那里的学习，才能更适合实际的需要。

北平的中学同学在受着报纸和学校本身的教育，直到今天，已经普遍地有了改变。

（载《中学时代》1949 年第 31 期）

武汉文化出版事业迅速发展

…………

武汉解放三个多月来，新民主主义的文化出版事业，已有迅速发展。戏剧方面：计有第四野战军文工团、华中文工团、中原大学文工团、武汉军管会文教部文工团等十几个单位，先后演出话剧、平剧、秧歌剧等五十多种。其中以《白毛女》、《血泪仇》和各种介绍解放区生活的短剧，如《兄妹开荒》、《夫妻识字》等最受观众欢迎。七月中旬，《白毛女》一剧在武昌、汉口两地同时出演，一共演了三十多场，观众极为拥挤，打破武汉各戏院历来卖座的纪录。

解放歌曲如《东方红》、《解放区的天是明朗的天》、《跟着毛泽东走》、《民主青年进行曲》等在人民群众中都广泛流传。书店中新歌本推销很快，常常供不应求。

在美术活动方面：华中文工团主办的解放区美术作品展览会，在市商会、中山公园、第一纱厂、武汉大学等处轮流展览二十七天，观众达到二万五千多人。

为使新文化普及到广大市民及工农群众中去，武汉市人民政府拨款六百多万元改造中山公园和民众教育馆，增加图书馆书籍，增设壁报、黑板报、形势图、标语牌，并修建了儿童游艺场。

大批青年踊跃参加文艺学校及各种文工团。现在武汉职工会筹备会和武汉青年工作委员会都成立了文工团，深入工厂、学校，帮助组织文化娱乐活动。

报纸杂志方面：已出版的有《长江日报》、《华中工人报》、《大刚报》、《湖北农民》、《戏剧新报》等五家。《长江日报》发行遍及华中各地，每天销三万份左右，《华中工人报》是华中总工会筹委会主办的工人报纸，销八千多份。杂志已出版的有综合性的《华中文汇》和文艺性的《长江文艺》等。

出版事业方面：新华书店已在武昌、汉口两地分设分店和阅览室三处。汉口分店在二十天中，销售新书十九万九千多册，每天平均卖出一万册左右。新书销售最畅的是揭露国民党反动派真相的书籍，人民领袖和革命人物的传记、故事以及革命理论和革命思想修养等读物。除新华书店外，其他书店也经售革命书籍。几家销售新书的书店每家每天营业收入是二十万元到三十万元，而销售黄色图书的旧书业，则生意冷落，销售数不到解放前的百分之三十。

武汉的新文化工作虽然已经初步展开，但向工人和其他劳动人民中推广的普及工作，还做得很少。这是今后须要注意改进的。

（载《新华社电讯稿》1949 年第 454—483 期）

梦与现实

黄 绳

天亮之前，人人都有一个好梦。文艺作者是富于想像的，梦境一定更为灿烂。

说是梦境，其实至少有一些已经是望得见的现实；因为现在已经亮了半边天，那里的人们早就活跃在和煦的阳光下。比如说吧，“出版界的美景”不是已经灿然在目了吗？北平的《人民日报》一印就是十万多份，赵树理的创作仅在一个区域里一版就印三万本。正如秦牧先生在《出版界的美境》一文里说：“新中国的出版界将踏上一个崭新的阶段，报纸行销百万份，书籍每版印五万本至十万本，再不是稀奇的事了。”在新的社会里，人民的文化胃口将要扩大，精神食粮当然需要大量地提供；出版事业必有其光辉的前途，也可以说有大力发展的迫切需要。

于是，一定有人在想，自己的作品不再会关在自己的抽屉里不见天日，也不再会搁在出版商的屋子里发霉发臭。出版的机会必然容易找到，而且印数必然不会太少。看到自己的作品传诵一时，当然是值得高兴的事。这个想头不能算错，但不应出于为个人名利打算。在新中国里，是为着时代的需要来发展出版事业的，是在一定的原则下来发展出版事业的。在资本主义的国家里，出版事业何尝不发达？但它主要是为了传播资产阶级的思想，宣传资产阶级的政策，维护资产阶级的利益，所以一点也不值得我们称颂。我们今天和明天的文艺，是新民主主义文化的一部门。一个文艺工作者，必须为清除帝国主义文化和半封建文化而斗争，必须为创造和发展新民主主义文化而斗争。毛泽东先生说：“新民主主义文化是大众的，它应为全民族中百分之九十以上的工农民众服务，并逐渐成为他们的文化。”所以，我们的眼睛首先要放在工农民众身上，我们的作品首先应为他们服务的。假若我们的作品，虽然“北销沈阳，南达琼崖”，可称传诵一时，但事实上还仅在城中知识份子的手中传来传去，那我们为新民主主义文化立的功劳就还不够，为新中国立的功劳就还不够。假若我们扩大出版机构，大搞出版计画，而在这大计画中还只着眼于城市知识分子读者的需要，却没有充分重视文化普及的迫切需要，那我们还是没有把眼睛看得更广更远，甚至可能还多少保留着市侩观点。西北野战军政治部召开的前线文艺工作会议，在检讨过去一年的工作时指出："有极少数同志存在成名思想，幻想一鸣惊人，而对于许多生动的实际事物，不愿意作及时的反映。"

这批判是完全需要的，这样的缺点是每一个文艺工作者不应犯着的。不要以为这是前线文艺工作的问题，不要以为这是战争环境中的特殊问题。在解放了的土地上，一定有一个相当长的时间，特别需要而且首先需要的，不是大型的作品，不是作者主观的自诩为提高典型的作品，而是及时的反映生动的实际事物，是从工农民众的"艺术基地"提高一步，是新鲜活泼的为工农民众所喜爱的小型的东西。所以，出版界的美景，不该仅是城市的书店挤满了知识分子，而且更该是大批书报涌进工厂作坊和广大的农村；不该仅是使到知识分子获得更多的时代文化，而且更该是使到工农民众都变成有知识的人并创造了自己的文化，一个文艺工作者，如果望到出版界的璀璨前途，于是从个人名利出发，关起门来埋头写作，准备使"洛阳纸贵"，不愿意为工农民众服务，不愿意为创造和发展大众的新民主主义文化的努力、他是会走上违背了新中国的文化政策的歪路的。

过去甚至现在，我们的个人生活，我们所处的环境，限制着我们的思想，限制着我们的视野，使我们惯于在旧的事物里兜圈子，使我们不能望得更远一点。可能有人认为，自己的作品能在知识人士中统传才是办法，只给老百姓看看的还不是无声无臭？或者认为，多数读者喜不喜爱有什么问题？只要为识货的人所赞赏就够了。这种思想在今日看来，实在离开时代十万八千里！新中国是人民大众当权的朝代，人民大众才是真正识货的人。假如我们的作品，能为工农民众所喜爱，能对工农民众有贡献，让他们熟悉我们，让他们衷心愿意把我们看作知己，这才是我们的最高的光荣。到处工厂和农庄都有人争先看着我们的小说，热烈地朗诵或歌唱我们的诗歌，这情景还不教我们欢欣鼓舞，该不是人类应有的事。

从另一方面说，我们的文艺创作是在一定的文化政策之下来进行和发展的，如果我们的工作不是执行这个政策的，或者更是违反这个政策的，就要受到严格的批判，即如苏联的左勤科和阿赫马托娃那样受到严格的批判。而且，这个批判不只出于决策的人，同时出于广大的人民。所以，我们不能因看到出版界的美景，便以为随随便便一本什么都可以得到广大的销路；反之，我们的作品此后放在眼睛雪亮的人民之前，写作的态度要格外严肃。不要以为人民是愚昧无知的，人民实在是懂得艺术的。二月廿二日《华商报》上刊载的江汉前线通讯里说："中原文工团的同志们已经收集了一个关于解放战士战斗生活的实际资料，通过集体创作的方法，把资料编成了一个剧本，剧名叫《王克勤班》，主题是表现一个解放战士的英勇事迹……这一次文工团为了要上演，曾经动员许多人去采访，而且请王克勤的一班人来亲自为他们指导修正。这个剧的导演和表演都得到了很大进步。许多同志都说：'他们不但会打仗，而且懂得艺术。'"又二月十五日《华商报》上刊载大连通讯，报道大连戏剧工作者的情形说："在帮助船渠工友编《二猫立功》一剧时，体会到过去自己写剧，只是想在那个地方搞上一出剧，而工人都是从实际出发，刻划人物，在每一个人物上充满了各种不同的丰富语汇。如写二流子总以为夸张写才像个二流子，但是看见工人编的《二猫立功》中的'二猫'时，便不得不承认自己写的二流子几等于胡诌。"这活生生的事实，完全证明了人民是懂得艺术的，完全证明了在艺术方面也绝骗不过人民。我们的作品，如果不饱含着政治性、思想性、教育性，将不能在文坛上站得稳；即使在所谓技巧上达到什么高度，也将受到冷淡甚而鄙弃。所以，就消极方面说，我们写作不能信手涂抹；就积极方面说，必须向人民学习，必须拜人民为老师。

说到这里，还需要提起另一件事。在望到出版界的美景的今日，可能有些人希望将来做一个职业作家。这个希望自然不算坏，因为在新中国里当然容许有职业作家，而且职业作家会获得在写作上的许多方便，有些人立志献身于新民主主义的文艺事业，这怎能算坏呢？不过，这个想法必须出于为人民的动机，如果动机不纯就还是有问题的。好读书能写作的人，也就是所谓文化人，往往犯着一个毛病，就是爱个人自由，爱自己事自己管，爱与少数朋友作思想游戏，不愿受工作拘束，不愿受人家领导，不愿过集体生活，一句话就是不愿参加实际工作，因为参加了实际工作，想随时上咖啡馆，随便聊天打发光阴，深夜不睡觉，第二天正午还不起来，就一定不可能，而这是被认为不容易写出东西来，损害和牺牲了不知多少灵感的。很可能有人还想保留这些坏习性，因而挑选一门“体面”而轻松的行业——职业作家。可惜这正是脱离群众、闭门造车的老路，这条老路是早就被认为非常浅狭的，而在今日特别是不久的将来，这条老路不只是毫无体面之可言，而且是非常危险的，走上这条老路就非弄到身败名裂不止。

最近在北平举行的文艺界茶话会，与会的有最高声誉的老作家，如郭沫若、茅盾两位先生，都强调着与工农结合，强调着向人民学习，强调着改造自己。郭沫若先生指出：“在今后建设工作上，文艺工作者负有很大使命，负有影响别人精神与灵魂的任务，但影响别人灵魂，首先要健全自己的灵魂。”而要健全自己的灵魂，恐怕只有诚心诚意埋头于人民的实际工作，在实际工作中不断的受严格的锻炼才有办法。现在大家都赞美赵树理的作品，都认为要向他学习，但若果只向他的写作技巧学习还是皮毛的，重要的问题是向他的为人学习。原来他在报纸书店作编辑，却并不长住在机关里，一年中有八个月住在乡村和参加区村工作。他以一个普通区村政府人员的身份，和农民完全生活在一起，老乡们从来不知道他是个作家，他也从来不自以为是个作家，不是抱着搜集材料的态度而下乡工作。他从来都没有想到往上爬，要成功一个作家，他只是老老实实的为人民作长工，一股劲往下面钻。惟其如此，所以他能成为“毛主席延安文艺座谈会以后，唯一能掌握座谈会精神的人”（艾青语）；惟其如此，所以他在主观上丝毫没有希望一鸣惊人，而在客观上实实在在一鸣惊人。我们长久生活在旧社会里，带着一身污垢，对于新生的事实知道得极少，感觉都非常迟钝，如果鄙弃实际的群众工作，想做其职业作家，这是急待清除的落后思想。

作为一个观光者，在蓬勃发展的新的生活圈子间走来走去，搜集一些写作材料，而且可能到处受到款待，这想来是非常写意的，只可惜没有可能写出结实的作品来。这个做法，必然犯着西北前线文艺工作会议批判过的缺点："对事物不分析，不评判，罗列现象，使观众不能正确地认识解放军的本质。——在这里是要广泛一点来说，使读者不能正确地认识新现实的本质。"

写你熟悉的生活，这是一个创作的原则；而这个原则运用在今日和明日的文艺创作上，便该变成更加具体的：写你熟悉的工农生活。退一步说吧，工农以外的生活也可以写，但最有价值的是写工农的生活；又可以这样说，就是写工农以外的生活，也不能与正在大力创造着历史的工农无关。这是工农民众当权的朝代，他们是新中国第一位的主人翁，我们要反映新中国的现实，却把第一位的主人翁抛开，这就等于在人物传记里，单没有了所要传述的那个人物，岂不是荒唐透顶的事？工农是新中国的第一位的主人翁，也就是新民主主义的现实主义的文艺里面的第一位的主人翁，这是毫无疑问的。我们的文艺工作者，居多长久地脱离工农群众，对旧的工农已是知得很少，对新的工农知道得更少，比较熟悉的还是城市里的小资产阶级，是一般知识分子，假若不切实与工农结合，而只能捕风捉影，究竟能写出什么来？——这真是一个严重的问题。

天亮之前，人人都有一个好梦。梦从现实中来，还是要回到现实中去。

（载《大公报（香港版）》1949年3月21日）

一个想像的座谈会

萧　乾

地点：高庆茶楼（雅座）

出席人：作家甲、作家乙、出版家甲、出版家乙、读者甲、读者乙、主人

主人：今天也可以算是一个诉苦大会，我们希望写书的、印书的、买书的朋友，都把你们的苦衷畅快地诉出，做为新中国出版事业的参

考。我们早就有意思举行这样一个座谈会，然而读者各有职业，作者们在香港也多是过路的客人，到了忙找住所，刚住定又忙船票，忙打针，忙买网篮，而出版家又因为新中国的出版政策还未宣布，所以还不便说话。今天，这个座谈会，为了大家的便利，我们顾后多于瞻前。自然，前后是密切相联、无从分开的，批评了后面，也就显示出我们对前面的愿望了。因此，还希望与会的各位，言所欲言，把诸位的意思合盘托出。

出版家甲：我不是白华，而是由上海逃到此地的书局老板。我们的苦头，是惟有曾经尝过最恶性的通货膨胀的人才能了解。配给的纸，都给正中书局等等，CC 系控制的书局抢光了。我们只有用黑市的价钱再向他们买，时常上午下午的价钱，就可以加了倍。至于排工，跳得也怕人。用血本印出来的书，发到外埠去，过两天也许那里成了战区，于是，就只好认倒楣了。就是不成战区，书发出后，要一个月才能把书价收回来，到那时候，自然钱的价值早变了。因此，我老早就想放下出版不干，改摆书摊去了。而且，我说不定也把书款照样多压他几天……但是那只是说说好玩。书店里一片人得吃饭，许多纸型搁烂了可惜。于是，只好东挪西借地混，混到国民党垮了为止。这个混的阶段，现在是渡过去了。

出版家乙：我是又卖书又出书的，因为我们书店有个门市，本版书外，外版书，甚而文具都有。如甲先生所说，把书批出去，的确吃亏；好在我还有书批进来，所以一边赔一边赚，营业还勉强维持。但是在上海抢购那阵，我也赔垮了。我眼看一个识不到一百个字的汉子，把我店里的五部《辞海》全搬去了。我准知道转手他可以赚几倍的钱，然而畏于蒋经国的黑枣（注：枪弹），我只能在肚子里骂他。我原是学经济的，我认为人民的购买力最不宜于令它山洪般发出来，不然，在抢购风中，书业也不能例外，因为连棺材还有人抢购呢！总之，我认为过去的可以不提了。未来，如果通货膨胀在全国解放前□没法完全制止，上海的教训还值□记取的。看最近上海公布的外汇管理办法，我也确信人民政府是绝不会那么蠢的。

作家甲：刚才发言的两位都是我的老板，因为他们全印过我的书。

他们嫌收款要一个月才收回来，但是我的版税是每半年一算呢！如果要叫苦，我比他们两位有资格多了。诸位信不信，有一回我在半年后拿到一笔两千多册书的版税，我走到书店里去，用那钱竟买不到三本我的原书！因为那书的价钱天天在变，已经涨了多少倍，而我的百分之十，却还是按照刚出版时的定价。从通货膨胀下，文化界的彼此剥削来说，如果书商是高高坐在塔顶上，我便是压在最下层的塔座子。这期间，我的大孩子病了看不起医生，竟尔死去了（说时喉咙有些哽咽）。我记得他烧到一百零五度半的那天，我去一位书店老板那里去借钱——其实，用这个"借"字真冤枉。我的书已出了三个月，从广告上看，是"购者踊跃，所余无几"，然而他给我开了一个五百万法币的支票，而且还是一个星期后的期票（那时候利息高得一个月就可以翻本）。我看见他的孩子一个个都吃得胖胖的。我立刻气得当面把它撕了，因此那位老板，还到处抱怨我"不好侍候"。如果出版事业国营了，那再好没有；如果在新民主阶段，出版还是民营，那么这种明显的剥削行为，应该有效地制止。

作家乙：我是吃尽了出版家的亏的，所以我早就立志要出书就自己印，自己批。我有几个银行界的朋友——都是中下级职员，不是大亨；他们由钱庄上为我借钱买纸，付排工。但是我发见那样办，亏没吃，钱还是赚不到。主要是私人印的书，除了本埠，打不到外埠的发行网，结果是书堆在家里，每天有三五个读者来信直接买，自己和家里人还得忙着打包裹，跑邮局。有的汇票需要取保，更多的是寄来一叠叠邮票，一时用不了，照样眼看它们贬值。我认为在过渡期间，要避免不合理的剥削，惟有由作者们组织规模相当大的出版合作社。

读者甲：我想纠正作者甲先生的一句话：作为塔座子的，还不是作者，而是我们读者。自然，听了我们所崇拜的作者的遭际，我们感到十二分的愤慨。这情形一定要纠正过来，不然，我们也不会答应的。我要指出的，是我们读者与作者同样是书贾剥削下的牺牲者。打比方说，我是一个公费生，那是说，凭我的进项根本没有买书的力量。但是我想买，于是，时常我是饿了肚皮来买一本的。我当然希望价钱不要高得可怕。我觉得书的价钱还是太高了——这情形，在通货不大膨胀的香港，也还是一样。怎样把书的定价放低了，是所有致力普及文化的人一个不容忽视的课题。这里，我觉得书不要印得太讲究，我指的是普及性的书，不是艺术书；此外，不要在广告上太肯花费。时常一本书便来个半版广告，羊毛还是出在羊身上呵！这里，我觉得如果报纸杂志对书评注意一点，可以大大弥补广告的不足。而且读者对广告的注意及信任远少于书评。自然，等交通完全恢复，书的销路真的畅通了，价钱是会跌下来的。

读者乙：今天大家谈来谈去，总没逾出钱的圈子，对于书的内容，似乎不大提到。我以为那比版税、定价，都更重要多了。就文艺界来说，很少作家是用原稿来印书的，大概都是先登了报纸副刊，再收成集子；有的收了集子又出什么“代表作”、“自选集”，或“全集”之类。如果是偶一为之，也不打紧；但是目前这已成为一般的当然做法了，我以为是既浪费纸张，又糟蹋读者的钱。其次，我觉得通俗化的东西还不够。譬如德国问题是全欧和平的关键，然而直到现在，也没有一本论它的小册子——给大家写的小册子。这个使我想到了儿童书。我们的成名作家，谁也不肯为孩子们写点什么。为什么不用演义体来一本中国百年史？那绝对比小人书或连环图画还要热闹，同时，也就把历史的路线老早灌输给孩子了。此外我认为作家应该多与画家合作。这个风气在香港倒还盛行，《虾球传》便已有了两三位画家插过图了。此外《小二黑结婚》、《白毛女》的插图甚而单独与读者相见。由文化普及着想，这种作法是值得推崇的。

主人：天气又黏、又闷、又热，今天承几位先生挥汗指教，兄弟谨代表“出版界”向各位道谢。（请用点汽水罢！）今天到会的朋友，刚好代表出版事业的三个不同的角度，而每个角度，由于境遇的不同，又有其特别见地，如果今天我们再多请几位朋友，一定还有别的意见，足见这个问题的不简单。关于版税，此后全国解放，火车轮船都畅通，书的销路当然会大好起来。有人还担心我们的作家当了百万富翁之后，生活上会脱离了群众呢！（笑声）真的，张资平有了洋房，不是就不再写三角恋爱小说了吗？（又笑）与其计较版税，我想今后作家们最好来一种社会保险，保证他没有收入时，可以领到一笔生活费，这样好便于写作。

但是那时诗不穷，会不会就不工了呢？这问题真不简单！我们是既怕我们的作家饿死，同时又担心他抖了起来。至于出版家的利润问题，那是属于工商业政策的。今后币制是上了轨道，高利贷自然不会准许它存在的。至于广告，我想政府对所有广告都应限定个最高尺寸，不然，谁资本雄厚，谁登大块的，结果，不是重蹈上资本主义竞争浪费的覆辙吗？讲到版税，根本说来，作家应有一个工会。目前文协对于作家的劳力报酬并没有保障的规定，更不负责集体议价。为了避免削剥，在新民主阶段，惟有要求全国文协及各地分会担负起“工会”的职务。至于书的定价，政府应照其他消费品一样限额，规定用某一种磅数的新闻纸（或铜版纸）印的书，每页定价最高不得超过若干（正如火车票是用每公里多少钱计算一样），同时，该书再版、三版时，价目也要慢慢减低。自然，遇有插图，或特殊装帧，出版家仍可以打进去。这样，定价便成为自动的了，再不会三百页的书卖五块，一百二十页的反而卖四块钱。在币制未完全稳定前，可以使用基数。

至于出些什么书，那个我们得改天请问我们的专家和理论家了。

（载《大公报（香港版）》1949年6月18日）

国民党是怎样虐杀文化？

何家槐

国民党反动派是一向反对进步，摧毁文化，仇视知识分子的。在淮海战役开始以后，国民党反动集团的崩溃日益明显，因此对于文化界所施的压迫，也更其疯狂了。

他们最爱采用的摧残手段，自然是直截痛快地关闭书店，查封书刊，逮捕、监禁和杀害进步的文化工作者。以上海来说，较新的书店早已不能存在，“生活”、“新知”和“读书生活出版社”开始是结束门市部，以后是取消办事处，最后连代售或分销的地方也不见了。这些说起来都是“自动”的，事实上都是完全被迫停业，因为如果不趁早“自动”结束，国民党特务分子就马上会把这些书店整个捣毁，全部抄查，并把办事人员和店伙捕去。其他书店根本不敢出版进步书刊，否则一定会遭到不能忍受的迫害，无法弥补的损失。“利群联合出版社”印刷所，就曾经不止一次地受到抄查，被逮捕了好多工友和职员，连在它的门市部买书的人也常常遭受搜查和逮捕。致力文艺批评的青年作家劳辛先生，就是□□买书给国民党军统局人员绑走的。绑去以后，他的家属很久才打听到他的下落，但是国民党当局，不准他们探视，也不准送被褥、衣服和食物，连公开的审问都没有举行过，只是一味的私刑拷打。他有好几个小孩，生活毫无办法，他的夫人身体也很衰弱。我离开上海以后就一直没有听到他们的消息，不知道是死是活，想起来真是使人悲愤。

上海的报纸，大部分都是在国民党手里，所干的行当，无非是天天造谣。自从《文汇报》停刊以后，除了苏商办的《时代日报》，根本没有一份可看的报，最后连《时代日报》也被迫停刊。解放区的报纸当然根本看不到，香港的报纸亦遭禁止，《华商报》、《文汇报》（由上海迁移香港）绝对不准进口。上海的进步刊物本来很少，在我离开上海以前，尤其少得可怜，《时与文》被迫停刊了，《读书与出版》也中途夭折了，《展望》风雨飘摇，《世界知识》屡受压迫，其他和国民党反动派没有关系的刊物如《文讯》、《开明少年》、《中学生》等，也无不战战兢兢，生怕出事。在文艺方面，纯文艺的刊物尤其稀少，中华全国文艺协会总会的会刊《中国作家》只出了三期，《文艺新辑》只出了一期，《文艺复兴》、《文讯》的文艺专号，以及几个诗歌刊物都是灾难重重，《时代日报》的文艺副刊因为报纸停刊而随着夭折。可见国民党的反动触角，是无孔不入，他们企图把文化园地变成一片荒芜。

国民党的血手，更常常在进步的文化工作者中找寻屠杀的对象。他们所准备的黑名单，差不多网罗了一切不愿投入国民党怀抱替它当工具的文化界人士。就是像叶圣陶先生那样的不常过问外事的作家，也居然被列入黑名单。其他人士更随时随地都有丧失生命的危险。我离沪以前，上海的白色恐怖越来越厉害，一部分朋友设法北上，但大部分朋友则南下香港。即使一时无法走动的，也纷纷迁居，杜门谢客。但就是这样，也还不能保证生命的安全，不能逃避特务的追踪和迫害。杨晦先生刚去香港，家里即遭受搜查。夏康农先生离家之后，就有特务去光顾，上海各大学和各中学的教授和教员只要平日不随声附和，参加国民党文化教育界的所谓“戡乱动员”的，也都不敢在学校里住宿。学生无故失踪遭害的更多。

除了血腥的摧残以外，国民党也企图以各种方法，实行收买和恐吓的卑劣政策。他们想收买《时与文》（因收买无效，才勒令停刊）和《展望》；对于像《世界知识》这样的国际问题刊物，也加以屡次警告，一再威胁，极力罗织罪名，务使停刊而后快。

另一个办法，就是控制的报纸，阻止发行，逼迫你“自动”停刊或无期搁浅。这是一种极毒辣的、杀人不见血的绞杀文化的政策，有时比不准登记或直接迫害更其厉害。因为反动集团既把白报纸完全控制在手里，比较进步的书店和出版社，自然根本配给不到白报纸，势不得不求之于黑市场，而这是沉重无比的负担，并非官僚资本的书店和出版社，哪里有这么大的力量支持呢？国民党用这方法，不知搞垮了多少书店和出版社，埋没了多少进步的书报。拿我亲身的经历说，我翻译过一本《跃进二百年》，原名《建设史达林格拉的人们》，为苏联“工厂史”的一部分，第一次由茅盾先生介绍给大地书室，编入他和其他几个人共同主编的《大同文艺丛书》，因书店缺乏白报纸和营业亏损而中途搁置。第二次由陈原先生介绍给耕耘出版社，也因白报纸配给被取消而中途流产。当然比这更重要的损失，是多得无法计算的。

曾经表面上一度取消的审查制度实际上早已恢复了。有些书店要想出版一本书或者一个杂志，要想发表一篇文章，都得经过几次检查，通过几重由国民党大小审查官或其代表人把守的鬼门关。审查的结果，即使不是原稿完全被没收，也往往被截头断尾，体无完肤，根本不像个样子。

此外还有经济的困难和生活的压迫。我们知道在蒋管区的人民，天天遭受反动阶级以通货膨胀及苛捐杂税等项方法所施行的剥削和敲诈，生活的痛苦已达极点，文化界工作者自然不能例外。例如去年十月间，那时米价是每斤二圆（伪金圆券），但待到拿到稿费，只不过几天功夫，就一涨涨到二十多元一斤了。因此原来预计可以买八九斤米的稿费，结果却是一斤米也买不到。你看这种情形，一个文艺工作者怎能维持一家数口的生活呢？而且，上海出版的书籍，过去一印就是几千份，但以后却萎缩到只印一千份，能售几百份已算万幸，版税更不易按时拿到，像这种情形，作家不饿死又有什么办法呢？因此在国民党区，从事写作的朋友如不兼做教员或兼做其他工作，就都不能过。不是天天在饥饿线上拼命挣扎，就是因为辛劳过度，终年都在病痛中过日。张天翼先生和白薇女士，都害着极重的肺病，沙汀先生也在卧病中，高士奇先生几乎无法生活，更没有办法进行疗治。

总之，在国民党统治之下，文化界已经成了一片荒芜和一张白纸。上海（这本来是文化的中心）如此，其他各地更是如此。这是因为以蒋介石为首的反动集团根本是反进步、反文化的。这些匪徒天天所想的就是如何来虐杀文化，迫害知识分子，使他们得以更顺利地进行麻醉、欺骗、迫害和屠戮广大人民的法西斯政策，这和解放区的情形，恰恰是一个极鲜明的对照。

这次我于白色恐怖中逃出上海，历尽了千辛万苦，总算平安地到达了中原，衷心的愉快实在难以形容。但如今反动的残余势力尚未肃清，还有多少文化界的朋友依然辗转呻吟在黑暗的统治下面，连喘息也不可能。因此仅仅为了挽救中国的文化，也需要促成全国的早日解放。这是我写这篇短文的主要动机和希望。（新华社中原三十一日电）

（载《人民日报》1949 年 4 月 4 日）

新民主的言论自由

在封建末期，初兴的资产阶级，曾为着言论自由，与旧统治的黑暗苦斗，来争取学术思想的自由发展。这样，人类生活得以由农业社会进入了工业社会。只是资本主义的自私自利是先天的，它发展到了最后阶段，不独要求把持政权，独占生产，也要求垄断言论。在有利于它的范围内，自然讲言论自由。可是等到它对于人类的好处达到了饱和之后，它本身的弱点便一天天更加暴露，能允许的言论自由逐步有限起来，甚至包办一切言论，挟其金融威力，直接间接控制一切出版事业。一方面以收买、巧辩、黄色兴趣来蒙蔽人们的智慧，另一方面布置了各种困难，使不满于它的言论难于普遍的达到听众。这便是今日欧美旧民主的“言论自由”的真像。

到了纸包不住火，人民的觉悟一天天增长，旧民主的方式无法维持统治，法西斯暴政取而代之，如同德义日战争祸首所曾干过，以及末路穷途中国国民党反动派现在所仍干着的，言论自由就更非广大人民所能丝毫享有的了。剩下的只是魔王辈以及其党徒们的恫吓武断曲解诬蔑。

经过革命流血人民已经起来了之后，以其道还治其人之身，“不许反动派乱说乱动”（毛泽东语），只不过是制服了少数恶魔骗棍之后，不再让这些坏蛋为恶胡说一样的浅显道理。

人民所需要的言论自由，与随便造谣挑拨、文过饰非，其间有着善恶美丑之分，决不应混为一谈。今日凡说中国解放区没有言论自由的，一部分不过是些人云亦云，闭着论眼睛瞎说。对于这些人是容易办的。只要他们愿意张开眼睛，多看些事实，便会明白了。倒是对存心要和中国解放事业过不去的人们，应当严切注意。例如最近上海《大美晚报》负责人，美籍的高尔德，因故意为难工人，将《大美晚报》停刊，美国助理国务卿雅伦即指为人民政府压迫外人言论。而事实明明是高尔德殴人胡赖。照说话不符事实，而这也可说为是“言论自由”的雅伦看来，这类事情是应该说成高尔德有理，而让他下流诽谤得逞，才算得是中国人民政权允许言论自由。

在积极的一方面，我们不妨再举出一两个为众所周知的例子，来指出只有解放了以后的人民才有真正的言论自由：最近名企业家宋斐卿来港，曾说及在天津工商业家的集会上，人们提出了许多对人民政府执行工商政策的批评，竟为中共负责人之一的刘少奇所全部接受。又不久之前，华中临清地方的购棉事件，因两个不同区域的人民政府，不善把握工商政策，无原则的抢购，引起市场紊乱，曾展开热烈的讨论和自我批评。这种事件，是怎样的表现了人民政府的坦白真诚，虚怀若谷，自己不隐蔽本身缺点，也尽量愿听人民的意见，若不是有真正的言论自由，这样的事情有发生的可能吗？

建国的艰巨工作正摆在中国人民前面。全国上下都有集思广益、大家讨论、互相指导批评的必要。为了搞好国家，任何有责任心的人，都可以畅所欲言。对的，符合人民要求的，不怕得不到鼓励与支持。不对的，经过广泛的检讨，也不愁没有纠正修改的机会。自然，纯由自私自利出发，不尊重多数人福利的言论，是会遭到唾弃的。而反动派残余不愿向人民低头学习改造自己，仍施故技散播些挑拨离间的流言，制造些耸人听闻的谎语，是准会受到制裁取缔。至于在华外籍记者们，若不愿沟通中外人民的情感，积极的推动国际人民和平相处的合作，善意的报道、批评新中国的一切，但坚持沿用帝国主义者的那一套，看不起中国人，损伤中国人民的尊严，曲解说谎恶意破坏新中国的信誉，解放了的中国人民能再容忍他们活动才怪!

旧民主主义到了今日，阻碍历史发展，经不起分析考验，虽标榜言论自由，而其实害怕言论自由。但新民主主义，顺着历史的车轮，走着人民的路线，正有它光辉的前途；它要依靠大家的意见，不仅允许言论自由，而且还要尽力鼓励言论自由。

（载《大公报（香港版）》1949年7月11日）

旧书店

阿 真

人们每到一个大城市，不免总要问问那城市里有哪几家大百货公司，有哪几家电影院和戏院，而少有人会问起旧书店来的。这不足怪，旧书店原非一种辉煌的所在，你要追求声色之乐，或者喜欢新奇的刺激，那旧书店自然与你无干的。

然而，旧书店在一般人眼中纵是多余之物，可是在藏书家和学者们看来，却也可爱得有如宝库，他们底生活可说与旧书店分不开。藏书家们每每在那里得到珍奇善本；学者们每每在那里找到宝贵的参考资料。在一般人看来，旧书店如同垃圾堆，而这两种人却能在这垃圾堆中寻出珍宝来。

经外表上看，旧书店一无足取，破败，杂乱，尘灰封锁，不值一顾。但事实上它也可能包罗万象，中外杂陈，古今并列，雅俗皆备，置身于其间，大有取之无尽之妙。

只要你是爱慕知识、追求知识的人，在你跑腻了新书店之后，也不妨去逛逛旧书店。不过，你得先存一分耐心，才能在多而且乱的典籍中发掘出你所需要的知识。当你从架上抽过来一本书，吹去上面的尘灰，一页两页翻看下去，你觉得这是你从未见过的过去的出版物，过去的人在书中以过去的人底语调和你谈话，使你感觉欣然有味；有时你随手抽得来的这本书，那正是你到处买不着梦寐求之的，这时的心情，那就是在沙漠上发现了水草，在万山之间发现了矿脉的心情，喜悦快乐，是无可宣言的。

有一回，我把一本在旧书店买下的书带回家去，坐在案边翻开，忽然发现一张诗笺夹在书页间，上面是用曼妙的小楷写成的一首情诗；同时还翻出一张小照，一片红叶。这是意外的收获，也是意外的喜悦，使我至今还珍爱它。也将永远为它发生无限美妙的遐想。

你在周末无事的时候，可以逛逛旧书店。旧书店本来不多，就是那几家，那几家底老板日久你也都熟悉了，你每次去，老板便会以极热烈诚恳的笑容接待你，你可以对他问这问那，他会感慨地向你说起书业底沧桑，他如何支撑这家书店，如今哪本书卖到多少版，哪本书已经绝版，哪本书被列为禁书，哪本书原版值多少……点点滴滴，如数家珍，这种闲谈，也是极有趣的。

（载《大公晚报》1949年12月11日）

书的装订

杨绍万

近来的出版物，愈是厚帙巨册的西式书，愈不容易保存得好。原因是无论胶连本或线连本都犯着一种无法矫正的技术上的毛病，它们总无法负荷这些书页的份量，所以一本书转了几道手，多翻几回，就溃散完了。

提起西式装订，便是外国书店也犯这些毛病的，其中以硬纸面的胶连本尤然。麦米伦印的教科书，不怕再整崭，一过夏天就枯裂走样了，当然别家出的这种订式的书籍也同此命运。

但是外国的豪华本就不马虎。如用鲁刻司堡装订法精制的《英国版画选》就经久不脱。鲁刻司堡装订法的形式是：书脊全用皮制，对面或布或纸，书头泥金，其余两边仍任其毛边。还有一种牙蒲式，用麻布面或全皮面，而以宽边来装订的，成本虽昂，却便于保存。

这些对于我们似乎过奢，无力效法，那么，我就希望书店出版人对于几十万言的厚书分册订售，分上中下册或更多册，集体拍卖，这人要看这部书，按情也不会只买半部的，对销路既然没有影响，而有助于保存则多。

退一步说，纵使用扫叶山房的线装式样，汇集加套，也无不可，只要是有内容，照样可读，谫陋的外貌是不会因此扫了内容的光彩的。

（载《大公晚报》1949 年 2 月 1 日）

书的错误

流 云

晚近以来，对古书之整理出版，商务、中华皆有不可磨灭之功绩。商务有《四部丛刊》之问世，中华亦有《四部备要》之刊行，学者称便。惟前者系搜集古书佳本为之影印，不但保持原书之面目风格，以供稽古者的研究欣赏；抑且在整个出版过程中工作较为简便，即使古书原有错误之处，亦可不负责任，实为一最聪明之办法。中华书局则不然，而以聚珍仿宋字重新排印，虽式样划一，清楚美观，似属较为进步，但卷帙繁重，鲁鱼亥豕，所在多有，未免是一件吃力不讨好的工作。

笔者近在中华购得《世说新语》一部，开卷即发现一大错误。夫《世说新语》一书，对旧籍稍有涉猎者，无不知其作者为宋临川王刘义庆。而此书于开卷第一页中便这样排着：“宋 临川王义庆 撰”。不独把刘义庆的封号强自替他褫夺了（那还没有什么要紧），而且牵上搭下，偷梁换柱地把一个“刘”字逸去，使他从百家姓中“祖武胡”之下递升到“周吴郑”的下面来，硬教他不得为高帝的龙种子孙，真是冤哉枉也。

校雠本来是一件不易的工作，所以有人说如扫落叶，永远是扫不清楚的。但我们对上一错误稍加研究，似乎是一种自作聪明或不加检考的有心之错。那么，我们对此种错误的发生，是不胜惋惜和遗憾的！

此外，我最近在中央书店买到一部《小窗幽记》，此书系中央书店于三十七年十二月付印的，著者为晚明人陈继儒眉公，封面的题签没有错；但一翻开封里，则著作者三字之下，赫然为“苏曼殊”，真令人为之诧异！此种错处不知从何错来？苏曼殊与陈眉公时代相去数百年，不知前生有何关系？

由于以上两个事实的连续发现，不禁引起我许多感想，虽然偶然的一点错误似乎见不得什么，且亦未可以偏概全，但我仍深深地祈望出版者的工作态度更严肃一点，校雠方面，能够发挥如怨家相对的精神。否则，显而易见的地方尚且如此疏忽，其内容也就可想而知，有些不敢领教。归根结蒂，应该还是出版者自身的一种损失吧！

（载《大公报（上海版）》1949 年 4 月 7 日）

精神食粮的选择

踏　实

往往有一些小孩子，一天到晚不知要吃几许零食；可是他们的体格却十分之九是衰弱的。这并不是因为他们营养不足，而是因为吃得不适度：不需要吃的或竟是有害的食物吃得很多，而真正需要吃的却偏不多吃。总之，他们对食物欠下一番选择的工夫。

肉体的食粮如此，那末被称作“精神食粮”的各种书籍报章杂志是否也需要一番选择呢？对于这个问题，我想除去少数否认精神存在的人以外，都会下一个肯定的答覆的吧！但即使是否认任何精神价值的人，他们也在拼命地利用这所谓“精神食粮”以从事“精神不存在论”的宣传；他们对于自己的“信徒”或势力范围以下的人的“精神食粮”也在作严格甚至是残酷的限制。因此，事实上，精神食粮之需要选择，可以说是不成问题的。

既然如此，那末何以今日对于良莠不齐的各种读物，都不加选择地任意阅读，却又是一种极普遍的现象呢？这未免有些令人难以索解了。推原其故，我想是因为许多人并不真相信书籍、报章、杂志等读物是精神上面的食粮，而一味视之为消遣品或娱乐。这正如小孩子在吃零食时，只管到口中所尝到的滋味，丝毫不计较食物的营养价值一般。但是事实上，食物并不因为你不想到它的营养价值就不发生作用。那些无用的、过剩的食物在胃肠中堆积起来，终于就造成了疾病。同样地，我们如果只以阅读的“胃口”为标准，不加拣择地把精神食粮吸收进去，也不管它是否有毒或有害，这样势必也有一天会造成比肉体的病更可怕、更严重的精神上的病症。

曾经见到某位作者有如下的话：“只要你走入意识的深处，就会承认在阅读了某作品、某故事、某种哲学见解以后，你和未读以前已并不完全是同一的人。”也许有人以为这句话有些过甚其辞；其实，只要你如这位作者所云地“走入意识的深处”，就很容易体会到这件事实。例如当你阅读了一篇慷慨激昂的英雄传记以后，你会觉得自己也勇气勃勃起来；当你阅读了一篇骂人或恶意批评的文字以后，你的胸中也会填满许多莫须有的牢骚；悲观消极的文字使你颓丧，使你觉得前途一片漆黑，没有一丝儿光明；具研究性而条理井然的文字造成你客观、冷静、广阔的头脑；而谈情说爱、唧唧依依的软性文字也会使你不自觉地柔肠绵绵。即使只是些记叙性的文字，如每日报中所载的新闻，对于我人精神上的影响也非常重大：例如每天阅读那些杀人放火的犯罪事实，或者是那些几乎千篇一律的黄色新闻，慢慢地会使你把这些降低人类身价的丑剧视若当然而不以为事。一般的读物已如此，而小说的力量则尤加一等：一篇布置适宜、情节动人的小说的暗示力量，实非亲身经历的人所能想像得到。正如梁任公先生所言，小说具有其他各种文字所没有的特殊的刺激性与吸引力，又能使人不期而自然地化身于小说中的主人翁。因此一个人如果长期阅读某种小说，久而久之，他的脑筋将完全改观，他将如同受过催眠术一般地被小说作者所支配，他将失去自己思考的能力，他的人生观与趣味将是单方面的、幻想的、不合事实的。

以上是对普通的人而言，至于纯洁青年，各种读物尤其小说所能施的威力则尤属惊人。因为这时我们的脑筋如同是一些熔化的蜡，还未曾形成特殊的类型；最先进入我们脑筋的思想往往就会先入为主。我们的神经这时也极容易受刺激，而且所受的刺激也特别深刻。因此，假使最先进入我们脑筋的思想是崇高的正确的，那末整个的一生都能受用不尽；反之如果让卑鄙龌龊的不健全的思想与印象占住了我们的脑筋，那末前途当然是非常可虑。对于这件事实，法国诗人谋赛（Musset）说得好：

青年的心，如同是一只深得无底止的器皿：
如果你第一次所注入的水是污秽的，
大洋的水也不能洗清它的污渍。
因为那深度是无限的，而污点却是在底里。

亲爱的读者，精神食粮对我们既有这么重大的关系，那末应当怎样拣择我们的精神食粮，当然是一个值得研究的问题。作者在这篇文字中，只愿意提出几个普遍原则，利用这几个普遍原则，其他局部枝节的问题，我想都不难迎刃而解。

最基本的原则是：我们的读物，应当是真的精神上的食粮。我们知道人类和兽类之间本质的不同点，就在于人类有超乎物质的精神，而动物则无之。精神的二种重要机能是理智与意志。因此我们的精神食粮应当充实我们的理智与意志，否则即不能算作是精神食粮。我们又知道，能够充实我们的理智的是知识是真理，而能够充实意志的是精神上的善；要获得这精神上的善，必须培养我们的人格，培养各种合乎人性的美德。所以我们的精神食粮，一方面，应当供给我们知识；另一方面，应培养我们的人格。关于知识，学校中所规定的各种课程，都是我们所应当吸收的最适宜的精神食粮。许多学生往往不喜欢学校中所授的硬性课程，尤其是数学，这实在是很不正常的现象；其实像数学这一类的硬性课程，正是训练理智的思考力与判断力的最适宜的精神食粮。除此以外，我们还可以按自己的性之所近去研究其他知识。关于人格修养，我们的日常读物中，必须有一种二种是属于这一类的书籍，每天应规定一刻钟或数分钟去阅读它。古时人时常读四书五经，多少也有这样的意思。目前一般知识分子似乎太忽视这点，这的确是一种极大而亟待纠正的畸形现象。是的，现在我们如果要去找几本适合一般人的人格修养的书，也的确不是一件容易的事，但我相信至少不至于会一本也找不到。假使你是有宗教信仰的人，那末问题就比较容易得多，因为无论那一种宗教，都有关于人格修养的书籍。美国解放黑奴的英雄林肯便是天天阅读《圣经》的人，大科学家安培把《遵主圣范》（也称《师主篇》）一书阅读得能够背诵。他们的高尚人格和坚强的意志力，得力于这些宗教书籍，这是毫无疑问的事。

也许有人要说，这些硬性的书籍太枯燥太乏味。诚然，硬性的书籍比较起来，并不如同小说、游记等一般地具有吸引力；因为一方面它们既不如同小说、游记、小品文等能够满足我们的想像力，另一方面，我们在阅读这些书籍时，不能像看小说似地不费力量，而应当用不少的精力去领会，去思索。但这却正是吸收精神食粮的必要条件，否则，我们所阅读的书籍，只会满足我们的想像或情感，我们的精神将要饥饿的奄奄待毙。至于说硬性书籍都是枯燥的乏味的，这也未必尽然。开始和这些说理的书接触时，我们对书中的内容很生疏，摸不着头脑，当然会感到乏味；但不久之后，我们明了了书中的内容，明了了它所揭示的真理，这时就会对之发生深切的爱好。读者如不相信，可以亲身去试一试。除了这些基本的精神食粮以外，我们也不妨去阅读一些比较更容易而兴味更浓厚的读物，如报章、杂志、小说等，这样既能使精神得到一些调剂，又能充实我们的常识。但是这里却有当避免的一点，那就是切不可漫无限制去阅读这些；它们原不过是些零星副食，如果阅读得过多，往往会减少对基本精神食粮的“胃口”。至于那些黄色的，刺激性太浓厚的，以宣传仇恨为事的，颓丧、消极、无聊的刊物或小说，我们更应当避之若毒蛇猛兽；因为这些有毒的读物足以使理智与意志失去效用。凡是稍珍惜自己生命前途的人，我想都不会让自己的精神去中毒甚至患不可救治的恶疾的。

（载《时代学生》1949 年第 1 卷第 2 期）

谈妇女读物

左诵芬

正如“文艺是时代的反映”，妇女读物反映了妇女的思想生活，而妇女的生活与思想又与整个社会不可分割。可以说：什么样的社会，便产生什么样内容的妇女读物。譬如辛亥革命以前——或者推早以点说戊戌政变以前，所有的妇女读物，完全是充满了奴化思想。班昭的《女诫》就是一本代表作。她有系统的建立了“男尊女卑”、“夫为妻纲”、“三从四德”的理论，以后二千多年来的妇女读本，差不多都是这个理论的补充和发扬。一句话：就是教育女人如何做奴隶。这是封建社会对于女性的要求，也是封建社会中妇女实际生活的反映。

随着社会思想的变迁，妇女运动的萌芽，戊戌政变以后的《女界钟》，开始提出了男女平等的要求。以后随着中国革命运动的发展，妇女运动也更有了新的进步，反映在妇女读物上的，已经由“女权运动”进步到社会运动的探讨，更进而具体的提出了反帝反封建以及参加民族解放的任务。但是，从另一面说，这些妇女读物，究竟只是属于少数知识份子的，因为它所反映的生活，它所提出的问题，并没有接触到广大的工农妇女。尤其是抗日战争结束、政协破裂以来，在国民党反动派的统治下，一切民主运动遭受到迫害，一切进步的文化事业遭受到摧残，妇女运动与妇女读物当然不是例外。《现代妇女》就因此被迫停刊。在这个黑暗的时期，妇女读物不能忠实的反映妇女的生活与要求，不能正确的探讨和分析妇女现实的问题，内容是被限制的日益空虚贫乏，不能满足读者的要求，而销行的数量愈来愈可怜。另一方面，黄色的色情读物、封建小说、迷信思想的，却充斥文化市场，成为一般有闲妇女的消遣品。这种可悲的现象正说明了蒋政权社会的黑暗与反动。

由于人民革命事业的胜利，由于人民解放军神迅的进展，国民党及反动派统治的旧政权很快的崩溃，我们开始踏进了一个新民主主义的社会。在这个阶段上，配合着政治经济的发展，文化工作和妇女运动都有了新的任务。配合着这个新的形势和任务，妇女读物应该而且必然有它新的内容。

新的内容的妇女读物：当然不会残存着丝毫奴化思想的毒素，也决不是仅仅属于少数知识分子的。新的妇女读物必然是为着妇女大众服务而属于妇女大众的。

那么，这些新的内容应该是些什么呢？主要的是：宣扬和研究新民主主义，使全国妇女有正确的理解和认识。建立妇女解放运动的正确理论。具体研讨目前工作的新任务。号召全国妇女大众参加新民主主义社会的建设工作。肃清一切残余封建思想，建立妇女大众的文化。

根据并配合着这些内容，应该大量的写作各种有关妇女的读物。譬如妇女民众读本、通俗文艺作品、妇女问题丛书、妇女刊物杂志。

（一）妇女民众读本。在目前，进行和推广妇女大众的教育是最迫切的事情。特别是在女工和农村妇女之间，要普遍的成立各种识字班和读书小组。过去在国民党反动派政权的统治下，那些民众课本，或者内容反动，或者教材不适用，今天都有重加研究和写作的必要。写作这些读本，文字必须通俗浅近，内容必须与现实的生活灵活的配合，才不致显得枯燥教条。这样，通过了读本，妇女大众不仅是能够读书识字，提高了文化的水平；同时了解了新民主主义的理论，提高了政治的水准。

（二）通俗文艺读物。一般的通俗文艺读物如民间故事、小说、歌谣、地方戏、弹词、大鼓……都是妇女大众心爱的东西。在这些作品里，常常描写到女性的人物，而且很多是以女性为主角。妇女们对于这些人物特别感到兴趣，她们往往跟着故事中的人物欢笑或流泪。但是，过去的一般通俗文艺作品，内容总免不了带着浓厚的封建意识和迷信思想，无形中给了妇女大众很深的毒害。所以，在目前，澈底的肃清封建和反动的思想，加紧的创作新的健康的作品，是一件重要的工作。文艺工作者，特别是妇女文艺工作者，应该利用各种不同的形式，如小说、戏剧、诗歌、弹词、大鼓、壁报、连环画……一方面暴露旧政权下妇女生活的黑暗与苦痛，一方面歌颂新社会新女性的成长与光明。我们需要像《白毛女》一类的作品，它表现了一个旧社会女性受难的典型；我们更需要像《王秀鸾》一样的作品，它表现了一个新社会劳动女性的典型。这种新的英雄榜样，将会给妇女大众很好的启示和教育。

（三）妇女问题丛书。面临着这个伟大的新时代，整个社会制度与生活思想都有了剧烈的转变。在这个新的阶段，我们对于革命的理论、对于工作的方式、对于生活的态度，处处需要新的认识和解答。因此，具体而实际的研究这些问题，对于妇女大众是非常需要的。譬如说在理论方面，关于革命运动的研究，妇女运动的探讨；在工作方面，如何从事城市妇女工作，如何从事农村妇女工作；在生活方面，有关家庭以及婚姻恋爱等等许多问题。从新的正确观点，集体的加以研究批判，然后个别的有系统的写成一本本小册子，作为妇女问题丛书。这些丛书的内容必须具体而实际，能够作为妇女大众有用的手册，在生活和工作上有实际的帮助。

（四）妇女刊物杂志。妇女刊物杂志，是比其他的妇女读物更能机动而灵活的反映出妇女的生活与要求。最好是各阶层妇女，譬如劳工妇女、职业妇女、女学生、家庭妇女……都能创办自己的刊物，把刊物当作教育和学习的中心园地，就是说：作为大家报导生活的地方，作为大家交换工作经验和意见的地方，作为大家讨论问题和研究理论的地方，也是作为大家写作和学习的地方。通过刊物杂志，更能活泼而具体的反映出妇女的生活与要求，也更能实际的讨论和解决许多现实的问题。

总之，不论是写作那一种妇女读物，都应该是朝着妇女大众的方向。所以，一切作品的内容，必须与妇女大众，尤其是工农妇女，密切的结合起来，否则，脱离了大众，脱离了实现的东西，一定会成为空旧的理论。因此，妇女写作者必须深入妇女大众，接近她们，了解她们，和她们做朋友，才能认识她们的生活，写出她们的要求和需要。这样的作品才能成为妇女大众自己的东西。更重要的是：不仅和大众做朋友，而且要拜大众做先生，虚心的向她们学习。从她们那里吸收群众的养料，充实自己的写作。毛主席说：“只有做群众的学生，才能做群众的先生。”

（载《新民主妇女月刊》1949 年创刊号）

论手册

刘　晨

国外出版的图书当中，常看见各类的手册（Handbook）。它在销路上都很可惊，而在内容上多很精彩，对读者的帮助很大，其功用不在字典之下。

以手册二字的涵义而论，它既是本携带方便的袖珍小册（A Small Book），又是一本参考必需的指导书（A Guide Book），同时也是一本手头放置时加利用的小本书（Manual），它是经过了编者的多次手工而完成，而到了读者手里也就不能离开手了。

可是在国内却缺少这些类似的书。笔者曾看见一本桂林出版的学习手册，它的内容不过是编凑了几篇杂志上的论文，因此有人攻击它为任意采撷他人的果实，同时在采集过程中也未加选择。因此，我觉得编写手册的人，如果是自己不动笔，也最好是预先有个安排，邀约他人代为编写一章一节，那结果会好得多。

以读者的需要而论，不仅是可以出版类似读书指导的手册，也可以出版类似生活指导的手册，而且在学科的分类上，每一门学科都需要一本手册，这不是为了要简便，而是为了要方便，尽管读者不能把手册来作为专著的代用品，但是在读者的应用上可减少不少的麻烦。

例如初来重庆的人，谁都需要知道公共汽车经过的街道和站名，怎样坐车才经济，从某街到某市场怎样行走才方便，下轮船怎样走，他如轮渡、航空公司、订票和运货、交邮和拍电，这都是日常上的交通问题，假使有人能完备的清理一下，那一定是一本好的手册。

至于谈到研究学问，那些数学公式、物理定律、化学元素、生物学名、矿产分子式以及日用的度量衡、面积和体积、对数和开方等等本来也很伤脑筋，如有现成的手册可查，用不着去折算和翻阅专书，岂不是方便多多？何况那些历史上的年代、地理上的地名、各科的专门名词，往往是群说不一，译音和译意都不一致，如果能够归纳一下，批注上参考来源以及原文他种译称等等，岂不是也可以节省了读者的精力和时间？

又如那些学说的派系。理论的撮要，论辩的分歧点，在没有办法查考专门著作的时候，手册便是一大助力，即使读者想去查考详细的专书，而手册也是一种有用的指导。

各类的统计数字在学术上本有很大的价值，可是在我国本来就缺少，而且零乱而纷歧，有时相差很大，有时和情理相近而被人忽略，而一般读者往往无从比较，如果手册中能加以罗列，注明见于某书某人或某机关某团体以及它的根据资料和推算方法，那么对于读者也是一种无比的福音。

我希望专家和出版者注意到这个手册的问题，为了适应社会上的需要，节省别人的时间和精力，专家们应毫不吝惜的贡献出自己的经验针法，而出版者也应多出高价征求这有益于大众学习的袖珍参考书。

（载《大公报》1949 年 4 月 14 日）

对于连环画的几点意见

文　林

百分之八十以上的文盲，是旧中国替我们遗留下来的毒症，肃清这种毒症，是从事新中国建设的文化教育工作者首要的工作，而图画教育必然在这方面取得很大的意义，因为有眼不识字的人，都有眼能看画。

初期的图画教育工作，又必然要大量采用过去民间最流行的连环画形式。我们从全国的每个角落，无论城市和乡村，无论任何阶层（尤其是一般民众与儿童），都可以看到连环画深入和扩大的影响，所以如果将来利用它来做教育宣传工作，那种效果真是无法估计的。

现在，一般文化艺术工作者和出版家都注意到连环画问题，而且逐渐展开热烈的讨论，我们希望从大家互相交换意见而在连环画的内容、形式以至发行的方式上，得出一点具体的结论来，以便利于将来的工作。

这里，我先谈谈个人的意见。

连环画是有故事性的，无论是题材或画面的处理，都有异于其他绘画之点。它是以许多张不同的画面，表示出一个故事的发生、发展和终局，和长篇小说一样，所不同者，小说是以文字来描写，而连环画却是以图画来表现，从头到尾联成一气，看的人只要从这些不同的画面上，便可懂得故事的内容。

在过去我们所看到的连环画，有下列三种形式存在。

第一种是如活动电影一样，每一个画面上的人物的表情和动作都是取得紧密的联接，下一幅紧接上一幅，一个地方的人物，要画好多幅，才转换到另一个地方，着重于表现人物的表情和动作，完全不用文字的说明，使读者仅凭画面便可了解画里的内容，这样形式的画幅一定要很多，美国杂志上所刊登的那种连环画，和香港大公报连载的《康伯》便是属于这一类。

第二种和第一种稍有不同，它是以一个画面来表现一个场面，同一主人公在这幅画面上是这个地方，下一幅也许是另一个地方，它的联续性没有那么紧密，这种形式必需借重文字的说明，读者一面看画，一面要看文字说明才能理解，这类的例子，如麦绥莱尔的连环画《一个人的受难》、《光明的追求》以及中国的旧连环画和最近出版的《少年毛泽东》都是。

第三种是连作的形式，它只用很少的画幅来表达一个事件的全部内容，把一个事件分做几个重要部份，再把每个部份的特点综合在一个画面上，读者从极少的画面上，便可理解这些不同的画面都是表现同一事件的内容；好比珂勒惠支的名作《农民战争》，只用四幅图画，便概括了德国农民战争四个部份的特点，它不算是一联串的故事，没有紧凑的连续性，但它所表现的是同一件历史事实，所以我们只称它是“连作”。文艺复兴时米克朗琪洛的《创世纪》和十八世纪果耶的《战争的灾难》，都是属于这一类。

对于将来新中国的百姓，那一种形式是比较适合呢？我认为第三种在初期是不适宜的，因为它只能被一部份专家和高级智识份子所欣赏，虽然它的表现力、感召力和艺术性都是优于前两种，但如果我们没有先读完恩格斯的《德国农民战争》一书，便无法理解珂勒惠支的《农民战争》图画，没有读过《旧约》圣书，也无法完全了解米克郎琪洛的《创世纪》，所以连作只能当作艺术品来欣赏，在普及教育的工作上，是发挥不了多大的作用。第二种要伴着很多文字说明，对于目不识丁的人也是难于使其理解，要运用这种形式，也一定要配合旁人的解释才会生效，只有第一种在初期是值得大量采用的，因为广大读者可以完全不依赖别人的讲解而自行领会，不过假如是用它来表现一个简短的事实是比较容易，如果是长的故事，一套作品的完成，就非要几百张画面不可，这种做法是比较庞大而烦重的，从事连环画的人，首先需要以最大的毅力来担任这项艰巨的工作，我想如果文字教育工作者，能够在短时期内把一般民众的智识提到“能识字”的水平，那末第二种形式倒是最便利而值得大量采用的。

至于在画法上，有的人主张采用平面的白描法，有些人又主张采用有阴影的立体表现法，到底那一种有效，这倒是值得研究的问题；中国的旧连环画都是用白描法而不用阴影的，但我认为新的连环画不但是内容要改造，就是形式也得改造，一般老百姓对于白描法自然比较习惯，但如果说参加了阴影的表现就使得老百姓看不懂或引不起他们的兴趣，那倒也不尽然；我们知道过去也有人用阴影立体的表现来制作连环画，结果使大家看不顺眼，那原因确不在阴影，而在不善使用阴影法的作者；例如他们在画面部的时候，看起来不像是光影而使人误会是脸上的黑疤，如果作者技术好，运用得宜，每个人物和物体都能栩栩欲生的呈现在画面上，我想，中国的老百姓也不会落后到那么地步，连这种自然真切的立体感也感觉不到的吧！最近出版的《少年毛泽东》以及正在制作的《白毛女》、《小二黑结婚》等，不也是参加了阴影的立体表现法，而获得相当好的效果吗？

这里只能在连环画的形式方面，写出个人的零碎意见，关于连环画问题的全部意见，不是报纸上的篇幅可能谈得完全的；如连环画的内容题材、版式、发行方式、制作方法等问题的具体意见，还需要大家共同来研讨，人间画会研究组最近已有讨论连环图画的专门机构，这是很有意义的组织，希望从他们的集体研究中，在最近便会产生一个完整的具体的结论和办法出来，以便将来有计画地去推行这项有伟大意义的工作。

（载《大公报（香港版）》1949年3月20日）

我国小学课本的变迁

沈百英

每年到了儿童节，各地报章杂志上总有几篇应时的文章，内容无非是唤起社会人士注意儿童、研究儿童和爱护儿童。不过，儿童为国家未来的主人翁，也就是复兴建国的重要根苗，不但每年需要提倡一次，应该时时刻刻留意他们的幸福才是。

讲到儿童的幸福，在物质方面，大家都希望达到吃饱、穿暖、睡安和玩酣的地步。这些，在目前虽因到处烽烟、战祸不绝，谈不到个个儿童都能享受，但至少已为一般人所注意了。惟有在精神食粮方面，却尚少为人所注意。

关于儿童用的报章杂志和课内课外读物，全部搜集起来，恐怕不会超过一万之数。就在这些书里，用现在的目光批评起来，含有毒素的一定不知多多少少。严格说起来，适合儿童滋养的，也许不到百分之一。

现在不想审查一般儿童读物，也不想批评一般儿童读物；只想把历年儿童所寄托的主要精神食粮——称为课本或教科书——来说一说。

我国有好些儿童还谈不到幸福不幸福，能得苟延残喘，不致饿死，已经算有幸福了。如能侥幸而生在衣暖食饱的家庭内，而且还有读书的机会，那真是千幸万幸了。但这些未来的主人翁，在精神食粮方面，能够得到的安慰，只不过是一本教科书。教科书的编辑，有关儿童的幸福非常重大，在儿童节的盛大纪念日，那得不提出来说一说呢！

要编一部优良的教科书，必先了解它的历史变迁，好比要改革一国的政治，必先考究本国的历史一样。以下且把我国编辑教科书的沿革，约略地叙述一番。

自从一八四〇年（清道光二十年）中英鸦片战争后，才把我国朝野人士的迷梦打醒，觉得旧式的科举不能挽救中国的危亡，改革教育，不容或缓。于是就发生了一个“办学的动机”。

到一八九四年（清光绪二十年）中日战争后，不但丧失土地，负担巨额赔款，签订屈辱条约，而且把历史悠久的堂堂古国，全部被人当纸老虎样的戳穿了。另一方面看，却因为经过这次一打，吃了一个大亏，对于兴办新式学校的事，才“决定目的”了。

当时就由曾国藩、李鸿章等倡导洋务运动，建立新式军队，设立兵工厂、船政局、火药局等。在上海有个南洋公学，主办的人把外院改为附属小学。从此中国的小学教育在没有正式开张以前，就来一个先行交易了。那时他们为适应需要计，编印了一套“蒙学读本”。因为学制没有确定，所出的书不完不备，在现在看来，不能认为正式的课本，只能当作儿童课本的先遣部队。

直到一九〇〇年（清光绪二十六年）八国联军攻陷京师，慈禧及光绪逃奔西安，次年由李鸿章与八国联军签订最屈辱的《辛丑条约》，我国兴办小学的决心，才进入了最后一个阶段——“计画实行”。于是，儿童课本的出版，就配合着时代的变迁，一套一套的产生了。

光绪二十七年，商务印书馆创设编译所。二十八年准备编著“最新小学国文教科书”。同年七月，学部颁布学堂章程，切实施行小学教育。这一套教科书就因为适逢其会，而得风行一时——这是中国自有课本以来的第一部课本。

当时的小学生，大都来自私塾，教师也多半读过古奥的经籍，所以第一部课本的出版，内容形式虽较艰深，一时尚称适用。

武昌起义后，各省响应，清室推翻，共和告成，孙中山先生在南京就任第一任大总统，请蔡元培氏出长教育部，召集全国教育界代表开临时教育会议。一面通令，教科书内容不合共和政体者，一律修改；一面颁布学制系统及小学校令。于是商务、中华两家书局各出新教科书，以应各地需要。

当时所出的书，已能顾到以儿童为本位，文字力求浅短，插图尽量增加，儿童读此书者，比以前更有幸福了！

到民国九年一月，教育部通令小学教科书一律用语体文编辑，各书局即顺应当时需要，赶编各科语体课本。同时因各地兴办学校，师资缺乏，各书局为便于教师准备起见，特依课本内容另编整套的教授书。更因为当时提倡自学辅导主义，又加编儿童用的参考书、自习书及各种课外读物。从此儿童的精神食粮不单是几本课本了。同时在内容方面，也能注意到儿童的兴趣；形式方面，又能注意到浅易而便于学习了。

民国十六年，国民革命军北伐成功，教育以“三民主义”为基础，各书局又针对国策，编辑各套新课本。在民国十八年后，更有《小学课程标准》的厘订，使编辑课本者，得有标准可循；采用课本者，也有客观的批评依据了。

民国二十六年，抗战开始，政府内迁重庆，这时就产生了“国定课本”。以往所行的审定制度，到这时完全取消。这在课本编辑方面，不能不说是一个重大的变更。此后国策如何，虽无法悬揣，但儿童课本的编辑，必然地趋向于一面以儿童为本位、一面以国家为本位的双管齐下的政策。

综观我国小学课本的变迁，先以个人为本位，次以国家为本位，再进而以党为本位（国民党以党治国，故作此说）。这三大改革，是进步还是退步，作者不敢妄揣末议，唯有请后来的人批评了。

（载《中华教育界》1949 年复刊第 3 卷第 4 期）

从课本以外补足国文的学习

明　嘉

现在学校里的国文教学，教材的范围和时间的分配，从多方面看来都感觉得不足。如在课本上的选文，一篇一篇的讲解研究，和照例的作文的练习，如果只是这样做，就觉得很乏味，用功一些的人，除了去翻翻课外书或文艺书刊，还觉得不满足学习国文的要求。在复杂多变、新事物一天一天出现的今天，如果只是株守着课文范围内去学习，的确是很不够的。

课本上的选文，如果选取的教材是侧重于古代的文章而不注意到新的现实的教材，或者只是到了国文班，读着国文教材书，先生出了题目，叫你动笔才是作文，这样就算做学习国文，便把国文的学习看得太狭窄了，难怪很多人悲叹国文的程度，走向低落的斜坡。

假使想对学习国文有进步，除掉在选文的课本，国文班中的教师的讲授和习作之外，还可以从多方面学习，来补助这种种不足。有人说国文课的由于教师教法种种不适当，别门的科学和一般生活的长进，已经是变成了国文的补充教材。这句话的意思，不是说国文学习的范围被缩小，或者甚至无存在的余地，而不过是从各方面的学习范围来说学习国文的问题。把国文孤立在各科门之外去学习，是犯了狭隘的学习观点，并且没法使国文学习得好的。

我们最好能在课堂和课本的学习以外，将国文的学习扩展到实质的生活中去，从日常生活中汲取有助于我们阅读或写作的材料和技术。有人说，“生活是本大书”，“充实的生活就是诗篇”，这是说生活是阅读和写作最广阔的来源，更在生活中对现实的事物广泛地开拓我们的见解，深入的观察和了解各种复杂的事物，如果我们看书看得多了，视野广阔了，观察深刻了，生活的经验便能丰富，学识就增多，到要写作时，笔下自然涌出很多的题材，写作便不愁没有内容，写作多了，技术自然就进步了。

在课本以外的文艺书刊去多些阅读，是使学习国文有意想不到的进步。当然要使看课外书要和读课本书有关联，才能收得相得益彰之效，但又要打破被课本书的束缚，能从读课内书解放到读课外书。从一点或一个问题化出去，触类旁通，使课内外的有关联的知识和事物，两点互补其不足，而收到豁然贯通之效。同时在阅读时更应该注意到在阅读中求感应，在阅读时开始写作，才使读物不致像烟云过眼，而能够继续发生作用。

在日常生活所接触到的报章杂志，拿来作课外的补充读物，用心去阅读它来帮助国文的进步。因为报章杂志是给我们得到很新鲜的现实材料和加深渊博的常识的取材所在，我们去阅读是侧重于搜集资料。杂志是给我们接触到各方面的知识和情趣，报纸是给我们很多的当时的新事物，在有新闻、有评论、有文艺的创作、有科学的评著的报章杂志里，如果我们在那里做搜集资料的工作做得好，单在写作的材料就不成问题。

戏剧和歌曲中的结构和语言，也可以使对国文学习有裨益的。从戏剧中的人物分幕布局来看，是使我们写作时可以领悟到剪裁、结构、形象化、典型的问题，有适当的处置。戏剧中的语言，剧人运用戏词的腔调、成语、比喻、词锋、语势，是演剧时的表达，而我们写作有如戏剧的活生丰富的语言，那就使我们的文章也有生色。在歌曲中的雄壮悲郁或低沉的风调，我们领悟到它的神妙处，写作时也增加篇幅上的气色。从艺术的园地去领悟研究，对于国文的写作，也有极大的助益。

最后，语言在国文的学习是很重要，国文的学习绝不单是只注意文字，要研究语文发展的历史和趋势，多搜集多记录生动美妙的语言，来储蓄做写作的材料。如听了某人一篇动人的报告，一场激烈的辩论会，一段悲凄的诉苦，一幅惊天动地的壮烈事迹，都是搜取其中精辟灵动的语言，在写作时来做表达的工具。

希望养成良好的习惯，做出真正的实践，来学习在与生活中的一刻不可分离的国文，才会使知识进步、生活进步。

（载《南风月刊》1949 年第 2 卷第 5—6 期）